생명이론

"SEIMEI RIRON-DAI1BU: SEISEI SURU SEIMEI&DAI2BU: WATASHI NO ISHIKITOKA NANIKA"

BY Yukio-Pegio Gunji

Copyright © Yukio-Pegio Gunji 2006.

All rights reserved.

Original Japanese edition published by Tetsugaku Shobo Co., Ltd.

This Korean edition published by arrangement with Tetsugaku Shobo Co., Ltd. Yokohama in care of Tuttle-Mori Agency, Inc., Tokyo through Yu Ri Jang Literary Agency, Seoul.

생명이론: 들뢰즈와 생명과학

발행일 초판1쇄 2013년 11월 25일 | **지은이** 군지 페기오-유키오 | **옮긴이** 박철은

펴낸곳 (주)그린비출판사 | **펴낸이** 노수준·박순기 | **주소** 서울시 마포구 동교로17길 7, 4층(서교동, 은혜빌딩)

전화 02-702-2717 | **이메일** editor@greenbee.co.kr | **등록번호** 제313-1990-32호

ISBN 978-89-7682-411-0 04100

이 도서의 국립중앙도서관 출판시도서목록(CIP)은 서지정보유통지원시스템 홈페이지(http://seoji.nl.go.kr)와 국가자료 공동목록시스템(http://www.nl.go.kr/kolisnet)에서 이용하실 수 있습니다.(CIP제어번호: CIP2013021972)

나를 바꾸는 책, 세상을 바꾸는 책 www.greenbee.co.kr

RHIZOME • II
NEW HORIZONS
리좀총서 II
05

생명이론

들뢰즈와 생명과학

군지 페기오-유키오 지음
박철은 옮김

生命理論

ㅇB
그린비

한국어판 서문

우리들 존재자에 대한 이해로서, 단적으로 타입(type)으로서의 이해와 토큰(token)으로서의 이해를 들 수 있을 것입니다. 타입이란 속성·강도에 의한 다발, 클래스(class)로서의 개념 장치이고, 토큰이란 구체적인 개체·대상·사례로서의 개념 장치입니다. 당신의 눈앞에 있는 한 마리 고양이는 토큰이고, 그것을 보고 당신의 머릿속에서 상기되는 고양이 일반은 타입입니다. 토큰이나 타입은 기호나 언어의 문제, 인식론의 문제에 지나지 않는다고 생각되곤 합니다. 그러나 우리들이 존재에 접근하려고 할 때, 실은 단적인 타입으로서의 이해도, 단적인 토큰으로서의 이해도 도움이 되지 않는 것은 아닐까요. 타입과 토큰 사이에 있고, 양자 사이에서 융통무애하게 계속 움직이는 동세로서의 존재. 우리는 타입, 토큰의 인식이라는 인식론적 지평에서 출발해서 그러한 존재론의 지점에 도달하는 것은 아닐까요. 이 책은 그러한 의도를 전개하기 위해 구상된 생명론입니다.

　매일매일의 생활, 일상의 시간을 타입으로서 이해하려고 해봅시다. 타입으로서의 이해는 사는 것을 양태로서 일괄화·전체화하고, 덩어리 형태의 폭을 가진 것으로서 나를 구상(構想)케 할 것입니다. 이리하여 매일의 반복됨이 자명케 되고, 밤이 되어 잠이 들면 당연한 듯 다음 날 아침 눈을 뜨며, 끝나지 않는 일상으로서 자신의 삶, 자신의 시간을 이해하게 됩니다. 거기에는 좋든 싫든, 돌연한 변화, 대변혁, 단절이나 창조는 기대되지 않고, 밋밋한 어떤 전체로서의 생활, 시간, 내가 드러누워 있을 뿐입니다. 이때 전체인 '나의 삶'의 시작인 '나의 탄생'이나 '나의 죽음'은 너무나도 먼 극한으로서, 이해의 권역 외부에 놓여 버립니다. 탄생이나 죽음은 원근법을 적용한 투시도를 그리기 위한, 무한원(無限遠)으로 상정되는 소실점과 같은 것으로서 이해됩니다. 역으로 말하면 소실점으로부터 구상되는 '지금'은 투시도적인 어떤 전체에 지나지 않고, 거기에서 생생한 '지금·여기'가 발견되지 않습니다. 우울한(melancholic) 내가 우두커니 서 있게 될 뿐입니다.

　반대로 매일매일의 생활이나 시간이 갑자기 솟아나 분절되는 지금이라는 토큰에 의해 이해된다고 합시다. 생생한(vivid) '이 지금'은 두 번 다시 일어날 수 없는 유일무이한 개체로, 다른 어떠한 것과도 비교할 수 없고, 다른 것과의 관계성도 가질 수 없습니다. 그것이야말로 매일매일을 사는 나의 토큰이 됩니다. 그러므로 이 지금은 다른 어떠한 지금, 이전이나 이후의 지금과는 관계를 가질 수 없고, 어떠한 연속성도 담보할 수 없습니다. 한순간의 삶과 한순간의 죽음의 끊임없는 교대는, '나'라는 연속하는 타입의 존재를 허용하지 않을 것입니다. 한순간 앞의 나와 확실히 연속하고 있다는 이 '나'의 현재에 대한 감각, 이전의 나에 관한 기억도 이 지금에 있어서 생성된다고 생각할 수 있기 때문입니다. 러셀은 "세계가 실은 5분 전에 시작되었을지도 모른다"고 말했습니다만, 차라리 한순간 전에 시작했다고 이해하는 태도를 전면적으로 전개하지 않을 수 없다는 것, 토큰에 의한 생명의 이해는 그곳에 도달할 것입니다. 따라서 세계가 시작되었다는 사고 과정 그 자체가 분단되고, 지나칠 정도로 생생한 '지금'의 보상으로서, '나' 자체가 해체되어 버립니다. 여기에 있는 것은 분열하는=분열한 나인 것입니다. 타입에 의한 이해, 토큰에 의한 이해, 그 어느 한쪽의 이해만을 취하는 한, 지금·여기를 사는 나는 결코 이해되지 않을 것입니다. 나는, 그리고 생명은 순수한 타입도 토큰도 아닌, 타입이자 토큰인 생활·시간·생명입니다. 이 동세에 깊게 접근하려는 기획이야말로 이 책의 동기인 것입니다.

이 책의 한국어판 번역자인 박철은 군은 번역을 시작했을 즈음, 한국외국어대학 대학원의 대학원생이었습니다. 메일로 질문과 답변을 교환하고 반복하던 중, 박철은 군은 내가 속한 대학원 연구실로 진학을 희망, 지금은 박사과정 대학원생으로서 재적하고 있습니다. 박철은 군은 한국의 들뢰즈 전문가인 이정우 선생과 함께 들뢰즈의 철학을 과학과 접속하는 것을 모색하고 있었고, 그 흐름 속에서 이 책을 발견, 번역해 준 듯합니다.

이 책의 1부에서는 들뢰즈를 어떻게 과학 내에서 전회(轉回)할 것인가 하는 문제가 전개되었습니다. 인식론 내에서 인식론의 모델, 존재론의 모델로서 각각 타입, 토큰을 들 수 있고 양자의 통합이 아닌 접합을 매개하는 개념 장치가 제3항으로서 구상됩니다. 이리하여 타입·토큰의 쌍대성이 결과로서 출현하는 동적·시간적 모델이 개설되고, 존재론의 지평으로 내려서게 됩니다. 타입과 토큰의 쌍대성이 유와 종, '것'과 '사물', 전체와 부분의 상보성 등, 다양하게 변주됩니다만 중요한 점은 그 쌍대성을 원리적인 실재가 아닌, 결과로서 야기된다고 이해하는 것입니다. 이 점이야말로 제3항의 의미이고, 들뢰즈에 대한 헌사가 된다고 생각합니다.

2013년 11월
군지 페기오-유키오
© Yukio-Pegio Gunji 2006

:: 차례

| 일러두기 |

1 이 책은 郡司ペギオ-幸夫, 『生命理論』(哲学書房, 2006)을 완역한 것이다.

2 이 책의 주석은 모두 각주로 되어 있으며, 지은이 주와 옮긴이 주로 구분되어 있다. 옮긴이 주의 경우 내용 끝에 '―옮긴이'라고 표기했다.

3 본문에 옮긴이가 첨가한 말은 대괄호([ ])를 사용해 구분하였다.

4 단행본, 전집, 정기간행물 등에는 겹낫표(『 』)를, 논문, 기사, 단편, 영화, 미술 작품 등에는 낫 표(「 」)를 사용했다.

5 외국 인명이나 지명, 작품명은 2002년에 국립국어원에서 펴낸 '외래어 표기법'을 따라 표기했다.

I부

생성하는 생명

1장_초월적 전체에 대항하여

생성을 담지하는 양상, 사건, 사물, 그 전부를 이 책에서는 '생명'이라 부른다. 따라서 생명이란 유전자를 가진 특정한 유기적 조직체만을 의미하는 것이 아니라 생성의 세 양상을 전개하는 것 모두를 말한다.[1] 여기서 생

---

1) 나는 '인공생명'(G. C. Langton ed., *Artificial Life : The Proceedings of an Interdisciplinary Workshop on the Synthesis and Simulation of Living System*, Addison-Wesley, 1989 및 G. C. Langton, C. Taylor, D. Farmer & S. Rasmussen eds., *Artificial Life* II, Addison-Wesley, 1992)처럼 생명을 형상(形相)으로서 정의하려는 것이 아니다. 아리스토텔레스는 설명 요인을 네 개로 분류했다(이론생물학의 영역에서 이 인과율을 상세히 받아들인 논문으로서 다음을 보라. R. Rosen, "Organisms as Causal Systems which are not Mechanisms : an Essay into the Nature of Complexity", *Theoretical Biology and Complexity*, Academic Press, 1985). 집 건축의 요인을 예로 들면, 목재로서의 질료인, 청사진으로서의 형상인, 목수 같은 작용자로서의 작용인, 그리고 사람이 살기 위해 짓는다는 목적인이 있다. 인공생명은 생명체를 이해함에 있어서 DNA나 탄소 등의 질료인을 무시하고, 형상으로서만 생명을 이해하려는 전략을 취한다. 그것은 작동 원리를 프로그램화하여 계산기 내에 생명을 구성하려고 하는 시도이다. 다른 한편 생물은 질료에서 기인하는 것이고, 작동 원리에 의해 생명을 이해하려 하는 시도 자체가 난센스라는 반론도 뿌리 깊다. 이런 유의 논쟁은 질료인과 형상인을 분리할 수 있다는 전제에서 성립하는 논쟁이다. 예컨대 질료를 실재하는 물질, 형상을 그 관측자에 의한 표현이라 생각하고 있다. 당신이 빨간 사과를 볼 때, 당신이 사과에 대해 느끼는 방식은 혼효[共効]적일 것이다. 하나는 객관적으로 타인에게 보고할 수 있는 '붉은 사과'라는 타입(type)이고, 다른 하나는 당신이 주관적으로 느끼는 '싱싱하고 맛있어 보이는 사과'라는 질감[qualia, token]이다. 이제 전자를 표현으로서의 형상, 후자를 '사물'로서의 질료라 생각할 수 있을 것이다. 이 양자를 작동 원리의 이름 아래 동일 범주(category)로 묶을 수 있을까? 설령 당신이

성의 세 양상이란 기원, 규범성(자명성), 변화이다. 나는 생성이라는 개념을 변화하지 않는 어떤 것, 예컨대 일반적으로 존재라고 불리는 불변 개념의 대(對)개념으로서 다루지 않는다. 생성은 오히려 존재자의 세계에 있어서의 존재양식으로 상정된다. 생성을 존재양식으로서 다루려고 할 때 기원, 규범성, 변화라는 서로 범주를 달리하는 다른 개념들을 일의성(univocity)에 입각해서 이해하는 태도가 표방된다. 생성의 한 단면이 기원이고, 다른 단면이 규범성이며, 세번째 단면이 변화이다. 사회에서라면 규범성은 질서를 의미하고, 변화는 질서의 붕괴를 포함한 변천을, 그리고 기원은 사회 자체의 출현을 의미한다. 물질이든 개체로서의 생물이든 사회든, 세계 내에 존재하고 그 외부(환경)로부터 분리할 수 없다고 해야 할 사물들에 있어 우리는 기원(origin), 규범성(norm), 변화(change)라는 세

보고하는 타입인 '붉은 사과'를 실재하는 사과와 구별되는 뇌내(腦內) 표현에 지나지 않는다고(그러므로 질료와 분리되는 형상이라고) 가정해도, 다시 뇌내에서 타입과 질감이 혼효해 버린다. 그리고 또한 타입과 질감을 동일 범주로 다룰 수도 없다. 이른바 질료에서 형상을 분리하는 과정에서 질료의 잔재로서 질감이 형상에 혼입한다. 그렇기에 형상에 정위해도 형상과 질료의 비분리성에서 기인하는 잔재가 형상 자체에 남고, 역으로 질료에 정위해도 질료 개념이 이미 인식을 경유하고 있는 이상 마찬가지의 잔재가 거기에 남는다. 어떤 것에 위치하면서 다른 것을 사상(捨象)할 수 없는 양상으로서 생명을 논하는 상황을 이해해 보자. 질감의 문제는 전형적 사례이지만, 일반적인 생명의 작동 원리, "스스로의 환경을 만들면서 그 내부에서 항상성을 유지한다"는 것은 단지 작동 원리라고 설명되는 언명적인 것인가? 항상성을 상태 개념과 그것을 진동시키는 작용소(作用素)에 의해 기술했다고 해서, 경계를 만들어 버리는 과정을 포함하는 경계는 이른바 경계 조건 같은 상태 개념인 것인가? 오히려 상태는 타입이자 형상적인 것임에 비해, 경계로서 개체화되는 과정을 포함하는 경계는 개체이자 질료로서 다뤄져야 한다. 작동 원리로서 생명을 구성하는 시도는 이 점을 고려해 논의되지 않는다. 나의 인공생명에 대한 태도는 명료하다. 프로그램으로서 생명을 구성한다는 방향성은 틀린 것이 아니다. 단지 이른바 형상 속에 섞여 든 질료를 어떻게 정식화할지를 이해하지 못하는 한 그 시도는 계속 곤란하게 될 뿐이다. 물론 최종적으로 프로그램으로 귀착시키는 한, 질료의 잔재를 전혀 고려하지 않아도 완성된 프로그램이 그것을 내포하고 있을 가능성은 있다. 그러나 무턱대고 프로그램을 만들어 이를 기대하는 것은 모래사장에서 사금을 발견하는 작업과 마찬가지일 것이다.

양상과 마주치게 된다.

여기에는 이미 극히 타협하기 힘든 세 논점이 포함되어 있다. 첫번째로 생명이라는 개념 장치, 두번째로 일의성, 그리고 세번째로는 삼위일체로서 다뤄지는 기원, 규범성, 변화이다. 이것들에 대해서 개관하고, 이 이질적 개념 장치들로부터 생성이라는 존재양식을 조성(組成)해 감으로써 무엇이 문제가 되고 있는지 논점을 정리하기로 하자.

1. 시스템론의 허점

첫번째로 무릇 '생명'이란 동물이나 식물 혹은 그 외의 것으로 상정되는 생명체를 단순히 일반화하고 추상화한 개념은 아니다.[2] 그러한 추상화는 외계와 격리되어 경계를 가지면서 외계와 상호 작용하는 통일체 즉 시스템[3]이라는 개념으로 귀착할 것이다. 그러나 이 책은 오히려 시스템론적 생명 이해의 허점을 찾아내고, 시스템론적 전개가 배제하려고 해도 결코 완전히 배제할 수 없는 [베르그송적 뉘앙스에서의] 전체성 개념[열린 전체성]의 재고를 출발점으로 삼고 있다. 설명해 보자. '생명이란 무엇인가' 라는 질문을 생물 일반을 추상화하는 것에서부터 시작할 때, 예컨대 자

---

2) 생명의 정의든 자연물과 인공물의 구별이든 이들의 정의는 열거하자면 한이 없다. 자크 모노 (J. Monod, *Le hasard et la nécessité*, Seuil, 1970; 渡辺格·村上光彦 訳, 『偶然と必然』, みすず書房, 1972; 조현수 옮김, 『우연과 필연』, 궁리, 2010)는 예컨대 규칙성을 인공물의 특징으로 삼아 벌집을 인공물로 보았다. 사람에 따라서는 이에 대해 위화감을 가질 수도 있다.

3) 시스템 전체는 그 부분의 총합 이상이다. 예컨대 이것을 시스템의 정의로 하는 한(A. Koestler, *The Ghost in the Machine*, Macmillan, 1967), 생명에 관하여 말할 수 없는 것은 변화하지 않는다. 생명이란 변화하는 언어이며, 말할 수 있는 것과 말할 수 없는 것을 함께 변화시킨다.

기 재생산(self-reproduction)이나 스스로와 세계의 경계를 끊임없이 유지한다는 성격이 열거된다. 경계를 가지는 시스템이라는 단위에 대해서는 그 경계의 성립 자체도 문제시할 수 있는데, 이 경우 시스템 운동의 담지자를 시스템 전체로부터 시스템의 구성 요소들로 변경하게 된다. 예컨대 사회를 시스템이라고 생각할 때, 운동의 담지자는 한 개인이 된다. 구성 요소에 허용된 것은 국소적인 시점(視點)이고, 구성 요소들이 단지 운동함으로써 시스템의 경계는 철저히 그때마다의 문맥에 의존해서 형성된다. [시스템의] 경계 자체에 대한 물음을 포기할 때, 경계 형성은 의문에 부쳐져야 하는 문제라는 위상을 잃어버린다.[4] 단지 꿈틀거리는 운동[이 있을 뿐]. 이리하여 시스템론은 운동 일원론으로 전환한다. 세계에 다수 존재하는 구성 요소들은 국소적 시점 때문에 다원론의 논거가 될 수 있다. 이와 동시에 모든 게 문맥을 담지하는 단계에서는 [역설적으로] 구체적인 문맥에 관한 논의가 닫혀 버리기 때문에, 논자의 의도에 반해서 운동체들은 등질화(等質化)되어 버리게 된다. 여기서 시스템론은 일원론으로 전도될 위험성을 받아들이지 않으면 안 되기에 이른다.[5]

시스템론은 국소적인 시점을 강조한 나머지 역설적으로 '부분 대 전체'라는 이원론의 함정에 빠져 버린다. 물론 시스템론은 문맥에 의존한 시스템 형성의 이해를 목적으로 하므로 적어도 출발점에 있어 시스템과

---

4) 오토포이에시스[autopoiesis](H. Maturana & J. Varela, *Principle of Biological Autonomy*, North-Holland, 1979)는, '자기의 경계 형성'을 오토포이에틱 시스템의 한 정의로 삼았다. 이 경계 형성이 자기-언급적인 안과 밖의 구별을 무효로 하므로, 입출력의 부재도 정의의 하나로 추가될 수 있다. 경계의 형성·유지는 시간을 동반하는 과정이다. 입출력의 부재는 오히려 시간을 사상한 개념이다. 양자의 관계를 모순 없이 구성하기 위해서는 입출력의 부재가 아닌 입출력을 무효로 하는 과정에 정위해야 할 것이다.

5) 郡司ベギオ-幸夫, 『現代思想』 26(8), 1998, p.136.

그것이 놓인 환경의 분리·독립 도식과 대치한다. 그러나 운동체를 보다 미시적인 다원적 단위로 전화(轉化)하고 거기에서 철저히 전체성을 배제함으로써 역설적으로 초월적 전체성을 스스로 짊어지게 된다. 이 도식은 아킬레우스와 거북의 경주로 제시된 제논의 역설에서 그 전형을 발견할 수 있을 것이다.[6] 우선 일정한 크기의 단위를 지정할 수 있는 순간의 연속에 의해 운동을 구성할 수 있다고 가정한다. 아킬레우스는 거북보다 2배 빠른 속도로 달린다고 가정하고, 출발할 때 거북의 10미터 뒤에 있다고 하자. 아킬레우스가 출발시의 거북의 위치에 당도했을 때 그는 10미터를 달렸기 때문에 거북은 그 절반인 5미터를 나아간다. 즉, 거북은 아킬레스의 5미터 앞에 있다. 이 한 번의 조작은 올바르게 정의되어 있다. 이것이 '위치를 지정할 수 있는 순간'의 가정이다. 이 가정에서 출발할 때 아킬레우스가 거북을 따라잡기 위해서는 무한한 횟수의 조작을 경유해야 한다. 유한한 횟수라면 아무리 양자의 거리가 줄어들어도 따라잡을 수 없기 때문이다. 그러나 무한의 조작이란 다 헤아릴 수 없는 조작, 즉 도달 불가능에 의해 상정된 횟수 조작이다.[7] 그러므로 아킬레우스는 결코 거북을 따라잡지 못하는 것이다. 이것은 명백하게 현실의 달리기 경주와 모순된다.

---

6) 피타고라스에서부터 제논의 역설, 대각선 논법에서부터 무한의 계층성까지 망라한 무한론으로서 A. W. Moore, *Infinity*, Cambridge Univ. Press, 1990(石村多門 訳, 『無限』, 東京電機大学出版局, 1996)을 들어 둔다.

7) 野矢茂樹, 『無限論の教室』, 講談社現代新書, 1998 참조. 무한이란 2나 3에 비해 훨씬 큰 수가 아니라 유한한 수와는 비교의 대상이 되지 않는, 유한이 아닌 수[야노는 무한이 수가 아닌 '개념'임을 강조함]이다. 그럼에도 불구하고 우리들은 무한이라면 극히 큰 수라는 일상적 직관을 가진다. 이 일상적 직관은 금지해야 할 나쁜 버릇인가? 스펜서 브라운(Spencer-Brown, *Laws of Form*, George Allen & Unwin, 1969)은 이 나쁜 버릇을 적극적으로 활용, 무한이 짝수로도 홀수로도 결정 불가능하다는 논점을 이용해, 불 대수(Boolean Algebra)와 등가적인 원시 대수로부터 배중률을 깨뜨리는 확장 대수를 이끌어 내고 있다.

여기에서 제논이 유도하려는 결론은 가정으로서 채택한 분할 가능성의 기각(棄却)이며, [파르메니데스의] 결코 분할할 수 없는 운동이라는 일자=전체이다.

제논의 논의는 극한이라는 전체 개념과는 본래 관계가 없다. 아킬레우스가 최초의 거리를 나아가는 데 1분 걸렸다고 하면, 이하 같은 식으로 생각해서, 그가 거북을 따라잡고 추월하기까지 걸리는 시간 S를 $S = 1 + \frac{1}{2} + \frac{1}{2^2} + \cdots + \frac{1}{2^n} + \cdots$로 나타내자. 이것은 무한한 횟수의 조작을 포함하지만 2에 수렴한다. 즉, 2분 후에 아킬레우스는 거북을 따라잡는다. 제논은 수렴 개념을 알지 못했던 것뿐이었을까? 그렇지 않다. 수렴 개념 자체가 이미 다 헤아릴 수 없는 조작에 실체를 부여하고 있는 무한의 정의 아래 전개되고 있고, 제논은 [결국 이렇게] 실체로서 상정된 무한을 부정하는 입장에서 논의하고 있는 것이다. 그럼에도 상정을 불가피하게 하는 전체=일자(유한 실체와 마찬가지로 상정할 수는 없겠지만)가 여기에 있다. 제논은 이렇게 주장하고 있는 것이다. 즉, 극한은 '무한=전체'를 실체화하지만 제논은 실체화를 거부한 후 초월론적 전체의 존재를 주장한다.

나는 제논의 주장과 무한론의 차이에 입각해 제논의 논의가 가진 위험성을 지적하고 그것이 시스템론에 가깝다는 것을 지적하고 싶은 것이다. 제논은 독립된 확실성으로서의 부분을 상정하고 그것을 실체라고 상정한다. 그 위에서 실체의 총합[무한 연산의 결과]으로서는 접근 불가능한 전체=일자[파르메니데스의 일자―者]가 귀결된다(오히려 접근 불가능이 전체의 정의이다). 전체가 어디까지나 실체의 '부정'에 의해 구성되고 있다는 점에 주의하라. 그리고 우리는 보통 부정과 긍정의 대립 도식 내에 사로잡혀, 부정에 의해 일관되게 검게 칠해진 외부를 실체로 간주해 버리는 것이다. 실체적이지 않은 전체=일자라는 이미지는 '~이지 않다'라는 부정 형식이므로, 긍정-부정의 이원론을 환기함으로써 실체화된 전체로의 전도를 받아들이게 되는 것이다. 시스템론은 틀림없이 제논의 논의에 보조를 맞춘 것이다. 운동체의 국소적 시점은 세계성(世界性)에서 독립된 실체가 아니다. 만약 독립된 운동체에서 논의를 시작한다면, 문맥 의존적 운동 전체는 제논적 전체=일자로 회수될 것이다. 이것을 피하기 위해 시스템론은 문맥이라고 불리는 외부성을 운동체에 첨부했다. 그것은 경우에 따라 타자, 신체라 불리는 것으로 내적 은닉성(秘匿性)으로 간주되어, 그 의미를 명백하게 할 수 없는 위상(status)까지도 보유하게 된다. 이리하여 일자=전체성을 배제하는 입장을 유보하면서, 형태를 바꾸어, 어떤 경우에는 그 이상 생각할 필요가 없는 위상을 가진 그런 '전체성'을 동반한 운동체가 상정된다. 시스템론은 운동체 다원론으로서 상정된다. 문제는 문맥, 타자, 신체의 위상이다. 제논의 전체=일자가 실체의 부정형으로서 이것들과 같은 형식을 가지지 않는 것처럼, 시스템론에 있어 운동체가 지니는 전체성(물론 시스템론에서는 이것을 전체성이라 부르지 않는다)은 '독립되어 있지 않다', '닫혀 있지 않다'는 부정형 이상의 의미를 가지지 않는다. 독립의 부정이기 때문에 어떤 의미에서는 내적 은닉성으로의 전도가 불가피한 것이다.[8] 즉, 시스템론의 허점이란 다원적 운동체에 대한 집착으로 인해 역설적으로 초래되는 전체성이며, 운동체가 전제해야만 하는 전체성을 논의의 대상으로 하지 않는 태도에서 유래

---

8) 물론 이 책은 제논의 논의를 완전히 부정하는 것은 아니며, 제논의 담론을 경유해 운동체에 있어서의 약한 전체를 회복하고자 할 뿐이다. 운동체에 있어서의 주관적 전체를 생각할 때, 운동체의 행위·운동·생성이 이해되고, 운동체는 상태 개념이 아니게 된다. 운동체를 상태 개념으로 규정할 때에만 운동체가 얽힌 전체는 초월적 전체가 될 숙명에 처한다.

하는 소박한 초월적 전체성으로의 전도인 것이다. 그것은 결국 운동체가 전제해야만 하는 전체성을 부정 표현 이상으로 열어젖히지 않는 태도에서 기인한다.

2. 일의성·전체성

두번째 논점인 일의성은 전체성 개념에 대해 세번째 해석을 유도하는 것이다. 전체성의 첫번째 해석이란 **초월적 전체**이다. 여기서는 다른 모든 개념들과 달리, 전체 개념에 대해서만큼은 그 외연의 규정[9]을 금지하고 특권적으로 다룬다. 이로써 우리는 부분과 전체의 상호 작용에 관한 일체의 논의를 봉인하게 되고, 설령 계층적 세계를 논하려 해도 세계의 변화·변질은 결코 논의할 수 없는 지점에 스스로를 가두게 된다. 집합론에 주어진 전체는 이 초월적 전체이며, 그로써 러셀의 역설[10]이 회피되어 계층

---

9) 분류 개념은 내포와 외연의 대비에 의해 규정할 수 있다. 내포란 개념이 지니는 속성이고, 외연이란 개념의 적용 범위인 구체적 모델이다. 개념으로서의 '술'을 생각한다면, 내포는 '알코올이 들어간 음료'가 될 것이고, 외연은 '맥주, 사케,……'와 같이 될 것이다. 또, 집합 개념도 내포와 외연에 의해 규정된다. 예컨대 짝수 집합의 내포는 '2n, 단 n은 자연수'처럼 규정되고, 외연은 '0, 2, 4,……'처럼 규정된다. 이러한 한에서 전체=세계라는 개념의 외연을 생각해보자. 외연이 적용 범위인 이상, 개념의 외부를 지시해야만 한다. 그러나 세계=전체의 외부는 상정할 수 없다. 여기에 세계=전체의 외연을 상정할 때의 난점이 존재한다.

10) 러셀의 역설이란 다음과 같은 것이다(A. Whitehead & B. Russell, *Principia Mathematica I*, 2nd ed., Cambridge UP., 1925). 우선 자기 자신을 원소로 하지 않는 집합을 제1종 집합이라 정의한다. 마찬가지로 자기 자신을 원소로 하는 집합을 제2종 집합이라 한다. 예컨대 한국어의 집합은 '한국어'를 원소로 하므로 제2종 집합이다. 영어의 경우는 '영어'를 원소로 하지 않으므로 제1종이다. 이 구별에 따르면 모든 집합은 제1종이나 제2종 중 하나로 분류할 수 있다. 여기에 제1종 집합을 모두 모은 집합을 M이라 하자. M을 제1종이라 가정하면, M은 자기 자신을 포함하지 않는다. 그러나 M의 정의에서 보면, M이 제1종이라 가정된 이상 제1종의 전체인 M에 포함되어야만 한다. 즉, M은 제2종이 되어 모순이다. 다음으로 M을 제2종이라 가정하면, M은 M을 포함하게 된다. 그러나 M의 정의에 의해, 여기에 제2종의 집

간 상호 작용이 논의에서 배제된다.[11] 두번째 전체성이란 **모순된 전체** 개념이다. 한편으로 부분들로 구성된 전체를, 다른 한편으로 부분이 아닌 전체를 생각하고서, 이들 양자를 직접 접합시킴으로써 전체 개념 자체가 논리적 모순을 띠게 된다. 뒤에서 보겠지만 이러한 전체 개념은, 대각선 논법과 같은 특수한 상황에서만 사용되고 나타난다. 그러나 두번째 전체성도 단지 수학적 개념인 것은 아니다. 첫번째 전체성은 세계를 긍정하고 세계가 긍정되는 질서의 안정기에 이해되는 개념이다. 두번째 전체성은 세계를 부정하고 세계의 질서가 파괴된 변혁기에 이해되는 개념이다.[12] 이렇게 우리는 통상 역사라 부르는 것을 첫번째 전체성과 두번째 전체성의 교체에 의해 이해할 수 있다. 부정과 긍정의 이원론적 대립 도식 내에서 한쪽을 주장하는 것이 언제 전도될지 알 수 없는 위험성을 가지는 것과 마찬가지로, 세계의 긍정(질서)과 부정(변혁·혼란)에 관한 위험성이 역사인 것이다. 이때 우리는 첫번째 전체와 두번째 전체를 두 개의 상(相)

합은 포함되지 않으므로, M은 M을 포함하지 않는다. 즉, M은 제1종 집합이 되어 가정에 모순된다. 결국 M을 제1종이라 해도, 또 제2종이라 해도 모순이 되므로 역설이라 불린다.

11) 각주 9에서 기술했듯이 집합은 내포와 외연에 의해 양의적으로 규정된다. 예컨대 x에 관한 성질을 A(x)라 쓰면, 그 집합은 내포적으로 y = { x | A(x)}로 기술된다. 이때 y를 집합으로 하면 외연은 x ∈ y로 표기되고, 내포와 외연의 동치성은 ∃y∀x(x ∈ y ⇔ A(x))로 쓸 수 있다. 러셀의 역설은 여기에서 직접적으로 얻어진다. 제1종 집합 정의에 의해 A(x)를 x ∉ x로 표시할 수 있을 것이다. 그러면 내포와 외연의 동치성에서 x ∈ y ⇔ x ∉ x를 얻는다. 여기서 x는 임의의 것이고 y는 어떤 특수한 존재이기 때문에, x를 y로 전환할 수 있어서 y ∈ y ⇔ y ∉ y를 얻는다. 이것이 러셀의 역설이다. 이것을 방지하기 위해서는 집합과 원소의 혼동을 금지하면 된다. 현대 집합론에서는 원소 x가 임의의 집합 a의 원소라는 제한을 걸고, 집합과 원소의 혼동을 금지한다. 이것은 '분출 공리'라 불리는 ∀a∃y∀x(x ∈ y ⇔ x ∈ a ∧ A(x))에 의해 공리화되어 있다.

12) 즉, 첫번째 전체성은 전체 개념의 외연 규정을 금지하는 것으로 그 초월성을 유지하는 전체성이고, 두번째 전체성이란 초월적으로 상정되면서 그 외연에 의해 모순이 발생, 어쩔 수 없이 파괴되는 전체성이다.

으로서 이해하고, 양자를 연결하는 것에서 세계 이해의 열쇠를 기대하게
된다.

질서를 유지하는 전체성과 파괴하는 전체성을 적당하게 조정하는
능력, 이것이야말로 시스템론이 기대하는 운동체의 능력이다. 이 이미지
는 카오스와 질서의 틈새에서 계속 운동하는 시스템이라는, '카오스의 가
장자리'라 불리는 운동 이미지와 일치한다.[13] 이 이미지에서 세계는 익명
적 외부로 노출된 것으로서의 세계가 된다. 외부는 철저히 미지의 외부로
간주되어, 최종적으로 세계의 부정형으로서만 말할 수 있게 된다. 그러므
로 세계는 부정의 부정에 의한 전체=일자로 귀착해, 일원론적 전체로 회
수될 위기에 노출되는 것이다. 시스템과 그 외부 사이의 대립 도식을 넘
어선다는 시스템론의 표어가 여기서 허물어져 버린다.

그래서 우리는 전체성에 관한 세번째 해석을 선택하게 된다. 나는 우
선 이 세번째 전체성을 '**약한 전체**'라 부르기로 할 것이다. 약한 전체성은
초월적인 세계를 긍정하는 것(첫번째 전체)도, 또 논리적 모순을 함의한

---

13) '가능세계'에는 규칙적인 현상을 낳는 메커니즘부터 무작위적인(random) 현상(카오스)
을 낳는 메커니즘까지 여러 메커니즘이 존재하고, 이것들을 적당한 매개변수로 늘어놓으
면 두 상 사이에서 전이가 발견된다. 생물이나 복잡한 시스템은 바로 두 상의 변화 지점(임
계점) 근처에서 스스로 매개변수를 조율(tuning)하고 있는 것이 아닐까 하는 그림이 여기
에 해당한다. 임계점은 카오스 측에서 봐서 바로 가장자리에 위치하므로 '카오스의 가장자
리'(the edge of chaos)라고 표어적으로 불린다(S. A. Kauffman & S. Johnson, "Coevolution
to the Edge of Chaos : Coupled Fitness Landscapes, Poised States, and Coevolutionary
Avalanches", *Journal of Theoretical Biology* 149, 1991, p.467 ; S. A. Kauffman, *The Origin
of Order, Self-Organization and Selection in Evolution*, Oxford Univ. Press, 1993). 같은 양
상의 이미지가 국소적인 보존칙(則)과 정상적인 요동의 균형에서 야기되는 현상(예컨대 정
상적으로 모래가 떨어져 내려 만들어진 모래산의 설붕崩현상)에서도 확인되고, 이는 배크(P.
Bak) 등에 의해 '자기조직적 임계 현상'이라 불리고 있다(P. Bak, C. Tang & K. Wiesenfield,
"Self-organized Criticality: an Explanation of 1/f Noise", *Physical Review Letters* 59, 1987,
p.381 ; P. Bak, *Physica* A 191, 1992, p.41).

세계를 부정하는 것(두번째 전체)도 아니다. 긍정적 의미를 띠는 것으로 부정을 가능케 하는 그런 조작을 함의하는 전체성이다.[14] 시스템론에 의해 상정된 운동체는 스스로가 내부이며, 짐작할 수 없는 외부와 상호적으로 끊임없이 조정(調整)하는 운동자였다. 말하자면 여기에서는 대립하는 내부와 외부의 구별을 무효로 하는 기제가 운동 그것 자체로서 구상되어 있다.[15] 이에 비해서 우리가 전개하고자 하는 운동체는 내부(운동체를 그렇게 부른다면)와 외부(운동체의 환경을 그렇게 부른다면)의 구별을 무효로 하는 '약한 전체성'을 염두에 두고 운동을 실현하는 존재이다.

　　내부와 외부의 구별은 종종 형식 논리에 있어 통사론과 의미론의 구별과 비교되고, 외부를 언급한 내적 운동은 괴델(Kurt Gödel)의 불완전성 정리를 통해 알려진 것처럼 자기언급적 역설[16]과 대비된다. 여기에서

---

14) 郡司ペギオー幸夫,「クオリアと記号の起源 : フレーム問題の肯定的意味」,『脳と生命と心』, 哲学書房, 2000, pp.72~150.

15) 두 카테고리 간의 대응관계를 마련하는 것으로 양자를 구별한 후 그 관계를 무효로 한다. 이런 방식으로 운동을 구동하는 모델로서 다음을 보라. Y.-P. Gunji & H. Higashi, "The Origin of Universality : Making and Invalidating a Free Category", *Physica* D 156, 2001, p.283.

16) 자기언급계는 형식적으로는 다음과 같이 정의된다. 기호가 무한하고, 그 각각에 관하여 참인지 거짓인지 결정할 수 있다고 하자. 예컨대 기호 x를 선택할 수 있다면 그 의미를 즉각 참이나 거짓 중 어느 쪽인가로 결정할 수 있다. 그러나 지금 이 결정을 내리는 누군가는 나 이외에는 없다고 하자. 결정의 규칙은 기호에 맞게 내가 정한다. 즉, 내가 기호 x에 의해 x에 어울리는 진위 결정 규칙을 선택, 이것을 x 자신에게 적용해서 진위를 결정한다. 이것은 모든 x에 대해서 적용된다. 진위 결정 규칙에도 무한의 종류가 있다. 이때 내가 "모든 진위 결정 규칙을 사용하고 있다"는 성격을 자기언급적(self-referential) 특성이라 부른다. 그런데 만약 내가 자기언급적 특성을 가지고 있다면 모순이 생긴다. 기호 x에 의해 x에 걸맞은 진위 결정 규칙을 선택, 이것을 x 자체에 적용해서 진위를 반전시켜 보자. 참이라면 거짓, 거짓이라면 참이라고 말이다. 이 반전한 결과를 야기하는 진위 결정 규칙도 어딘가에 존재할 터이다. 반전 결과를 야기하는 특수한 진위 결정 규칙은 어떤 기호 y에 의해 결정된다고 하자. 이때 "기호 y에 의해 진위 결정 규칙을 선택, 이것을 x에 적용해서 결정한 진위는 기호 x에 의해 진위 결정 규칙을 선택, 이것을 x에 적용해서 결정한 진위를 반

종종 의미론을 언급하면서 단어를 사용하는 것(통사론) 일반이 논리적으로 모순되는 것으로 간주된다. 이것에 대항하듯 언어는 행위 수행적인 것으로 규정되어 논리적 불가능성과 행위적 실현성이 구별되는 경우도 있다.[17] 그러나 그렇지 않다. 자기언급의 역설은 일단 안(예컨대 통사론)과 밖(예컨대 의미론)의 대응관계를 증명 또는 가정하고 그 대응관계 전체를 전망함으로써 귀결되는 것이다.[18] 대응관계를 전망하는 '전체'가 앞서 기술한 두번째 전체 개념으로서만 규정되기 때문에 역설이 귀착되는 것이다. 그러므로 자기언급의 역설에 대항하여 논리적 모순으로 귀결하지 않는 외부를 언급하는 운동을 구성하려 한다면, 여기에 두번째 전체와는 다른 세번째 약한 전체가 어떻게 개재(介在)되는가를 논의해야 하는 것이

전시킨 결과와 일치하는" 것이 된다. 주부와 술부에서 같은 어구가 반복되고 있으므로, 이것을 Y라 쓰면 이러한 언명은 "Y는 Y를 반전한 결과와 일치한다"가 된다. 즉, 모순이 도출된다. F. W. Lawvere, "Diagonal Arguments and Cartesian Closed Categories", ed. P. Hilton, *Lecture Notes in Mathematics* 92, 1969 ; J. Soto-Andrade & F. J. Varela, "Self-reference and Fixed Points - A Discussion and Extension of Lawvere's Theorem", *Acta Applicandae Mathematicae* 2 : 1, 1984.

17) "논리적으로는 불가능하지만 행위 수행적"이라는 식의 구별을 근거로 하는 이 논의는 논점을 벗어나 버린다. 이 구별 자체가 세계 내에서 세계 전체를 전망하지 않고 가능하도록 되어 있다는 점에 주의를 기울여야 한다. 논리적으로 불가능하다는 모순은 상정한 전체를 초월적으로 아는 것에서 기인하고, 만약 전체를 전망하는 것이 불완전 실행 과정으로서 이해된다면 모순과는 다른 양상이 발견될 것이다. 즉, 문제는 구별이나 개념의 형성이 세계 전체를 완전히 전망하지 않고 실행되기 때문에 모순에 봉착되지 않고 가능케 되는 양상에 위치하는 것이다. 이러한 한에서 구별을 근거로 하는 논의는 새로운 구별을 도입해서 끝이 없게 된다. 과학에 있어서도 의미론과는 구별되는 더욱 문맥 의존적인 정보(프래그머틱 정보)를 도입하는 논의가 있지만(P. Fleissner & W. Hofkirchner, "Emergent Information : Towards a Unified Information Theory", *Biosystems* 38, 1996, p.243), 정보생성에 관해서 본질적 해결이란 이루어질 수 없을 것이다.

18) 자기언급계가 모순으로 귀결되는 이유는 '전부를 알아 버렸다'는 것을 가정했기 때문이다. 즉, 초월적 전체로서 상정된 전체를 실체화하고, 모델을 창조하고 있기 때문에, 다시 말해 외연을 상정하고 있기 때문이다.

다. 이 약한 전체는 공간적 전체가 아닌 운동하는 전체, 즉 **생성의 일의성**을 의미하는 것이다. 그러므로 생성의 세 가지 양상은 일의성 아래에서 이해된다.

3. 생성의 세 가지 양상

세번째 논점인 생성의 세 가지 양상, 이것들 사이의 차이를 우리는 이해하고 있는 양 가장하지만, 많은 경우 극히 단순한 이원론의 덫에 빠져 버린다. 그 이유 또한 전체성 개념의 전개 방법에 있다. 불변과 변화의 양의성을 전술한 긍정적 전체(초월적 전체)와 부정적 전체(대각선 논법의 전체)에 따라 생성의 세 가지 양상을 이해할 경우 즉시 이원론적 억견에 빠지게 된다. 일상생활에서 환경을 학습하는 과정을 예로 들어 생각해 보자. 어떤 환경에 적응하고 지내려 할 때도 우리는 일상을 유지하려 할 것이다. 다시 말해 변하지 않는 생활양식을 계속 유지하려 한다. 여기에는 불변적인 것에 대한 집착이 있다. 동시에 생활양식을 끊임없이 보다 쾌적한 것으로 변화시킴으로써 환경이 학습되고 새로운 생활양식이 획득되기도 한다. 이리하여 학습 과정은 변하지 않는 생활양식을 끊임없이 유지하면서, 동시에 변화에 열려, 변화를 허용하는 양의적 성격을 가지게 된다. 이 양의성을 무엇보다도 단순하게 나타내는 과정이 시행착오이다. 우리는 시행착오를 통해 안정성과 변화를 이해 가능하다고 생각할 수 있다.

우리가 소박하게 상정한 시행착오란 변화에 맞서기 위해 제한을 걸고(환경을 한정하고), 변화를 재촉하기 위해 제한을 푸는(한정된 환경에 외부를 부가하는), 이 이질적 과정의 교호(交互)적 반복으로서 이해되는 종류의 과정이다. 여기서는 명백하게 규범성과 변화를 전적으로 이질적 과정으로서 분리하고, 각각에 대해서 그것에 따르는 기제를 부여하고 있다.[19] 여기에 이원론의 함정이 숨어 있다. 환경을 한정함으로써 변화에 저항하는 양상은 생활양식이 특정 환경에 한정해서 정의되고 이해된다는 것을 전제하고 있다. 그러나 어떤 생활양식이 안정적인지는 한정된 문맥·환경을 근거로 하고 있지 않다.

언어라는 생활 관습에서 예를 들어 보자. A씨가 겨울 산 등정 후에 마시는 술이 기가 막히게 좋다는 것을 B씨에게 말하고 있는 장면을 상상해 본다. A씨는 등산을 더없이 좋아해서 그 기막힌 재미를 상세하게 말하고 있지만, 등산을 하지 않는 B씨에게는 도무지 짐작도 가지 않는다. A씨는 반쯤 설명을 포기하고 있다. 그때 A씨 가슴에서 휴대전화가 진동해서 A씨는 전화 저편의 C씨와 대화를 시작한다. 둘의 대화는 C씨가 좋아하는 스쿠버 다이빙이 화제가 되었다. A씨는 C씨의 얘기를 잘 알아듣지 못하지만, 확인의 의미로 대화를 반복한다. "산호초를 본 뒤에 뱃전에서 마시는 술이 기가 막히게 좋아"라고 말이다. 그런데 이 통화 중에 실은 B씨는 A씨가 휴대전화를 사용하고 있다는 사실을 전혀 눈치채지 못하고 있다. 휴대전화가 A씨의 손안에 완전히 들어가 있기도 해서 B씨는 A씨가 C씨와 대화하는 것이 아니라, 변함없이 자신에게 말하고 있다고 생각하고 있다. 그리고 실은 B씨는 다이빙이 취미로 산호초 탐사 후 술을 마실 때의 느낌이라면 잘 알고 있었던 것이다. 이리하여 B씨는 A씨의 통화 내용에 의해, 즉 산호초 탐사 후에 술을 마시는 것에서부터 유추해서 등산 후에 마시는 술이 기가 막히게 좋다는 것이 의미하는 바를 안다. 그러나 B씨의

---

19) 郡司ペギオ-幸夫, 『現代思想』 26(11), 1998, p.207.

이해는 문맥에 관한 오해 위에서 성립한 것이다.

언어의 의미를 일의적으로 결정하는 것만으로 발화를 이해할 수 있다면, A씨의 최초의 설명을 B씨는 이해할 수 있었을 터이다. 그것이 불가능했다는 점에서 우리는 단어의 의미는 다의적이고 그 안에서 본질적 의미를 결정하기 위해서는 문맥을 이해할 필요가 있다고 생각하게 된다. 그러나 B씨는 A씨의 통화 내용의 문맥을 역으로 잘 결정할 수 없었기에 오히려 얄궂게도 A씨의 최초의 발화를 이해한 것이다. 즉, 발화를 이해하기 위해서는 의미를 안정적으로 결정하는 것은 물론 문맥을 결정하는 것조차도 그 근거가 되지 않는다. 오히려 발화를 이해하는 것과 오해하는 것은 표리 일체이다. 이것은 분명 이해에 초월적 전체성이 대응하고 여기서부터 일탈시키는 원동력이 외부에서 일어난다는 도식 자체를 무효로 만든다. 우리의 발화 이해는 논리 긍정적인 초월적 전체와 논리 부정적인 모순을 지니는 전체에서 구성되는 이원론적 대립 도식 내부에서의 운동이 아닌 세번째 전체성을 내포한 운동인 것이다.

따라서 세번째 논점에 있는 생성의 세 가지 양상인 규범성·변화·기원은 대립하는 개념들이 아니다. 그것들은 구별되어야 할 위상을 가지지만 그 근거를 가지지는 않는다. 규범적으로 행동하는 운동(예컨대 대화)은 언제 규범 그 자체를 와해시킬지도 모를 변화와 원리적으로 구별할 수 없다. 그것은 현전하는 기원의 계기(繼起)로서 운동을 파악하는 관점을 우리들에게 부여하는 것이다. 여기에서 우리는 규범성·변화·기원의 일의성을 발견하게 된다.

4. 개체로서의 타자, 복수성으로서의 타자

여기에서 내세운 세 논점을 사회 통념의 변화라는 사례로 정리해 보자. 지금 변화가를 걸고 있는데 젊은이가 길거리에 엉덩이를 대고 앉아 있는 광경을 보았다고 하자. 그 광경을 보고 나는 "내가 학생이었을 때 저러는 사람은 나 정도였었는데" 하고 생각한다. 젊은이의 이 풍속은 이제야 어떤 사회 풍속으로서 인지되고 있다. '내'가 땅에 엉덩이를 대고 앉는다는 행위를 〈그림 1〉과 같이 사회적 규범과 나의 상호 작용으로 도식화해 보자. 나는 사회 내에서 땅에 앉는다는 판단을 내리므로 이것을 사회 규범 하에서의 결단이라 생각하기로 한다. 나는 행위를 통해 그 행위를 허용하는 사회 규범을 기대하고, 동시에 행위의 결과에 대한 사회적 반응을 감안해 그것의 내실(內實)을 축약(縮約)한다. 여기서 기대와 축약의 고리(loop)가 확인된다. 또한 사회 규범의 명시적 부분이 사회 통념으로서 의식되고, 도식에는 축퇴(縮退)[20]하는 사회 통념 참조 고리가 부가된다.

　　문제는 기대와 축약이 선후관계를 이루는 순차적 처리 과정이 아니라는 점에 있다. 나는 그렇게 앉는 것이 야기한 결과에 대한 사회적 반응을 보기(규범을 축약하기) 이전에도, 사회적 반응을 잠재적으로 예상하고 있다. 나에게 있어 나의 판단은 독립된 행위가 아니고 사회와 분리할 수 없는 타자를 동반하고 있기 때문이다. '내'가 예상하는 사회성을 타자라 부르기로 하자. 타자는 중층적 성격을 가지고 나와 사회 규범의 상호 작용을 매개한다. 우선 타자는 구체적 개체로서 '나'의 앞에 현전한다. 승인하는 경우도 부정하는 경우도("그런 식으로 앉지 마!"라는 타자) 어떤 개별

---

20) 축퇴(degeneracy)는 본래 물리학 용어이나 여기에서는 유비적으로 사용되었다.—옮긴이

적 인물이 나를 향해 말한다. 두번째로 타자는 구체적 인물이 아닌 불특정 복수인 타자성(otherness)으로서 나에게 다가온다. 첫번째 타자는 사회로부터 나에게로의 축약을 매개하고, 두번째 타자는 나로부터 타자에 대한 기대를 매개한다. 이렇게 생각한다면 기대와 축약은 선후관계로서 이해된다. 그러나 그렇지 않다.

나는 사회 규범을 참조해서 기대할 때도 축약할 때도, 개별 타자와 복수성으로서의 타자를 함께 수반한다. 나는 의식하지 않고 지면에 앉지만 누군가 개별적 인물이 내 행위에 대해 의견을 말한다면 이것을 받아들일 용의가 있다. 적어도 개별적 인물이 말을 건다는 것은 바람 소리가 나는 것이나 고양이가 우는 것과는 구별되고, 나는 반발하든 승낙하든 그것을 발화로서 받아들인다. 즉, 구체적 타자와의 조우 이전에도 기대에 있어 잠재적으로 예기되는 것은 '나'에게 개별적 타자로서 이해되고, 사회적 규범에 의해 상정되는 복잡성으로서의 타자인 것이다. 사회 규범을 축약하는 경우에도 개별적 타자의 발화를 통해 '나'는 복수성으로서의 타자의 소리를 듣게 된다. '나'에게 접촉하는 것은 '내'가 복수성으로서의 타자로 이해하는 것을 가능케 하는 개별적 타자인 것이다. 타자는 보통 개체이자 복수성이다. 〈그림 1〉에서 기대를 뜻하는 화살표는 '나'로부터 사회 규범으로 향하고, 축약[을 가리키는 화살표]은 역으로 되어 있다. 이때 우리는 복수의 타자는 사회에서 기인하고 개별적 타자는 '나'의 행위에 현전한다고 생각할 것이다. 그러나 만약 그렇다면 사회와 '나'의 접촉 자체가 마치 화살표를 그리듯 단순한 기계적 조작으로서 이해되어 버린다. 양자의 접촉 자체에 개별성과 [동시에] 복수성을 가지는 타자가 매개되는 것이다. 역으로 우리는 이러한 타자를 매개하지 않는 한 나와 사회의 접촉을 이해하지 못한다. 이러한 중층적 타자야말로 초월자로서 대하

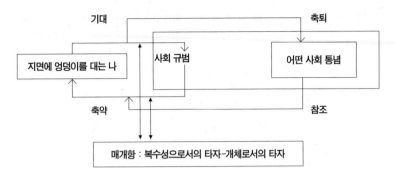

그림 1 '나'에 의해 참조되는 사회 통념의 축퇴는 '나'와 사회 규범의 상호 작용을 통해 실현된다. 열쇠는 매개항, 즉 타자의 위상(status)이다.

는 것이 불가능한 '나'에게 있어서의 타자이며, 또한 세번째 전체성인 것이다.

    사회 통념을 사회 규범의 명시적 부분으로서 조망한 사례는 규범적으로 행동하는 사회 통념이, 그 이전에 존재하지 않고 이후에 나타난 어떤 사회 통념(기원)이어도 나에게 계속 참조되는 경우(규범)에도, 변화로서 인식될 수 있음을 함의한다. 여기에 규범성·변화·기원의 일의성을 이해하는 열쇠가 있다. 삼자가 생성이라는 일의적 존재태의 다른 양상이기 때문에, 우리는 그것을 변화에 정위해 이해하는 것과 마찬가지로 기원이나 규범에 정위해 이해하는 것도 가능케 될 것이라고 기대한다. 예컨대 기원의 현전은 예술이나 실험 등의 신체적 과정에 있어서 이해되는 양상이다. 일회성을 변화와 구별해서 이해하는 방법은, 그 구별의 근거가 없는 이상, 현실의 어떤 문맥 속에 스스로 파고듦으로써 깨달는 수밖에 없을 것이다. 어쨌든 신체적 과정을 통해 우리는 느끼며, 기원에 정위해서 생성을 이해할 수 있을 것이다. 우리는 인식하고, 느끼고, 나아가 사유할 수 있다. 이리하여 생성의 일의성은 인식·감각·사유의 각각에 정위하고 이해되며, 그 각각을 통해 변화·기원·규범성을 이해하는 장치가 구성될 것이다.

반대로 사회 통념의 변화를 이해하는 열쇠가 되는 것은 개인과 사회 사이를 매개하는 '복수성으로서의 타자=개별적 타자'였다. 여기야말로 시스템론의 허점이 있었던 지점이다. 짐작하는 것이 불가능한 외부(그것은 철저한 외부의 정의이다)와 내부의 조정(調整)인 운동 개념은 역설적으로 은닉적 외부의 수반조차 어떤 종류의 질서(운동하는 전체=일자)로 전도시켜 버린다. 이 전도에 대항하기 위해서는 내부와 외부 사이에 매개자로서 세번째 전체를 구성해 보는 것이 필수적이다. 그리고 이 태도는 단지 내부(명시적 사물)와 외부(암시적 문맥)가 접촉하는 것만이 아니라, 양자를 전망하는 특이한 매개자에 의해 가능하다. 이때에서야 비로소 (모순이 귀결되는) 자기언급적 구조를 세계 전체의 지시의 귀결로서 상대화할 수 있다. 세계 전체는 결코 전망할 수 없다. 전망할 수 있다는 믿음을 가지고, 세계 개념을 외연화·개체화할 때 자기언급, 모순이 귀결되어 버린다. 반대로 인식된 세계 전체가 나에게 늘 불완전하게 정위한 전체인 경우, 즉 지시된 세계가 세번째의 약한 전체인 경우, 세계-내-지시는 결코 모순에 봉착하지 않고 가능케 될 것이다. 더욱이 우리는 세번째 전체에 의해 매개된 사회와 나의 상호 작용이라는 장치가 변화라는 생성의 단 하나의 위상에 지나지 않는다는 점도 확인한다. 우리는 마찬가지의 전개에 의해, 즉 매개항을 발견=구성하는 방법에 의해, 기원이나 규범에 정위한 생성 이해의 장치도 구성하게 될 것이다.

이상의 전개를 전망하고 잘 진행시키기 위해서, 나는 들뢰즈·가타리가 『철학이란 무엇인가?』[21]에서 보여 준 철학, 과학, 예술의 분절과 삼자의 관계에서 출발할 것이다. 우선 들뢰즈는 분명 생성에 의거한 철학자였다는 이유에서. 다음으로는 『철학이란 무엇인가?』는 미완성이[라고 나는 생각하]기 때문이다. 철학, 과학, 예술은 이들 셋을 창조한 뇌의 활동 이해에 있어 접합되어야 한다는 들뢰즈·가타리의 주장은 이 책의 논의와 정합적이다. 그러나 접합["통합 아닌 접합"]이라는 전회는 그들이 주장하는 철학, 과학, 예술의 정의만으로는 곤란하다고 말할 수밖에 없다. 나는 들뢰즈·가타리의 분절을 임시로 차용하되, 거기에서 탈피해 철학, 과학, 예술을 다른 형태로 재구성한 후 삼자의 접합면을 발견하는 식으로 논의를 진행시킬 것이다. 접합면에 있어서 우리는 일의성을 발견하고 생성이라는 존재양식을 주시하게 될 것이다. 그리고 그 각각에 있어서 또한, 일의성의 의미를 각 위상에 있어서 매개항이라는 형식으로 발견하게 될 것이다. 이때 결과에 대한 해석으로서 얻어지는 3항관계는 생성이라는 존재태를 구성하기 위해 대담하게 재편성된다. 즉, 제3항으로서의 매개항을 불가결하게 취하는 2항(二項)으로서. 그리고 2항관계를 존재케 하고 해체하며, 존재와 해체를 반복적으로 계기시키기보다는 순수하게 혼효시키는 매개항으로서 말이다.

---

21) G. Deleuze et F. Guattari, *Qu'est-ce que la philosophie?*, Minuit, 1991 ; 財津理 訳, 『哲學とは何か?』, 河出書房新社, 1997.

2장_존재론=방법론을 향한 소묘

1. 철학, 과학, 예술이라는 장치

잠재성으로 열려 어떠한 변화·변용도 받아들이면서 '지금·여기'에 있는 존재. 이 책은 세계를 이러한 존재태=생성으로서 파악하고 이러한 세계-내-존재로서의 나를 이해해 나가기 위한, 살아 있는 나에게 있어서의 존재론=방법론이다. 잠재성으로 열린 개별자라는 존재태는 여기에 있는 단 하나 존재임과 동시에, 들뢰즈·가타리적 의미에서 무한 속도를 가지는 존재이다(QP, 53~54).[1] 무한 속도란 유한의 끝/극한인 것이 아니라,

---

1) 들뢰즈·가타리는 철학을 우리를 조성하는[composer] 하나의 구성주의[constructivisme]로 위치 짓는다. 조성하기 위한 두 상호적 장치가 내재면[plan d'immanence]과 여러 개념들[concepts]이다. 전자는 "하나의 면[plan]을 그리는 것"이고 후자는 "개념들을 창조하는 것"이다. 한쪽을 다른 한쪽으로 근거 짓는 것은 불가능하며, 따라서 개념들의 창조를 다양한 파도[波]를 창조하는 연속체로 파악하는 것은 소박한 것이다. 그렇게 파악해 버릴 경우, 개념들은 그 단독성을 잃어버리고 전체로서 하나의 보편이 되어 버린다. 따라서 개념들은 유한 운동이면서도, 단독성을 보존하면서 혼효할[con-sister] 수 있는 무한 속도로 된다. 내재면과 개념들의 상보성은 플라톤에 있어서 '하나'와 존재·비존재로부터 합성되어 만들어지는 '여럿'의 위상(位相)과의 관계에서도 발견된다. '하나'는 복수의 위상 모델이고, 복수의 위상으로부터 구성적으로 이해되면서 동시에 온갖 개념들에 선행한다(QP, 44~48).
['QP'는 『철학이란 무엇인가?』*Qu'est-ce que la philosophie?*의 약자이다. 쪽수는 프랑스어 책이

아무리 유한 영역을 설정해도 그 상정된 영역의 외부를 받아들일 수 있는 현실이라는 양상이다. 여기에서 우리는 생성이 계기하는 변화, 생성이기 때문에 현전하는 기원, 생성이 담지하는 규범성이라는 세 양상을 독해하게 된다. 나는 이상의 세 존재론적 양상을 우리들이 생활하는 현실적 세계 내에서 전개해 갈 것이다. 즉, 존재론=방법론으로서 구성해 가는 것이다. 나는 이 존재론=방법론을 '확장된 과학'이라 부르고 싶다.

이를 위해 우선 들뢰즈·가타리가 『철학이란 무엇인가?』에서 세운 겨냥도, 즉 철학·과학·예술이라는 방법론적 구별을 출발점으로 하자.[2] 그리고 그들이 지향했던, 하지만 마지막 장에서 약간 언급하는 데 머문 이 셋의 "통합 아닌 접합"이라는 존재론=방법론을 수립해 갈 것이다. 그것은 과학이라 불리는 장치를 확장하고, 확장된 과학 내에서 이론, 계산, 실험 각각에 미정의(未定義), 미결(未決), 미지(未知)를 적극적으로 도입함으로써 이론[철학], 계산[과학], 실험[예술, 그러나 사실상 기술]의 상호 간섭 및 동적 상보성을 두드러지게 해서 계기시키는 존재론=방법론일 것이다. 이 셋은 이 책에서는 확장된 이론=원생(原生)이론, 확장된 계산=원생계산[3] 또는 현상론적 계산, 확장된 실험=원생실험이라 불리게

아니라 일본어 번역본의 쪽수이다. (또한 『파르메니데스』편에서 전개되는) 플라톤에게서의 '하나'와 '여럿'의 관계는 하나가 여럿을 보듬는 형태를 띠며, 이를 계승한 것은 들뢰즈보다는 헤겔이다. 들뢰즈는 오히려 하나와 여럿의 이런 헤겔적 파악을 극복하기 위해서 '다양체'(multiplicité) 개념을 전개했다고 볼 수 있다.—옮긴이]

2) G. Deleuze et F. Guattari, *ibid.*, 1991.

3) 원생계산은 계산기가 계산기로서 실행되는 환경까지 고려한, 확장된 계산 과정으로서 구상되었다. 계산은 계산기로 실행하든 머리(뇌) 안에서 실행하든 본래 물리적 과정이다. 물리적 과정인 이상, 계산 과정이라 간주되는 관측 과정에는 물질로서 진행되는 과정이 잠재하고 있다. 계산기는 입출력 데이터와 그것을 읽고 변환하는 프로그램으로 구성된다. 이 구별은 계산기 사용자에 따르는 것으로 본래 양자는 공히 현상이자 물리적 과정이다. 물리적 과정인 데이터가 마찬가지로 물리적 과정인 프로그램과 상호 작용하고 물리적 과정인 결과가 정보로

된다. 이것이야말로 각각 들뢰즈·가타리적 의미에서의 철학, 과학, 예술의 사생아가 되는 것이다.

나는 생성이라는 존재태에 관련해 들뢰즈·가타리의 논의만이 뛰어나다고 생각하지는 않는다. 그러나 생성을 이해하기 위한 장치로서 철학, 과학, 예술을 대립적으로 부각시켜 생성이라는 존재태를 보다 입체적으로 구성한 것, 그리고 무엇보다도 이들 세 장치의 접합면이라는 문제-계(系)[problématique]를 발견했다는 것만으로도 이들은 이미 새로운 장치로의 길을 비출 수 있었다고 생각한다(QP, 285~310). 세 장치의 통합 아닌 접합이라는 청사진이야말로 존재론=방법론이라는, 새롭고 보다 적극적인 생성으로의 태도가 될 것이다. 생성이라는 존재를 존재론으로서만 주장하는 것은 오히려 생성이 담지하는 강도(intensité)의 이해를 훼손하게 된다. 강도는 거기에 '있는' 것과 그것을 '야기하는' 장소의 상호 침투하는 계기 과정에 의해 담지된다. 따라서 강도를 이해함에 있어서 '있다'의 이해 상태인 존재론과 '야기하다'의 이해 상태인 방법론을 분리하고 한쪽에만 정위하는 것은 생성이 담지하는 상호 침투적 계기 과정이라는 양상에 관련해 나와 세계 간의 계기를 잃어버리고 사적 폐역(閉域)이나

서 도출된다. 데이터와 프로그램이 상호 작용하는 이상, 데이터가 프로그램에 미치는 영향은 무시할 수 없다. 프로그램은 그 영향이 완화되기까지 새로운 입력을 기다려야만 할 것이다. 적어도 완화하기까지의 시간을 동기화(同期化)함으로써 병렬적인 계산에 대해 결과의 재현성이 기대되지 않으면 안 된다. (1+2)×(3+2)를 계산할 때 두 괄호 안을 병렬적으로 계산하고 그후 곱셈을 실행한다. 두 괄호 안의 계산에서 첫번째 괄호에서 1을 입력하고 입력의 영향이 완화하기를 기다려 2가 입력되기까지의 완화 시간과 두번째 괄호 안의 계산에 있어서 완화 시간이 같아져야 한다. 실제의 계산 실행 과정이 동기(同期)하고 있지 않아도, 원리적으로 계산기 사용자가 결과를 동기화하는 것이다. 관측자=나에게 있어서 동기는 근사(近似) 없이 성립한다. 계산에 있어서 관측 과정을 이해함은 이 절대적 동기의 기원(=논리적으로 불가능하지만 현전하는 현상으로서 말하는 것)을 말하는 것이다. 다음을 보라. 郡司ペギオ-幸夫, 『原生計算と存在論的觀測—生命と時間, そして計算』, 東京大学出版会, 2004.

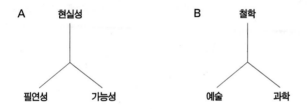

그림 2 A는 문제-계를 분해하는 3항관계, B(철학, 과학, 예술)는 A에서 제시된 3항관계의 각각에 정위한 문제-계 이해의 장치이다. 각각의 장치가 문제-계를 현실성 성분, 가능성 성분, 필연성 성분으로 분해한다. 단, 정위하는 성분이 장치에 따라 다르기 때문에 어떠한 성분에 역점이 놓이는지가 다르다.

그 소박한 부정이라는 폐역으로 귀착할 위험성이 크다. 이런 이유 때문에 나는 들뢰즈·가타리를 논의의 날실로 해서 출발하는 것이 타당하다고 생각한다.

생성에 관해 이 책에서는 기호론적 3항관계[4]를 씨실로 논의를 짤 것이다. 이 책에서 3항관계는 현실성, 가능성, 필연성에 의해 구성된다(그림 2의 A). 각각은 문맥, 함의, 기호(이름)라고 환언해도 상관없다. 각 성분의 위상은 다음 장에서 상술할 것이지만, 간단한 예를 들어 두기로 한다. 어떤 남자가 가진 고가의 와인 잔을 상기해 보자. 이 잔은 연대가 꽤 되는 와인을 따르기 위해서만 사용되어 왔다. 어느 날 남자는 파산하여 이제 [이 잔에] 따를 수 있는 와인은 어디에도 없다. 남자는 와인 대신에 길가의 꽃

---

4) J. Hoffmeyer, *Signs of Meaning in the Universe*, Indiana Univ. Press, 1994 ; 松野孝一郎·高原美規 訳, 『生命記号論』, 青土社, 1999. 기호론과 내부관측의 관계에 대해 언급한 논문으로서는 다음을 보라. A. U. Igamberdiev, "Semiokinesis: Semiotic Autopoiesis of the Universe", *Semiotica* 135(1/4), 1, 2001. [군지가 말하는 '기호론적 3항관계'는 철학에서 말하는 양상론(theory of modality)에 해당한다.—옮긴이]

을 잔에 꽂았다. 이 사건을 3항관계로 이해한다면 〈문맥〉-〈함의〉-〈기호〉 각각은 〈남자〉-〈와인을 따르다, 꽃을 꽂다,……〉-〈와인 잔〉이 된다. 와인 잔은 단순히 우리들이 "와인 잔"이라 부르는 것으로 수학 기초론에서 종종 말하는바 의미가 없는 기호이자 이름이다. 이름이기 때문에 어떤 사용 방식, 어떤 문맥에 있어서도 와인 잔은 와인 잔이다. 그 사용 방식의 가능성이 "와인을 따르다, 꽃을 꽂다,……"이고, 이것이 기호의 함의가 된다. 또한 사용 방식은 '와인 잔'이 놓인 문맥, 여기서는 그것을 사용하는 "남자"에서 결정된다. 따라서 기호의 함의가 가능성에 대응한다는 것은 명백할 것이다. 문맥이란 그때 그 장소에서의 상황을 한정하고 기호가 사용되는 '지금·여기'를 부여하는 것이다. 그러므로 문맥은 현실성에 대응한다. 이 3항관계에서 '와인 잔'은 그 사용을 한정하지 않고서도 와인 잔이라 불린다. 즉, 그 자명성은 근거를 갖지 않기에 '와인 잔'이라고만 지시된 물건은 근거 없이도 세계에 우뚝 서 있는 것이다. 그러므로 여기서의 기호 '와인 잔'은 필연자이다. 우리들은 우선 이 3항관계와 철학, 과학, 예술[문맥/현실성, 함의/가능성, 기호/필연성]의 관계를 해부한다.

어떠한 문제-계도 이 세 성분으로 분해되고 재구성되어 해독된다. 단지 어떠한 성분에 닻을 내리는가에 따라 문제-계 이해의 장치가 변모한다. 이 장치로서의 상이함이야말로 철학·과학·예술, 즉 사유·인식·감각의 상이함을 야기하는 것이다. 철학은 현실성에, 과학은 가능성에, 예술은 필연성에 정위하는 장치이다(그림 2의 B).[5] 단, 각각의 장치가 또한

---

5) 들뢰즈·가타리는 철학-현실성, 과학-가능성, 예술-필연성이라는 대위법은 사용하고 있지 않다. [들뢰즈식으로 볼 때 오히려 철학이 잠재성을, 과학이 현실성을 담지한다. 군지의 구도는 들뢰즈의 구도와 다르다. 뒤의 '부록 4'에서 히가키 다쓰야도 이 점을 지적하고 있다. 그러나 군지는 철학을 논하면서 잠재성을 언급하기도 해서 혼란을 준다. 이하 군지의 논의는 (스스로도 인정하듯

현실항, 가능항, 필연항의 세 성분으로 구성된다. 그런데 장치들에서의 범위의 차이는 문제가 되지 않으며, 어떤 성분에 초점을 두어도 세 성분의 형식적 구조는 같다. 매 경우 두 성분은 **상호 내포적 관계를 계기**(繼起)**시키고** 그로써 남은 세번째 항을 **되비추는** 구조를 가진다. 동시에 되비춰지는 세번째 항은 남은 두 항 사이의 매개항으로서 작용한다. 형식적 구조의 동형성에도 불구하고, 닻을 내리는 성분에 따라 각각의 장치가 생성에서 가지고 돌아가는 것은 전혀 다른 양상이 된다. 우리는 들뢰즈·가타리의 논의를 이런 구도로 독해해 가게 될 것이다.[6)]

철학은 생성의 현실성에 닻을 내린다. 현실성이란 대상을 지정할 때 문맥이 담지하는 비일정성(indefiniteness)이다. 문맥이 규범적으로 명확한 경계를 가지는 경우도 있다. 그러나 경계의 외부가 분리되고 제거되는 것은 결코 아니다. 문맥으로서 상정될 수 없었던 것이 다음 찰나 문맥으로서 참가할 여지를 남긴다. 확정된 규범이 동시에 스스로를 전복할 가능성을 내재해서 [열린] 규범이 된다. 여기에서 잠재성이 인정된다. 끊임없는 외부의 침투란 외부의 영토(문맥)화와 탈영토화의 계기이다(QP, 123~124).[7)] 다음 찰나에 있어서의 변화 가능성은 상정된 경계의 외부를 포함하기 때문에 유한일 수 없다. 따라서 문맥(현실성)에 정박하는 철학은 항상 무한 속도를 가지고 돌아가려고 하는 장치가 된다. 들뢰즈·가타리에 의하면 무한 속도를 파악하기 위해 철학이 구성하는 것은 내재면과 개념이다. 개념들 사이에서 꿈틀거리는 중간-영역의 전체 운동이 내재

이) 들뢰즈에 대한 정확한 독해로 보기는 힘들며, 독자들은 군지 자신의 생각의 구도에 초점을 맞추어 읽는 것이 좋다.—옮긴이]

6) [이 책에서] 들뢰즈와 가타리의 『철학이란 무엇인가?』를 독해하는 것은 [문헌학적으로] 정확하게 해명하는 것을 의미하지는 않는다. 오히려 적극적 오독도 포함한다.

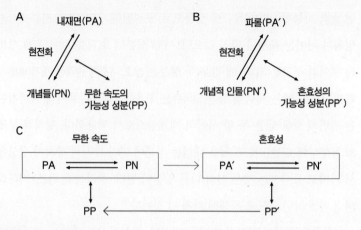

그림 3 A : 철학에 있어서 무한 속도의 구성적 절차의 철학은 무한 속도라는 현실성에 정위하고 이것을 내재면과 개념의 보완적 계기(繼起)에 의해 구성한다. PA, PN 및 PP는 각각 철학(Philosophy)의 현실성(Actuality), 필연성(Necessity), 가능성(Possibility)을 나타낸다. 한 방향을 가리키는 화살표는 직접적인 현전, 투사, 계기를 나타낸다. 양방향의 화살표는 간접적인 되비춤 혹은 시사(示唆)(PA-PN에서 PP로) 및 매개(PP에서 PA-PN으로)를 나타낸다. PP와의 관계는 들뢰즈·가타리에게 있어서는 제시되지 않는다. 이 책에서는 다음 절 이후에서 논한다.
B : 장치 A의 구체적 절차.
C : 장치 A와 B의 관계. 무한 속도를 이해하기 위해 혼효성이 개념적 인물과 현실의 파롤의 계기관계에 매개된다. 이들을 경유해서 무한 속도의 가능성 성분이 시사된다.

면이라 불린다(그림 3). 따라서 내재면이 개념을 개념이게 하고, 다른 여러 개념들의 혼효를 현전시킨다. 동시에 개념은 개념을 특이화하는 무한속도의 운동을 재현전시킨다. 내재면과 개념은 이런 의미에서 상호 내포적 운동을 서로 계기한다. 개념과 내재면의 구체적인 구도가 개념적 인물

---

7) 특히 QP, 123~124쪽의 다음 구절을 음미해 보자. "사유한다는 것은 오히려 영토와 대지의 관계에서 성립하는 것이다. …… 대지는 끊임없이 그 장에서의 탈영토화의 운동을 행하고 이 운동에 의해 모든 영토를 넘어간다. 대지는 탈영토화하고 탈영토화되는 것이다. …… 탈영토화의 운동은 어딘가 다른 장소로 열려 있는 영토들과 분리할 수 없는 것이고 재영토화

과 현실의 파롤이다.[8] 여기서 구체적 구도란 개념과 내재면의 관계를 구성하기 위한 매개항이다. 단, 개념과 내재면이 정의된 후 그것을 매개하는 것이 아니라 매개항 자신의 운동에 의해 개념과 내재면의 관계가 구체화된다. 개념적 인물이란 개념 구성이라는 철학적 언표행위를 구동하는 필연성, 예컨대 항상 스스로 생각하기를 원하는 자(들뢰즈·가타리는 이를 '백치'라 부른다)이다. 백치는 어떤 것도 전제로 하지 않는 즉자적 움직임이기 때문에 필연항이다. 따라서 우리들의 분절인 현실성·가능성·필연성에 대조해 확인한다면, **철학이란 현실성**(무한 속도)에 정박하기 때문에 그것을 **현실성 요소**(내재면, 방법으로서는 현실의 파롤)와 **필연성 요소**(개념, 방법으로서는 개념적 인물)의 상호 내포적 계기에 의해 구성하는 장치이다. 철학이라는 장치는 그 구성력에 입각해 무한 속도의 현실성을 구성하

의 과정은 영토들을 회복하는 대지로부터 분리할 수 없는 것이다. (영토로부터 대지로의) 탈영토화와 (대지로부터 영토로의) 재영토화라는 두 식별 불가능의 지대(zone)를 동반한 영토와 대지는 조성의 두 요소이다." 대지는 경계를 가지지 않는 보편이며, 장소라는 특이화에 의해 개체로서의 영토가 나타난다. 영토는 여러 개념들이고 대지는 내재면의 은유이다. 그러나 영토화·탈영토화는 상이한 두 범주의 보완관계라는 것의 무한 운동을 함의한다. 예컨대 142~143쪽의 다음 구절을 음미해 보자. "철학은 개념의 비명제적 형식에, 즉 커뮤니케이션, 교환, 합의, 그리고 의견을 소멸시키는 형식[개념의 비명제적 형식]에 도달한다. 따라서 그것은 아도르노가 '부정변증법'이라 부른 것에, 또 프랑크푸르트학파가 '유토피아'라 지시한 것에 꽤 가까운 것이다. 실제로 유토피아야말로 철학과 그 시대 즉 유럽 자본주의와의, 그러나 이미 또한 그리스 도시국가와의 접합을 만드는 것이다. …… 유토피아는 무한 운동에서 분리할 수 없다. 유토피아는 ['u-topia'라는] 그 어원에서부터 절대적 탈영토화를 나타내는 것이지만, 단 늘 임계점에 있어서 절대적 탈영토화가 현전하고 있는 상대적인 중간=경계와 연결되고 특히 그러한 중간=환경 내에서 질식한 여러 힘과 연결되는 임계점에 있어서의 절대적 탈영토화를 가리킨다. …… 유토피아론자 새뮤얼 버틀러(Samuel Butler)가 사용한 말 'Ere-Whon'은 단순히 'No-where' 즉 '어디에도 없다'만이 아니라 'Now-here' 즉 '지금-여기'도 지시하고 있다. …… 유토피아라는 관념에는 늘 초월을 회복시켜 버릴 우려가, 그리고 때로는 초월을 오만하게 부활시키려는 태세가 존재한다. 따라서 권위주의적 혹은 초월적 유토피아와 절대 자유주의적·혁명적·내재적 유토피아를 구별해야만 한다." 여기서 보이듯이 탈영토화 하나에만 주목해도 그것은 "단순히 개체화된 경계가 사라지는" 것 이상의 운동이다.

면서 동시에 무한 속도의 가능성 요소를 되비춘다. 그렇지만 여기에서 인정되는 가능성 요소는 구체적이면서 견고한 형태를 가질 수 없다. 즉, 우리들은 철학에서 가지고 돌아가는 생성을 현실의 생활 내에서의 도구·방법론으로서 사용할 수 없다.

자본주의나 도시국가 그 자체에 있어서 자본가나 도시국가 건설은 그 개체화를 담지하는 자에 의거한 상대적 영토화이고 그러한 한에서 상정된 탈영토화도 상대적 탈영토화에 지나지 않는다. 그러나 여기서 표방되는 내재적 유토피아로서의 철학은 '어디에도 없는 장소=대지'와 '지금·여기=영토'를 항상 혼효시키는 운동이고 따라서 절대적 탈영토화인 것이다. 영토라는 범주와 대지라는 범주가 엄연히 구별되어 양자 간의 이행이 영토화·탈영토화로 상정되는 것은 아니다. 상이한 범주 간의 전이이므로 그것은 조작적으로 쓰인 것이고 조작 주체에 의거한 상대적 과정에 지나지 않는다. 대지와 영토를 혼효시키는 무한 운동이기 때문에 영토화는 영토화를 진행시키는 조작 주체가 사는 대지까지도 잠재시킨 과정이다. 그런데 영토란, 경계를 설정한 자들까지 자연화한다면, 경계를 가지긴 하지만 근거 없이 설정된 그것에 의해 정립하는 상대적 현전이다. 따라서 그 현전은 보편인 대지와 특이성을 가진 단독자=개별자 사이(중간=환경)에서 결사적으로 계속 유지된다. 추상적 보편과 추상적 개체 사이에 있기 때문에 중간=환경[milieu]은 경계를 생성하는 힘이 분주하고 무한 운동을 되풀이한다. 그렇기 때문에 힘은 영토를 끊임없이 생성하고 유지하는 것과 동시에 이것을 탈영토화하는 운동과 혼효하고 있다. 경계의 현전은 경계의 해체에 공존한다. 이러한 한에서 임계점에 나타나는 탈영토화는 'No-where'와 'Now-here'를 혼효시키는 내재적 유토피아인 것이다. 이상을 감안하고 나는 들뢰즈·가타리가 제시하는 영토화·탈영토화의 운동을 존재론=방법론으로서 전회하기 위해서는 중간=환경 내에서 질식하고 꿈틀거리는 여러 힘을 강조하는 매개자가 필요하다고 느낀다. 그것은 보편(현실)과 개체(필연) 사이의 불일치를 드러내는 장치이고 잠재성을 되비추기 위한 가능항이 된다.

8) 이 책에서 상정한 것은 감히 들뢰즈·가타리가 상정한 것에서 탈피해 간다. 우선 개념적 인물은 아래와 같은 위상을 가진다. "데카르트의 경우에 있어서 창조된 코기토 개념과 전제된 사유의 이미지 외에 무언가 다른 것이 존재하는 것일까. …… 그것은 전(前)개념적 (내재)면과 개념 사이에서 왔다 갔다 하는 중간적인 어떤 희미한 존재를 갖고 있는 듯이 생각된다. 그것은 일단 '백치'(idiot)이다. '나'라 말하는 것은 실제로 그리고 코기토를 발하는 것도 실제로 그이며 주관적 전제를 지니거나 평면을 그리거나 하는 것도 바로 그이다"(QP, 90). 즉, 개념적 인물=백치는 사유—이미지(내재면, 대지)와 개념(영토) 사이의 중간에서 질식할 듯한 여러 힘을 담지하는 선택자이다(주7을 참조하라). 개념적 인물에 의해 들뢰즈·가타리는 중간=환경(milieu)에서 꿈틀거리는 영토화, 탈영토화를 담지하는 필연자에 정위한다. 따라서 개념적 인물 자체가 내재면과 여러 개념을 매개하는 제3항이다. 그러나 나는 내재면과 개념이라는 순수하게 추상적인 보편-개체 관계, 즉 어떤 절대를 이해하는 위상과 중간=영역을 인정하지 않을 수 없는 어떤 상대(相對)를 이해하는 위상을 구별해서 논의하고 싶은 것이다. 그

무한 속도의 가능성 요소란 무엇인가? 가능성이란 원래 무한 속도와 이질적인 범주에 속하는 것이다. 들뢰즈·가타리 자신은 결코 무한 속도의 가능성 요소라는 말은 쓰지 않는다. 기억해 두었으면 한다. 무한 속도란 '즉'으로 결부된 의미적 관계에 있어서 유도되고, 가능성이란 '그러므로'로 결부된 인과적 관계에 있어서 유도된 개념이다. 양자의 혼동은 통상 피해야만 한다. 그러나 세 장치의 통합 아닌 접합에 의해 존재론=방법

이유는 아래의 언설에도 호응한다. "철학은 세 개의 요소를 제시한다. …… 철학이 그리지 않으면 안 되는 전철학적인 면(내재), 철학이 발명하지 않으면 안 되는, 생명을 부여하지 않으면 안 되는 준철학적인 개념적 인물 그 자체 혹은 개념적 인물들(내립內立), 철학이 창조하지 않으면 안 되는 철학적 개념(혼효). 그리기, 발명하기, 창조하기, 그것은 철학의 삼위일체이다"(QP, 111). 즉, 개념적 인물은 내재를 그리는 이성과 혼효를 창조하는 오성이라는 존재론적 추상에 대해 계속 내립을 발명하는 인식 주체이다. 나의 의도는 존재론=방법론적 전회이지만 이를 위해서는 존재론과 인식론 사이에로 직접 공격해 들어가는 것이 아니라 존재론을 경유한 인식론을 전개하는 방식이 바람직하게 생각되는 것이다. 왜냐하면 내재면(대지)과 개념(영토) 사이의 절대적 탈영토화(및 영토화)로서의 유토피아에 있어서 초월적 유토피아와 내재적 유토피아의 준별이 곤란하고, 자칫하면 유토피아는 초월로의 회귀를 재촉해 버리기 때문이다. 따라서 존재론적 추상인 내재면 개념은 "혼효를 현전시키는 유일의 파도, 특이성과 개별성을 현전하는 다양한 파도의 이미지"(QP, 54)를 빌려 현실성, 필연성의 추상으로 위치 지어진다(중간을 발견하는 한에 있어서 특이성을 계속 가지는 여러 개념은 그 자체로 선택자=필연자는 아니다. 그것은 내재면이라는 절대와 보완관계에 있으면서 위상적으로 무관계한 개체이다. 그러나 내재면, 여러 개념들 사이에 잠재하는 중간=환경을 굳이 발견하지 않고 이것을 새로운 다른 위상으로서 구성한다는 전략을 취할 때, 내재면, 여러 개념관계들에서 발견되는 개념들은 중간=환경에 의해서 야기되는 상대, 중간=환경에 의해 유지되고 해체되는 선택을 담지하는 운동체로서 파악할 수 있는 것이 된다). 나는 여기서 필연성의 구체적 표현으로서 개념적 인물에 위치한다는 전망을 세운 것이다. 개념적 인물에 위치하고 이른바 내재면과 개념을 양자의 매개항에 의해 되비추려고 할 때, 가능항이라는 도구가 좋든 싫든 유도된다. 개념적 인물에 위치해서 그 태생을 해독하려고 할 때 이미 개념적 인물은 어떤 개념으로서 구성되어야만 한다. 예컨대 타자처럼 말이다. "하나의 경험-장(野)(예컨대 영화의 화면)을 리얼(현실적, 실재적)한 세계로 간주해서, '……가 있다'고 관계시켜 고찰해 보자. 장(화면)의 밖에 있는 무엇인가를 발견하고 있는 겁에 질린 얼굴이 돌연 출현한다. 이 경우 타자는 주체로서도 대상으로서도 나타나지 않고, …… 하나의 가능세계로서, 겁나게 하는 하나의 세계의 가능성으로서 나타난다. …… 그 가능세계는 그 세계의 표현 내에서만 즉 얼굴 내에서만, 혹은 얼굴과의 등가물 내에서만 존재하는 하나의 표현된 것이다. 타자란 우선 그렇게 존재하는 하나의 가능적 세계이다"(QP, 25).

론을 제시하려고 하는 나에게 있어 의미적[철학적] 관계와 인과적[과학적] 관계의 접합이야말로 논의의 핵심이 된다. 결국 철학은 현실성으로서의 무한 속도에 정위하고 이것과 직접적으로 격투하면서 무한 속도의 가능성 성분(제3항)을 되비추며, 제3항을 여러 개념과 내재면 사이에 개재(介在)시키고 양자를 계기(繼起)시키는 것으로 이해된다.

들뢰즈가 정위하는 현실성은 초기의 대표작 『차이와 반복』 내에 명료하게 기술되어 있다. 예컨대 현동태(現働態, positivité)로서의 미분방정식으로서 말이다. 미분방정식은 연속적인 공간에 있어서 한 점의 변화·변이(variation)를 나타내는 형식이다. 그 점에 정위하는 '나'=필연자와 가능적으로 상정된 공간의 접합이 미분방정식이라는 현동태이다. 그러나 미분방정식을 매개자로 해서 이해된 공간은 미분방정식이라는 발상 이전부터 연속공간으로서 상정된 것은 아니다. 들뢰즈는 그렇게 생각하고 있을 것이다. '나'=필연자가 정위하는 '점'을 존재하는 점으로서 구상하기 위해 잠정적으로 공간 전체가 구성된다. 그것은 어디까지나 '점=

여기서 얼굴은 영화의 화면에 돌연 나타나는 얼굴이고 얼굴의 등가물이란 경험-장 내에서 얼굴을 가지는 사람이 말하거나 말했거나 하는 것이다. 이런 의미에서 "타자는 '가능적 세계', '존재하는 얼굴', '리얼한 언어활동 혹은 파롤'이라는 세 개의 분리 불가능한 합성 요소로 이루어진 하나의 개념이다"(QP, 26). 경험-장(가능적 세계)을 자명한 것으로 하는 한 얼굴과 현실의 파롤에 의해 내실을 동반하는 가능세계가 타자 개념을 제시한다. 반대로 타자는 얼굴과 현실의 파롤을 매개하는 것이 자명하다고 간주되는 가능세계이다. 가능세계를 매개자로 생각할 때, "일단 그렇게 존재하는 하나의 가능세계"가 아니라 하나의 생성으로서 타자 개념은 이해된다. 가능세계가 현실과 필연을 매개하는 것으로 가능세계는 어떤 한정, 제어가 아니라 잠재성을 띤 장치의 구성 요소가 된다. 이 책에서는 내재면과 개념의 관계를 들뢰즈·가타리와는 역으로 그 중간에 잠재하는 선택자=개념적 인물로부터 비춰 낸다는 전개를 채용한다. 다음으로 그 개념적 인물을 개념으로서 구성하는 데 있어서 이것을 '얼굴을 가진 개념적 인물', '현실의 파롤'의 보완관계로서 구성하고 여기에 가능세계가 매개하는 것으로서 중간=환경의 의의를 부상시킨다. 반대로 중간의 생성에서(즉 내립에서) 내재와 혼효를 이해한다. 그러한 전략을 채택하는 것이다.

무한소'가 아니라 '점=유한'의 입장에서 가설(假設)된 가상적 공간이다. 이 가상적 공간은 '점=유한'으로 구상되었기 때문에 순수하게 연속적이지 않다. 이 가상적 공간 위에 현동태인 변이가 구축된다. 따라서 구축의 찰나, 현동태인 미분방정식은 연속공간의 거주자가 아니라 '점=유한'의 집합으로서 구상된 가상공간의 거주자이다. 그것은 들뢰즈의 감각에 따른다면 '차생소'(差生素, la différentielle)라고 칭해질 만한 것이다. 그러나 동시에 '점=유한'에 있어서 형식이 바로 현동태가 되고 구상된 공간과 내가 정위하는 점 사이를 매끄럽게 이어 접속할 때, 공간은 본래적 의미에서의 가능적 공간이 되고 연속공간이 된다. 따라서 현동태인 변이·변화는 '차이생성=미분'이고, 점과 공간의 접합면이며, '점=유한'과 '점=무한소' 연속이 아닌 '가상공간'과 연속적인 '가상공간'의 접합면이다. 즉, '차이생성=미분'은 이른바 공간적인 의미에서의 점과 세계를 접속하는 것만은 아니고 현동태 발동 이전의 가상공간과 이후의 가능공간이라는 이전·이후의 시간적 변화를 축약한 형식이기도 하다.

그러므로 들뢰즈가 구상한 미분방정식의 함의 즉 '차이생성=미분'은 이른바 시간과 공간의 구별의 기원을 내재한 보다 원생적인 '지금·여기'이고, 미분방정식은 미리 주어진 것이 아니라 끊임없이 구상됨과 동시에 미분방정식으로 되는 그러한 차이의 양상인 것이다. 야마구치 마사야는 쓰지시타 도루, 다카하시 요이치로와 함께 쓴『수학: 복잡계의 과학과 현대사상』[9]의 '후기'에서 "미분방정식을 발상했다는 것은 바로 덫을 발상한 것이다"라고 기술한다. 덫은 세계와 세계에서 먹고 살아가는 나를 접속하는 현동태이다. 동물이 덫에 걸리기 이전, 동물이 어떤 **경로를 통과**

---

9) 山口昌哉·辻下徹·高橋陽一郎,『数学: 複雑系の科学と現代思想』, 青土社, 1998.

할 것이라고 상정된 공간은 가상(假想)공간이다. 그러나 동물이 덫에 걸려 덫이 실행적으로 사용될 때 가상공간은 덫이 놓여진 현실의 장소를 공간 내의 어떤 점으로서 지정할 수 있는 가능(可能)공간이 된다. 이 유비(analogy)는 정확하게 들뢰즈의 '미분=차이생성'과 일치할 것이다.

결국 '내재면-여러 개념들'은 '공간-사람'이자 '공간-사람이 정위하는 점'이다. 내재면과 여러 개념들을 매개하는 현동태는 덫이자 미분방정식이지만, 이것이 무한 속도를 담지하고 가상공간에서 가능공간으로의 이행을 가능적 형식으로서 담지하기 때문에 무한 속도의 가능성 성분이라 불린다(그림 3). 따라서 현동태는 현실적인(actual) 가상, 가능공간의 이행, 응시(觀照)하에서 이해되는 그 이행을 내재하는 현실로서 구성하는 형식이라고 이해된다.

과학은 가능성에 닻을 내린다. 들뢰즈·가타리는 과학을 우리가 혼돈(우리가 직면해야 할, 그리고 생성으로서 가지고 돌아가게 되는 세계)에 직면할 때의 현동태로 간주한다. 예컨대 들뢰즈는 '미분 형식'을 "접점에 있어서 혼돈이 현동화되는 형식"으로 파악한다. 일한 뒤 담배를 한 대 피울 때 노동의 충실감이 느껴질 때가 있다. 이때 노동의 충실감은 담배를 한 대 피운다는 현실에 있어서 감득(感得)된다. 즉, 담배는 노동의 현동태이다. 그러나 과학에 대한 이러한 이미지는 다소 일면적이다. 들뢰즈·가타리는 또한 과학을 혼돈에서 무한 속도를 버리고 준거면(frame of reference)을 설정하는 태도로 간주한다. 철학으로서 이해되고 열어젖혀진 미분방정식과는 다른 전개가 여기에 있다. 이 책에서는 오히려 이 이미지에 의거해, [들뢰즈·가타리가] 분절해 낸 조작에 있어서 버려진 것을 건져 올림으로써 과학이 전회(轉回)할 수 있도록 하려 한다.

과학이 혼돈에서 생성을 가지고 돌아가려고 할 때 과학의 유효한 도구로서 예컨대 역학계(mechanical system)를 상정해 보자. 역학계는 가능세계를 시간 발전의 기하학, 다양체로서 설정한다. 또, 기하학 내의 특이화·개별화된 점을 현실의 시점·상태로 간주한다. 다양체는 시간 발전을 구동하는 가능세계의 전체이기 때문에 시간 발전의 준거면이다. 따라서 준거면이란 함수가 정의역의 완전한 설정을 항상 포함하는 한에서 함수이다. 이에 비해 상태를 개별화하고 그 하나하나를 전망케 하는 공간을 설정한다면 우리는 준거면에서 시간 발전의 규칙으로 간주할 수 있는 함수의 궤도와 이것과 독립적인 개별화를 가능케 하는 공간을 발견케 된다. 따라서 시간으로서의 함수를 발견하는 조작과 공간을 발견하는 조작을 통해 과학은 가능세계를 가능성 성분과 현실성 성분[수학적 함수와 실험적 자료]으로 분해한다. 양자 간에는 수학적인 상호 내포적 관계(수반 함자[10])가 발견된다. 과학은 준거면을 무한 속도를 가지는 혼돈(세계)의 은유로서 채용하고 가능항(함수)과 현실항(상태의 지정)의 상호 내포적 관계에 입각해 세계의 존재가 가지는 '지금·여기'인 필연성을 되비추려는 장치이다(그림 4). 그러나 상호 내포적 관계를 수반 함자(函子)로서 구성할 뿐이라면, 얻을 수 있는 관계성은 정적일 뿐 계기하는 일은 있을 수 없다. 과학이 구성하는 가능세계를 무한 속도에 대한 소극적 의미에서의 은유에 머물게 하지 않고 무한 속도 내에서의 도구로서 사용해 가기 위해서는, 함

---

10) 수반 함자(函子)는 권론(圈論)[카테고리론] 개념(S. McLane, *Categories for the Working Mathematicians*, Springer, 1971)에서 두 개의 카테고리 간에 일대일 대응을 발견하는 범주 간의 변환(함자)이다. 예컨대 카테고리로서 두 개의 순서집합 (A, ≤), (B, ≤)를 생각, 사상 (寫像, mapping) $f: A \rightarrow B$ 및 $g: B \rightarrow A$를 생각하자. 여기서 f, g가 순서를 보존하여 $\forall a_1, a_2 \in A, a_1 \leq a_2 \Rightarrow f(a_1) \leq F(a_2)$로 모든 A의 원소 a, 모든 B의 원소 b에 관해 $f(b) \leq a$와 $b \leq g(a)$가 일대일로 대응할 때 f를 g의 좌(左)수반(ajoint) 함자(函手)라 한다. 수반 함자를 통해 두 순서집합은 서로 다른 쪽의 모델이 된다.

그림 4 과학에 있어서 가능세계를 준거면(SA-SP)으로서 구성하는 절차. SA, SN 및 SP는 각각 과학적 현실성(Actuality), 필연성(Necessity), 가능성(Possibility)을 나타낸다. 화살표의 의미는 〈그림 3〉과 같다. 그러나 일방향 화살표가 수학적인 변환 조작인 한, 일방향 화살표가 서로 계기해 가는 것은 아니며, 또 양방향 화살표가 나타내는 매개성은 없다.

수를 발견하는 조작과 공간을 발견하는 조작 사이에 제3항을 적극적으로 개재시켜 상호 계기를 부단히 유지하는 전개가 필요케 된다. 이 제3항을 이 책에서는 **내부관측자**[11]라 부른다.

---

11) 내부관측자 또는 내부측정자란 인식론적 과학과 현상학의 중간=환경에 꿈틀거리는 선택자, 들뢰즈·가타리의 언어로는 '백치'이다. 즉, 그것은 철학적인 개념적 인물이라는 위상을 담지한 부분관측자이다. 내부관측자는 내부로의 철저한 잠재를 지향하는 행위자이면서 '측정'을 행한다. 행위가 측정일 때 측정은 행위의 경계 조건 자체를 변질시킨다. 명시적인 경계 조건이 외부로부터 변화했다고 인식되든 불변한다고 인식되든 그 어느 쪽에 있어서도 변질되고 있다. 내부관측이란 단순히 초월론적 주체에 있어서 현상=행위의 지향성을 근거 짓는 것만이 아니고, 현상=세계에서 생성되는 관측=국소적 경계화=개체화라는 필터에 의해 지향성을 되비추려 하는 개념 장치이다. 초월론적 주체라는 존재론을 경유하면서 인식을 생성하고 인식으로의 내재를 지향하는 개념 장치이다(K. Matsuno, *Protobiology: Physical Basis of Biology*, CRCPress, 1989; 松野孝一郎, 『内部観測とは何か』, 青土社, 2000; 郡司ペギオ-幸夫・オットーレスラー・松野孝一郎, 『内部観測: 複雑系の科学と現代思想』, 青土社, 1997). 행위=운동과 인식이 구별되는 한에 있어서 인식론[과학적 객관주의]과 현상론[인식 주체의 이론]의 대립 도식을 환기한다. 양자 간에 인과관계를 인정하고 인식에 비중을 두면 프레임 문제가 야기되고, 행위를 현상으로 환원할 때 양자는 무관하게 되어 인식 주체는 해체되고 초월론적 주체로부터 현상학으로의 길이 나타난다. 양자의 이 이항 대립을 무효로 하고 통합과 구별의 혼효를 진행시키는 필연자야말로 내부관측자이다. 그러나 이항 대립을 무효로 하면서 구별을 진행시키는 과정을 이해하기는 쉽지 않다. 다음 연구들(Y. Gunji & T. Nakamura, "Time Reverse Automata Patterns Generated by Spencer-Brown's Modulator: Invertibility Based on Autopoiesis", *Biosystems* 25, 1991, p.151; Y. Gunji & N. Konno, "Artificial

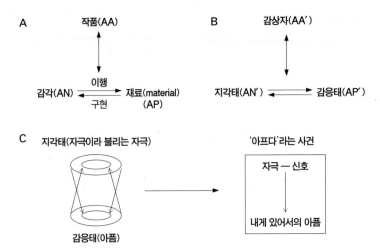

그림 5 A : 예술에 있어서 작품의 생성. AA, AN 및 AP는 각각 예술적 현실성, 필연성, 가능성을 나타낸다. 다른 장치와 달리 예술에 있어서만 미적=감각적·합성(合成)=창작면(AN-AP)을 구성하는 일방향의 화살표는 상호 현전·투사를 계속 계기한다. B : 장치 A의 구체적 전개. C : 지각태와 감응태의 계기가 나에게 있어서 사건 "나는 아프다"를 생성한다.[12]

예술은 필연성에 닻을 내리는 장치이다. 필연성은 예술에 있어서 가능성 성분으로서의 재료(material)와 필연성 성분으로서의 감각으로 분해되어 양자 간의 재투사 과정이 계기함으로써 현실로서의 작품으로 승화된다. 이러한 과정에 대해 바닥 칠 위에 화구(畵具)를 점차 두껍게 칠해서 이른바 제작 중의 수정이 끊임없이 이후의 초벌 그림이 되어 가는 제

Life with Autonomously Emerging Boundaries", *Appl. Math. & Comp.* 43, 1991, p.271; N. Konnom & Y. Gunji, "Mathematical Construction of an Autonomous Artificial Life", *Appl. Math. & Comp.* 46, 1991, p.33)에서는 시간과 공간이 직교한다는 전제를 의심하고 시간(과거나 미래의 구별)에 근거한 역학과 시간을 무효로 하고 공간에 근거한 역학을 준비해, 양자의 정합화가 진행됨으로써 시간과 공간이 직교해서 구별된다는 모델을 제시하고 있다. 인식과 행위는 시간의 선택과 공간의 선택으로 치환되고 양자가 혼효하여 양자 간 어긋남을 서로 조정하지 않는 한 시간이 진행되지 않는 모델이다.

작 과정을 상상하면 된다. 감각은 형상(形象, figure)으로서 재료에 더해져 구현[加構]되고 재료는 감각에 재투사되어 감각 내부로 이행되어 간다(QP, 231~283. 특히 272~274). 그러한 상호 재투사 과정이 제작으로 생성해 가는 것이다(그림 5의 A). 감각과 재료는 제작 중에 각각이 '지각태'(percepts)와 '감응태'(affects)로서 보존된다. 지각태란 지각이라는 행위에 주어진 상태, 즉 명사인 'perception'과 구별된 동사인 'percept'(QP, 231~232)[13]라 불리는 진행형으로서의 존재태이다(그림 5의 B). 따라서

---

12) 〈그림 5〉의 C에 나타난 그림은 군지의 사유에서 중요한 역할을 하는 그림이다. 이 형태가 그가 이 저작에서 줄곧 이야기하는 '상호 내포적 계기'를 보여 주고 있기 때문이다. **상호 내포적 계기**라는 이 구도는 타입-토큰에 관한 논의를 비롯해 그의 논의 전반에서 계속 나타나는 구도이다. 이는 어떤 면에서 본다면 '불일이불이'(不一而不二)라는 또는 "음 속의 양과 양 속의 음"이라는 동양적 정신의 한 표현으로 볼 수도 있을 것이다.―옮긴이

13) "(캔버스에 그려진) 소녀는 그녀가 오천 년 전에 취한 자세를 지금도 유지하고 있다. 소녀가 지금 하고 있는 몸짓은 그 몸짓을 해보였던 때의 소녀에 의해서는 이미 좌우되지 않는다는 것이다. …… 사물은 처음부터 '모델'에서 독립한 채 있는 것이다. …… 사물은 실제로 있는 관중이나 청중으로부터도 독립되어 있다. 보존되는 것, 즉 사물, 혹은 예술작품은 여러 감각의 블록, 즉 지각태(percepts)와 감응태(affects)의 합성태이다"(QP, 232). "질료(material)는 단순히 사실상의 조건을 이루는 데 지나지 않는다. 그러나 이 조건이 만족되는 한, 그 자체에 있어서 보존되는 것은 지각태 혹은 감응태인 것이다"(QP, 236). "질료의 여러 수단에 의해 예술이 지향하고 있는 것은 대상지각(perception)에서 그리고 지각주체의 상태에서 지각태를 떼어 놓는 것이고 어떤 상태에서 다른 상태로의 이동으로서의 변양=감정[감응](affection)에서 감응태를 떼어 놓는 것이다"(QP, 237). "예컨대 하디에게 황야의 지각이 아니라 지각태로서의 황야"(QP, 239). 이들에게서 확인되는 것은 첫번째로 실재론적 인식 주체로부터 떨어진 현상으로서의 지각=지각태이다. 즉 인식 주체에 내재한 지점에서 출발해서 현상을 이해한다는 태도를 그만두고 주체를 해체하고 초월론적 주체로서의 현상으로 환원하는 현상학과 연동한 태도 변경이 확인된다. 그러나 동시에 두번째로 초월론적 주체라는 존재론에 머물지 않고(여기에 머무는 것이 이 책 1장에서 기술한 시스템론적 허구:전체=일자에 부합한다), 인식 주체의 지평에 내려서서, 인식 주체나 질료라는 필터에 있어서 현전하는 현상이라는 관점을 받아들이고 있다. 지각태와 감응태는 초월론적 주체라는 관점에서 얻어진 존재이면서 질료에 있어서 현전한다고 구상된다. 질료는 단순한 조건임과 동시에 현전과 분리할 수 없는 조건이다. 인공생명에 관한 1장의 주 1에서 기술한 질료인과 형상인의 비분리성과 연관된 태도가 여기서 확인된다. 지각태와 감응태를 현전하는 작품의 조건, 경계(프레임)는 단순한 조건이면서 탈경계화도 담지하는 생성이다. 이 관점은 아래의

지각태는 사적인 체험자와 무관계한, 진행하는 지각 그 자체로서의 즉자적 존재태인 것이다. 나는 이것을 기호론에서 말하고 있는 '기호'라 생각한다. 왜냐하면 기호는 기호화 과정을 포함하는 생성이라는 존재태이고, 사적인 관측자에 의해서는 결코 그 사용을 봉함(封緘)할 수 없는 어떤 존재태이기 때문이다. 어떤 기호가 이전의 사용법과 다른 사용법에도 열려있는 양상에 있어서, 무한 속도를 가지는 기호의 사용법을 기호의 함의라 부르기로 하자. 이때 기호의 함의란 기호, 즉 지각태의 감응태이다. 감응태를 계기하기 때문에 지각태는 감응태를 선행적으로 받아들인다. 자극이라는 지각태가 그것으로 통증을 느끼는(계기하는) 나에게 자극이라 불릴 때, 이미 통증이라는 감응태와 공존하고 있듯이 말이다. 그리고 자극은 나에게 있어 '자극-신호'와 통증이라는 이질적인 것으로 분화하고 이들을 혼효시켜 "나는 아프다"를 사건으로서 생성한다(그림 5의 C). 이리하여 예술은 감각과 재료의 상호 재현전 과정을 계기하는 것으로 현실성으로서의 작품을 생성하고 작품 속에 지각태(필연성 성분; 기호)와 감응태(가능성 성분; 기호의 함의)의 상호 재현전 과정을 보존하여 작품을 앞에 둔 우리에게 현실성을 되비치는 장치라고 말할 수 있다.[14] 그렇지만 예술이 보다 일상적이라는 의미에서 통속적(pop)으로 되지 않으면 현실성을 되비춘다는 기획은 취약하게 될 것이다. 이때 현실성 성분으로서의

언설에서도 간취(看取)할 수 있다. 예술은 프레임을 가지고 "프레임은 …… 여러 감각의 합성태의 면이나 접합면을 이루고 있는 것이다. 그러나 그러한 합성시스템이 아무리 확장 가능해도, 또한 하나의 확대 합성, 창작면이 필요하다. 즉, 몇 개의 도주선에 따라 일종의 탈프레이밍을 수행하는 하나의 확대 합성=창작면이 필요한 것이다"(QP, 266)

14) 이는 들뢰즈·가타리 자신들의 구도와는 매우 다른 구도이다. QP 7장에서는 '지각태들, 감응태들, 개념태들'이 다루어져 있으며, 예술과 철학의 관련성이 논의되고 있다. 군지는 이것을 예술과 과학의 관련으로 바꾸고 있으며, 이후 철학을 연관 짓고 있다.—옮긴이

문맥, 감상자, 관찰자를 보다 적극적으로 끌어들여 이것을 필연성과 가능성 성분의 매개항으로 삼는 적극적인 채비가 필요케 된다.

이상은 철학, 과학, 예술의 '통합 아닌 접합'으로 향해 가기 위해 들뢰즈·가타리의『철학이란 무엇인가?』를 내 도식에 맞추어 행한 해제이다. 이 해제에 있어 주의해야 할 점은 두 가지이다. 첫번째로, 세 개의 성분(현실성, 가능성, 필연성) 중 어딘가에 정위할 때, 각 장치를 구성하는 현실항, 가능항, 필연항은 다른 여러 장치가 사용하는 현실항, 가능항, 필연항과 다른 범주에 속한다는 것을 들뢰즈·가타리가 강조하고 있다는 점이다. (만약 이들이 이 분절에 동의한다면) 두번째로, 나는 세 개의 성분 중에서 둘을 채용하고 양자의 상호 계기적 과정을 구성함으로써 각 장치가 특징지어진다고 기술했지만, 적어도 들뢰즈·가타리는 철학과 과학에 관해서 그러한 부단한 계기를 인정하고 있지 않다는 점이다.[15] 이상 두 가지는 서로 밀접한 관계를 가지고 있으며, 이런 기반 위에서 세 장치의 통합 아닌 접합으로 논의가 전개될 것이다. 두번째로, 예컨대 나는 과학이란 **가능성(함수)과 현실성(상태)의 상호 내포적 관계의 계기**에 의해 세계가 갖는 '지금·여기'인 필연성을 되비추려는 장치라고 기술했다. 이때 가능성과 현실성이 야기하는 상호 내포적 관계는 정적 관계에 머물지 않음을 언급했다. 두 개의 논리적 공간을 권론이라는 수학적 구조에 의해 추상화할 때,

---

15) 군지가 볼 때, 들뢰즈·가타리에게 철학은 무한 속도의 내재면을 지향하지만 과학은 준거면에 스스로를 제한한다. 그러나 군지는 과학을 철학 쪽으로 열어 가 오히려 과학이 무한 속도의 내재면을 파악해 가는 것으로 생각하고자 한다. 요컨대 들뢰즈·가타리는 형이상학(métaphysique)과 과학(physique)의 양분법을 제시하지만, 군지는 과학이 조금씩 형이상학적 지평으로 나아가는 것으로 파악한다. 이 두 이해는 베르그송에게 내재하는 두 이해를 하나씩 강조하고 있는 것으로도 볼 수 있다. 군지의 입장이 보다 전망 있는 입장으로 생각된다.─옮긴이

권론 전체의 면은 틀림없이 무엇인가를 지정하기 위한 준거면이 된다. 여기서 공간을 지정 가능한 어떤 특정 권 A와 함수를 지정할 수 있는 다른 특정 권 B를 생각하고, 두 개의 권 사이에 공간 지정으로의 변환 조작 F와 함수 지정으로의 변환 조작 G를 정의한다. 이 변환 조작이 권에서 권으로의 함자라 불리는 변환 조작이 될 때, 변환 조작 사이에 상호 내포적 관계(F는 G의 좌수반 함자)를 발견할 수 있다.[16] 그러나 그것은 F에 의해 A 내에 현전한 B의 A 내 형상과 G에 의해 B 내에 현전한 A의 B 내 형상이 일대일로 대응한다는 극히 정적인 관계로서 파악됨에 지나지 않는다. 부단히 서로 계기하는 동적 관계성은 전혀 없다(그림 6). 이것은 권론이 구성하는 평면이 바로 정적이고 닫힌 준거면이라는 점에서 유래한다. 들뢰즈·가타리가 상기하는 과학[준거면에 갇히는 과학]이란 이런 한에서의 과학이다. 이러한 설정이 첫번째 점, 즉 현실성·가능성·필연성이라는 관념에 대해 장치에서 유래한 범주에 관한 차이를 낳는 것이다. 준거면으로서의 가능세계는 '전체'라는 개념적 한계, 극한을 가진 잘려진 가능세계이다. 무한 속도는 제거되고, '상정된 경계 외부에 위치하는 가능성=잠재성'이라는 관념은 일절 문제 삼을 수 없다. 이것에 비해 전술했듯이 철학이 문제로 하는 가능세계는 무한 속도를 가지는 가능성이다. 따라서 같은

---

16) 여기서 특히 문제가 되는 첨가(adjunction)는 두 개의 함자(函手) $A \times (-)$와 $(-)^A$의 관계이다. 전자는 임의의 대상 X를 $A \times X$로, 사(射) $f: X \to Y$를 $A \times id_A$에 대응시킨다. 후자는 임의의 대상 X를 $(X)A$에, 사 $f: X \to Y$를 $(f)^A$에 대응시킨다. 단 $(f)^A$는 임의의 사 $m: A \to X$에 대해 $(f)^A(m) = fm$을 대응시키는 것으로 정의된다. 함자 $A \times (-)$가 $(-)^A$의 좌수반(ajoint)이라 할 때, 사 $A \times B \to C$와 $B \to C^A$는 일대일로 대응한다. 전자는 공간을 전망하는 것으로 상태의 선택을 근거 짓고, 후자는 스스로의 궤도를 선택하고 있다. 양자가 일대일로 대응함으로써 내적인 궤도의 선택이 다른 것을 전망하는 것으로 치환할 수 있는 형식을 부여하고 있다. 그런 한에서 상태공간은 준거면이라는 위상 규정을 획득하고 있다.

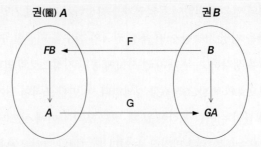

그림 6 과학에 있어서 현실성과 가능성의 관계. 현실성 성분(다른 상태의 지정=공간)은 권 A 에 의해, 가능성 성분(함자 전체)은 다른 특정 권 B 에 의해 주어지고 양자에 의해 준거면이 구성된다. 변환 조작 F 는 공간 내의 다른 상태를 지정하는 조작이고, 변환 조작 G 는 어떤 함수를 지정하는 조작이다. 여기서 F 가 G 의 좌수반 함자가 된다면, F 에 의해 A 내에 현전한 B 의 A 내의 형상($FB{\rightarrow}A$인 관계)과 G 에 의해 B 내에 현전한 A 의 B 내의 형상($B{\rightarrow}GA$)은 일대일 대응한다. A 의 원소와 B 의 원소를 직접적으로 대응시키려고 해도 일대일의 관계는 발견되지 않지만, 변환 조작 F 와 G 를 경유해서 일대일 관계가 발견된다.

가능성이라는 술어를 사용해도 철학이라는 장치에서 내재면에 의해 되비춰진 가능성과 과학이 준거면에 의해 직접적으로 구성하려고 하는 가능성은 전혀 다른 것이다. 전자를 잠재성, 후자를 가능성이라 부르고 구별해도 좋다.

　장치에 따라 같은 술어를 사용해도 현실항, 가능항, 필연항은 다른 범주에 속한다(나는 각 장치가 혼돈에서 가지고 돌아가는 생성의 양상에 관해서는 그 차이를 인정한다. 그러나 그 차이는 각 장치가 어떤 성분에 위치하는가 하는 것만으로 유도되는 것이다. 그 점을 정리하지 않는다면 세 장치의 통합은 물론이고 접합 가능성의 길은 끊긴다). 아니, 오히려 그렇게 단정해 버리는 데 들뢰즈·가타리의 문제가 있는 것은 아닐까? 오히려 이 단정이 역으로 '통합 아닌 접합'이라는 방법론으로의 길을 공교롭게도 닫아 버리는 것이다. 그러나 들뢰즈·가타리 자신들이 '통합 아닌 접합'을 향해

하나의 지침을 시사하고 있다는 것은 명백하다. 그것은 과학에 있어서 부분관측자의 문제로서 제시되고 있다. 부분관측자의 문제를 적극적으로 구성하고 존재론=방법론으로 현동화할 때 우리는 생성을 이해하는 계기(契機)로서 내부관측자를 발견하게 된다. 그것은 생성이 담지하는 부정의 긍정 표현을 철저하게 현동화하는 전회이다. 잠재성과 가능성의 상이함은 철학의 가능성과 과학의 가능성이라 굳이 부를 수 있고, 게다가 과학의 가능항·현실항을 매개하는 제3항의 도입에 의해 잠재성이 되비춰진다. 이 책의 첫번째 핵심은 여기에 있다.

2. 매개자·제3항

통합 아닌 접합으로의 한 가능한 경로는 철학·과학·예술이라는 장치 각각에 불완전한 것 ── 미결·미정의·미지를 적극적으로 도입하는 것이다. 불완전하다는 것은 일반적으로 부정적 뉘앙스만을 준다. 완성된 완전체만을 지적 언표로 생각할 때 불완전한 것은 그 부정에 지나지 않는다. 그러나 이미 완성된 것이야말로 한계와 경계를 스스로 설정한 정적 언표에 지나지 않는다. 역으로 불완전한 것은 아직 완성되지 않은, 완성을 위해 다음의 전개를 계기해서 멈추지 않는 운동체이다. 여기에 부정의 긍정적 의미가 있다. 나는 철학·과학·예술 각각은 어떤 두 개의 성분(예컨대 과학에 있어서는 가능성 성분과 현실성 성분)의 상호 내포적 계기에 의해 생성의 한 양상을 구성하고 그로써 제3항을 되비추는 장치라고 기술했다. 이 도식화에 있어서 가장 중요한 것이 상호적 계기(契機)의 계기(継起)이다. 두 개의 요소는 서로 계속 계기해야만 한다. 그런데 과학에 있어서 가능성 성분과 현실성 성분으로 구성된 가능세계는 준거면이기 때문에 결코 서로 계기할 수 없다. 나는 들뢰즈·가타리의 과학관 해제에서 제3항, 즉 필연성은 가능세계에 있어 계기에 의해 되비춰지므로 동시에 가능세계의 두 성분을 매개한다고도 기술했다. 이 매개성을 적극적으로 구성하는 것이야말로 부정의 긍정적 의미를 두 성분 사이에 개재시켜 양자를 계속 계기시키는 운동으로서 구성하게 된다.

반대로 들뢰즈·가타리는 부정의 긍정적 의미를 담지하는 매개항을 시사했으면서도 그것을 계기의 구동력으로서 현동화하는 길에 관해서는 구체적 전개를 제시하지 않는다(오히려 우리가 들뢰즈·가타리의 요청에 응해야 할 것이다). 그들이 『철학이란 무엇인가?』에서 부정의 긍정적 의미를 가장 강하게 논의하는 장소는 철학과 과학의 차이를 논의하는 부분이다.[17] ① 철학과 과학의 첫번째 차이, 그것은 내재면과 준거면의 차이이다. ② 두번째 차이, 그것은 **전경[図]/배경[地]** 관계에 관한 **방법론적 전개**의 차이이다. 즉, 철학은 거기에 있는 전경으로서 개념을 구성하고 다른 개념의 혼효성(내재면)을 배경으로서 인도하는 데 비해, 과학은 배경으로서의 준거면을 설정하고 사건을 거기에 있는 전경으로서 상태 개념으로서 지시한다(그렇기 때문에 들뢰즈·가타리의 문맥에서 철학과 과학에 있어서 상호 계기 과정, 즉 "한쪽의 변환에 의해 다른 한쪽의 변환이 구동된다"고 원래 주장할 수 없다). ③ 세번째 차이, 그것은 **개념적 인물과 부분관측자**의 차이

---

17) 철학도 과학도 무한 속도를 가지는 카오스로부터 무언가를 가지고 돌아오려고 한다. 철학에 있어서 "카오스와 교절(交截)하는 내재면으로서의 철학적인 체(簁)는 사고의 무한 운동들을 선택하는 것이고 사고와 같은 속도로 움직이는 혼효적인 여러 입자들로서 형성된 개념들을 장비하는 것이다. …… 과학은 잠재적인 것을 현동화시킬 수 있는 어떤 준거를 획득하기 위해 무한한 것을, 무한 속도를 방기하는 것이다"(QP, 168). 철학과 과학의 차이는 본문에서 들었듯이 세 가지를 들 수 있지만(QP, 178~181), 특히 중요한 것은 부분관측자와 개념적 인물의 차이이다.

이다. 나는 개념적 인물이란 철학적 전개를 구동하는 필연성 성분이라고
했다. 나는 들뢰즈·가타리가 주장하는 부분관측자[18]를 아래와 같이 파악
할 것이다. 부분관측자는 가능세계로서의 준거면에 개별 상태를 구별할
수 있도록 현실을 도입함으로써 출현한 현실성 성분의 잔여이다. 여기에
서 불완전한 무언가를 도입하지 않을 수 없는, 생성 이해를 위한 장치에
관한 존재론=방법론적 맹아가 확인된다.

　　한편으로 부분관측자는 가능세계 전체를 미리 지정해 버리는 식의
이론적 요청을 받으며, 다른 한편으로는 미리 전부를 아는 것이 아니라
아는 것의 이전과 이후는 다르다는 현실을 요청받는다. 그 결과 부분관측
자는 이 서로 모순되는 두 요청의 절충안으로서 유도된다. 그러므로 부분
관측자는 준거면의 어떤 장소에 있어서든 현실의 표현인 개별적인 점, 개
별적인 상태를 지정할 때 항상 현전한다. 이론으로서 이상화된 가능세계
와 현실이라는 경험세계의 정합성을 유지하기 위해 역설적으로 출현한
'비한정성'을 적극적으로 담지해야만 하는 장치, 그것이 부분관측자인 것
이다. 그러나 들뢰즈·가타리의 논의 내부에서 부분관측자가 담지하는 부
정성은 명백하지 않다. 이것은 부분관측자가 필연성 성분이 아니라 현실
성 성분으로서만 지정되어 있는 점을 봐도 명백하다. 부분관측자는 현실
성을 가능성의 은유인 함수궤도의 공간에 있어 단지 점의 지정으로서 상
정해 버림으로써 기인하는 현실성의 잔재인 것이다(그림 7). 우리는 과
학에 있어서 현실성과 가능성 사이에서 역설적으로 발견된 부분관측자
를 필연성 성분으로서 재구성할 필요가 있다. '부분관측자'에게서 명확

---

18) 들뢰즈·가타리는 부분관측자에 선택 개념을 주고 있지 않다. 적어도 이전·이후라는 정형
　　(定型)을 끊임없이 선택하는 장치로는 생각하고 있지 않다(QP, 183~188).

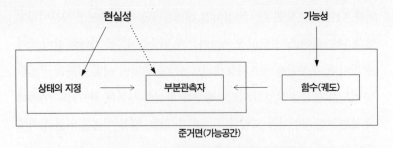

그림 7 부분관측자는 상태의 지정과 함수(궤도)를 접속하는 자로서 나타나지만, 아직 현실성의 잔여라는 위상만을 가진다.

한 필연성을 발견하고 그가 창조·선택·검지(檢知)를 담지한다고 판명할 수 있을 때, 이것을 '내부관측자'라 부르자. 부분관측자를 내부관측자[내재적 관측자]로서 재정의하는 것, 이는 과학에 있어서 현실성과 가능성의 매개자를 발견하는 것이다(가능공간을 현실성과 가능성에 의해 구성하는 과학에 있어 제3항은 필연일 수밖에 없다). 부정성을 담지하는 부분관측자, 그것은 수학 내에서라기보다 수학을 이용하는 우리들이나 수학자의 영위(營爲) 내에 잠재하고 있다.

　우리가 계산하고 우리가 증명을 행한다. 여기에 부분관측자로서 현전하는 국소성이 잠재하고 있다. 계산을 계산 결과 전체를 규정하는 준거면에 따르는 조작이라고 상상해 보자. 그런데 개별적인 구체적 계산을 내가 해보지 않아도 계산 결과는 미리 결정되어 있다. 그렇다면 나에 의해 실행된 계산이란 단순한 재인(recognition) 절차에 지나지 않은 것일까? 그러나 나에게 있어 계산해서 결과를 찾는 것은 유의미하다. 역으로 나는 계산하기 이전과 이후에 차이를 인정하는 현실을 살고 있다고 말할 수 있다. 증명도 마찬가지이다. 증명의 체계는 자명한 동어반복인 명제 혹은 식(A = A)과 몇 개의 추론 규칙(명제를 변형하는 규칙)에 의해 증명된 모든 명제를 준거면으로서 규정한다. 이런 한에서 증명이라 불리는 조작은 동어반복에서 증명수(證明樹; 동어반복에서 출발하는 명제의 변형 경로는 몇 차례나 분기해 수목적인 모습을 띠므로 이렇게 불린다)를 기계적으로 더듬어 가는 재인 조작에 지나지 않는다. 더듬어 가지 않아도 이미 결정되어 있다. 그러나 우리는 개별적인 경로를 조금씩 더듬어 가는 것이 유의미한 세계에 살고 있다. 즉, 우리의 현실성이란 국소성을 담지하고 있다. 국소성은 준거면이 규정하는 전체를 원리적으로 다 망라할 수 없다. 그렇기 때문에 이론으로서의 가능세계에 이른바 현실을 이식하려고 하면 불일치하는 자로서 부분관측자가 현전해야만 한다.

부분관측자의 유래를 이상과 같이 생각할 때, 들뢰즈·가타리의 겨냥도를 존재론=방법론으로서 생성하는 두 개의 실마리가 나타난다. 첫번째로 앞에서 기술한 부정의 긍정 표현을 내부관측자로서 적극적으로 구성하는 방법을 들 수 있다. 두번째로 그 내부관측자가 담지하는 불완정성, 비한정성을 약한 동적인 '전체'로서 구성하는 방법이 있다. 부분관측자의 성격에 관해 들뢰즈·가타리는 이렇게 기술한다(QP, 182).

철학과 과학은 두 측면에서 적극적으로 또 창조적으로 된 어떤 '나는 모른다'를, 즉 창조 그 자체의 조건을 갖추고 있다.

계산을 규정하는 가능세계 내에서가 아니라 개별로 실행된 계산 조작의 과정에 "아직 결과를 보지 않았다"(나는 모른다)라는 국소성이 끊임없이 잠재하고 있다. 이 모른다는 부정 표현은 "아직 완성되어 있지 않"기 때문에 이후를 계기시키는 운동인 것이다. 그리고 "아직 달성하고 있지 않다"란 어떤 예정된 완성·완결에 의해 정지하도록 미리 정해진 운동이라는 뜻이 아니다. 왜냐하면 이론 내에서의 계산은 준거면 내부의 거주인이지만, 계산을 하는 우리는 준거면 내부의 인간이 아니라 준거면을 사용할 뿐이기에, 준거면 외부와도 접하고 무한 속도를 살고 있기 때문이다. 여기에 계기를 담지한 부정('나는 모른다')이 창조(어떤 완결을 예정하지 않는 무한 속도의 운동)의 조건까지 갖추고 있다고 말할 수 있는 이유가 있다. 그러나 들뢰즈·가타리는 계기를 담지하는 부정을 내부관측자로서 명확하게 구성하지 않는다.

두번째 실마리 즉 약한 동적인 '전체'로서의 부분관측자에 의해 가능세계와 개별적으로 구별된 현실, 이 양자는 서로를 내포하고 서로 현전하며 서로 계기하게 된다. 이리하여 비일정한 성격을 띠게 된 가능세계는 준거면으로서의 규정에서 벗어날 수 있다. 약한 동적인 '전체'란 계산 과정의 국소성에 관한 하나의 표현이다. 나는 앞에서 개별로 실행된 계산은 가능세계로서 규정된 전체를 **원칙상** 다 망라할 수 없는 국소성을 담지하고 있다고 기술했다. 이것은 현실이란 가능세계에 대해 그 일부라는 것을 의미하는 것은 아니다. 가능세계로서 규정된 부분-전체와 현실에 있어서의 부분-전체는 개념이 다르다는 점을 말하고 있는 것이다. 가능세계에서의 전체와 현실에서의 부분을 비교·대조하는 것 자체가 범주가 다른 개념들의 혼동이라는 오류를 범하고 있다. 환언하면 국소성을 담지하는 우리도 전체라는 언표를 사용하는 것은 가능하지만, 이론으로서 상정되는 가능세계에서의 전체는 우리가 상정하는 것만을 할 수 있는, 혹은 극한·경계에 의해 규정하는 것으로서만 상정할 수 있는 초월적 개념이다. 가능세계 전체는 국소성을 담지하는, 우리들은 아닌 초월자의 개념이라고도 말할 수 있을 것이다. 가능세계에서 사용되는 '전체'는 조작의 끝이라는 조작 사항으로의 적용을 규정하고 외연적으로 정의된다. 이에 비해 현실을 사는 우리가 이용하는 '전체'는 부분을 개별적으로 더듬는 조작 그 자체를 내용으로서 가지고 있도록 내포적으로 정의된다. '부분'에 관해서도 마찬가지이다. 그러나 이 차이에 비해 개별적 계산 과정을 실행하는 우리는 초월자의 개념으로서 '전체'를 제작한 후, 우리의 개념으로서 '전체'를 절충하고 조정하면서 계산을 실행하는 것이다. 왜냐하면 우리는 준거면으로서의 계산체계를 사용, (준거면은 초월자의 것이므로) 아는 것이 불가능한 '전체'로 향하고 있는 형태로(향하는 한에 있어 초월자의 것인 '전체'는 국소성을 담지하는 우리에게 속한 '전체'로 변양한다) 계산 과정 하나하나를 처리해 가기 때문이다. 즉, 부분관측자는 개별적 현실의 계산이 담지하는 내포적 '부분-전체'(AW-AP; 현실적 전체-부분)를 계산체계가 담지하는 외연적 '부분-전체'(PW-PP; 가능적 전체-부분)로 끊임없이 조정·변용시킴으로써 계산을 진전시켜(계산체계에 있어서 부분을 증가시키는) 규칙에 따르는 것이고, 동시에 계산체계가 담지하는 외연적 '부분-전체'를 현실에 속한 내포적 '부분-전체'로 조정·변용함으로써 구체적 계산을 행위로서 실행하는 것이다(그림 8). 여기에서 약한 동적인 '전체'라는 매개자의 모습이 명확하게 된다. 이 매개자야말로 필연성에 정위하는 예술이 조성면=창작면에 있어서 구성하는 지각태·감응태의 상호 계기 관계 그 자체인 것이고 필연성 성분인 것이다.

이상의 이유로 초월자-전체와 우리-전체 사이에서 서로 재현전하는 동적이고 약한 '전체'가 생성 과정으로서의 계산 과정이나 증명 과정을 이해하는 장치로 요구된다. 부분관측자는 전체를 원리적으로 조망할 수 없다. 그러나 조망하지 못하는 이유는 전체의 일부만을 보고 있다는 점에 있는 것이 아니라, 보고 있는 부분(내포적 부분)과 보려고 하는 전체(외연적 전체)가 범주가 다른 개념이라는 점에서 찾을 수 있다.[19] 내포와

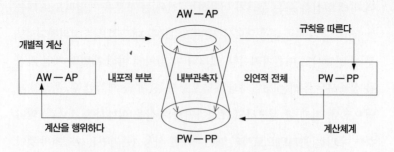

그림 8 범주가 다른 부분–전체 관계(개별적 계산에 있어서 AW-AP 및 계산체계에 있어서 PW-PP)를 조정(調整/調停)하는 내부관측자의 매개에 의해 나의 계산(계산 규칙에 따른다=계산을 행위한다)이 진행된다.

외연을 이으려는 구동력이야말로 내부관측자이고, 그 하나의 표현이 동적이며 약한 '전체'인 것이다. 그리고 이 동적이고 약한 '전체'는 지각태와 감응태 사이의 상호 재투사적 계기의 관계를 담지하고 창조를 잠재시키기 때문에 필연성 성분으로서의 위상을 갖게 된다. 이리하여 우리는 현실항과 가능항의 매개자로 필연항, 내부관측자를 발견하게 된다.

　이미 부분관측자와 내부관측자는 이전/이후에 대한 태도가 다른 것이 된다. 부분관측자는 이전/이후의 구별이 존재하지 않는 가능공간과 그 구별이 존재하는 현실성의 절충안으로서 상정된다. 그러나 부분관측

---

19) 내포적 부분-전체와 외연적 부분-전체라는 두 이질적 위상 사이에서의 조정은 탐색 행위나 시행착오에 있어서 두 목적이라는 형태로 명확하게 인식할 수 있다. 당신이 낯선 거리에서 역을 찾고 있다고 하자. 역을 찾는 당신의 한 걸음은 역이라는 선견(先見)적 목표로 구동되고 예종(隷從)된 한 걸음이다. 이런 의미에서의 한 걸음과 역과의 관계가 외연적·부분(한 걸음)-전체(선견적) 관계이다. 이것에 비해 현실적 한 걸음(지금·여기; Now-here)이 진행하는 것으로, 역일지도 모르지만 그렇지 않은 장소, 목적지(낯선 장소; No-where)에까지 도달할지도 모른다는 한 걸음과 목적지의 관계도 존재한다. 이것이 내포적·부분-전체 관계이다. 양자의 혼효·조정에 의해 탐색이 진행된다는 실험을 이 책의 2부 3장에서 전개하고 있다.

자에 필연자가 담지하는 선택 개념을 갖고 들어갈 때, 즉 내부관측자를 구상할 때, 이미 이전/이후의 구별조차 자명하지 않게 된다. "이전의 가능성이 단 하나로 축퇴한다"는 형태로 선택을 말하는 것은 자명하지 않다. 이전의 가능세계 전체라는 외연적 전체와 선택된 하나를 지시하기 위해 상정된 내포적 전체가 어긋남을 초래하고 있음에도 불구하고, 양자의 혼효·접촉의 결과 "이전의 가능성이 단 하나로 축퇴한다"는 도식적 추상이 끊임없이 내부관측자 내에서 유지·단련되고 있음에 지나지 않는다. 선택에 의해 이전이 이후로 변하는 것이 아니라 선택에 의해 이전이 이후로 변한다는 전이(시간의 흐름) 그 자체를 유지시킨다. 이 상황은 〈그림 5〉에서 제시된 '자극→고통'이라는 인과관계 자체의 축퇴와 같은 양상이다. 그러므로 내부관측자는 시간이 흐르지 않게 될 가능성에 유보하면서 시간을 제작하고 동시에 시간에/시간을 사는 자이다.

3. 여러 장치들의 접합면

부분관측자가 만약 가능성과 현실성을 동적으로 매개하지 않는다면, 준거면을 이른바 부정 표현으로서 기능하도록 갱신하고 극한·경계를 재정의하는 데 머문다. 들뢰즈·가타리는 이 점만을 강조한다. 확실히 그 예는 칸토어의 대각선 논법과 무한 농도의 확장으로 확인된다.[20] 이것을 간단하게 언급하고 대각선 논법 그 자체에서 발견되는 필연항을 길어 내자. 여기서는 무한집합과 그 부분집합 전체의 집합(멱집합)의 크기를 비

---

20) 칸토어(G. Cantor)의 대각선 논법과 무한집합, 위상공간 등에 대한 참고 도서로서 다음을 들어 둔다. 青木利夫·高橋涉, 『集合·位相空間要論』, 培風館, 1987.

교하는 논의로서 대각선 논법을 살펴본다. 우선 무한집합을 $S = \{s_1, s_2,$ $s_3, \cdots\cdots\}$라 하자. 이것의 부분집합이란 예컨대 공집합이나 $\{s_1\}$이나 $\{s_2,$ $s_3\}$ 등과 같이 S의 요소를 내키는 대로 골라내서 만들어 낸 집합이다. S 자신도 S의 부분집합이다. 하나의 부분집합이 주어질 때, S의 모든 요소들을 해당 부분집합에 속할 경우 1, 속하지 않을 경우 0으로 구분한 무한 열로 나타낼 수 있을 것이다. 예컨대 해당 부분집합이 $\{s_1, s_2, s_5\}$일 경우 다음과 같다.

$$s_1, \quad s_2, \quad s_3, \quad s_4, \quad s_5, \quad s_6, \cdots\cdots$$

$$\{s_1, s_2, s_5\} \Leftrightarrow \quad 1 \quad 1 \quad 0 \quad 0 \quad 1 \quad 0 \quad \cdots$$

이렇게 해서 모든 부분집합을 1과 0으로 구성된 무한 열(무한 비트열)로 나타내고 그 각각이 S의 요소와 빠짐없이 대응된다고 가정하자. 무한집합 S는 그 요소 전부를 1부터 차례대로 번호를 매길 수 있다. 빠짐없이 번호를 붙임으로써 S의 멱집합의 원소 수에 대해 S의 원소 수는 같거나 그 이상이라고 가정한다. 이리하여

$$s_1, \quad s_2, \quad s_3, \quad s_4, \quad s_5, \quad \cdots\cdots \quad s_n, \quad \cdots\cdots$$

$\boxed{1}$ 1   0   0   1   0 $\cdots\cdots$ 0 $\cdots\cdots$

$\boxed{2}$ 0   0   1   0   0 $\cdots\cdots$ 0 $\cdots\cdots$

$\boxed{n}$ 0   0   1   0   0 $\cdots\cdots$ 1 $\cdots\cdots$

과 같은 번호와 무한 비트 열의 대응 표를 얻을 수 있다. 여기서 ①번 위의 비트 열에서 s_1에 대응하는 수(여기서는 1)를, ②번 비트 열에서는 s_2에 대응하는 수(여기서는 0)를, 이하 마찬가지로 해서 ⓝ번째의 비트 열에서는 s_n에 대응하는 수(여기서는 1)를 취해 무한 비트 열을 만들어 보자(즉, 표 속의 대각 성분을 취한다). 그리고 다시 이렇게 얻은 무한 비트 열의 각 줄에서 1은 0으로, 0은 1로 뒤바꾸어 새로운 무한 비트 열 X를 구성해 본다. 반전된 무한 비트 열 X는 표 내에서 (세로 줄의) 어떤 ⓝ번째 무한 비트 열과도 s_n에 대응하는 수가 반전한다. 그러므로 표 내의 모든 무한 비트 열과 다르다. 그렇지만 가정에 의해 모든 무한 비트 열은 S의 원소와 대응되므로 번호가 붙여진다. 번호가 붙는다는 것은 표 내의 어딘가의 가로 열로서 반전된 무한 비트 열 X까지도 둘 수 있다고 말하는 것이다. 그렇지만 이 반전된 무한 비트 열을 표 내에서 가로 열로서 배치해 버리면, 대각 성분과의 교점에서 1과 0이 일치하지 않는다. 구성된 반전된 무한 비트 열은 표 내에서 어쨌든 대각 성분을 반전시킨 것이기 때문이다. 이것은 모순이다. 그러므로 귀류법의 귀결로서 최초에 상정한 S의 무한 개수(자연수의 개수)와는 다른, 보다 큰 무한을 상정하는 것이 S의 부분집합의 개수로 요구된다. 무한 열과 그 무한 개의 종류를 각각 세로, 가로로 취하면 X는 그 대각 성분을 바꾼 형태로 주어지기 때문에 이 방법은 대각선 논법이라 불린다. 결과적으로 대각선 논법은 무한의 한계(자연수의 개수)를 모순에 의해 부정하고, 부정 때문에 수학 그 자체에 대해 새로운 한계(다른 무한)를 도입하는 동기를 준 것이다. 부정 이후의 무한은 비가산(非可算) 무한이라 불리고 이전의 무한 즉 가산(可算) 무한과 구별된다.

대각선 논법에서는 모순을 이른바 부정적 견해로 규정하고 있기 때문에, 그 결과 가산 무한이라는 경계를 하나 한정하고 그 위에서 다른 비가산 무한을 유도했다. 따라서 수학자의 영위 내에서는 부정에서 새로운 개념을 창조한 긍정적인 의미 부여가 확인된다. 그러나 그것이 수학 내부에만 있으라는 법은 없다. 여기에서 부정의 긍정적 의미를 담지하는 내부관측자를 보다 명확하게 하기 위해 대각선 논법의 의미를 다시 생각해 보자. 그로써 내부관측자를 수학 내부에서 구성하는 것도 불가능하지 않다.

우선 무한개의 자연수나 무한 열(자연수의 열)에 속한 '전체'를 재고해 보자. 무한 열인 한에서 각 요소는 무한의 '전체'를 소유한다. 단, 그 '전체'는 앞의 의미에서 외연적으로 규정된 가능세계가 소유하는 전체 개념은 아니다. 어디까지나 세어진 요소를 계속 더듬는 조작을 내용으로 가지는, 내포적으로 정의된 현실의 '전체'인 것이다. 무한 열의 셈, 즉 무한 열과 자연수의 대응을 무한 번 반복할 때의 무한의 '전체'도 또한 내포적으로 정의된다. 이들은 어디까지나 국소에 있는 관측자가 국소의 하나하나를 반복함으로써 주어지는 전체이고, 전부를 센다는 조작을 내포로 하는 '전체'인 것이다. 이에 비해 대각선 논법을 적용하는 조작, 즉 내포적 '전체'가 규정되어 전체가 전망된 뒤의 전체는 이름 지어진 전체, 외연적 '전체'이다. 대각 성분에 관해 나타나는 '전체'는 내용 없는 기호로서, 그 적용 범위와 사용되는 방식에 의해서만 규정된다. '모든 n에 관해' 기존의 무한 열에서 취해 온 수를 반전하는 조작은 '모든 n'이라는 어떤 기호에 의해 모든 무한 열과 비교해 보면 다르다는 조작 그 자체에 적용되는 것으로 규정되어 있다. 즉, 모든 무한 열의 '전체'를 외연적으로 규정하고 있는 것이다. 이리하여 대각선 논법을 사용한 증명 과정 내부에 '내포적 전체'와 '외연적 전체'를 잇는 뒤틀림이 잠재한다고 말할 수 있다.

이렇게 우리는 과학의 내부에서조차 제3항·매개자를 발견할 수 있다. 대각선 논법은 범주가 다른 내포적 전체와 외연적 전체를 잇는 조작에 의해 어떤 부정(否定)을 유도해 버린다. 그러나 이 뒤틀림을 틀린 조작, 수정될 수도 있는 조작이라 간주해야 하는 것은 아니다. 그것은 전체라는 언표를 사용할 때의 불가결한 뒤틀림인 것이다. 부분으로 전체를 구성하고 다시 한번 구성된 '전체'를 손으로 다룰 수 있는 것(촉지 가능한 것)으로서 사용할 때의 이른바 기호의 자유[21]가 담지하는 뒤틀림인 것이다. 단, '전체'는 다른 기호와 달리 자유를 현재화(顯在化)하는 특별한 기호이다. 부분만을 모아 구성된 내포적 '전체'의 적용 범위를 규정하려고 할 때, 적용 가능한 다른 여러 기호들은 이미 '부분'이다. 그러므로 적용 범위는 부분의 부정이라는 형식으로 주어질 수밖에 없다. 즉, 부분의 긍정과 부분의 부정이라는 대립이 내포와 외연의 차이로서 두드러져 나타나는 것을 불가결하게 하는 것이다.

우리는 통상 어떤 언표를 정의함에 있어 내포적 정의와 외연적 정의 두 가지를 서로 모순되지 않는 형태로 규정한다. 생물의 내포로서 항상성, 자기증식,……이라는 여러 속성의 집합을 부여하고, 생물의 외연으로서 고양이, 사람, 해바라기,……라는 여러 대상의 집합을 부여한다. 이 때 생물이라는 언표는 서로 모순되지 않는 내포·외연의 쌍에 의해 정의되고 있다.[22] 그러나 서로 모순되지 않는다는 것을 생물의 내포 및 외연 만으로 결정할 수 있는 것일까? 생물학적 외연의 어떠한 요소(예컨대 고양이)를 취해도 그것은 생물의 내포 전부를 만족한다. 이렇게 무모순적인 쌍을 자기 충족적으로 규정할 수 있는 것처럼 생각되기도 한다. 그 경

---

21) J. Hoffmeyer, *Signs of Meaning in the Universe*, pp.105~106.

22) 집합론에 있어서 외연적 규정은 예컨대 짝수에 있어서 {0, 2, 4,……}와 같이 원소를 열거

우는 다른 범주에 있는 여러 속성들과 여러 대상들을 전부 알고 있어야만 한다. 또, 같은 내포로 정의된 언표 A와 언표 B의 외연이 다르게 되는 사태는 배제되어야 한다. 이것이 분석성(analyticity)의 정의이다. 그렇다면 대상과 속성의 쌍에 의해 정의되는 모든 언표는 서로 모순되지 않으며, 세계는 언표에 대해 분석적이어야만 할 것이다. 세계가 분석적이라는 것과 각 언표에 있어서의 내포·외연 쌍의 무모순성이 공립하고 있다. 이것은 자명한 것은 아니다. 오히려 모순을 담지하면서 분석적인 경우가 생겨날 수 있다.[23] 대각선 논법에 나타난 '전체'라는 말은 이른바 세계의 전부

하는 것이다. 전체라는 개념에 있어서 {어떤 부분, 어떤 부분,……}으로 하는 규정은 이런 한에서 원소를 열거한 외연적 규정으로 생각될지도 모른다. 그러나 외연은 개념의 적용 범위로서 규정된 것이다. 어떤 부분은 전체 개념이 적용 가능한 개체는 아니다. 전체 개념은 그 성격의 규정을 개념 내부에서 구하는 한(외연은 항상 개념의 바깥에 대상으로서 지시된다), 규정 가능한 부분을 계속 모으는 것으로서밖에는 규정할 수 없다. Y.-P. Gunji, M. Aono, H. Higashi & Y. Takachi, "The Third Wholeness as an Endo-observer", *Science of the Interface*, eds. H. H. Diebner, T. Druckrey & P. Weibel, Genista Verlag, 2001, pp.111~130. Y.-P. Gunji, M. Aono & H. Higashi, "Local Semantics as a Lattice Based on the Partial-all Quantifier", *International Journal of Computing Anticipatory Systems* 8, 2001, pp.303~318.

23) 분류 개념을 내포·외연의 짝으로서 정의하고 여러 개념들로 세계를 분석하려고 계획할 때, 두 가지 다른 성격이 구별된다. 첫번째로 내포·외연 간의 무모순성, 두번째로는 여러 개념들이 모순되지 않아야 한다는 분석성이다. 세계를 대상집합과 속성집합의 직적(直積)에 대한 부분집합(관계)인 어떤 이념적 세계로 파악하는 한, 개념은 항상 무모순이고 세계는 분석적이다(Ganter & Wille, *Formal Concept Analysis*, Springer, 1999. 이에 관해서는 4장에서 상술할 것이다). 그러나 이념적 가능세계가 현실로부터 분리되는 과정까지 고려하고 그 자명성의 태생까지 고려한다면, 일반적으로 무모순성과 분석성은 인식 주체에 의한 결정에 있어서만 자명한 상대(相對)이다(당신은 내포를 유한한 확정 기술에 의해 원리적으로 쓸 수 없다). 그러나 그래도 또한 극한에 있어서 한쪽에서 무모순성이, 다른 쪽에서 분석성이 절대로서 성립한다. 전자는 '이것-성'이고 후자는 '전체'이다. '이것'의 내포는 내용을 가지지 않는다. '이것'은 '이것은 이것이다' 이상의 내포적 규정을 가지지 않는다. '이것-성'의 내포는 동어반복(tautology)이다. 그런데 개념 '이것'의 적용 범위는 무한히 존재한다. 당신의 눈앞에 담배가 있을 때 '이것'은 담배에 적용되고 컵이 있을 때 컵에 적용되듯이 말이다. 무한개의 외연을 가짐에도 불구하고 개념 '이것-성'은 내포와 외연 사이에서 절대적 무모순

를 규정하기 때문에 어떤 부분에 속하는 말과도 병렬적으로 다룰 수가 없다. 즉, 세계를 구성하는 전체 이외의 말을 발견할 수 없다. 그러므로 '전체'를 정의하는 내포와 외연의 쌍만으로 세계가 분석적일 수 있다. 이런 한에서 세계가 분석적이면서 '전체'에 있어서 내포·외연이 모순되는 사태를 불러올 수 있다. 오히려 양자의 공립성 따위는 자명하지 않았다는 것을 드러내 주는 개념으로서 '전체'를 파악할 수 있다고도 말할 수 있을 것이다.

두번째로, 모순이라는 부정 형태가 출현하는 이유를 생각하자. 그것은 여기서 뒤틀림이라 부른 내포적 전체와 외연적 전체의 접속이 필연항을 담지하는 내부관측자로서 구성되어 있지 않기 때문이다. 외연적 전체는 내포적 전체에 대해 너무나 강하고 그 접속에 있어서 부정적 결과만을 유도할 수 있다. 여기에서 약한 '전체' 개념, 내포적 전체와 외연적 전체를 결부하는 약한 '모든'이란 기호를 도입해야 할 동기가 생긴다. 이를 통해 필연항을 담지하는 매개자를 구성할 수 있는 것은 아닐까? 하나의 시도

성을 유지한다. 내포가 동어반복이고 항상 자명하다는 이유 때문이다. 다른 한편 '이것-성'은 '이것-성'을 개념으로서 인정하는 세계에 있어서 분석성을 파괴한다. '이것-성'의 외연은 객관적 상황에 있어서 단 하나로 결정할 수 없기 때문이다. 즉, 눈앞에 담배가 있을 때 이 '이것'의 외연은 담배이고 컵이 아니지만 컵이 있을 때 그 '이것'의 외연은 컵이지 담배는 아니다. 그러므로 '이것-성'은 무한하게 존재해 버리고, 하나하나의 내포·외연 관계는 무모순이지만 모든 '이것-성'이 서로 모순되어서 세계를 분석할 수 없다. 이에 비해 전체 개념(어떤 세계의 전체가 아니고 추상된 전체이다)은 본문에서 나타내듯이 내포와 외연이 원리적으로 모순된다. 이 모순은 세계의 상정 방식에 의거하지 않는 절대적 모순이다. 그러나 '전체'는 단독의 개념이고 다른 여러 개념들과의 병립을 거절한다. '전체'는 본래 여러 개념들에 의해 세계를 분석하는 장치=분석 개념은 아니기 때문이다. 따라서 '전체'에 분류 개념으로서의 어떤 종류의 활용을 허용하는 한 전체 개념의 단독성을 인정하지 않을 수 없다. 단독이기 때문에 전체는 여러 개념과의 모순을 야기할 수 없다. 그 결과 '전체'는 내포·외연 간의 모순을 절대적으로 가지면서 절대적으로 분석적인 것이다. '이것-성'과 '전체성'은 무모순성, 분석성에 관해 배타적인 것이다.

가 '한정산술'일 것이다.[24] 수학에서는 '모든'이나 '(적어도 하나) 존재한다'라는 양상에 관한 술어를 기호로서 나타낸다. '모든'은 ∀에 의해, '존재한다'는 ∃에 의해 나타나고 각각 '전칭 양화사', '존재 양화사'라 불린다. 고전 술어논리라 불리는 일반적인 논리체계는 이 기호들을 사용해 나타내는 명제의 변형·조작을 정의하는 하나의 형식적 체계이다. 이때 모든 명제는 참이나 거짓 중 하나로 결정된다. 괴델의 불완전성 정리는 이 체계를 의미론과 접속시킴으로써(여기서 체계 외부로 나온다), 체계 내부에 참이라고도 거짓이라고도 할 수 없는 명제가 존재한다는 것을 증명했다.[25] 이러한 증명은 체계 외부로 나와 행하는 조작이기 때문에 초(超)수학이라 불린다. 이것에 비해 한정산술은 양화사 자체가 사용되는 방식을 약화시켜, 초수학 층위(level)의 조작을 단독의 약한 논리체계 내부에서 구성할 수 있도록 하는 것이다. 그 결과 하나하나의 명제에 관해 참이라고도 거짓이라고도 결정할 수 없는 증명이 구성 가능케 된다.

그러나 한정산술을 필연항을 담지하는 매개자라고는 부를 수 없을 것이다. 우리가 바라고 있는 것은 어떤 경우에 관해서는 있다고도 없다고도 말할 수 없는(증명 불가능한), 그러나 어떤 경우에는 있다고 말할 수 있는(증명 가능한) 형태로 기원을 말할 수 있는 동적이고 약한 양상이다. 한정산술이 규정하는 약한 양화사는 이러한 약한 동적인 양상을 나타내고 있는 것은 아니다. 내포적 전체와 외연적 전체를 지각태와 감응태와 같은 상호 계기(繼起) 관계를 담지하는 매개자에 의해 이을 때, 즉 〈그림 8〉에 나타냈듯이 예술의 담지자로서(내부관측자로서) 약한 전체를 구성했을

---

24) S. Buss, *Bounded Arithmetic*, Bibliopolis, 1986.
25) 예컨대 広瀬健·横田一正, 『ゲーデルの世界―完全性定理と不完全性定理』, 海鳴社, 1985.

때 우리들은 필연항이라는 제3항을 현실항과 가능항의 매개자로서 구성하게 되는 것이다. 그때야말로 내포적 전체와 외연적 전체를 이으면서 부분의 긍정(내포)과 부분의 부정(외연)을 직접 잇는 잘못을 회피할 수 있고, 따라서 '모순=체계 자체의 부정'으로 귀결하기보다는 '아직 긍정되고 있지 않다'라는 형태로 부정을 긍정으로 전화하는(안 되니까 이렇게 바꾸는) 생성이 고려 가능케 됨에 틀림없다.

대각선 논법을 기점으로 한 이 절의 논의는 과학이라는 장치에 있어서 현실항과 가능항의 보완에 의해 구성된 준거면에 필연항을 매개자로서 갖고 들어가 현실성과 가능성의 관계를 계속 상호 계기하는 동적 관계로서 재구성하는 시도를 제시한 것이다. 그것을 수학이라는 형식 내부에 갖고 들어갈 때 여기에서 나타나는 것은 약한 계산, 원생계산이라고도 부를 수 있는 계산 과정이다. 앞에서 제시했듯이 매개자는 현실의 개별적 계산(내포적 부분-전체를 담지하는 것)과 가능세계로서 구축된 계산체계(외연적 부분-전체를 담지하는 것) 사이에 나타나며 계산 규칙에 따른다는 즉 개별적 계산을 행위한다는 '나의 계산'을 현전시키는 것이다. 이 매개자를 계산체계 내부에서 동적이고 약한 '전체'로서 구성했을 때 계산 개념 자신이 극히 약한 형태가 된다. 그 결과 (약한) 계산 규칙을 사용해 계산을 실행하는 과정으로서의 계산, 즉 약한 계산이 모습을 드러내게 된다.

매개자는 이중의 역할을 담지하게 될 것이다. 첫번째 역할은 남은 두 항을 계속 상호 계기시키는 동적인 관계로 바꾸는 역할이다. 과학에 있어서 현실성(상태)을 지정하는 조작과 가능성(궤도)을 지정하는 조작은 수반 함자에 의해 정적인 보완관계로서 구성된다. 여기서 매개자가 중개함으로써 양자의 관계는 지각태와 감응태 사이와 같은 동적인 관계로 변용한다. 두번째 역할은 다른 장치로의 적극적 계기이다. 과학은 제3항을 약한 '전체'로서 도입해 미정의성을 도입하는 것이 된다. 이른바 미정의성의 도입으로 인해 과학이라는 장치는 완전체로 될 수 없게 된다. 정적이라는 것은 완성되고 닫힌 체계라는 것을 의미한다. 과학은 매개자의 도입에 의해 미정의성을 도입하기 때문에 불완전한 장치, 원생계산이 되고, 그렇기 때문에 동적 특성을 획득할 수 있는 것이다(매개자를 도입한 과학을 우리는 원생계산이라 부르기로 했다). 불완전하기 때문에 과학은 스스로의 미정으로서 현전한 제3항, 여기서는 즉 필연성을 희구한다. 희구함으로써 스스로의 부족을 보완하려고 한다. 이리하여 원생계산은 필연성에 정위한 장치(과학과 마찬가지로 미지를 도입하는 것으로 약해진 예술이라는 장치)를 계기시키지 않으면 안 되는 장치가 된다(그림 9). 이리하여 비로소 〈그림 4〉에 나타낸 필연항의 매개성 및 필연성에 대한 되비춤(계기)이 명확하게 되었다.

나는 들뢰즈·가타리를 다음과 같이 독해했다. 그들의 이미지에 있어서 철학, 과학, 예술은 각각 현실성, 가능성, 필연성에 정위하고 각각 가능항, 필연항, 현실항을 사상(捨象)한다. 그리고 남은 두 항의 (동적, 혹은 정적) 보완관계에 의해 각각이 (광의의) 내재면, 준거면, 합성=창작면을 구성한다. 이에 비해 나는 세 장치의 접합면을 방법론=존재론으로서 구축하기 위해 각각의 사상한 제3항을 각각의 평면에 작용하는 매개자로서 적극적으로 도입하고 세 장치의 계기관계를 부각시켰다. 이렇게 접합면을 파악하는 방법이 내가 생각하는 겨냥도이다.

이 절에서는 과학과 현상론적 계산이라는 개념 장치에 한정해서 매개자를 구성하는 방법을 시사하고, 과학이라는 장치를 약하게 하는 것으로 원생계산을 얻었다. 구체적인 방법을 나중에 보게 될 것이다(2부). 지

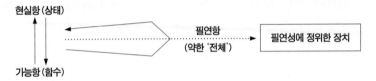

그림 9 약해진 과학으로서의 원생계산. 준거면을 구성하는 현실항과 가능항은 필연항을 약한 동적인 '전체'(내포적 전체와 외연적 전체의 동적 매개자)로서 매개한다. 이때 현실항과 가능항은 동적인 계기관계가 되고 동시에 필연항에 정위한 장치(약해진 예술, 원생실험)를 계기시킨다.

금은 단지 다른 장치, 철학이나 예술에 있어서도 사상된 제3항을 매개자로서 도입해 그 외의 장치를 계기시킨다는 기초 겨냥도를 확인하는 데 머무르자. 철학에 있어서 제3항은 가능성 성분이었다. 가능성 성분을 매개자로 하는, 현실항과 필연항의 동적 계기관계를 약한 이론, 원생이론이라 부르기로 하자. 그것은 확장되고 약해진 과학이라는 장치 내에서 철학의 자식(子)으로서 위치 지어지고 방법론=존재론으로서 전개된다. 현실세계 내에서 사용되는 이론은 본래 준거면이라는 잘려진 가능공간은 아니다. 사용되고 변경되어 가는 이론은 오히려 여러 이론의 혼효성에 있어서 세계를 되비추는 장치이고 그 형태는 철학의 그것이다. 이 내재면을 준거면으로서 규정해 버릴 때 이론은 정적인 것이 되고 과학이라 불렸던 것이다. 과학의 과정은 잠재성을 가지고 있다. 그런 형태의 약한 이론을 과학이론으로서 구성하려고 하는 것이 여기서의 기획이다. 그를 위해서는 현실항과 필연항의 상호 계기관계(그것은 철학이 가지는 그것이다)를 가능항에 의해 매개할 필요가 있다.

우선 현실항으로서 이론 체계의 부분에서 출발한 여러 규정들을 채용하고, 필연항으로서는 그 자체로 규정된 극한 개념을 취하기로 하자. 양자에 입각해 이론을 구성할 때 가능성이란 이론을 적용하는 여러 현상의 형식적 표현이라 상정할 수 있을 것이다. 예컨대 권론(圈論)에 있어서 어떤 특정 이론(어떤 권)은 개별적 화살표의 가환(可換) 도식과 몇 개의 극한 도식의 존재에 의해 규정된다. 권은 추상적 구조이므로 권의 구체적 내용이 무엇인가는 규정하지 않는다. 화살표가 함수인가, 대소관계인가 등으로 그 사용 방식을 미리 규정하지 않는 것이다. 이른바 가능성을 대입 가능케 하는 장치로서 추상성을 획득하고 있다.[26] 이 경우 가능항을 매개항으로 해서 현실항(부분으로부터의 여러 규정들)과 필연항(여러 극한들)의 관계를 동적으로 바꾸는 구조가 상정되기에 이른다. 물론 이 경우 권론에서 이른바 권은 이미 성립하지 않는다(그림 10).

통상 어떤 형식적 이론체계를 적용하는 대상에 의해 이론 자체가 그때마다 형태를 바꾸는 경우는 없다. 덧셈이 돌의 수를 셀 때나 물고기의 수를 셀 때나 바뀌지 않듯이. 그러나 이론은 역사적 흐름에서 보면, 설명하는 현상이 바뀌면 어쩔 수 없이 변경된다. 이때 다른 이론으로 바뀌었다고 말해지는 것이다. 여기서 상정된 원생이론은 이론의 변화라는 과정

---

26) 권(category)은 복수의 대상 ; A, B, C,……와 대상 간의 사(射) ; $f, g, h,$……에 의해 정의된 추상적 구조이다. 단 대상, 사(射)는 아래의 공리를 만족한다. (i) 사는 합성 가능하고 결합률을 만족한다. 즉 $f : A \rightarrow B, g : B \rightarrow C, h : C \rightarrow D$에 있어서 $(hg)f = h(gf) = hgf.$ (ii) 모든 대상은 다음과 같은 항등사를 갖는다. 이것은 대상 A에 있어서 $id_A : A \rightarrow A$와 같이 표기되고 임의의 대상 X에 관해 사 $f : X \rightarrow A$가 존재할 때 $id_A f = f$, 임의의 대상 Y에 관해 사 $g : A \rightarrow Y$가 존재할 때 $g id_A = g$를 만족한다. 대상이나 사가 구체적으로 무엇인가는 문제가 되지 않는다. 예컨대 대상 A = {0, 1}, 사 $f : A \rightarrow A, f(0)=0, f(1)=0$으로만 구성되는 권을 생각해 보자. 물론 $id_A : A \rightarrow A, id_A(0)=0, id_A(1)=1$은 성립한다. 이때 모든 사에 관해 합성 가능하다. 예컨대 $f id_A(0) = f(0) = 0$이고 $ff(0) = f(0) = 0, ff(1) = f(0) = 0$이다. 이때 사의 합성에 관해 $ff = f$인 관계가 발견될 것이다. 이 관계 자체는 대상이나 사가 전혀 다른 권이라도 발견된다는 것에 주의하라. 대상 A를 평면으로 생각, $f : A \rightarrow A$를 사영(射影) 즉 $f(x, y) = (x, 0)$으로 해도 $ff = f$는 성립한다. 이렇게 대상, 사의 내용에 의하지 않고 사 간의 관계를 발견하는 도구가 권론이다(R. F. C. Walters, *Categories and Computer Sciences*, Cambridge Univ. Press, 1991).

그림 10 약해진 철학으로서의 원생이론. 현실항과 필연항에 의해 구성된 이론면은 그 이론면을 적용하는 여러 현상을 매개자로 해서 변화한다. 즉, 이론이 설명하는 현상에 의존해서 부분적인 여러 규정들과 여러 극한들의 동적 재투사 과정이 계기한다.

을 이해하는 이론으로서 계획되었다.

　약한 예술[기예]로서 상정된 장치가 원생실험이다. 과학에 있어서, 특히 물리학에 있어서 실험이란 실험 환경(경계 조건)을 지정하는 것으로 결과가 제어 가능하고, 따라서 결과가 일의적으로 결정되는 것을 전제로 한다. 이때 실험의 재현성(再現性)이 경계 조건 지정의 목적이 된다. 그러나 현실의 실험이 꼭 이 전제를 만족하는 것은 아니다. 생물학적 실험에 있어, 얻어진 결과에 따라서는 재현성이 어느 정도 희생되는 것도 어쩔 수 없게 된다. 복제양 실험 등과 같이 같은 실험 환경을 갖추어도 복제 세포의 성장이 항상 성공한다고는 할 수 없다.[27] 이 경우 중요한 점은 재현성이 꽤 낮더라도 소수의 성공 예가 얻어진다는 것이다. 물리학적 실험에서 생물학적 실험으로 이 변용 경향을 그대로 연장할 때, 재현성을 목적으로 하는 경계 조건의 의의는 보다 낮아지게 된다. 설령 결과가 한 번밖에 실현되지 않는 경우에조차 그 일회성에 의미가 있다면 그 실험은 유

---

27) 예컨대 양 체세포 클론, 돌리의 실험을 생각하라. K. H. S. Campbell, J. McWhir, W. A. Ritchie & I. Wilmut, "Sheep Cloned by Nuclear Transfer from a Cultured Cell Line", *Nature* 380, 1996, pp.64~66., D. Solter, "Dolly is a Clone and No Longer Alone", *Nature* 394, 1998, pp.315~316.

의미하다. 그렇게 말할 수도 있게 될 것이다.

처음 피운 담배의 맛. 이러한 체험은 단지 한 번뿐인 현상이다. 기원이라는 현상은 그 이전에 없었다는 권리상 전부 일회성을 띠는 현상이다. 기원이란 경계가 없었던 미분화적 무(無)가 안과 밖이라는 이질적 개념이 혼효하는 사태로 생성하는 과정이다. 〈그림 5〉의 C에 나타낸 고통이라 불리는 신호(감응태를 동반하는 지각태)가 '자극-신호'와 고통으로 분화하고 '나의 고통'을 생성하는 과정을 생각해 주었으면 한다. 예술이란 이런 한에서 기원을 창조하는 장치인 것이다. 그렇기 때문에 예술은 원생 실험으로서 재구성된다. 예술의 합성=창작면은 재료(혹은 감응태)라는 가능항과 감각(혹은 지각태)이라는 필연항 사이의 재투사 계기 과정으로서 이해된다. 원생실험으로서 생물 실험이나 인지 실험과 같이 단기간에 어떤 기원을 발견할 수 있는 실험계를 상정해 보자. 이때 원생실험에 있어서 가능항은 실험 환경 내에 설치된 과제이고, 필연항은 그 과제와 마주 보는 대상, 생물, 피험자가 된다. 양자가 예술에 있어서 합성=창작면과 마찬가지로 실험면을 구성한다. 원생실험에 있어서도 제3항, 즉 현실항은 매개자로서 적극적으로 실험면에 참여하도록 구성되어야만 한다. 현실항이란 문맥이 담지하는 비일정성(indefiniteness)이고 안과 밖의 혼효성이라는 양상이다.

그러므로 실험면에 참여하는 매개자는 실험의 경계 조건을 지정할 수 없다는 특수한 경계 조건으로서 정의된다. 어떤 조건의 지정에 대해 그 부정(否定)이 혼효해 버리는 조건, 그것이 '지정 불가능한 조건'이 된다. 단 그것은 모순 그 자체를 의미하는 것은 아니다. 우리는 이미 대각선 논법의 관찰에서 내포와 외연 사이의 무모순성이 자명하지 않고 내포적 규정과 외연적 규정이 서로 모순된 경우도 있을 수도 있다고만 보아 왔다. 대각선 논법에서 사용된 '전체'가 내포와 외연의 양자로부터 규정되고 또한 양자가 모순될 수 있다는 점을 보아 왔다. 그리고 이러한 강한 '전체'를 어떻게 동적이고 약한 전체로서 재구성하고, 단순한 논리의 부정이 아니라 어떻게 긍정을 담지하는 부정 혹은 긍정을 담지하는 무효를 생성하는 매개항으로서 필연항을 구성하는지가 논의의 대상이 되었다. 원생계산과 비교한다면 원생실험에서는 내포적 현실성과 외연적 가능성을 잇는 필연항은 실험계 내에 동물, 피험자로서 이미 준비된다. 따라서 원생실험의 경우 그들을 필연항으로서 자각적으로 행동케 하는 상황이 필요케 되는 것이다. 주어진 과제라는 가능항에 대해 다른 범주(category)에 속하면서도 이것과 잇는 것을 가능케 하는 현실항이 필요케 된다.

그렇기 때문에 현실항으로서의 '지정 불가능한 경계 조건'은 가능항으로서 상정된 과제를 현실에서 실행해 보면 실현하기 힘들다고 상정된 환경으로서 주어진다. 이것이 과제를 실행하는 것을 대상에 부과하고 동시에 그것이 불가능한 상황을 제공하는 것이라면, 그것은 대각선 논법에서 보이는 너무 강한 '전체'와 마찬가지로 부정 즉 과제의 실현 불가능으로 귀결될 뿐이다. 그래서는 안 된다. 내포와 외연이 모순되지 않을 것이 요구되는 가능공간에 있어서, 양자가 모순되는 형식을 가지고 또한 양자의 모순이 창조로 생성되는 현실에 있어서 모순이라고는 부를 수 없는 그러한 환경이 지정 불가능한 경계 조건의 요건을 채우게 된다. 원생실험에 있어서 현실항(매개자)은 경계 조건에 의해 설정된 가능공간의 외부로 향하는 '잠재성'을 부각시키는 확장된 조건인 것이다.[28]

---

28) Y.-P. Gunji, "Behavioral Plasticity of Hermit Crabs : A Preliminary Report", *Rev. Biologia* 89, 1996, p.69에서는 자연상태에서 후퇴하지 않고 집인 껍데기를 벗어나지 않는

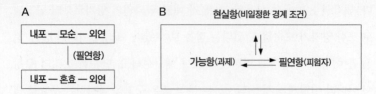

그림 11 약화된 예술로서의 원생실험. 모순되는 내포-외연이라는 관계에 의해 세계를 구성하는 가능세계와 내포와 외연이 논리적으로는 모순되어도 혼효한다고 주장하는 현실세계. 이 양자를 매개하는 필연항이 현재화한다는 조건을 채우도록 비일정한 경계 조건이 구성되어 그것을 매개항으로 해서 실험면 내의 과제와 피험자는 재투사를 계속 계기한다.

원생실험은 원생계산과 마찬가지로 내포=현실세계, 외연=가능세계라는 도식을 채용한 뒤, 잠정적으로 "내포와 외연이 무모순이라는 것", 즉 "세계는 분석적이다"라는 이미지를 채용한다. 이 이미지 자체가 가능세계로서 구성되어 버리고 있다. 이 가능세계에 있어서 창조를 담지하는 필연항에 의해 매개되는 내포=현실, 외연=가능의 관계를 구성해 보면 〈그림 11〉의 A와 같이 양자는 모순으로서만 그려진다. 이것에 비해 현실세계에 있어서 내포=현실, 외연=가능의 관계를 재투사하면 양자는 모순되는 일 없이 혼효한다.[29] 가능세계에 있어서 모순과 현실세계에 있어서 혼효성을 매개하는 필연항이 명시적으로 구성될 수 있다는 조건을 채우도록 현실성(지정 불가능한 경계 조건)을 구성하는 것. 그것이 원생실험에

소라게 두 마리를 뒤쪽으로 접착하고 이 모순된 상황이 어떻게 극복되는가를 관찰했다. 접착된 많은 소라게 쌍은 한쪽이 전진하면 다른 쪽이 후퇴하거나 양자 모두 집을 버리는 등의 해결책을 짜내었다. 마찬가지로 모순을 실험 환경에 도입하고 거기에서 창출을 보려고 한 실험으로서, Y. Miwa, Y. Shikata, et al., *IEEE. SMC.* V, 1999, p.1049를 참조. 이것은 清水博·久米是志·三浦敬之·三宅美博, 『場と共創』, NTT出版, 2000에도 상세하게 해설되어 있다.

29) 현실은 '이것-성'(2장 주 23을 보라)과 같이 내포와 외연을 결코 모순으로 봉착시키는 일 없이 진행시킨다.

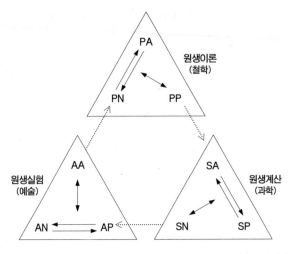

그림 12 세 장치는 매개자의 도입으로 인해 각각 불완전하기 때문에 생성을 이해하는 장치가 되고, 또한 서로 계기해서 접합면을 구성할 수 있다. 각각은 철학, 과학, 예술의 전개 형태이다.

있어서 가능항과 필연항을 매개하는 현실항인 것이다(그림 11의 B).

　　이리하여 매개자의 적극적인 도입에 의해 들뢰즈·가타리가 주장하는 철학, 과학, 예술은 원생이론, 원생계산(현상론적 계산), 원생실험으로 열어젖혀진다. 이때 세계로부터 생성으로서 갖고 돌아가는 양상의 차이는 세 장치가 정위하는 장소의 차이로서 이해된다. 세 장치는 각각 불완전하기 때문에 생성을 가지고 돌아가는 것이 가능케 되고 불완전하기 때문에 자신의 결핍을 채우도록 다른 장치를 계속 계기하는 것이다(그림 12). 여기에 세 장치의 통합 아닌 접합이라는 겨냥도가 출현한다. 여기에 나타나는 것은 들뢰즈·가타리가 주장하는 의미에서의 과학과는 다른 극히 약한 과학이다. 그러나 그것은 우리의 세계를 방법론적으로 이해하는 것에 의해 생성이라는 존재태를 이해하는 장치의 접합을 기도한다. 이때 우리는 세계=존재로부터 무엇을 가지고 돌아가게 되는지, 이하의 장에서 전개해 갈 것이다. 그전에 이 장 최종 절에서 기호론적 3항관계에 입각한 보충 설명을 행할 것이다.

4. 기호론적 3항관계

2장 1~3절에서는 세 장치의 접합이라는 목적을 전망하기 위해 기호론이나 기호론적 3항관계가 현실성, 가능성, 필연성에 의해 구성하는 이유에 관해 상세하게 설명하지 않고 논의를 진행했다. 여기서는 우선 기호론을 3항관계에 의해 사건을 이해하는 장치로 위치 짓고 그 각각의 논의를 나타내고 그 한계를 제시하자. 바로 그 한계 때문에 3항관계를 각각 2항관계와 매개자라는 형식으로 재구성하고 세 장치에 의해 기호론적 3항관계를 열어젖힌다(전개=전회한다)는 방법론이 요청된다.

다음과 같은 간단한 사건을 상상해 보자. 나는 태고(太古)의 인간이다. 나는 손으로 모래를 파고 있다. 무언가를 묻기 위해서라든가 하는 어떤 이유가 있을지도 모르지만 거기까지는 생각지 않기로 한다. 계속 팠더니 다소 지치게 되었다. 손은 상처투성이가 되어 더 이상 파는 것은 곤란하다. 나에게는 아직 삽이나 괭이라는 관념은 없었지만 그런데도 문득 손 가까이에 있던 평평한 돌을 사용해 모래를 파는 것을 생각해 냈다. 내 손의 연장(延長)으로서 가래라는 도구가 출현한다. 나는 가래의 발명에 의해 처음에 파고 있던 부드러운 모래땅만이 아니라 단단한 토층도 파게 된다. 그러나 나는 나의 가래=평평한 돌을 깨는 단단한 암석층 같은 것은 파려고 생각지는 않는다. 이런 한에서 가래는 안정적인 것으로서 계속 사용된다. 그런데 이 가래는 어느 순간 흙 속의 암석에 부딪쳤을 때 금이 가 버린다. 나는 문득 그 예리한 면을 주시한다. 그 예리한 면을 고기를 써는 데 쓸 수 있다는 것을 깨닫는다. 평평한 돌은 이리하여 나이프로서 사용된다.

　위의 사건은 기호가 사용되고 기호가 기원하는 사건을 나타내고 있다. 여기에 기호론적 3항관계가 발견된다. 기호론적 3항이란 기호, 기호의 함의, 문맥이다. 상술한 사건에 있어서 첫번째로 '손의 연장으로서의 돌'이 기호이다. 그것은 단지 거기에 있는, 의미가 없는 '평평한 돌'이면서 어디까지나 손의 연장이라는 역사를 담지한 돌이다. 두번째로 사용되는 방식, 즉 가래나 삽, 그리고 나이프…… 등이 기호의 함의이다. 단, 기호의 함의는 유한한 상세한 조목에 의해 쓰여져 완결되지는 않는다. 평평한 돌은 갈라지지 않은 채 계속 사용되고 어떤 때는 날카로운 나뭇조각을 다른 나뭇조각에 박는 돌망치로서 사용될지도 모른다. 그러한 가능성의 전체, 즉 무한 속도도 언급할 가능성(즉 잠재성)이 기호의 함의이다. 세번째로 사용하는 나, 혹은 세계에서 돌을 사용하는 나는 문맥이다. 나라는 사용자, 관측자에 의해 평평한 돌은 사용되는 어떤 방식을 담지하도록 사용된다. 단, 내가 굳게 믿는다고 돌을 어디에나 사용할 수 있는 것은 아니다. 태고의 인간인 나는 새처럼 하늘을 날고 싶다고 상상하고 있었지만 평평한 돌은 손의 연장인 날개로서는 결코 사용할 수 없을 것이다. 나는 세계에 사는 나이고 경험하는 나이기 때문에 그러한 한에서 평평한 돌과 그 사용법의 관계를 결정하는 문맥인 것이다. 즉, 사용자, 관측자는 세계 내에 있는 나이고 나를 내포하는 세계이기 때문에 문맥이다(그림 13).

　예로서 주어진 사건을 3항관계로 전개했을 때 기호는 필연성에, 기호의 함의는 가능성에, 문맥은 현실성에 대응한다고 말할 수 있다. 첫번째로 필연성이란 세계 내의 즉자적 존재태이다. 필연성이라는 개념을 무언가 다른 전제에 의해 근거 지어진 개념이라 생각해서는 안 된다. 예컨

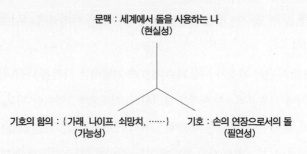

그림 13 사건 '가래, 나이프가 발명되는 과정'을 분해하는 3항관계.

대 세계가 준거면으로서 주어졌다면, 필연성은 항상 다른 가능성의 부정에 의해 근거 지어진다. 그러나 여기에서 말하는 필연성은 세계를 가능세계로서 설정하는 전제를 채용하지 않는다. 목이 마른 내가 방에 들어갈 때 테이블 위에 있던 것은 물이 든 컵, 연필, 계산기였다. 내 눈에 들어온 것은 물뿐이었다. 논하고 있는 필연성은 이 물이 담지하는 유일성이다. 물론 망막에는 물도 연필도 계산기도 비춰진다. 그러나 나는 다른 것을 전망하고 "내가 원하는 것은 연필이나 계산기는 아니다"라는 것을 확인한 뒤, 물로 초점을 맞추는 것은 아니다. 다른 것은 최초부터 적극적으로 무시되어 버리는 것이다(나는 가능공간에 접하기 이전부터 목이 말랐기 때문이다). 그와 동시에 적극적으로 무시한다는 이 태도를 목이 마른 나에게만 귀속된 주관적 힘으로 위치 짓는 것도 가능하지 않다. 내가 보는 컵은 환상도 무엇도 아닌 거기에 놓인 컵의 물이기 때문이다. 나는 결코 세계를 지어낼 수 없고 현실과 무관하게 가능공간을 설정할 수도 없다.

즉, 단지 첫번째로 눈에 들어오는 필연적인 컵의 물은 '경험을 담지하는 이 세계의 지금을 살고 있는 나라는 현실'과 '초월자에 있어서 상정된 준거면 내에 단순한 사물로서 물, 연필, 계산기를 두는 가능공간'의 접촉에 있어서만 필연으로서 현전하는 것이다. 필연항은 현실항과 가능항

사이에 있어서 그 탄생의 맥락을 명백하게 한다. 기호론적 3항관계에 있어서 필연성, 가능성은 현실을 매개로 해서 본래 단독성, 잠재성과 바꿔 읽을 수 있을 것이다. "가능세계를 설정하고 온갖 가능적 상태를 전망한 후, 다른 모든 가능적 상태가 부정된다면 어떤 가능적 상태는 필연이다." 통상 적어도 과학자가 사용하는 가능성, 필연성의 관계는 이러한 정의에 따른다. 이에 비해 컵의 물의 필연성은 테이블 위에 놓인 선택지를 가능적 상태로 설정하면서도 그 가능공간 외부와의 접촉에 있어서 인정되는 유일성이다. 가능공간 내부의 선택이면서 그 외부로 열려 가능공간 자체도 변질시키는 힘이 잠재성이다. 잠재성의 영역에서 논해지는 필연성은 이미 소박한 필연성과 구별되고 단독성이라 불려야 할 것이다.

두번째로 현실성이란 '즉'으로 묶인 의미적 관계이다. 이것은 가능성이 '그러므로'로 묶인 인과적 관계라는 것과 좋은 대비를 이룬다. 의미적 관계는 혼효성을 나타낸다. 예컨대 길가의 돌 위에서 낮잠을 자고 있는 고양이를 발견했다고 하자. 당신은 고양이가 귀엽다고 생각해서 무심결에 안고 싶어졌다. 여기서 당신은 '귀여'우므로 '안고 싶은' 것일까. 그렇지 않으면 '안고 싶으'니까 '귀엽다'고 느끼는 것일까. 어느 쪽으로 결정하려고 하는 것은 오히려 어리석은 짓이다. 여기서는 '귀엽다' 즉 '안고 싶다'이고 양자는 이질적 감각으로서 즉자적으로 존재하면서 혼효하는 것이다. 이 의미적 혼효관계를 인과적 관계로 이해하려고 할 때 '안고 싶다'가 원인인지 결과인지 결정할 수 없는 문제가 생긴다. 의미적 관계를 인과적 관계로 이해하려고 할 때 인과관계는 파탄이 난다.

들뢰즈·가타리가 주장하는 무한 속도는 명확하게 의미적 관계를 시사한다. 무한 속도라는 단어 사용이 가능성과 현실성의 불가결한 혼동을 이미 불러들이고 있다는 점에 주의할 필요가 있을 것이다. 즉, 여기에 잠재성이 있다. 혼효적인 여러 개념 중에서 어떤 하나의 개념을 선택해 내고 그것을 특화시키는 조작은 의미를 가지지 않는다. 다른 한편 가능공간에 있어서 여러 궤도로부터 어떤 궤도를 선택하는 것에는 의미가 있다. 그것은 현실을 선택하는 조작으로 위치 지어지기 때문이다. 가능공간에 있어서 유의미한 선택조작을 혼효하는 여러 개념들에 적용할 때 하나의 '지금'에 관해 혼효하는 다른 개념은 '다른 지금'이라는 위상(status)을 가지게 된다. 여기서 '지금'이라는 무시간에 유한의 벡터가 부여되어 현실은 역설적으로 무한 속도를 띠게 된다. 의미적 관계는 이런 한에서 무한 속도를 담지한다.

세번째로 가능성이란 '그러므로'로 묶이는 인과관계를 하나의 궤도로 하는 궤도의 다발이다. 어떤 궤도와 다른 궤도는 가능적으로 병존한다. 그러나 우리는 여기에 혼효라는 성격을 적용하는 것은 불가능하다. 가능성과 현실성은 이질적인 평면을 구성한다. 이 가능공간에 있어서 현실성을 평가하려고 할 때, 현실은 어떤 궤도를 선택하는 조작으로서 나타나게 된다. 이때 선택된 어떤 궤도와 선택되지 않은 다른 궤도는 현실에 있어서 배타적이다. 가능공간에 있어서 여러 가능태는 혼효이기는커녕 배타적인 것으로서만 현실과의 접점을 가질 수 있는 것이다.

가능성과 현실성의 이질성에는 충분히 주의를 기울여 둘 필요가 있을 것이다. 가능성에 정위한 과학이 가능항과 현실항 관계의 모델로서 준거면을 구성할 때, 현실이 담지하는 혼효성은 다른 궤도의 지정이라는 형식으로 주어진다. 배타적인 두 궤도가 혼효한다는 것은 있을 수 없다. 인과적인 관계로서 역사성을 이해하는 경우를 생각해 보자. 나의 탄생의 순간부터 지금 여기서 워드프로세서를 치고 있는 나에 이르는 궤도에 대해 지금 암벽을 등반하고 있는 나에 이르는 궤도가 가능적으로 존재한다. 이

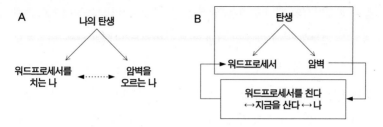

그림 14 A:가능공간에 병치된 두 개의 궤도에서 혼효성을 발견하려고 하는 경우. 점선의 화살표는 유사적인 혼효성에 지나지 않는다.
B:가능공간(상단: A와 같음)과 여러 개념이 혼효하는 현실(하단: 내재면)의 접촉에 의해 '암벽을 기어오르는 나를 몽상하는 나'가 성립한다. 실선의 양방향 화살표가 혼효성을 나타낸다.

때 워드프로세서를 치는 나와 암벽을 기어오르는 나는 혼효하는 것이 아니다(그림 14의 A). 가능성을 병치하는 공간에 있어서 현실이 담지하는 혼효를 발견하려고 하는 것은 다른 개념의 소박한 혼동에 지나지 않는다. 물론 우리의 논의는 범주가 다른 개념의 혼동을 금지하도록 진행되는 것이 아니라 오히려 양자의 불가피한 혼동에 있어서 생성을 발견하도록 진행되고 있다. 따라서 지금 워드프로세서를 치는 내가 암벽을 기어오르는 나를 몽상하는 것은 있을 수 없다고는 말할 수 없다. 그러나 그 경우에도 가능공간에 있어서 두 개의 궤도를 전망하는 것이 나의 몽상을 의미하는 것은 아니고 두 개의 궤도가 존재하는 가능공간과 현실의 나(결코 가능적 존재를 병치할 수 없는 단독의 지금·여기)와의 접합에 있어서 암벽을 기어오르는 나의 몽상이 성립하고 있는 것이다(그림 14의 B).

〈그림 14〉의 A와 〈그림 14〉의 B의 차이로서 나타난 혼효성과 가능공간 내의 배타적 병립성의 차이는 생성이라는 존재태를 발견할 수 있는지 없는지에 관해 극히 중요하다. 우리는 전술한 '계산하는 과정'과 '암벽을 기어오르는 나를 몽상하는 나'를 쉽게 대비할 수 있을 것이다. 가능

공간에 있어서의 계산 규칙을 '암벽을 기어오르는 나를 가능적으로 존재케 하는 가능공간'에, 계산의 전과 후를 구별하는 현실의 나를 '워드프로세서를 치는(지금을 사는) 나'로 치환함으로써 말이다. 계산 과정에 관한 논의에서는 규칙에 따른다는 그리고 내가 계산한다는 계산 과정의 양의성이 강조되어 현실성과 가능성을 접촉시키기 때문에, 이 접촉면은 창조매체로서의 필연항(내부관측자)을 담지한다고 했다. 마찬가지로 우리는 '암벽을 기어오르는 나를 몽상하는 나'에 있어서도 창조를 담지하는 필연항을 발견할 수 있는 것이다. 여러 궤도를 포섭하는 가능공간과 접촉하는 나는 단순히 여러 궤도들을 재인하는 것은 아니다. 다른 가능성(가능공간에는 존재하지 않는 궤도)을 상기하는 것이 현실의 나와 가능공간을 접촉시켜 주기에 이르고, 암벽을 기어오르는 나를 상기함(현실로부터 가능공간으로 도달)과 동시에 상기 자체에 의해 현실의 나를 변화시킨다(가능공간에서 현실로). 예컨대 "그럼 찻집에라도 갈까" 하고 말하면서 워드프로세서를 치는 것을 멈추고 일어서는 경우처럼 말이다. 이 재현전(再現性) 과정에 의해 현실의 내가 가능성을 상기하는 행위=과정이 계기하는 것이다. 따라서 나는 가능공간에 의해 생성되고 가능공간까지도 계속해서 생성시킨다. 다른 범주에 속하는 현실성과 가능성이 접촉하기 때문에 비로소 양자 간에는 이것을 매개하는 제3항 즉 필연항이 발견=구성된다.

준거면(가능공간)에서 발견되는 현실항과 가능항을 매개하는 내부관측자란 현실항이 담지하는 혼효성과 가능항이 담지하는 배타성을 매개하는 것으로서 발견된다. 정확하게 기술하면, 그것은 발견되지 않으면 안 되었다. 왜냐하면 가능공간에 의해 세계를 이해하려고 할 때 우리는 현실성이 담지하는 혼효성과 가능공간상의 현실항 사이의 차이에 주의를 기울여야만 하기 때문이다. 후자(현실항)는 단순히 복수의 궤도를 전망하고 선택하는 조작이므로 일단 궤도를 선택한 후라면 혼효성은 발견되지 않는다. 현실항에 현실성을 담지시키기 위해서는 일단 궤도를 선택한 후에도, 궤도상을 운동하는 것이 다른 궤도(가능공간=준거면에는 없는 궤도까지도)를 언급하는 운동으로서 그려져야만 한다. 그것이 가능공간상에서 구성된 혼효성이다. 따라서 궤도상의 운동은 다른 궤도로의 이행, 변동을 항상 함의하고 동반하면서 '이' 궤도를 계속 운동하는 운동으로서 그려진다. 궤도의 선택이라는 조작과 선택한 후가 분리되어 이후가 이전의 선택(의 결과인 궤도)에 따르는 것이 아니라 궤도의 운동이 항상 궤도의 선택을 동반해서 진행한다. 바로 이러한 의미에서 들뢰즈가 발견한 부분관측자는 선택조작을 담지하는 관측자=내부관측자로서 재구성된다.

이 과정은 물론 '계산 과정이나 가능성을 상기하는 나'라는 문제에 머물지 않는다. 여기에서 관측과정=경험론은 소박한 경험론 대 관념론이라는 대립이나 닫힌 주관주의 대 소박실재론(素朴實在論)적 객관주의라는 대립도식을 무효로 하는 장소에서 전개되도록 시도된다. 따라서 현실성, 가능성이라는 양상은 눈앞에서 구분된 현실과 현실 이외의 상태를 모두 망라한 형이상학적 가능세계를 의미하는 것은 아니다. 현실성이란 질적 차이를 혼효시키는 내재면이기 때문에 질적 차이를 담지하면서 연속하는 면이고 따라서 강도를 담지하는 양상인 것이다. 이에 비해 가능성이란 권리상 존재하는 모든 가능태를 망라한 면이 아니라 양적 차이에 의해 현동화되고 상기된 면이다. 덧붙이자면 베르그송은 이 현실성과 가능성의 대위법을 잠재성과 현동태의 이원론으로서 구성하고 있다.[30]

---

30) H. Bergson, *Matière et mémoire*, PUF, 1896 ; 田島節夫 訳, 『物質と記憶』(ベルグソン全集 2), 白水社, 2001.

내가 눈앞의 컵을 보고 있는 과정(관측 과정)은 나라는 주체에 있어서 닫힌 사건도 아니고 나와 무관하게 실재하고 있는 것도 아니다. 만약 관측 과정이 주체에 닫혀 있다면 나는 손으로 접할 수 없는 컵까지도 볼 것이고, 나와 무관하게 실재한다면 나의 시각은 재인에 지나지 않을 것이기에 내가 컵을 보는 관점을 결코 바꿀 수 없을 것이다. 이전에는 볼품없었던 컵이 어느새 둘도 없이 소중한 컵으로 보인다는 것은 있을 수 없을 것이다. 물론 여기서 기술된 현실의 나란 여기에 있는 나는 아니다. 본다는 과정의 잠재성에 대한 은유를 현실의 나라 부르고 있는 데 지나지 않는다. 마찬가지로 가능세계란 보는 것을 참조하면서 보는 것에 의해 상기되는, 보는 것의 현동태이다. 그러므로 보는 과정이 현실의 나와 가능세계의 접촉에 의해서 야기된다는 모델은 보는 과정 그 자체의 자기준거성(어떤 것도 근거로 하지 않음)을 나타내는 장치로서 이해되어야 한다.

그러나 이상과 같이 현실성, 가능성, 필연성을 정의하고 사건을 이 3항관계에 의해 해부하는 것은 전술한 "손의 연장으로서의 돌, 즉 가래의 생성"이라는 조잡한 밑그림으로는 적합하지만, 밑그림 이상의 전개를 보여 주어야 한다. 왜냐하면 전술했듯이 기호론적 3항이란 본래 현실성, 잠재성, 단독성이고 이 삼자를 일괄해서 다루는 것 자체가 과잉적인 것이기 때문이다. 예컨대 잠재성을 비춰 내기 위해서는 가능성을 가능항과 현실항으로 분해하고 여기에 매개자=필연성을 개재시키도록 그 하나하나를 이해하는 장치가 필요한 것이다. 물론 3항관계에 의한 전개에 있어서도 각 성분에 따라 생성이라는 존재태로부터 가지고 돌아가는 양상은 크게 다르다. '손의 연장으로서의 돌, 즉 가래'라는 사건분석은 어떠했는가. 필연성에 정위할 때 우리가 발견하는 양상은 사용된 돌의 기원, 기호화이다. 그것은 가능성의 상세한 조목이라는 기호의 기원에 정위하고 있

다. 가능성에 정위할 때 우리가 발견하는 양상은 사용되는 방식의 **변화·
운동**이다. 그리고 현실성에 정위할 때 발견되는 것은 질적 변화의 가능성
을 수용하면서도 부서지지 않도록 사용되는 돌(어느 때는 가래)이 담지하
는 **규범성**이다. 그러나 기원, 운동, 규범성의 세 상(相)을 보다 분리해서 전
개하려고 할 때 우리는 혼효하는 3항관계라는 분석장치를 일시적으로 손
에서 놓지 않으면 안 된다. 이리하여 세 장치가 획득되고 우리는 그 접합
면들로서 3항관계를 다시 만나게 된다.

3장_시간: 현재, 과거, 미래

3항관계의 어딘가에 정위할 때 생성의 어떤 양상은 매개항을 통해 서로
계기하는 2항관계에 의해 전개된다. 이 방법론을 시간에 관한 논의를 통
해 예시해 보자. 시간을 둘러싼 논의는 단순한 예제(例題)에 머무는 것은
아니다. 생성이라는 존재태에서 운동, 기원, 규범성이라는 양상을 가지고
돌아갈 때 우리는 틀림없이 시간의 존재론으로 향하게 된다. 가능성에 정
위해서 필연성을 매개항으로 할 때 여기서 상정된 것은 현실항과 가능항
을 매개하고 운동을 구동(驅動)하는 필연적 힘이다. 필연항으로서의 힘
은 긍정을 계기하는 약한 부정 조작으로서 운동을 구동한다. 이 논의는
뒤에서 보듯이 베르그송의 순수과거를 둘러싼 논의에 극히 친화적이다.[1]
그러나 우리의 관점에서 보면, 베르그송은 가능성에 정위하는 것에서부
터 출발해서 현실성에 정위한 논의를 순수과거에 직접 중첩시켜 버린다.
그 때문에 가능성에 정위하고 상정된 매개항=필연항과 현실성에 정위하

---

1) H. Bergson, *Matière et mémoire*, PUF, 1896 ; 田島節夫 訳, 『物質と記憶』(ベルグソン全集 2),
   白水社, 2001.

고 상정된 매개항=가능항이 혼동되어 온갖 인식론적 기제로서 나타나는 운동 구동력으로서의 기억과 존재론적 개념으로서 출현하는 순수과거가 불포화된 채로 일치되기에 이른다.[2] 결과적으로 가능성을 현실-가능항에서부터 전개한 이원론은 매개자 그 자신에 의한 일원론으로 안이하게 전도된다. 이리하여 출현하는 순수과거는 결정체(結晶體)와도 같은 체제이면서 지속을 가능케 하는 유기적 체제도 담지하게 되어 모든 잠재성을 신비스럽게 봉함(封緘)한 초월자의 위상을 띠게 되어 버리는 것이다.

베르그송의 계승자인 들뢰즈는 베르그송의 통합에서 기인하는 오류를 신중하게 물리쳤다.[3] 확실히 가능성으로의 정위와 현실성으로의 정위를 결코 통합하지 않음으로써 들뢰즈는 운동 이미지와 시간 이미지를 구별한다. 이 구별 때문에 운동 구동력으로서의 기억과 결정체와 같은 체제로서의 순수과거가 구별되면서 접합되는 것이다. 통합 아닌 접합에 대한 들뢰즈 자신의 대답이 두 이미지의 구별이라고도 말할 수 있다. 들뢰즈는 시간에 관해 세 가지 종합을 제시하고 있다. 그 각각인 현재, 과거, 미래는 앞 장까지 제시된 세 개의 장치(원생계산, 원생이론, 원생실험)에 호응한다. 그러므로 들뢰즈의 세 가지 시간적 종합을 상술, 전개/전회하고 특히 현재, 과거, 미래와 세 가지 장치의 관계에 관해 논의해 보자.

---

2) 순수과거는 현재를 근거 짓고 현재로부터 상기되는 어떤 것이라는 위상을 띤다. 그것은 어디까지나 조작 대상이고 타동사에 의해 조종되는, 목적어가 되는 존재이다. 이것에 비해 기억은 자동사적이고 자동사에서 파생한 명사로서 대우받아야 할 것이다. 그것은 어디까지나 현재를 주어로 한 운동이고 조작이다. 유기적 체제와 결정체적 체제에 관해서는 檜垣立哉, 『ベルグソンの哲学: 生成する実在の肯定』, 勁草書房, 2000을 참조.

3) G. Deleuze, "La Conception de la différence chez Bergson", *Les études bergsoniennes* IV, PUF, 1956; 平井啓之 訳, 『差異について』, 青土社, 1994., G. Deleuze, *Le Bergsonisme*, PUF, 1966; 宇波彰 訳, 『ベルクソンの哲学』, 法政大学出版局, 1974.

1. 존재태로서의 반복으로

들뢰즈는 그의 저작 『차이와 반복』에서 반복이 귀결시키는 첫번째, 두번째, 세번째 시간적 종합을 제시하고, 영원회귀(라고는 해도 그것은 윤회적 순환은 아니다)를 지향하는 세번째 시간적 종합에서 반복의 본성적 의미가 발견된다고 주장한다.[4] 그러나 그 결론은 동일성을 유지하면서도 동일성을 계속 파기함으로써만 성립되는, 또 그렇기 때문에 끊임없이 기원(起源)하는 형식으로 유지됨으로써 다른 종류의 반복 대상으로 변할 수 있는 반복의 복잡한 구조를 독해하기 위해 전개된 방법론적 수순에 지나지 않을 것이다.

들뢰즈는 습관으로서의 반복에 있어서 첫번째 시간적 종합을 제시하고, 첫번째 시간은 습관이 성립하는 토대(장소)를 제공하는 것이라고 설명한다. 다음으로 습관을 기초 짓기 위해서는 기억이 필요하다고 주장하고, 기억을 되살리는 조작의 근거로서 존재하는 과거(순수과거)라는 시간의 존재양식으로 전도한다. 이것이 두번째 시간적 종합이다. 그리고 다시 순수과거=근거라는 설명의 존재양식에 의문을 표한다. 우선 그는 첫번째로 순수과거=근거라는 자기규정의 불철저함을 지적하는 형식을 취한다. 현재 반복되는 습관의 근거로서 순수과거가 제시된다면, 순수과거는 현재라는 개념과 독립적으로 정의되어야만 한다. 그러나 과거가 기억과 결부되어 정의된 이상, 순수과거는 신화적인 '지나간 현재'[5] 이상의

---

4) G. Deleuze, *Différence et répétition*, PUF, 1968 ; 財津理 訳, 『差異と反復』, 河出書房新社, 1992.
5) 원문에서는 '오래된(古い) 현재'이다. 이후 일괄해서 '지나간 현재'로 옮겼다.──옮긴이

의미를 가질 수 없고 공허한 근거가 되는 것이다. 두번째로 순수과거가 현재와 전혀 무관계하고 근거로서만 상정된다면(근거로서 완전하다면), 현재를 사는 우리는 순수과거의 의미를 전혀 이해할 수 없다. 과연 그러한가 하는 의문이 드는 것이다. 언급된 첫번째, 두번째 지적은 결국 근거의 옹립이라는 설명 양식 일반에 대한 의문이라고 생각할 수 있다. 이것에 대해 들뢰즈는 기저(基底)를 가지지 않는 영원으로서의 미래를 구상하고 미래에만 귀속시킬 수 있는 보편적 탈근거화로서의 영원회귀를 귀결한다. 이리하여 기저(따라서 시점)를 가지지 않는 초월론적 지평에서 사는 무명(無名)의 개체이기에 압도적 절대성(영원=미래) 내에서 끊임없이 기원을 계기하는 그러한 세번째 시간이 전개된다.

여기서 개관한 들뢰즈의 세 가지 시간적 종합은 첫번째 시간의 미비함을 두번째 시간이 보완하고 또 그것을 뛰어넘기 위해 세번째 시간적 종합이 제안되는 순서를 지니고 있다. 그러나 그것은 어디까지나 반복이 모종의 규범성을 가지면서, 변화이기도 하고 기원의 계기이기도 한 양상을 독해하기 위해 반복의 현전에서 출발해 존재태로서의 반복으로까지 소급하는 방법론에 다름 아니다. 우리는 들뢰즈를 그렇게 읽어야 할 것이다. 반복이 존재양식이라는 것을 이해한 뒤, 우리는 첫번째, 두번째, 세번째 시간적 종합 각각이 생성의 다른 이름이고 시간을 이해하는 세 개의 장치임을 깨달을 수 있다. 현재를 독해하기 위한 현실성, 현재에 정위하고 부단한 변화의 계기로서 시간을 이해하는 장치가 첫번째 시간적 종합이다. 생성이 짊어진 규범성(그 인상은 반복이라 불리는 것에서 보다 강하게 야기된다)을 존재하는 과거로서 구상하고 현재를 재구성하는 가능세계=과거에 정위시킨 장치가 두번째 시간적 종합이다. 끊임없는 기원이라는 범형(範型)으로 반복을 이해하는 장치가 세번째 시간적 종합이다.

시원이 이해된다는 사건은 시점을 가지는 인식자로서의 나를 해체하는 것으로만 가능케 된다. 왜인가. 인식이라는 기제는 '새로운 것'을 인식자에게 수용시킨 한에서의 인상으로 파악한다. 그러므로 "온갖 사물은 선험적으로 실재하지만, 인식자가 발견한 것에 따라 '그에게 있어서 처음'이라고 간주된다"는 기원 설명상의 함정이 항상 나타난다. 즉, 기원 개념은 인식론적 지평 내에서 정의할 수 없다. 따라서 기원에 정위하는 생성이해의 장치는 인식자로서의 나를 해체하고 초월론적인 존재론적 지평을 이론 체계 뒤에 구상하며, 인식을 경유하지 않는 벌거벗은 이해를 통해 기원의 이해를 가능케 하는 장치여야만 한다. 이리하여 초월론적 영원=미래로의 반복으로서의 끊임없는 기원이 이해된다. 세 가지 시간적 종합들 사이에는 이해에 관한 심도의 우열도 순위도 없다. 우리는 세 개의 독립적인 위상을 접합하는 방향으로 전회해 가지 않으면 안 되는 것이다.

그러나 이 책에서 구상된 세 장치의 접합과 들뢰즈의 세 가지 시간적 종합 사이에는 아직도 괴리가 있다. 양자를 병치해서 이해하기 위해서는 『차이와 반복』에서의 세 개의 시간 각각을 보다 상세하게 해부하고 삼자의 계기 관계를 폭로할 필요가 있을 것이다. 그렇지 않으면 독자는 이 책과 들뢰즈의 관계를 잘못 볼 뿐만 아니라, 존재태로서의 반복이라는 개념 장치조차 결국은 간과하게 되기 때문이다.

2. 현재 : 첫번째 시간적 종합의 재고

존재태로서의 반복을 폭로하기 위해 들뢰즈는 현전하는 반복, 즉 습관적 반복에서 출발한다. 그러나 세번째의 시간적 종합에서 구상된 반복=존재태는 습관적 반복의 고찰 과정에서 이미 싹이 트고 폭로된다. 그렇기 때문에 첫번째 시간적 종합 내에서 이해된 습관적 반복은 그 자체가 근거 짓는 기제를 필요로 하지 않는 복잡한 구조와 불완전함을 이미 지니고 있다. 그러므로 첫번째 시간적 종합은, 습관적 반복이라는 의미에서는 어의(語義) 모순에 지나지 않는, 소박한 반복 대상 그 자체의 변화까지도 함의하고, 생성=반복이라는 존재태에 관한 이해의 한 형태로서 단독이자 완전한 이해의 장치일 수 있다. 들뢰즈는 첫번째 시간적 종합에 관한 이러한 전개를 굳이 봉인하고, 굳이 미소화(未消化)한 채, 첫번째 시간적 종합에 있어서의 근거의 부재를 설명하고 그 근거인 두번째 시간적 종합으로 논의를 잇는다. 이상(以上)에 주의해서 첫번째 시간적 종합을 독해해 보자.

반복에 있어 소박하게 상기된 반복 즉 습관적 반복은 단위를 반복하는 것, AB, AB,…… 하고 계속 읊조리는 것, 종소리를 하나하나 세는 것 등이다. 여기서 들뢰즈는 흄(Hume)의 논의[6]를 이어서 반복 대상은 결코 변화하지 않고 차이는 반복을 응시(觀照)하는 정신 측에만 나타난다는 규정하에서 반복에 대치(對峙)하는 스스로를 규정한다. 우선은 반복 대상(이면서 반복이라고 말할 수 있는 것), 반복된 단위라는 현상(=반복 그 자체)을 채택, 그것을 응시하는 어떤 정신도 반복 그 자체와는 분리되는 지점에서 논의를 시작하는 것이다. 이러한 한에서 반복 행위는 반복 대상과 구별할 수 없는 어떤 자율적 개체가 된다. 이때 반복이 습관적 영위(營爲)인 이상, 반복 개념은 반복 대상(예를 들어 AB, AB,……에 있어서 AB)을 학습하고 습관화하는 과정까지도 함의한다. 이 논의 전개에서부터 두 개의 노정이 준비된다.

---

6) G. Deleuze, *Différence et répétition* ; 財津理 訳, 『差異と反復』, p.121.

첫번째 길은 반복 대상에 정위하고 반복 대상이 계속 반복되는 과정을 가능케 하도록 현전하는 능동적 종합을 비춰 내는 길이다. 그러나 들뢰즈는 능동적 종합에 의해 수동적 종합(반복 그 자체)을 근거 지으려고 구상하는 것은 아니다. 다른 한편 두번째 길은 반복이 그 학습 과정도 포섭하는 이상 반복을 획득하고 반복을 행위하는 자아가 존재하는 그 과정을 비춰 내는 길이다. 첫번째 길에 의해 세계에 있어서 (반복하는 당사자 이외의 우리들에 대한) 반복의 현전을 가능케 할 수 있도록 논의에 응시가 접목된다. 두번째 길에서는 반복을 행위하는 자아에 내재시키고, 이러한 애벌레 자아와 응시의 관계가 간접적으로 논의된다. 전자는 반복이 응시를 통해 일반성으로서 이해됨을 나타낸다. 후자는 반복이 응시하에서 애벌레 자아=반복의 끊임없는 축퇴(縮退)로서, 즉 단속적 개체로서 이해됨을 나타낸다. 응시하의 축퇴란 반복 그 자체가 응시에 의해 축퇴함을 의미하는 것은 아니다. 역으로 이러한 징후를 우리에게 주는 수동적 종합은 일반과 개체라는 논리적 위상 규정을 달리하는 양자를 모순 없이 혼효시키는 자율적 전체로서 이해된다. 수동적 종합으로서의 반복은 응시에 대치하여, 규칙에 따르는 운동은 아니기 때문에 변화할 수 있다. 우리에게 현전하는 '동일한 반복'이나 '반복의 변화'는 수동적 종합을 표상=재현하는 능동적 종합을 경유한 뒤 수동적 종합 내에서 이해된다. 그렇다고 해서 동일한 반복이나 반복의 변화가 능동적 종합을 근거로 하는 것은 아니다. 오히려 우리는 능동적 종합이 중첩됨에 있어 수동적 종합의 실상을 이해한다. 즉, 능동적 종합을 경유한 후 우리에게 이해 가능한 반복의 부단한 축퇴는 수동적 종합으로서의 반복의 실상인 것이다. 끊임없이 습관화되고 지속된 반복은 변하지 않는 반복을 전제로 하기 때문에 과거도 미래도 현재에 귀속케 한다. 따라서 현재에서 열어젖혀진 시간 속에서 습관

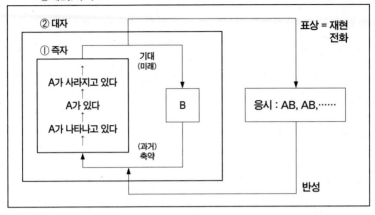

③ 대(對) 우리

② 대자

① 즉자

A가 사라지고 있다

A가 있다

A가 나타나고 있다

기대
(미래)

B

(과거)
축약

표상 = 재현
전화

응시 : AB, AB,……

반성

그림 15 첫번째 시간적 종합을 구성하는 세 개의 종합. ① 순간의 계기로서의 즉자. ② 수동적 종합으로서의 대자. ③ 능동적 종합으로서의 대(對) 우리. 능동적 종합은 수동적 종합과 분리되어 있지는 않지만 구별 가능하다.

은 반복된다. 아래에서 상세하게 논해 보자.

『차이와 반복』에서 전개된 첫번째 시간적 종합은 〈그림 15〉와 같이 도식화할 수 있다. 들뢰즈의 예에 따라서 AB, AB,…… 라는 반복을 고찰해 보자. 반복대상=반복으로서 상정되고 그것을 반복하는 행위는 여기서 〈그림 15〉의 수동적 종합(②)이다. 그 구성 요소로서 이후를 계기하기 위해 이전은 소거되어야 하고 순간의 계기라는 즉자(①)가 발견된다. 여기서 발견된 계기는 다음 일체의 내용에 관한 기대를 포함하지 않는다. A의 소멸에 의해 이후가 계기된 것뿐으로 이후가 B든지 A든지, 또 기호 이외의 어떤 것이든지 일체의 기대를 포함하지 않는다. 따라서 계기는 순간의 계기로밖에 있을 수 없고, 즉자로밖에 있을 수 없다. 이것에 비해 반복에 있어서 반복된 단위란 수동적 종합하에서 다음 것을 기대하고 이전을 직접적으로 파지(把持)하고 있다(과거파지). 이 상황을 다음 순서대로 생각해 보자. 우선 AB의 반복 규칙에 따르고 있다고 하는 '나'의 확신을 상정한다. [규칙을] 따르는 이상 나는 다른 기호 열의 가능성 따위는 꿈에도 생각지 않고 기계적으로 A 다음에는 B라고 말한다. 그러나 A가 소거된 순간, A가 아니라 B를 선택하는 것이다. 즉, 선택은 있지만 그 선택은 AB 하에서 수동적이다. B라는 사건이 소거된 순간에 B라고 말했다는 사건이 축약되어 파지된다. 그러므로 B가 아니라 A가 선택되는 것이고 A가 사라지고 있을 때에는 A가 아니라 B가 선택된다. 과거파지와 기대로 이루어진 수동적 종합이 AB, AB,……라는 반복을 야기한다. 여기까지 상정해 두고 규칙에 따른다는 확신이 필요한지 필요치 않은지 재고해 보자. 반복은 규칙을 표상=재현하는 일 없이 가능하다. 수동적 종합으로서의 반복을 가능케 하는 것은 A와 B로 이루어진 전체이고 그것은 AB라는 일반성은 아니다. 일반성을 경유하지 않기 때문에 비로소 수동적 종합에 있어서 AB, AB,……가 가능케 되고 또한 규칙을 전복하는 변화까지도 가능케 된다. 수동적 종합은 들뢰즈·가타리가 구상한 부분관측자에 호응하고 있다.[7]

---

7) 수동적 종합은 『철학이란 무엇인가?』에서 논해지는 부분관측자(QP, 183~184)에도 호응한다. 수동적 종합이 능동적 종합과 독립적으로 닫힌 운동으로서 자생하도록 부분관측자는 카오스로부터 무한 속도를 배제한 어떤 준거면 내에 머문다. 따라서 "부분관측자는 힘이다. 그렇지만 이 힘은 작용하는 것이 아니라, 라이프니츠와 니체가 알고 있었듯이 지각하고 느끼는[감수感受하는] 것이다"(QP, 185). 여기서 부분관측자의 역할은 철저하게 수동적인 선택으로 상정된다. 한편 들뢰즈와 가타리는 이렇게도 말하고 있다. "모든 과학과 모든 준거계에 분봉(分封)하고 있는 부분관측자들이 무엇인지를 이해하기 위해서는 인식의 어떤 한계, 즉 언표행위의 어떤 주관성이라는 역할을 그들에게서 보는 것은 피해야 한다"(QP, 183). 부분관측자의 지각·감수는 "재인 혹은 선택의 순수하게 기능적인 고유성이 나타나는 곳이라면"(QP, 185), 어디에서나 출현한다. 예컨대 "면역학에서 알로스테릭 효소에 관하여"그러하다. 물론 알로스테릭 효소는 생물학으로서 형식화된 어떤 추상이고 단백질 입체 구조에 의거한 물질로서의 촉지화(觸知化) 과정을 진행하면서 가역성과 융통성, 그리고 그렇기 때문에 비로소 변화 가능성까지도 가지고 있다. 즉 알로스테릭 효소라는 어떤 준거면 내의 추상은 이

B라는 발성을 파지함이란 "나타나고 있고, A가 아닌 B가 나타나서, 사라지고 있는" 그 사건의 축약이다. 축약된 과거가 내용이 없는 점이라면 수동적 종합에서 A가 사라지고 있는 순간 B는 기대되지 않을 것이다. 즉 과거파지는 B의 현현의 파지임과 함께 그 이전이 A였던 것의 축약도 의미하고, 여러 사례에 관한 구별을 함의한 축약으로서 대우되어야 하는 것이다. 이 양상을 인식론적으로 전개한다면 우리는 수동적 종합의 표상을 통해 이것을 구성하는 것이 된다. 그리고 이런 한에서 수동적 종합에 응시를 접속하는 것이 된다. 수동적 종합에 의해 반복된 AB는 이른바 A_1B_1, A_2B_2, A_3B_3, ……과 같이 전부가 개별적이다(첨자는 단지 무시될 뿐이다). 어떤 B 이전의 A와 이후의 A는 각각 구별되는 개별자이다. 이 개별적 차이를 일반에 있어서 표상=재현하고 A_1B_1, A_2B_2, A_3B_3, ……을 AB, AB, AB, ……로 하고 반성하는 그러한 응시에 있어서 여러 사례들의 구별을 담지하는 축약을 인식론적으로 이해할 수 있다. 여기서 능동적 종합(③)이 발견된다. 몇 번이나 확인했듯이, 반복 그 자체(수동적 종합)는 일반개념 AB를 경유하는 것은 아니다. 스스로의 반복은 결코 규칙에 따르

융통성, 변화 가능성을 배제한 형식으로 파악된 한에서 수동적인, 고유한 선택만을 실행한다. 그러나 수동적 종합이 능동적 종합을 접목해서 비로소 제시하는, 내재하는 끊임없는 (애벌레) 자아 형식의 힘과 마찬가지로, 부분관측자는 고유한 선택을 실현하는 준거면까지도 선택하고 있다. 그렇기 때문에, "부분관측자는 기능소(foncifs)를 배접(褙接)하고 있는 감각적인 것(sensibilia)이다. 감성적 인식과 과학적 인식을 대립시키기보다, 오히려 좌표계에 생식(生息)하고 과학에 고유한 이 감각적인 것을 밝은 곳으로 나오게 할 필요가 있다. 또한 그러한 것을 러셀이 행했던 것이다"(QP, 186). 부분관측자는 고유한 선택을 하는 자이며, 그 고유성까지도 선택의 결과로서 견고하게 유지되는 것이다. 그렇기 때문에 "과학 특유의 지각 및 감응(affection)들은 필연적으로 예술의 지각태 및 감응태와 얽혀 있다"(QP, 188). 수동적 종합이 능동성을 자족시키듯이, 부분관측자도 또한 창조 그 자체의 조건을 갖추고 있다. 창조의 조건을 현재화한 부분관측자, 그것이 내부관측자이다. 수동적 종합은 바로 내부관측자로서, 즉자적 찰나와 응시를 매개하고 자생하는 현재(지속)를 진행시킨다.

는 행위는 아니다. 그러나 이러한 능동적 종합을 경유한 일반 AB에 따라 반복을 관측하는 반복 당사자가 아닌 타자(우리들)는 "동일한 반복이 유지되고 있다"나, "반복대상이 AB에서 CD로 변화했다"를 인식하는 것이다. 능동적 종합이 표상=재현인 이상, 우리는 일반 AB의 유지를 수동적 종합의 표상으로서 발견하게 된다. 순간의 계기인 즉자를 '지금'이라 부른다면 대자인 수동적 종합은 지속인 '지금·여기'라 부를 수 있을 것이다. '여기'는 소박한 의미에서의 공간을 의미하는 것은 아니다. '여기'는 과거와 미래가 귀속하는 현재의 장소이다. 이상이 전술한 첫번째 길이다.

두번째 길에서는 습관=습관화에서 논의가 시작된다. 습관이란 이미 획득된 것이 사실로 간주되어 버리는 것이고 의문의 여지를 개입시키지 않는 것이다. 그러므로 그것은 수동적 종합 내에 반복을 구가(謳歌)하는 자아, 반복 그 자체와 일치하고 동화한 자아를 함의한다. 이러한 자아, 수동적 주체인 애벌레 자아는 습관화의 귀결인 한편, 습관화를 가능케 하는 주체이다. 즉, 습관='사실이라 간주되어 버리는 것'은 축퇴임과 동시에 축퇴하는 과정이다. 이러한 수동적 종합의 존재양식은 능동적 종합을 중첩시킴으로써 그 표상을 통해 이해할 수 있다. 중첩시켰을 때, 반복과 동화한 자아는 응시에 의해 축퇴했다고 이해된다. 습관화, 학습은 바로 응시에 의해 이전에 없었던 반복을 획득하는 과정으로서 인식될 것이다. 우리는 여기서 욕구를 발견하게 된다. 욕구는 부재를 계기로는 삼아도 실재하는 부재 그 자체의 인식은 아니다. 즉, 부재는 존재를 의미하는 내부의 외측(부정否定)을 의미하는 것이 아니라 '부재로서 만들어진 존재'이다.[8]

---

8) 욕구가 부재의 발견을 원인으로 하는 것이 아니라, 내재하는 욕구가 부재를 발견=구성한다. 욕구는 설령 능동적 종합을 접목해서 현전하는 것이라도 수동적 종합에 내재하고 있다. '부재를 계기로 한다'는 부재를 스스로 만드는 것과 같은 뜻이다.

능동적 종합을 통해 인식된 이 양상을 뒤집어 수동적 종합 그 자체가 담지하는 양상이라 다시 파악해 보자. 만약 부재가 존재의 부정(否定)이라면 우리는 수동적 종합을 세계로부터 분리되어 닫힌 어떤 반복으로서 이해하고, 그 외부인 부재를 계기(契機)로 한 운동이야말로 욕구라고 위치지으면 된다. 이때 수동적 자아에 대립하는 타자, 세계가 욕구의 구동인(驅動因)으로서 상정된다. 하지만 그렇지 않다. 부재가 부재한 존재로서 적극적으로 만들어진다면, 수동적 종합은 검디검은 허무를 외부로 하는 독립된 부분이 아니라 부재의 생성마저 가능케 하는 적극적인 장이면서 자율적 담지자로서 구별될 수 있도록 상정되어야만 한다. 여기서 능동적 종합을 경유해서 수동적 종합이 담지하는 욕구, 지향성이 이해된다.

첫번째 길에서는 수동적 종합이 담지하는 자율성, 견고함, 규범적 성격을 되비춰 내기 위해 능동적 종합이 중첩된다는 설명이 채용되어 표상적으로 일반성이 귀결된다. 두번째 길에서는 수동적 종합이 담지하는 변화 가능성, 일반 AB라는 표상으로서 인식하는 한에서의 변경 가능성을 되비춰 내기 위해 능동적 종합이 중첩되어서 반복을 사는 자아의 축퇴＝과정이 부각된다. 이것도 수동적 종합이 담지하는 또 하나의 특징이다. 따라서 순간의 계기인 즉자(그림 15의 ①)와 능동적 종합인 대-우리(그림 15의 ③)의 양자를 통해 인식론적으로 이해되는 규범성과 변화 가능성은 양자를 통합할 때 수동적 종합으로서의 반복(그림 15의 ②)에 이미 내재하고 있다고 생각할 수 있다. 이러한 전개는 능동적 종합이라는 인위적 종합을 통해 되비춰진 것이지만 여기서부터 인식론적 기제에 있어서 확인되는 어떤 순간의 선택과 어떤 일반(표상=재현된 AB, AB, ……)의 선택이 함께 수동적 종합을 토대로 해서 야기된다고 생각할 수 있다. 즉, 표상을 통해 이해된 반복의 인식론적 기제는 기계적인 순간의 계기(그림 16의

①)와 응시(그림 16의 ③)의 상호 작용을 통한 수동적 종합(그림 16의 ②)의 끊임없는 축퇴를 함의하지만, 오히려 양자의 결과이자 매개자처럼 보이는 수동적 종합에서야말로 반복의 제일의적(第一義的) 의미를 발견할 수 있는 것이다. 수동적 종합은 개별(순간)과 보편(반복에 고유한 반복 그 자체에 있어서의 전체)을 혼효시키는 것이다. 양자를 각각 특수(일반 내의 사례)와 일반으로 표상할 때 우리는 반복의 규칙에 따르는 되풀이됨이라는 기계적 운동과 반복규칙 자체의 변경이라는 모순을 발견하게 될 것이다. 그러나 그 모순은 개별과 보편의 혼효에 내재하고 그것에 의해 선택되는 듯이 현전하는 것이다(그림 16).

즉자와 대–우리 사이에서 인식되는 차이가 수동적 종합에 내재한다. 그러므로 습관은 반복된다. 우리는 여기서 반복의 순간이 수동적으로 선택되고 표상=재현이 능동적으로 선택되는 과정을 인식하게 된다. 우리에게 두 선택이 현전함은 수동적 종합에 내재하고 있다. 이리하여 습관은 항상 습관 획득의 찰나를 유지하도록 기원을 계기하는 것으로 반복된다.

인식론적 기제에서 거꾸로 수동적 종합이 담지하는 과거의 관계를 되비춰내 보자. 응시는 기억이라는 과정을 함의한다. 우선 AB, AB의 학습과정을 예컨대 수면에 떠다니는 나뭇조각에 글을 써넣는 것이라고 생각해 보자. 기입하는 것이 기억을 획득하고 붙잡아 두는 것이다. 또, 기억의 상기(재현)를 나뭇조각 위의 문자를 읽는 것이라고 해보자. 다만 수면은 항상 흔들려서 나뭇조각의 흔들림을 멈추게 해야만 한다. 그런데 흔들림을 멈추게 하는 도구가 나뭇조각에 글을 써넣는 도구인 펜 이외에는 없다고 하자. 우리는 나뭇조각을 멈추기 위해 펜으로 그것을 지탱하게 되고 읽기 위해 기입할 수밖에 없게 된다. 어떤 습관이 획득된다는 것은 이전에 무언가가 기입되어 있던 나뭇조각에 AB, AB,……를 써넣는 것이다. 이

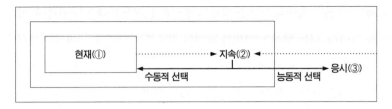

그림 16 인식론적 기제에 있어서 수동적 종합(②)은 현재와 응시의 상호 작용에서 축퇴하는 듯 보인다(점선). 그러나 양자는 인식 이전의 개별, 보편의 혼효를 지속이 내재하고 있는 것으로 오히려 수동적 종합을 기원으로 하여 특수, 일반이라는 표상에 있어서 현전한다.

기입 과정과 재현은 구별할 수 없고 그것은 반성을 구동하고 반복을 구동한다. 우리는 응시 내에서 반복의 획득과 분리할 수 없는 반복의 유지를 발견한다. 표상=재현 및 반성을 인식할 때 기억과 기억의 재생은 분리되고, 동시에 성립할 수 없는 다른 조작처럼 상정된다. 그러나 수동적 종합으로서의 지속에서 양자는 혼효한다. 그 혼효야말로 반복 그 자체인 것이다. 바로 그렇기 때문에 첫번째 시간적 종합이 그 반복의 근거를 다른 차원에서 찾아야 하는 것은 아니다. 그러나 들뢰즈는 굳이 이 논의를 봉인하고 습관적 반복의 근거를 기억, 두번째 시간적 종합에서 찾는 것이다.

3. 과거 : 두번째 시간적 종합의 재고

두번째 시간적 종합이란 이것을 습관적 반복의 근거로 하는 들뢰즈의 명시적 주장에 반해서 하나의 관점, 기억의 재생이라는 관점에서 본 시간을 이해하는 장치이다. 기억의 재생이라는 과정을 이해할 때 우리는 지나간 현재의 요소로서 과거를 도마 위에 얹어 놓게 된다.

　기억의 재생에 기초 지어진다는 구조틀에 있어서 습관의 반복은 어떻게 그려질 것인가? 지금 마시고 있는 커피가 맛있는가 그렇지 않은가

하는 이 판단 속에서 커피를 맛보는 행위의 습관적 반복을 확인할 수 있을 것이다. 나는 현실의 커피를 과거의 커피와 비교한다. 과거의 커피란 재생되어 '지금·여기'에 있어서 출현하는 과거의 표상이다. 현실의 커피는 구별된 다양한 질감을 갖고 있고, 나는 여기서 과거의 커피와의 비교를 시도한다. 과거의 커피는 과거의 어떤 커피인 것일까? 과거의 몇 개의 커피를 묶은 일반적 커피이면서 개별적 과거의 커피까지도 담지한 그러한 커피일 것이다. 즉, 참조된 과거의 커피는 어떤 축약이면서 점이 아닌 구별이라는 조작을 담지한 축약이다. 그렇기 때문에 비로소 축약은 참조되어야 하는 독립된 특이한 점이라는 성격과 종(種)을 모은 유(類)라는 성격을 양의적으로 가지게 된다. 여기서 현실의 현실적인(actual) 커피(질감)를 유화(類化)하는 운동과, 그것들을 참조하는 점에 접근시키는 운동의 근거가 발견된다.[9] 이리하여 현실의 커피 맛에 관한 판단이라는 반복은 기억의 상기에 의해 근거 지어진다.

　이 이미지[描像]는 어떤 반복의 '지금·여기', 즉 지속을 근거 짓는 상기에 관해 〈그림 17〉과 같은 도식화를 제공한다. 과거와의 접촉에 있어

---

9) "표상=재현, 즉 재생의 한계들은 사실, 관념연합이라는 명칭하에서 잘 알려져 있는 '유사'와 '접근'이라는 가변적인[가능적인] 관계에 의해 규정된다. 그것은 지나간 현재는 표상=재현된 이상 현실적인 현재와 유사하기 때문이고, 또 그러한 지나간 현재는 서로 극히 다른 여러 가지 지속의 현재 속으로 유리되어 가지만 그 현재들은 부분적으로 서로 동시적이고, 따라서 서로 접근해 있으며, 결국은 현실적인 현재에 접근하고 있기 때문이다"(G. Deleuze, *Différence et répétition* ; 財津理 訳,『差異と反復』, pp.133~134). "습관의 수동적 종합은 시간을 여러 순간의 축약으로서 현재라는 조건하에서 구성하고 있었지만, 기억의 능동적 종합은 시간을 여러 현재 자신이 접어 넣어진 것으로서 구성한다. …… 지금 현재가 스스로를 반영하는 것은 또한 일반적인 의미에서의 과거로서의, 즉 선험적(a priori) 과거로서의 과거라는 순수한 요소(element)를 조건으로 하고 있는 것이다"(같은 책 p.134). 유사와 접근에 의해 여러 현재 자체가 접어 넣어진 것으로서 구성된 시간에 있어서 현실적인 현재의 토대인 과거도 또한 지나간 현재이기 때문에 후술된 네 개의 역설에 의해 상세하게 해부된다.

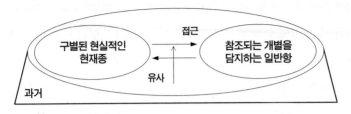

그림 17 과거의 현동태(現動態)로서 출현하는 지속. 이것을 과거의 축약으로 생각, 절단면=점이라 생각할 때, 기억의 재생이라는 관점에서 규정된 과거의 성격에 기인하여 지속 내에 유사와 접근이 발견된다. 개별을 담지한 일반항이란 지속의 무대 내에 표상된 과거이다.

서 그 절단면으로서의 지속이 현전하지만 그것은 근거로서의 과거의 현동태이다. 과거의 현동태가 점이 아닌 축약이기 때문에 비로소 현실은 순간이 아닌 지속이고 그것은 유사와 접근이라는 운동에서 구성된다. 즉, 구별된 현실적인(actual) 현재 종(種)은 어떤 일반에 접근하고 축약된 일반=개체가 되어 그것이 유화를 구동한다. 이리하여 접어 넣어진 것으로서의 과거(일반=개체)가 지속 내에 나타난다. 현동태로서 이러한 축약=지속을 제공하는 과거란 어떠한 성격을 갖는 것인가. 들뢰즈는 그것을 시간에 관한 네 개의 역설에서 명확하게 했다.[10] 이것을 조금 대담하게 해제해 보자.

　네 개의 역설은 현재와 과거의 관계로부터 차례차례 계기한다. 논의 방식은 이러하다. 우선 경험적인 흐르는 시간을 인정한다. 여기에 현재라는 어떤 종류의 상태 개념을 가지고 들어가, 흐르는 시간을 현재와 과거에 의해 설명하기 위해서는 과거가 어떻게 규정되어야 하는가를 묻는 것이다. 첫번째의 역설은 현실적인 현재로부터 지시되는 과거와 지나간 현

---

10) G. Deleuze, *Différence et répétition* ; 財津理 訳, 『差異と反復』, pp.135~137.

재라고 말해지는 과거의 양의성에서 귀결된다. "어제는 즐거웠다"라고 말할 때, 어제에 의해 지시되는 과거가 전자이고 '~었다'에 의해 말해지는 과거가 후자이다. 이 책에서 독자적으로 전개한다면, 그것은 명사로서의 과거와 동사로서의 과거의 어긋남(齟齬)이라고 말할 수 있을 것이다. 전자는 상태, 어떤 실체이고 후자는 과정(상태의 연속)이다. 이런 한에서 전자가 하나(一)라면 후자는 여럿(多)이 된다. 들뢰즈는 이것을 과거와 현재에 관한 동시성의 (첫번째의) 역설이라고 부르는데, 상태와 과정의 모순에 따라 그 이유를 이끌어내 보자. 과거가 지나간 현재(명사적 과거)인 이상 그것은 현실적인 현재와 동시에 존재하는 것은 불가능하다. 그렇지만 과정으로서의 과거는 현재를 지나가게 하는 엔진으로서의 과거이고 현재와 동시에 존재해야만 한다(예컨대 '커피(현재에 대비)를 마신다(과거 과정에 대비)'는 '커피'와 '마신다'가 동시에 존재하지 않으면 성립하지 않는다). 그러므로 동시성의 역설은 상태와 과정의 어긋남으로 치환된다. 양자 간의 모순을 해소하기 위해서는 과정을 지정하는 실체도 상정하고 구별해 버리는 것이다. 예컨대 현재라는 '사물'(物; 처리 대상)의 가공, 처리 장치를 과거라 생각하자. 이때 과거는 과정이면서 처리 장치로서 '사물'이라고도 말할 수 있다. 현재와 과거는 '사물'이라는 것에 관해서는 같지만 처리 대상과 처리 장치라는 차이를 가진다. 같은 '사물'이므로 동거할 수 없다는 한쪽의 요청과 다르므로 동거한다는 다른 한쪽의 요청으로 인해 발생하는 역설은 '사물'에 관한 관점의 차이라고 대답함으로써 회피할 수 있다.

첫번째 역설의 해소에서 두번째 역설이 생긴다. 그것은 공존의 역설이라 불린다. 다시 한번 장치로서의 과거, 실체화된 과정으로서의 과거라는 모델을 인정해 버리면 다양한 과거가 셀 수 있는 장치로서 현재와 공존한다. 역설이 여기서 생기한다. 과거가 지나간 현재의 근거이고 거기서부터 첫번째 역설이 생기며, 이것을 해소하기 위해 과거를 처리 장치로 했으므로 처리 장치는 미리 복수로 준비되어 있게 된다. 설명해 보자. 처리 장치란 현재를 다양한 형태로 바꾸는 것이다. 즐겁게 지나가게 하는 장치도 있고, 슬픔과 함께 지나가게 하는 장치도 있다. 장치 그 자체가 각각 어떤 과거로서 지시되는 이상, 우리는 처리 장치로서의 과거를 그렇게 구별해야만 한다. 그러므로 현실적인 현재에 대해 다양하게 지나가게 하는 방식을 취하는 다양한 처리 장치(=과거)가 함께 준비되어 있고 그중 하나가 사용되는 경우에도 사용이 가능한 다른 처리 장치는 사용된 하나의 처리 장치와 공존하게 된다. 이리하여 과거의 공존의 역설이 귀결된다. 즉, 동시성의 역설이 현재와 현전되는 과거의 공존임에 비해, 공존의 역설은 과거의 가능태의 공존을 함의하는 것이다. 처리 장치로서의 과거가 다양한 처리나 다양한 현실적인 현재에 따라 존재해야만 한다고 하면, 처리 장치는 유한 개수로 충분할 것인가? 이것이 공존의 역설이 갖는 최대의 문제가 된다. 그 해결은 무제한으로 준비하면 된다는 형식으로 그려진다.

공존의 역설을 해결함으로써 선재(先在)의 역설이라 불리는 세번째 역설이 생기한다. 바야흐로 처리 장치로서의 과거는 무한하게 준비되어 있다. 그러나 본래 과거는 현재가 통과해 간 지나간 현재로서 현재와 대응 가능하다. 그렇다면 과거와 현재는 설령 무한 개 존재한다고 해도 같은 수여야만 한다. 과연 그럴까? 과거는 현재의 처리 장치로서 정의되고 현재를 지나가게 하는 방식에서 구별된다. 그러므로 구별된 과거와 현재에 번호를 붙여 전체로서 수가 같다고 가정하자. 현재(1)-과거(1), 현재(2)-과거(2),……, 현재(n)-과거(n),……과 같이 대응시켜 두는 것이다. 한편 과거는 현재의 처리 장치이므로, 임의의 n번 처리 장치로서의 과거

(n)은 다양한 현재에 대해 처리 가능 또는 불가능 중 어느 한쪽의 가능성을 가지고 있다. 예컨대 현재(1)은 처리 가능, 현재(2)는 불가능…… 하는 식으로 말이다. 과거(n)에 있어서 가능, 불가능을 부여한 현재(m)을 현재(n, m)이라 표기하자. 이 경우 과거(n)은,

$$과거(n) = 현재(n, 1)현재(n, 2)……현재(n, m)……$$

과 같이 표기된다. 전부 늘어놓아 보면,

$$현재(1)-과거(1) = 현재(1, 1)현재(1, 2)……현재(1, n)……$$
$$현재(2)-과거(2) = 현재(2, 1)현재(2, 2)……현재(2, n)……$$
$$\vdots \qquad \vdots$$
$$현재(n)-과거(n) = 현재(n, 1)현재(n, 2)……현재(n, n)……$$
$$\vdots \qquad \vdots$$

이라는 가로, 세로로 무한한 표를 얻을 수 있다. 이 대응관계가 현재와 과거의 동수성(同數性)을 보증할 것이다. 그러나 그렇지 않다. 이 표의 대각 성분을 취해서,

$$현재(1, 1)현재(2, 2)……현재(n, n)……$$

을 생각해 보자. 여기서 또 만약 현재(1, 1)이 현재(1)의 처리 가능을 의미한다면 불가능으로 하고, 불가능을 의미한다면 가능이라는 식으로 그 처리 가능성을 반전시킨다. 이 반전시킨 처리 가능성을 반전(현재(1, 1))이라 표기하자. 마찬가지로 반전(현재(2, 2))……반전(현재(n, n))……을 얻

을 수 있다. 그런데 처리 장치로서의 각 과거는 각 현재에 대한 처리 가능
성으로서 정의된 것이므로,

$$과거(X) = 반전(현재(1, 1)) 반전(현재(2, 2)) \cdots\cdots 반전(현재(n, n)) \cdots\cdots$$

은 어떤 특수한 과거를 지시하게 된다. 왜냐하면 현재의 처리 가능성의
열(列)인 이상, 과거(X)는 과거이고 그것은 반전(현재(1, 1))에 있어서는
과거(1)과 다르고, 반전(현재(2, 2))에 있어서 과거(2)와 다르다. 마찬가
지로 모든 과거, 현재와 대응된 과거와 다르게 된다. 그러므로 과거(X)는
현재와 대응되지 않은, 이른바 한 번도 현재인 적이 없는 과거를 의미한
다. 과거는 현재가 지나간 것으로서 정의된 터인데도, 현재였던 적이 없
는 과거가 존재하게 된다. 이것이 과거의 선재의 역설이다. 이것은 그러
한 과거를 인정해 버리는 것, 현재와 무관계한 선험적 과거의 존재를 인
정해 버리는 것으로 해결된다.

　세번째 역설을 인정해 버리는 것은 현재와 대응되지 않는 현재의 개
수보다도 많은 과거를 인정하고 현재와 과거 간에 논리적 계층을 도입하
는 것이다. 따라서 계층은 한없이 존재하게 된다. 이것이 네번째 역설, 즉
베르그송의 원추(圓錐)의 은유이다. 일단 현재와 개수가 다른 선험적 과
거를 인정한다면, 현재와 과거에 적용한 논의를, 과거의 변형 장치를 순
수과거로서 정의한 뒤에, 과거와 순수과거에 적용하면 마찬가지로 두번
째 계층(순수순수과거)을 얻을 수 있다. 이 논의는 길게 되풀이할 수 있고
이리하여 계층은 무한하게 존재한다는 것이다.

　이상 네 개의 역설을 정리한 것이 〈그림 18〉이다. 이 책에서 내가 특
히 강조하고 싶은 것은, 존재하는 과거라는 논의는 대각선 논법에 의해

유도된다는 점이다. 과거는 현재를 지나가게 하는 흐름, 힘이면서 힘이 작용하는 대상이기도 하다는 양의성이 첫번째 역설이었다. 이것을 해결하기 위해 힘을 처리 장치로서 정의해 버리면 양의성은 해석의 양의성으로서 이해된다(그림 18의 A). 여기서부터 실현되지 않아도 가능적으로 존재하는 처리 장치=과거의 공존이 귀결된다(두번째 역설). 특히 〈그림 18〉의 B에서는 다양한 종류의 현재를 지나가게 하는 능력을 나타낼 수 있도록, 〈그림 18〉의 A의 화살표를 원추로 나타내고 있다. 과거가 현재와 공존하는 이상, 이미 시간의 흐름은 원추의 중심축에 있는 것은 아니다. 이것이 무한의 처리 장치를 함의하는 덕분에 현재와 대응하지 않는 과거의 선재가 귀결된다(그림 18의 C). 이리하여 다시 한번 현재와 과거 사이에 계층성을 인정한다면, 계층성은 계속 귀속되어 원추상(上)의 다른 층으로서 나타나도록, 과거, 과거의 과거, 과거의 과거의 과거,……인 무한의 계층구조가 귀결된다(그림 18의 D). 그러므로 동일한 밑면을 가지는 복수의 원추의 다양성과 밑면 즉 층의 다양성 양자로부터 과거는 선택되고 현재를 송출하며 또 현재로 재생되는 것이다.

　두번째 시간적 종합은 습관으로서의 반복을 과거의 재생에 의해 근거 지을 목적으로 전개된다. 근거라는 위상의 규정을 과거에게 갖게 하기 위해서는 과거의 실재를 보여 주어야만 한다. 그러나 그 때문에 네 개의 역설이 차례차례 계기했다. 결국 역설의 해소는 근본적 해결이 아니라 단순한 연기이다. 그러므로 네번째 역설은 해결되지 않은 채 남아 있다. 세번째 역설에서 생각해 보자. 거기서는 한 번도 현재였던 적이 없는 과거, 순수과거의 존재가 제시되었다. 그러한 과거가 존재하는 것일까? 과거가 항상 현재로부터 송출된다면, 그러한 현재로부터 소급적으로 이해할 수 있을 것이다. "한 시간 전에는 배가 불렀었는데" 하고 말하듯이 말이

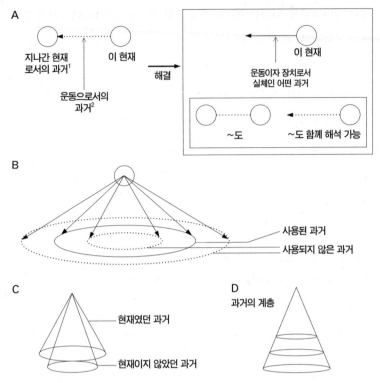

그림 18 A: 과거의 동시성의 역설. 과거[1]은 현재와 동시에 존재하고는 있지 않지만 과거[2]는 현재와 동시에 존재해야만 한다. B: 과거의 공존의 역설. C: 과거의 선재의 역설. D: 과거의 층상(層狀) 원추의 역설.

다. 그러나 그렇지 않은 과거, 자신은 상상도 할 수 없었던 과거까지도 우리는 과거로서 받아들일 수 있다. 예컨대 양친에게 "실은 너는 우리의 아이가 아니었단다"라고 듣는 상황을 상상해 보라. 이 고백이 사실인지 아닌지는 문제가 아니다. 이렇게 전해 들었을 때 당신은 이것을 사실로, 즉 과거로서 받아들일 수 있을 것이다. 그것은 단순히 당신이 경험하고 있지 않은 것만이 아니라 어떤 지나간 현재였는지 아닌지에 관계없이 과거로서 받아들일 수 있다는 의미에서 순수한 과거인 것이다. 이러한 순수한 과거는 확실한 '이 현재'로부터 소급되는 경우와는 역으로 오히려 '이 현재'를 토대부터 흔드는 듯이 작용할 것이다. 양친이 다르다고 한다면 이 지금의 나를 다시 생각하지 않으면 안 되듯이. 어떠한 과거도 현재로부터 상기되는 대상임과 동시에 현재를 바꾸기 위한 근거이다. 후자의 극한으로서 상정되는 것이야말로 순수과거이다. 그러므로 순수과거는 단순히 현재를 근거 짓는 과거라는 논리적 전개 끝에 생긴 가상적 구축물이 아니라 현재를 사는 우리에게까지도 관여할 수 있는 것이다.

순수과거는 기묘한 비틀림을 가지게 된다. 한편으로 현재와 독립적으로 선재하고 현재를 근거 짓는다는 절대성을 가지고, 다른 한편으로는 '현재로부터 재생할 수 없는 정도'의 극한으로서의 절대성을 갖는다. 전자는 현재라는 개별을 특수라는 이름하에 설명하는 '일반이라는 절대'이고 후자는 개별로부터 귀납적으로 상정되는 '소실점(극한)이라는 절대'이다(그림 19의 A). 순수과거가 담지하는 절대성의 양의성은 해결되지 않고 원추의 은유(네번째의 역설)로 연기된다. 여기서 원추로서 구상된 과거존재의, 근거라는 위상 일반이 담지하는 역설이 분출한다. 한편으로는 무한의 과거 계층이 존재하고 그것이 응축해 가장 축약된 형식에서의 현재를 근거 짓는다. 다른 한편, 현재는 그 축약을 풀 때, 무한의 계층으로 이완하고 재생되어 상기된다. 이 응축·이완의 운동은 일반이라는 절대로서의 과거와 극한으로서의 과거의 양의성이 그대로 계승된 것이다(그림 19의 B).

과거의 이 양의성을 인정할 때 우리는 근거이면서 만들어진 과거라는 불완전한 위상, 자기준거적 순환을 받아들이게 된다. 이러한 위상 자체가 어떤 종류의 오류인 것일까.[11] 순수과거에 얽힌 논의의 종착점이 여

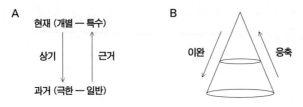

그림 19 A : 순수과거에서 확인되는 양의성. B : 과거원추에서 확인되는 양의성.

기에 있다. 본래 과거는 현재의 근거로서 상정된다. 습관적 반복인 한에서의 흐르는 시간을 도마 위에 올렸다. 여기에 준비된 현재와 흐르는 시간을 함께 잇게 하는 개념으로서 과거가 구상되어 바로 순수과거를 포함하는 원추의 은유에까지 도달했던 것이다. 순수과거나 과거의 다양한 층의 축약이 현재이고 그런 한에서 과거가 현재를 근거 짓는다면, 임의의 과거의 원추에 대해 그 축약인 현재를 결정할 수 있을 것이다. 그것은 다양한 과거로 구성된 어떤 원추가 축약된 현재에 의해 재현된다는 것을 함의한다. 과연 그러한 것이 논리적으로 가능할 것인가? 현재와 대응되는

11) Y.-P. Gunji & S. Toyoda, "Dynamically Changing Interface as a Model of Mea surement in Complex Systems", *Physica* D 101, 1997, p. 27에서는 종과 유의 구별과 혼동을 나무(tree)모양 데이터와 고리(loop)모양 프로그램의 구별 및 나무에서 고리로의 변환과 고리(프로그램)에 의한 데이터 변환이라는 혼동으로 치환, 이 반복에 의해 시간이 진행되는 모델을 제안하고 있다. 종과 유는 구별되는 것으로 시간을 진행케 하고, 진행하면서 혼동할 수밖에 없게 된다. 이것에 의해 프로그램(규칙)의 특이성은 무효하게 되기 때문에 규칙공간 내에서의 상전이(相轉移) 임계현상이라는 이미지가 무효가 된다. 그 결과 규칙에 의존한 형식이 아닌 1/f의 기원이 설명된다. 마찬가지로 상태(종)와 함수(유)의 구별 위에서, 함수를 상태에 적용해서 시간을 진행하면서 양자의 어긋남을 축소 사상(寫像)에 관한 부동점으로 하고 이것을 방정식으로 치환해 풀어 그 해를 새로운 함수로 하는 모델도 제안되었다(Y.-P. Gunji, K. Ito & Y. Kusunoki, "Formal Model of Internal Measurement : Alternate Changing between Recursive Definition and Domain Equation", *Physica* D 110, 1997, p. 289). 이 모델과 베르그송의 원추 은유의 관계도 논의되고 있다(郡司ペギオ-幸夫, 『現代思想』 26/1, 1998, p. 302).

과거를 현재라는 상태 열로 나타내 보자. 축약이라는 관점에서 어떤 하나의 열(이하 과거 열이라 부른다)과 축약으로서의 현재가 대응하게 된다. 그러나 대응될 수 있도록 어떤 과거 열을 원추 속으로 더듬어 갈 때 다음에 나타나는 것은 과거의 과거(순수과거) 층위(level)이다. 과거 층위에서 한 열을 확정하는 조작을 한 개의 확정이라 생각한다면 한 개의 확정과 그 이외의 어떤 것을 확정하는 조작이 과거의 과거 층위의 한 줄을 확정하는 조작이 된다. 대각선 논법에서 볼 수 있듯이 전체를 확정한 뒤 그 이외의 것을 발견함으로써 비로소 이 층위의 확정이 성립하기 때문이다. 따라서 한 줄의 과거 열을 더듬어 가서 확정한다는 조작은 층위를 횡단할 때마다 분기할 수밖에 없게 된다(층위가 내려갈 때마다 상위의 한 궤도 추적은 하위에서의 두 개의 궤도 추적과 등가가 되기 때문이다). 과거와 순수과거(아래 층위)에 보이는 열 확정의 분기는 이하 과거 층위를 내려갈 때마다 되풀이된다. 이리하여 한 줄의 과거 열을 원추 속에서 더듬어 가서 확정한다는 조작을 현재와 대응되는 과거 층위의 열의 확정에 준거해서써 내려간다면, 〈그림 20〉과 같이 무한하게 분기한 열의 모든 가능성을 더듬어 가는 조작으로서 표현된다.

하나의 과거 열을 더듬어 가는 조작은 〈그림 20〉의 무한하게 분기한 궤도 전체를 완전히 더듬어 가는 조작과 같은 것이다. 우리는 이러한 무한의 확정을 축약할 수 있을 것인가? 논리적으로 축약을 생각한다면, 그것은 〈그림 20〉에 나타난 모든 궤도를 조망하는 것이다. 여기 과거2 이하의 궤도는 상하로 분기하고 있으므로 어떤 한 줄의 궤도는 예컨대,

위아래아래위아래위위 ……

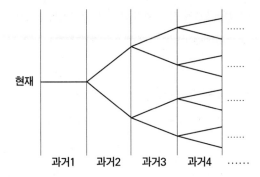

그림 20 어떤 하나의 과거 열을 과거 원추 속에서 더듬어 갈 때, 다양한 층위의 과거를 횡단하게 된다. 만약 현재와 대응되는 과거(과거1)를 한 줄의 확정으로 생각한다면 다음 층위(과거의 과거; 과거2)의 열을 한 줄 더듬어 가는 조작은 이미 과거1 층위의 두 줄만큼 더듬어 가는 조작과 동등하다. 이하 마찬가지이다. 따라서 어떤 하나의 과거 열을 더듬어 가는 조작이란 이 그림의 모든 가능한 궤도(각 분기마다 위인지 아래인지 선택되어 하나의 궤도가 결정된다)를 조망하는 것과 같다.

와 같이 쓸 수 있다. 이러한 궤도 전부를 세는 것은 모든 궤도를 전망하는 것에 다름 아니다. 여기서도 대각선 논법을 적용하게 된다. 궤도의 셈을,

1 — 위 아래 아래 위 아래 위 위 ……

2 — 아래 아래 위 위 아래 위 아래 ……

3 — 위 위 아래 아래 아래 위 아래 ……

와 같이 써 보자. 이 대응표에 의해 우리는 모든 궤도를 전망했다고 가정하게 된다. 그리고 위나 아래로 완전히 채워진 표의 대각 성분(여기서는 위아래아래 ……)을 뽑아내 위라면 아래, 아래라면 위로 반전한다. 이리하여 생긴 새로운 궤도는 모든 궤도를 전망했다고 가정한 표 속의 어떤 궤도와도 다르다. 즉, 가정에 모순되므로 우리는 가정을 기각하지 않을 수

없다. 우리는 〈그림 20〉의 모든 궤도를 전망할 수 없다. 즉, 원추 속 다양한 과거의 층위를 횡단하면서 한 줄의 과거 열을 더듬어 갈 수 없다.

만약 현재가 과거의 재생에 의해 근거 지어지고 그런 한에서 현재가 과거의 축약이라면 상술한 사태는 심각하다. 계산기와의 유비로 설명해 보자. "현재가 현재인 이유를 부여할 수 있다"는 것을 현실적인 현재가 비워진 채 건네져 시간이 진행하는 것이라고 생각해 보자. 이것은 직접적으로 계산기의 이미지이다. 예컨대 어떤 계산기를 생각해 보자. 계산기는 바로 튜링머신으로 나타낼 수 있고, 개별적인 튜링머신은 그 각각에 관해 멈출지 그렇지 않을지 결정할 수 있다. 머신의 작동은 〈그림 20〉과 같은 분기도에서 한 줄의 궤도를 더듬어 가는 것에 대응한다. 계산기의 시간 발전=작동이란 가능한 궤도 전체 내(분기도로 표현되는)에서의 어떤 하나의 상태 열이기 때문이다. 그런데 튜링머신은 결정론적 기계이지만 그래도 결정 불능 문제가 존재한다. 정지 문제이다.[12] 이것은 개별의 계산기 문제가 아니라 임의의 계산기가 정지할지 하지 않을지를 결정하는 기계적 수단에 관해 생각하는 문제이다. 그리고 그러한 수단은 존재하지 않는다. 다음으로 계산기가 계산 1단계를 진행함에 있어서 스스로의 과거, 베르그송의 원추의 의미에서의 과거를 참조하고 계산을 진행하는 확장된 튜링머신이라고 상정하자. 만약 뇌를 계산기라고 가정한다면, 뇌가 의식을 가지고 순수과거까지도 상기할 수 있으므로 이 가정은 타당하다. 이러한 머신은 기억에 무한의 계층성이 있고, 또한 과거의 층위를 내려

---

12) '모든' 프로그램이 정지할지 하지 않을지를 결정하는 프로그램에 관해 생각하기 위해 여기서도 전부를 조망하고 외연화하는 조작이 출현한다. 따라서 대각선 논법이 적용되어 모순, 즉 정지할지 하지 않을지를 결정하는 프로그램의 불가능성이 귀결된다.

갈 때마다 어떤 하나의 과거 계열을 더듬어 감에도 불구하고 실질적으로는 분기해야만 한다. 어떤 하나의 과거 계열을 더듬어 가는 것이 모든 상태의 천이(遷移) 계열을 더듬어 가는 것과 등가가 된다. 그런데 〈그림 20〉 속의 모든 궤도를 확정하는 조작이란 바로 모든 계산기의 미래(정지할지 하지 않을지)를 결정하는 조작에 대응해 버린다. 스스로의 작동을 가능성 내에서부터 탐색하고 참조하는 것뿐이라면 분기도의 한 경로를 탐색하는 것만으로도 족하다. 그러나 여기서 상정되는 확장된 튜링머신에서는 전 경로를 탐색하지 않으면 안 되는 것이다. 계산 단계를 하나 진행하는 조작이 과거에 의해 근거 지어지는 것이라면 그것은 〈그림 20〉 속의 전 궤도의 확정에 의해 시간을 진행하는 것에 지나지 않는다. 그런데 그러한 확정은 불가능하다. 즉, 그렇게 정의된 시간의 진행 방식은 시간을 진행하려고 할 때마다 정지 문제에 대치하여 결코 시간을 진행할 수 없다.

그러함에도 불구하고 과거는 시간의 근거로서 구상되고, 현재의 근거가 됨과 함께 현재로부터 상기된다. 그러므로 근거를 부여하든 상기되든 어느 경우도 원추 속의 전 궤도를 전망하는 것과 관계없이 그 조작들은 상정되어야만 한다. 따라서 원추의 은유를 구상하면서도 과거에 의한 근거 지음이나 과거의 상기는 원추의 은유 그 자체에 대해 불완전하고 부분적인 조작으로서 상정할 수밖에 없다. 여기에 이르러 비로소 우리는 〈그림 19〉에서 제시된 과거의 양의성을 심각하게 받아들이게 된다. 즉, 현재를 근거 짓는다는 의미와 재생된다는 의미에서의 과거의 존재양식에 차이가 있다는 문제가 발생하는 것이다.

지나간 현재로서의 과거와 지나간 뒤에 상기되고 현재에 영향을 주는 과거는 다르다. 후자가 강조되는 상황에서는 과거는 항상 날조된다고도 말할 수 있을 것이다. 당신이 중대한 판단, 예컨대 대학원에 진학할지하지 않을지 스스로 결정하지 않고 주사위를 던져 결정했다고 하자. 그러나 진학한 직후 당신은 자신의 과거를 이렇게 되돌아본다 : "나는 자신의 의지로 진학을 결정했다. 확실히 나는 주사위를 던졌지만, 우연히 한 번만에 내 결단에 맞는 눈이 나왔다. 그러므로 외관상 나는 주사위에 따랐다. 만약 한 번만에 진학하지 말자는 눈이 나왔다면 나는 진학을 나타내는 눈이 나올 때까지 주사위를 계속 던졌을 것이다"라고. 그렇다. 이때 당신의 의사 결정은 지나간 과거에 의거해서 행해지는 것이 아니라 결정 뒤에 과거가 만들어진 것이다. 과거가 미래에 영향을 줌과 함께 미래는 과거에 영향을 주어, 반대로 현재나 미래가 고쳐 만들어진다. 이러한 문제가 존재하는 과거, 즉 원추에 관해 불완전하고 부분적인 근거 짓기나 과거의 재생을 허용하는 과거로부터 파생된다. 이들은 결코 해결해야 할 문제가 아니라 오히려 과거에 정위해서 시간을 구상하는 우리에게 보다 풍부한 이미지를 부여해 주는 것이다. 멈춰서 존재하는 과거는 현재에 대해 충분한 근거라는 위상을 가질 수 없고 탈근거화를 필요로 하는 어떤 설명 단계는 아니다. 그러나 여기서도 들뢰즈는 보다 선명한 보편적 탈근거화로 향하고 미래에 정위한 시간적 종합으로 논의를 이어 간다.

4. 미래 : 세번째 시간적 종합의 재고

우리가 그리고 들뢰즈가 구상하는 시간을 이해하는 장치란 새로운 것이 항상 생기하면서 계기함으로써 흐르는, 그러한 시간을 이해하는 장치이다. 즉, 그것은 기원의 계기로서 시간을 종합하는 것이다. 이 목적에 대해 첫번째 시간적 종합은 간접적인 이해 장치였다. 왜냐하면 첫번째 시간적 종합에 있어서 구상된 현재에 정위한 시간=지속=지금·여기=수동적 종합은 표상=재현을 동반하는 능동적 종합을 경유해서 그 실상이 이해된 것이었기 때문이다. 두번째 시간적 종합도 역시 기원의 계기를 이해하는 데는 간접적인 것에 지나지 않는다. 들뢰즈 자신은 존재하는 과거의 위상, 즉 근거라는 위상은 두번째 시간적 종합에 관해 불완전하다고 파악한다. 과거는 지나간 현재의 근거이면서 그 설명 대상인 현재와 독립적으로 정의할 수 없고, 지나간 현재 이상의 정의를 부여할 수 없다고 설명한 것이다. 그러나 그 자체는 과거가 탈근거화에 따르는 생성의 존재태라는 것을 나타낸 것으로, 뛰어넘어야만 하는 불완전함은 아니다. 오히려 존재하는 과거가 지나간 현재의 근거로서 구상되어, 기억하고 기억을 재생하는 표상=재현 속에 위치 지어진 자족적 반복(즉자인 반복 그 자체)이었다고 하는 점에서 간접적 장치라는 이유를 찾아야 할 것이다. 표상=재현으로서의 상기가 요구되는 이상(만약 그렇지 않다면, 역으로 존재하는 과거는 단순한 이데아로서 시간의 외부에 정위하게 된다), 거기에는 상기하는 어떤 종류의 인식 주체, '나'가 임시로 설정되어 있다는 것이 되기 때문이다.

기원의 계기라는 관점에서 시간을 이해하려고 한다면 어떤 의미에서든, 인식 주체로 간주되는 개념을 해체해야만 한다. 그때 비로소 관측된 시간과는 다른 시간이 이해된다. 예컨대 존재하는 과거는 그 자체의 반복이라는 개념으로서 구상되지만 거기서 이해되는 시간이 주기적인 시간의 틀을 벗어나는 일은 없다. 순수과거라도 그것은 기껏 '무한대의' 주기와 같은 주기적 시간의 연장선상에서 유추 가능한 시간이고 관측된 시간의 틀을 벗어나지는 않는다(관측 불가능하지만 관측의 연장선상에 있다는 의미에서). 즉자적 과거는 세계 속에 위치를 점하는 부분으로서의 즉자이고 세계 내에서의 어떤 구별을 가진 것이라는 위상을 가지며, 따라서 어떤 종류의 인식 주체라는 형식을 벗어날 수 없다. 세계로부터 독립하지 않는 형식은 그 외부와 상호 작용하는 이상 관측 주체라고 생각할 수 있기 때문이다. 그렇기 때문에 비로소 거기에 존재하는 반복은 세계 내에서 구별되는 형식(과거)에 있어서 인식되고 관측되는 시간이라는 위상을 벗어나지 않는다. 현재(첫번째 시간 종합에 있어서의 수동적 종합)에 있어서 이해되는 시간은 습관적 반복을 전제로 하는, 이른바 관성(慣性)적 시간이다. 그것은 관측 대상이라기보다 오히려 전제로서의 시간이지만, 역시 관측된 시간으로 번역 가능한 시간 속에 계속 머문다. 이것도 또한 수동적 종합으로서의 대자가 세계 내의 형식이라는 점에서 유래하는 것이다.[13]

새롭게 무언가가 나타나는 것, 기원을 기원 그 자체에 어울리는 방법으로 이해하기 위해서는 기원을 상대적인 형식으로 폄하하지 않을 필요가 있다. '어떤 인식 주체에게 있어서 새롭다'라는 형식의 성립을 인정하지 않는 그러한 시간 이해의 장치가 여기에서 확인된다. 들뢰즈는 그 때문에 경첩(蝶番)에서 벗어난 시간이라는 이미지를 구축한다(그림 21).

경첩에서 벗어나 폭주하는 미친 시간은 경첩이라는 관측장치에 잡히지 않는다는 의미에서 이미 관측된 시간은 아니다. 관측된 시간이라는 규정은 시간이 어떤 다른 관측에 의해 정의 가능하다는 것을 함의한다. 이에 비해 경첩에서 벗어난 시간이 의미하는 것은 경첩에 붙들려 있던 이전과, 거기서부터 벗어난 이후의 구별뿐이다. 양자는 모든 의미에서 이질적이고, 양자의 연속성을 근거 짓는 것은 존재하지 않는다. 그러나 단 한 가지 예외가 있다. 시간 그 자체. 여기서 말하는 이전, 이후는 바로 "이전에 존재하지 않고 이후에는 존재한다"라는 차이이다. 이 구별에 현전하

---

13) 물론 수동적 종합은 스스로 존재하고 자족하면서도 결코 닫혀 있는 것은 아니다.

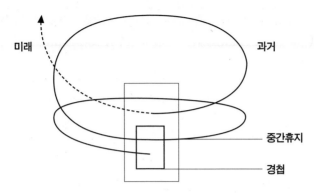

그림 21 경첩(굵은 선 직사각형)에서 벗어나 폭주하는 시간. 여기에서 벗어난 이전, 이후라는 전혀 이질적인 것을 끌어모아서, (다르게 말하면) 재분배하는, 그러한 시간의 계기(繼起), 중간휴지(가는 선 직사각형)를 확인하게 된다.

는 것이 기원이고 양자의 차이를 연속하는 것으로 회수하는 것이야말로 시간인 것이다. 그러므로 여기서 이해된 시간은 압도적인 절대성으로서 존재하는 시간이고 다른 어떤 것에 의해 대체되는 것을 거부한다는 의미에서 결코 인식 대상이 될 수 없는 '초월론적 위상'에 존재하는 시간인 것이다.

경첩으로부터 벗어난 순간으로서의 기원을 시간으로서 이해하기 위해서는 역으로 이전, 이후를 만들어 내는 작용을 구성해 보면 된다. 그러한 작용으로서 들뢰즈는 중간휴지를 구상한다. 중간휴지는 진행하면서 그 자체가 완료인 작용이다. 현재로서 규정된 수동적 종합으로서의 자아를 상기해 보자. 그것은 반복 그 자체와 일체화하고 반복을 향수(享受)하는 자아였다. 거기에는 반복하는 행위와 반복을 하는 나 사이에 어떤 어긋남도 없고 구별도 없다. 맹목적이고 수동적으로 진행하는 반복에는 일체의 반성도 후회도 없다. 진행하는 현재에 완료가 더해질 때만 여기에 행위와 행위하는 자의 괴리가 출현한다. 중간휴지는 '반복=반복하는 자'

의 진행을 완료시키고 반복 내에 위치 지어진 반복자를 그로 하여금 발견하게 한다. 이리하여 "나에게는 (그 행위는) 너무 거대했다"는 것을 자각하는 과거에 사는 자아가 출현한다. 예컨대 범죄를 저질러 버린 자신을 상기하자. '저질러 버렸다'라는 완료가 의미하는 것은 과거에 산 자아의 발견=구성이다. 그리고 이 완료를 계기로 수동적 자아는 한 번에 해체된다. 등신대(等身大)의 나와 일치하고 있던 반복행위는 나에게는 너무 거대한 것이 되었다. 나는 한편으로 그 행위 속에 있는 자이다. 그러나 다른 한편 내가 그 속에 있었던 반복행위는 완료 이전까지 나 자체였던 것이다. 그러므로 이 분열을 계기로 수동적으로 현재를 진행하는 자아는 갈가리 분쇄되어 세계와 대치하고, 외부와 구별되는 인식 주체라는 자기규정 일체를 잃어버린다. 이 균열된[통일성이 깨진] 자아는 개체에 있어서 초월론적이다. 경험적 개체인가, 선험적 초월인가 하는 이항대립은 개체에 내재한 초월론에 의해 극복되어 버린다. 갈가리 흩어진 초인인 개체가 사는 '시간'(時)은 발견=구성된 과거를 조건으로 한 영원이고 역으로 조건을 과거라 부르는 한 그 영원은 미래로밖에 있을 수 없다.

　중간휴지는 진행하는 현재에 완료를 뚫는 작용이고 그것을 계기로 과거가 발견=구성된다. 해체된 자아가 회귀하는 장소=영원은 해체의 조건이 과거인 이상 미래가 된다(그림 22). 중간휴지는 그 자체가 현재완료라 불릴 만한 작용이다. 이리하여 중간휴지는 현재를 살고 있던 나라는 과거와 해체된 나의 회귀하는 미래를 만들어 낸다. 동시에 그것은 과거와 미래라는 전혀 이질적인 것을 모아서 잇기 때문에 시간 속에 각인된 완료인 것이다. 그러므로 여기에 존재하는 구별(중간휴지 자체)이 현재에 파고들고, 또한 중간휴지 자체의 발동(현재완료)을 가지고 행해지는 이전, 이후의 구별은 다른 어떤 것도 근거로서 규정할 수 없기 때문에 절대적으

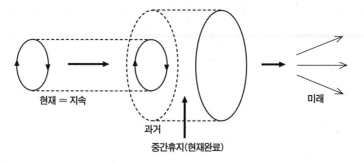

그림 22 현재는 현재완료라는 작용으로서 과거를 발견=구성하고 그 과거를 계기로 해서 미래를 살 수 있다.

로 순수하게 형식적인 순서인 것이다.

　역설적이지만 새롭게 생기한, 즉 기원으로서의 발견과 이미 일어난 것이라고 느끼는 착각(기시감/데자뷔)[14]은 매우 유사한 상황에서 발현한다. 양쪽 다 과거에 일어난 것이 참조되듯이 발견되고 과거의 반복을 긍정하거나 부정한다. 반복의 발견은 과거와 지금에 있어서 생기하는 두 사례를 비교하고 양자의 일치를 가지고 실현되는 것은 아니다. 데자뷔의 경우 처음 본 풍경임에도 불구하고 언젠가 본 거리라고 느끼는 것이므로, 우리는 여기에서 반복을 발견하기 쉽다. 그러나 만약 데자뷔에 대해 일반적으로 행해지고 있는 설명, 즉 '이전에 유사한 풍경을 봤기에 유(類)로서의 풍경이 기시감을 야기한다'를 받아들인다면 우리는 여기에서 반복을 발견할 수 없을 것이다. 유로서의 인식과 그 기원인 종을 비교해서 반복을 발견하는 것은 동물인 유와 호랑이인 종을 동일 차원에 두고 견주

---

14) 베르그송의 '데자뷔'는 H. Bergson, *L'Energie spirituelle*, PUF, 1919 ; 渡辺秀 訳, 『精神のエネルギー』(ベルグソン全集 5), 白水社, 2001를 보라.

는 것과 같기 때문이다. 역으로, 만약 이 설명을 받아들인다면 우리는 데 자뷔가 야기하는 강한 반복감에서 유와 종의 혼동을 발견하게 된다. 유와 종의 혼동, 우리는 그것을 과거의 원동태(原働態)인 지속(그림 17)에서 보 았을 터이다.

강한 반복감 그 자체란 즉 과거와 현재의 차이 그 자체, 수동적 종합 과 순수과거의 차이 그 자체이다. 과거의 원동태로서 이해된 현재라는 논 의를 생각해 보자(그림 17). 지속 내에서 현실적인 현재인 종이 표상화된 과거에 접근하고 또한 유화(類化)된다. 이 운동은 종과 유의 혼동, 혼효에 의해 현재(지속)와 과거의 차이를 두드러지게 하는 쟁여짐을 야기할 것 이다. 이 쟁여짐이 바로 데자뷔를, 그리고 또한 자아의 해체를 계기로 한 미래를 현전시킨다(그림 23). 지속 내에 재생된 과거는 행위하는 나를 근 거 짓도록 한다. 근거가 없었던 수동적 나는 이리하여 '행위를-하는-나' 로 분절된다. 어떤 사유에 있어서 내가 정당화됨이란 내가 한정되고 세계 내에서 경계 지어지는 것이다. 여기서부터 역으로 나에게 있어 너무 거대 한 행위가 발견된다(그림 23의 왼쪽 원). 그렇게 행위하는 내가 상정될 때, 동시에 '행위-하는-나'는 과거라는 어떤 배경 내에 위치 지어지고 '행위 해 버린' 완료의 의미가 구성된다(그림 23의 오른쪽 원). 이른바 나=행위 는 근거(과거)를 매개로 해서 나와 행위로 분화하지만 그 의미는 양의적 으로 구성되는 것이다. 첫번째로 무시간적 문맥 속의 나로서(왼쪽 원), 그 리고 두번째로는 시간적 문맥 내에서의 완료된 행위로서(오른쪽 원). 과 잉적 과거가 상기된 경우 그것은 순수과거, 그리움 그 자체를 의미하는 것이 될 것이다. 이때 시간적 문맥은 한 번도 현재로서 경험되고 있지 않 기 때문에 무시간적 문맥으로 치환될 수 있다. 따라서 이 경우 〈그림 23〉 에 있어서 좌우 두 개의 원은 괴리하지 않고, 완전히 일치해 버린다. 이런

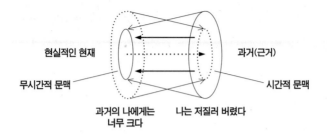

현실적인 현재   과거(근거)

무시간적 문맥   시간적 문맥

과거의 나에게는   나는 저질러 버렸다
너무 크다

그림 23 중간휴지와 함께 출현하는, 근거 지어진 행위 속에 위치 지어진 나(왼쪽 원)와 과거(근거) 속에 위치 지어진 행위하는 나(오른쪽 원). 과거는 근거 이상의, 존재에 대한 어떤 범형으로 생각해야 한다. 개체로서의 나는 나의 극한으로서 근거를 상기하는 한편(굵은 점선 화살표), 초월론적 지평을 내재시키는(굵은 선 화살표) 개체로서 존재한다. 경험론적 개체와 초월론의 혼효가 한정적인 자아를 해체한다. 이러한 해체를 경유하지 않으면 좌우의 원은 일치하고 미래로 회귀하는 일 없이 과거에 있어서 완료 그 자체가 향수될 것이다. 그것이 데자뷔이다.

한에서 자아의 해체를 계기로 하는 미래는 찾아오지 않고, 과거와 현재의 차이는 그리움 그 자체로서 향수된다. 이것이 데자뷔이다. 무시간적 문맥 속에서의 나와 시간적 문맥 속에서의 완료가 괴리로서 이해될 때 중간휴지는 그 본래적 의미를 발휘한다. 이때야말로 지속=애벌레 자아가 해체되고 미래가 찾아온다. 여기서 기원이 감득(感得)된다.

지속(수동적 종합)은 현실적인(actual) 현재(계기하는 순간)와 개별=보편인 바의 기호화된 과거 사이에서 유화와 접근의 동적 보완관계를 갖고 있다. 첫번째 시간적 종합에서 본 지속에서는 현실적인 현재는 계기하는 순간이라 불리고 개별=보편으로서의 기호화된 과거는 반복단위라 불렸다. 이 구조는 중간휴지가 계기하는 미래로의 전조와 같은 구조이다. 즉 중간휴지는 지속이 원시적 형태로서 갖고 은폐해 온 무시간적 문맥 속에서의 나와 시간적 문맥 속에서의 완료 사이의 어긋남을 현재화(顯在化)시키고 애벌레 자아의 해체로 유도하는 계기였던 것이다.

따라서 중간휴지가 계기하는 영원회귀=미래는 애벌레 자아(지속)
가 갖는 구조를 현재화시켜 이것을 해체해서 유도하는 양상이다. 여기서
지속(수동적 시간)에 내재하는 어긋남이 응시를 접목해서 비춰 내진다는
것을 생각해 보자. 응시란 지속이 담지하는 순간의 계기를 논리적으로 써
내려간 경우의 근거, 전제였다고 말할 수 있다. 물론 지속은 논리적 근거
를 필요로 하는 운동은 아니다. 그렇기 때문에 비로소 쓰인 근거, 전제는
지속의 비논리적 양상을 논리적으로 씀으로써 모순으로서 현재화시키
는 것이다. 전제, 근거가 표면[陽]에 출현하는 것만으로, 귀결되는 개별적
순간의 계기와 모순된다. 이것은 일견 이해하기 힘들지도 모른다. 전제가
아무리 무한히 쓰인다 해도, 전제이기 때문에 유도된 어떤 귀결이 전제와
모순되는 일 따위는 있을 수 없을 것이라고 생각되기 때문이다. 그러나
여기서 문제로 삼고 있는 것은 전제와 귀결의 혼효, 혼동이다. 전제와 귀
결은 본래 다른 수준의 개념이다. 그러므로 예컨대 동물이라는 유를 전제
로 하고 호랑이라는 종을 귀결할 때, 유와 종의 혼효는 양자의 혼동을 의
미하고 논리적 모순을 야기한다.[15]

따라서 시간의 수동적 종합이 현재화한 구조는 이른바 프레임(전제)
문제[16]라 불리는 무한의 전제와 귀결의 혼효에 문제의 발생원이 있다.
"다른 누구에게도 말하지 않았으면 하는데, 실은 나, ○○씨가 좋아" 하고

---

15) 러셀의 역설와 같다(1장 주10 참조).
16) J. McCarthy & P. J. Hayes, "Some Philosophical Problems from the Standpoint of
   Artificial Intelligence", *Machine Intelligence* 4, eds. B. Meltzer & Michie, Edinburgh
   Univ. Press, 1969, pp.463~502; 三浦謙 訳,『人工知能にはなぜ哲学が必要か』, 哲學書房,
   1990. 및 H. L. Dreyfus, *What Computers Can't Do*, Harper & Row, 1972., P. J. Hayes,
   "The Naive physics Manifesto", *Expert Systems in the Micro-Electronic Age*, ed. D.
   Michie, Edinburgh Univ. Press, 1979, pp.242~270.

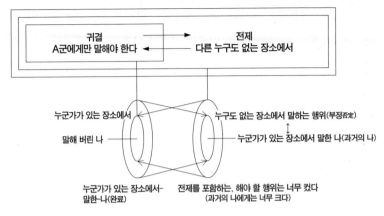

그림 24 귀결과 전제가 혼효할 때 시간적 문맥에 있어서 완료와 무시간적 전제에 있어서의 나는 전제를 모두 조망할 수 있는 초월자와 다른 입장에 세워진다. 이로써 경험적 나이기 때문에, 미래를 살게 된다.

순진한 당신의 친구 A군이 이러한 비밀을 털어놓았다고 하자. "응 알았어" 하고 고개를 끄덕인 당신은 다음 날 친구와 함께 걷고 있던 A군에게 이렇게 말했다. "여어, ○○는 저쪽에 있어. 좋겠네." 당신은 A군에게 책망받을 것이 틀림없다. A군이라면 말해도 좋다고는 해도, 다른 누구도 없는 장소라는 한정사항이 붙는다는 것은 자명하기 때문이다. 이러한 실패를 한 당신에게 있어 전제와 귀결은 함의관계로 결부되지 않고 혼효하고 있다. 또한 전제는 전제되지 않은 것과 경계를 가지고 부정(否定)으로 묶여 구별되기 때문에 전제의 부정과도 혼효하고 있다. 이상의 혼효 때문에 전제와 귀결의 외부(부정), 혹은 전제의 부정과 귀결이 접속된다. 그 결과 다른 누구도 없는 장소라는 전제는 귀결 'A군에게만 말해야 한다'의 부정으로서 이해되기 때문에, 귀결 'A군에게만 말해야 한다'는 전제의 부정을 포함한 형태로 '누군가 있는 장소에서도 A군에게 말해도 된다'로 이해될 수 있다(그림 24).

귀결과 혼효하는 전제는 바로 현실적인 현재와 혼효하는 과거이다. 과거와 현재는 혼효하고 이 사이에는 어떠한 선후관계도 없으며 어떠한 방향도 없다. 그러므로 어떤 귀결(현재)을 둘러싼 전제(과거)는 귀결의 부정으로 이해되어 버린다. 이리하여 '누구도 없는 장소에서'라는 전제는 '말해 버린 나'와 부정관계로 결부되어, 나의 행위에 그 부정을 봉함(封緘)함으로써 '누군가 있던 장소에서 말해 버렸다'라는 과거의 나를 함의한다(그림 24의 오른쪽 원). 동시에 행위와 분리된 나와 행위는 무자각적으로 A군에게 말한 나에게 재투사되어 '누구도 없는 장소에서 말하려 했던 행위당사자'로서 나를 유화(類化)하고 '누군가가 있던 장소에서 말해 버렸던' 행위의 크기에 나로 하여금 후회케 한다(그림 24의 왼쪽 원). 이상의 구도는 전제와 귀결의 논리적 혼효에서 야기된다. 즉 혼효 때문에 당신의 실패가 기원했던 것이다.

중간휴지를 계기로 해서 우리는 기원의 현전에 입회할 수 있다. 이렇게 생각할 때 세번째 시간적 종합, 미래로의 정위는 중간휴지에 의한 체험, 실험으로서의 반복으로 통한다. 시간의 세번째 종합은 각각 다른 범주(category), 현재, 과거, 미래에 정위한 시간을 이해하는 장치이다. 이 장치들의 역할 차이를 이해할 때 우리는 원생계산, 원생이론, 원생체험을 보다 구체적으로 전개할 수 있을 것이다. 이를 위해서 시간의 세 가지 종합 그 각각을 제3항을 매개자로 하는 동적 보완관계로서 다음에서 재구성해 갈 것이다.

4장_시간에 정위한 견고성, 창발성

1. '계산 과정'에 있어서의 현재

가능성에 정위할 때 우리는 이것을 우선 현실항과 가능항으로 분절한다. 여기서는 습관화된 기억을 사용하는 과정에 관해 수의 셈을 예로 생각, 시간의 첫번째 종합과 비교해 보자. 셈에 있어서 현실항은 '나'의, 이 지금의 셈, 예컨대 지금 행하고 있는 5에서 6으로의 셈이다. 가능항이란 우리의 개별적인 셈이 지시하고 또한 사용해 가는, 1씩 더해 가는 규칙(직후[直後, successor][1], s(x)=x+1, x는 자연수)을 의미할 것이다. 즉, 현실항과 가능항은 각각 즉자로서의 순간과 응시에 대응하게 된다. 규칙에 따라 셈을 행한다는 이미지는 대-우리로서의 능동적 종합[2]에 대응하는 것이고 이 이미지 자신이 셈의 가능성의 면을 구성한다. 현실항은 근거의 부재와 가능성으로서의 조작 규칙에 대한 언급에 의해 구성된다. 다른 한편

---

1) 전순서집합에서 a와 b 사이에 원(元)이 존재하지 않을 때 a를 b의 직전(直前, predecessor)인 원, b를 a의 다음, 또는 직후인 원이라 한다.―옮긴이
2) 능동적 종합, 수동적 종합에 관해서는 이 책 1부 3장을 참조하라.

가능항은 개별적 셈이라는 행위로 축약되는 규칙이고 하나의 셈의 실행에 의해 다른 규칙이 아닌 해당 규칙으로서 선택된다. 그것은 기대되고 사용되는 규칙이다. '나'의 셈은 규칙에 따르면서도 규칙을 변경하는 것까지도 강요하기 때문에 규칙에 대해 능동적으로도 행동한다. 나는 항상 선택함으로써 어떤 규칙에 따르기 때문에 비로소 다른 규칙까지도 선택할 수 있다. 이 구상을 완결시키기 위해서는 매개자를 구성하는 것이 불가결하게 된다.

여기서 채택한 셈 과정은 계산기상에서 행해지는 프로그램의 실행에 비해 확장된 계산 개념이라 말할 수 있다. 특히 아이의 셈을 예로 들 때 (물론 어른에게도 원리적으로 같지만) 그것은 규칙의 변경과 규칙의 견고함을 혼효시키고 있다. 첫번째로 셈은 언제라도 변경 가능하다. 지금까지 1개씩 세고 있던 아이가 갑자기 5개를 단위로 변경해서 셀 수도 있다. 이에 비해 프로그램의 실행에서는 프로그램 자신이 스스로 변경되는 일은 없다. 두번째로 이 셈은 계산기상의 프로그램의 실행보다도 견고하고 안정적이다. 아이가 52까지 세었을 때 친구가 와서 방해했다고 하자. 이 경우에도 아이는 친구가 집에 돌아간 뒤에 53부터 세기 시작할 수 있다. 프로그램을 실행할 경우, 실행 중에 다른 프로그램이 접속(access)했다면 앞의 프로그램은 붕괴해 버린다. 즉, 규칙에 따르고 있다는 의미의 강한 프로그램의 실행 이상으로 아이의 셈은 견고하다고 말할 수 있다. 결국 실행되는 프로그램에 있어서 안정성과 변화는 모순되는 개념임에 비해 셈에 있어서 견고성과 변화는 혼효하고, 또 그 견고성은 프로그램의 안정성 이상으로 강한 것이다. 특히 친구가 방해해도 셈을 속행할 수 있다는 견고함은 파괴되어 버린 상태(=파괴가 진행하는 과정)를 끊임없이 변경할 수 있기 때문에 가능한 것이다. 견고함은 어떤 의미에서 변화 가능성

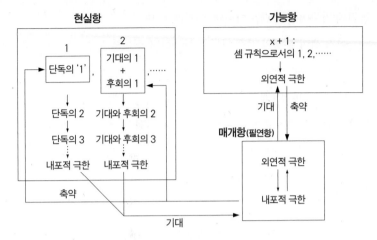

그림 25 셈에 있어서 현실성과 가능성의 계기관계. 개별적 하나하나의 셈(현실항)은 그 각각에 있어서 내포적 극한을 상정케 된다. 이 내포적 극한과 규칙으로서 사용된 수의 외연적 극한을 매개하는 필연항을 통해 셈의 규칙(가능항)이 기대되고 또한 규칙에서부터의 축약에 의해 새로운 셈의 하나가 진행한다.

에 근거 지어져 있기조차 하다.

　규칙이 근거가 아니라 단지 셈을 진행시키는 토대라는 점에 주의를 기울이기 위해 현실항으로서의 셈과 가능항으로서의 규칙을 아래에서 기술한다.

　　$1, 2', 3', \cdots\cdots$ (현실항) $\longleftrightarrow x+1$ (가능항)

　여기서는 셈이 1 뒤에 $2, \cdots\cdots$가 아니라 $2', \cdots\cdots$로 표기되어 있다. 이 표기는 셈이 순수하게 규칙에 따르고 있는 것은 아님을 나타내고 있다. 가능항을 나타내는 규칙 $x+1$은 그러므로 개별적 셈을 지배하는 법칙은 아니다. 설령 $1, 2, \cdots\cdots$로 세는 경우에조차 개별적인 셈은 어떤 특정 규칙공간에 가두어진 행위는 아니다. 설명해 보자.

아직 셈이 분명치 않은 아이를 상상하자. 아이의 눈앞에는 처음 보는 1개의 초콜릿이 놓여 있다. 이때 아이에게 있어서 1개의 초콜릿이란 난생 처음의, 단독의 1개이다. 그것은 그 뒤의 2의 후속을 기대시키지 않는 고립된 1이다. 그리고 아이는 막 배운 셈에 의해 '1'을 센다. 그다음 1개의 초콜릿은 아이의 뱃속으로 들어갔다. 아이는 초콜릿이 너무나 맛있어서 몸을 떨고 있을 뿐이다. 이때 아이의 눈앞에 2개째의 초콜릿을 내민다. 아이에게 있어 이 2는 조금 전 1개의 초콜릿이 의미하는 1에 +1을 부여한 조작대상 이상의 것이다. 2개의 초콜릿은 1+1이지만 2를 구성하는 1은 조금 전 단독의 '1'과는 본질적으로 다르다. 1개째를 먹기 시작하는 아이에게 있어 초콜릿은 '아직 1개인' 1이다. 즉 최초의 1은 '아직 1개'라는 기대를 계기(契機)로 하는 1이다. 이것에 비해 1개째를 먹은 뒤의 단계에서 또 1개의 초콜릿은 '이미 1개밖에 없는' 1개의 초콜릿인 것이다. 2개째의 초콜릿은 즉 '이미 1개밖에 없는' 후회를 축약한 1이다. 결국 '2'개의 초콜릿은 기대의 1과 후회의 1에 의해 구성된 2이다.

이 아이의 셈에 있어서 1, 2, 3,……은 자연수 내부에 머무는 셈은 아니다. 내부에 머문다는 것은 수의 총체로서의 전체에 각각의 수가 포섭된다는 것이다. 만약 내부에 머문다면 셈에 있어서 전체는 극한에 의해 지정될 것이다. 그렇지만 현실의 아이의 셈에서는, 말하자면 하나하나의 세어진 수, 1이나 2나 3의 각각에 있어서 극한이 그때그때 다른 경우까지도 있을 수 있다. 단지 자연수가 지정하는 전체성(가산 무한)이라는 명시적 극한과는 달리 개별적 셈으로 상정된 셈의 극한은 외부에서 지정되는 일 없이 내포적 전체에 계속 머문다. 셈의 각각에 (단독의 1 혹은 기대와 후회의 2 각각에서) 다른 내포적 전체가 출현하고 이것을 통해 자연수의 전체

(규칙으로서 현전하기 때문에 외연적 전체)와의 조정이 행해짐으로써, 비로소 단독의 '1' 혹은 '아직 1'과 '이미 1'로 구성된 '2'가 1, 2,…… 하고 세어진다. 이런 사정에 입각해서 실제로 나타나는 셈 1, 2,……에 대해서도 우리는 1′, 2′, 3′,……으로 표기한 것이다. 셈의 지속은 〈그림 25〉와 같이 제시될 것이다. 개별적 셈 각각이 '1'을 내용으로서 포함하는 내포적 전체를 경유하고 자연수의 외연적 전체로 조정(調停)되어 셈을 진행시킨다. 그렇기 때문에 내포적 전체로부터 외연적 전체로의 조정은 수 개념이나 셈의 규칙 자체의 변경 가능성에까지 언급되면서 진행한다. 규칙으로부터의 축약에 관해서도 변경의 여지가 항상 주어지고 '나'는 셈을 그만둘 위기나 규칙 자체의 변경에도 계속 노출된다.

이 논의는 복수의 논점을 포함하고 있다. 첫번째로 어떤 습관(셈)에 따를 때 우리는 그것을 습관 획득의 과정과 구별할 수 없다는 논점을 들 수 있다. 따라서 '셈'의 사례에서 나타난 양상은 셈이 분명치 않은 아이에게 고유한 것이 아니라 우리 어른에게서도 확인되는 양상인 것이다. 여기서부터 그것에 따른다면 언제라도 변경될 수 있는 습관, 규칙의 양상이 떠오른다. 변화하지 않는다는 것과 변경에 열려 있다는 것의 양의성 때문에 내포적 전체와 외연적 전체의 매개항이 습관에 따른다는 과정에 관여한다. 이것이 두번째 논점이다. 두번째 논점은 변화를 담지하면서 지속하는 운동에 개재하는 매개항의 선택적 양상을 떠올리게 한다. 여기서 우리는 기억 선택 담지자로서의 내부관측자를 발견하게 된다. 이것이 세번째 논점이다. 세번째 논점은 아킬레우스와 거북의 우화로 알려진 제논의 역설에 직접적으로 관여한다.[3] 이로써 우리는 유기적인 체제로서의 기억과 결정체적인 체제로서의 과거를 엄연히 구별해야 할 태도로 이끌어진다.

독자는 이상 세 가지 논점이 이미 첫번째 시간적 종합의 재고에서 논의되었다는 것을 생각해 냈을 것이다. 첫번째 논점은 수동적 종합인 지속이 담지하는 개별성과 보편성의 혼효를 드러내기 위해 굳이 응시를 접목해서 인도된 논점이었다. 이리하여 되비춰진 수동적 종합은 본래 어떤 모순도 없이 개별성과 보편성을 혼효시키고 있다. 그것이 두번째 논점이다. 그러나 개별성을 '이 현재'라는 현실항에, 보편성을 규칙이라는 일반성을 나타내는 가능항에 분배할 때 따라야 할 불변 규칙과 규칙 자체의 변경이라는 모순이 인정된다. 현실-가능항의 축은 특수-일반(예컨대 요소-집합의 대립관계와 같은)의 축이고 특수에 역점을 둘 때 한순간마다 변화가 발견되며 일반에 역점을 둘 때 불변적으로 따라야 할 일반이 발견되기 때문이다. 그렇다면 가능성을 현실항, 가능항으로 분절할 때, 보충해야 할 매개항=필연항이란 수동적 종합인 지속이 된다. 즉, 수동적 종합이 순간과 능동적 종합의 차이를 이미 내재하듯이 현실항과 가능항의 차이는 양자의 매개자에 있어서 내재하는 것이다.

〈그림 26〉의 첫번째 시간적 종합에 있어서의 지속(수동적 종합)과 가능성 평면에 있어서의 필연항의 대비를 제시해 두자. 필연항은 현실항이 담지하는 내포적 극한과 가능항이 담지하는 외연적 극한의 어긋남을 야기하면서도 혼효시켜, 그 때문에 현실항과 가능항이 짜내는 능동적 종합

---

3) 아킬레우스와 거북의 우화는 운동이라는 전체와 상태 개념(부분)을 대립시켜 분할된 부분으로 전체를 설명할 수 없다는 것을 유도한다. 여기서 인식-측정과 운동-행위는 대립 개념으로 상정된다. 그러나 우리의 일상에서 인식과 행위가 대립하는 일은 없다. 선행하는 거북과의 거리가 50m나 된다고 인식한 아킬레우스는 피로감을 느끼고 이제 5m밖에 안 된다고 인식한 아킬레우스는 '좋아, 추월할 수 있어' 하고 분발해서 가속할 것이다. 운동-행위와 인식-측정이란 대립하는 것이 아니라 서로 계기한다. Y.-P. Gunji, "Asynchronous Tuning and Invalidating Boundary", *Acta Polytechnica Scandinavia* Ma. 91, 1998, p.71. 郡司ペ ギオ-幸夫,「無限を創る有限と無限を見る有限者の間」,『現代思想』25(12), 1997, p.314.

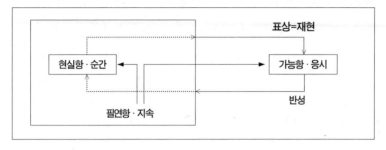

그림 26 첫번째 시간적 종합과 현실항, 가능항과 필연항을 매개자로 하는 가능성의 평면의 대응관계. 현실항은 즉자로서의 순간, 가능항은 응시에 대응하고 대자로서의 수동적 종합(지속)이 매개자에 해당한다. 단 한편으로 매개자이면서 다른 한편 필연항의 표상으로서 현실항(5에서 6으로의 셈)과 가능항(규칙)의 분절이 야기된다.

을 매개하고 있다. 첫번째 시간적 종합에 비추어 본다면 이 사정은 오히려 반대로, 필연항 내에서 혼효하는 개별, 보편의 표상=재현으로서 내포와 외연이 출현하는 것이다. 그러므로 바로 〈그림 16〉에서 확인된 지속=수동적 종합의 성격을 필연항은 직접적으로 담지하고 있는 것이다.

　수동적 종합은 세계(타자)와 상호 작용하면서도 구별된 자율적 단일체였다. 셈에 있어서 필연항도, 오히려 표상=재현 이전에 자율하는 단일체이다. 셈=계산은 자연수 전체를 전망하는 것도 아니고 하나하나가 독립적으로 분단되어 관계가 기적적으로 만들어지는 과정도 아니다. 셈은 어떤 약한 전체에 있어서 행위되고 있다.[4] 약한 전체는 그 크기가 규정되어 있는 것은 아니다. 동적이고 현실항과 가능항을 변화시키면서 양자에

---

4) 약한 전체에 관해서는 이 책 1부 2장 2절 및 2부 4장을 참조하라. Y.-P. Gunji, M. Aono, H. Higashi & Y. Takachi, "The Third Wholeness as an Endo-observer", *Science of the Interface*, eds. H. H. Diebner, T. Druckrey & P. Weibel, Genista Verlag, 2001, pp.111~130.

의해 그 내용이 변화하는, 그러한 전체성이다. 수동적 종합(지속)이라는 형태로서 우리는 현실항과 가능항의 매개자를 구성한다. 여기서 현재로의 정위는 확장된 계산 개념을 구축하는 시도로 전회된다.

2. '증명 과정'으로서의 과거

과거에 있어서 근거와 상기의 혼효

두번째 시간적 종합을 재고하는 단계에서 우리는 순수과거의 무한에 관한 계층성을 명확히 했다. 또한 순수과거가 현재를 근거 짓는 과정에서, 과거가 상기되는 과정에서 계층성 이상의 복잡함이 여기에서 발견된다. 순수과거에서 발견된 이 양상이 매개자를 구성하기 위한 준비가 되는 것이다.

확장된 이론(원생이론)은 철학의 사생아로서 현실성에 정위하고 이것을 현실항과 필연항으로 분절한다. 이 이미지는 〈그림 17〉에 제시된, 과거의 원동태로서의 현재라는 이미지에 들어맞는 것이다. 현실항은 현실적인(actual) 현재에, 필연항은 일반=개체로서 기호화된 과거에 대응한다. 여기에서의 유화(類化)와 접근을 구동하는 매개자가 순수과거이고 가능항이다. 지속이라는 무대에서 현실적인 현재와 일반=개체라는 기호화된 과거는 접근-유화에서 어떤 보완관계에 있다. 순수과거는 들뢰즈에게 있어서 이 보완관계의 근거로서 기획된 것이었다. 그러나 순수과거는 근거로서의 불완전함을 폭로하고 역설적으로 우리는 과거에서 근거와 상기의 혼효를 발견하게 되었다. 여기에서 순수과거는 유화와 접근의 끊임없는 운동을 구동하는 매개자로서의 역할을 담지하게 된다. 순수과거는 그 탄생의 맥락에서 말하자면 시간 발전의 궤도를 전부 망라한 가능세

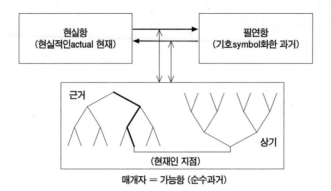

그림 27 현실항에서 필연항으로의 접근 및 필연항에서 현실항으로의 유화를 매개하는 순수과거. 순수과거는 현재에 대한 근거로서의 위상과 현재로부터 상기되는 이미지로서의 위상을 더불어 가지고 양자 간의 어긋남을 혼효시키고 있다. 근거라는 관점에서 과거는 가능세계 속에서 선택된 어떤 경로(왼쪽 분기 그림 굵은 선)이지만, 상기될 때 현재는 아니었던 과거까지 상기된다. 여기에는 현재 이전에 실재한 과거와 현재 이후에 만들어진 과거의 조정이 내재한다.

계이다. 게다가 전술했듯이 그것은 지나간 현재로는 규정 불가능한 순수과거도 포함하고 있다. 여기서부터 우리는 근거로서의 과거와 상기된 과거의 이중성을 확인하게 된다(그림 27).

〈그림 27〉에서 매개자로서 기능하는 가능세계=순수과거를 제시하자. 가능세계로서 모든 가능한 경로가 사용되고(그림 27의 순수과거, 왼쪽 분기 그림), 그 하나의 경로가 역사적으로 선택되어(같은 그림 굵은 선) '이, 어떤' 현재를 근거 짓고 있는 경우를 상정해 보자. 〈그림 27〉에서 순수과거 분기의 왼쪽 그림에서는 위가 과거로 표시되어 있다. 소박하게 생각한다면 과거가 현재를 근거 짓는다는 것은 이렇게 어떤 의미 결정(여기서는 양자택일)의 계열로서 '이' 현재가 지정 가능하다는 것이다. 그러나 두번째 시간적 종합에서 논해지듯이 순수과거는 어떤 하나의 경로를 더듬어 확정하는 것 자체에 논리적 불가능성을 내재시키고 있다. 어떤 과거

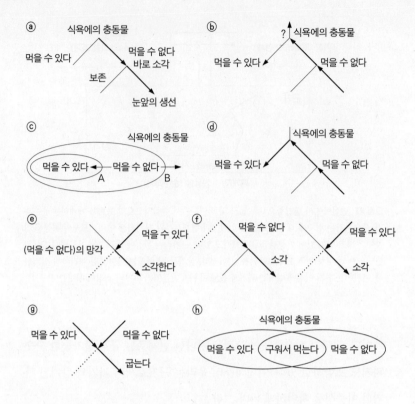

의 층에서 다시 아래 과거의 층으로 이동할 때 다른 경로를 탐색하는 것이 불가결하게 되기 때문이다. 따라서 과거에 의해 현재를 진행하기 위해서는 통상적인 의미에서 무한히 분기한 경로 전체를 확정할 필요가 있었던 것이다. 이 논리적 불가능성에 대항하는, 진행하는 현재를 이해하기 위해서는 또 하나의 과거의 위상 즉 상기된 과거(그림 27의 오른쪽 그림)를 상정하고 근거로서의 과거와 상기된 과거의 조정을 구성해 볼 필요가 있다(이 페이지의 그림 ⓐ~ⓗ).

근거라는 위상은 어떤 강도에서 구별로의 전환을 의미하고 있다. 따라서 그것은 어떤 측도(測度)의 생성을 의미하고 질로부터 양으로의 전환을 의미한다. 다른 한편 상기라는 위상은 새로운 강도로의 전회, 새로운 질의 생성을 의미한다. 분기도는 결과에 있어서만 근거로서의 의미를 가지는 데 지나지 않는다. 예컨대 그림 ⓐ와 같이 식욕을 환기하는 것에 관해 '먹을 수 있다-먹을 수 없다'의 분기를 생각하자. 여기 나의 눈앞에 있는 것은 먹을 수 없다고 판단된 어떤 생선이다. 이 생선이 실제로 소각 처리되려 하고 있는 이유는 '먹을 수 없다'가 선택된 결과이다. 그러나 동시에 그것은 눈앞에 있는 물체, 생선을 굶주린 내 뱃속에 채워 넣으려고 하는 강도를 주장하고 그 강도가 가능, 불가능의 구별을 생성하는 과정이라고도 파악할 수 있다. 그러므로 근거의 분기도는 강도로부터 구별로의 전환을 의미하고 있다.

그런데 내가 눈앞의 생선을 드디어 소각하려고 하면서도 왜 폐기하려고 하고 있는 것인지는 잊어버렸다고 하자. 여기서 나는 과거의 상기를 시도한다. 나는 경로 '먹을 수 없다'까지 역으로 더듬어 가다, '먹을 수 없다'라는 구별 이전의 과거로까지 도착한다. 이때 어떤 과거를 더듬는 것과 그 어떤 과거가 모든 가능성 내에서 어떻게 위치 지어지고 있는가를 알고 있다는 것의 양의성이 문제가 된다. 순수과거의 논의에서 명확하게 된 것은 바로 이 점, 즉 "모든 가능한 경로를 전망하는 어떤 하나의 경로를 더듬는 것은 불가능하다"라는 논점이었다. 경로의 전체란 한 경로에 대해 문맥을 이룬다. 한 경로를 더듬어 갈 때 모든 경로에 관해 서로 확정해야만 하는 것은 바로 문맥이 여러 가지로 다양하게 확정된 경로로서 그려지고 있기 때문이다. 그리고 '그려진' 모든 경로를 전망하면서 한 경로를 따라가는 것은 불가능하다. 대각선 논법에서 보았듯이 그것은 한 경로라는 대상과 마찬가지로 전체 개념에 대한 대상화, 외연화를 요청하고 전체 개념에 있어서 내포, 외연의 어긋남을 모순으로 해서 현전하기 때문이다. 그러므로 과거를 더듬는 나는 모든 가능한 과거를 전망함과 동시에 어떤 경로를 따라가는 것은 불가능한 것이다. 그렇다면 과거의 상기는 심각한 사태를 불러일으킨다. '먹을 수 없다' 이전까지 도달한 나는 '먹을 수 있다-먹을 수 없다'의 구별 이전에까지 더듬어 도착한 것인지, 그렇지 않으면 '먹을 수 없다'의 부정인 '먹을 수 있다'에 더듬어 도착한 것인지 결정할 수 없기 때문이다. 이것은 분기도에 의해 ⓑ와 같은 상기로서 제시할 수 있을 것이다. 여기서 종이 위의 분기도를 더듬는 '나'를 분기도 전체도 또 방위도 모르는 벌레로 상정하자. '먹을 수 없다'에서 출발해서 '?'가 붙여진 분기점까지 더듬어 올라간 '나'는 '먹을 수 있다/먹을 수 없다'라는 구별 이전이 오른쪽인지 왼쪽인지 모른다. 가능한 경로의 전체, 분기도의 전체를 파악할 수 없는 채 분기도를 더듬는 '나'에게 이러한 결정 불능성이 귀결된다.

이 사정은 분기를 포함관계로서 나타낸 벤다이어그램 ⓒ에 의해 보다 명확하게 될 것이다.

식욕을 충동하는 것은 먹을 수 있다-먹을 수 없다의 두 요소로 구성되어 있다. 여기서는 과거를 거슬러 올라가는 것이 보다 외측으로 이동하는 것으로 표시되고 있다. 만약 모든 가능한 경로(포함관계의 전체)를 과거 상기자가 전망하고 있다면(즉 벤다이어그램 전체를 전망할 수 있다면), 벤다이어그램 위의 경로 A와 B는 엄연하게 구별될 것이다. 그러나 초월적 입장은 논리적으로 불가능하다고 했다. 따라서 '먹을 수 없다'의 위치에 있는 과거 소급자=나는 경로 B를 따라갈 작정으로 경로 A를 따라가고 있을지도 모르고 경계(부정否定 조작)를 하나 넘은 한두 개의 소급 경로를 구별할 수도 없다.[5] 이리하여 ⓓ와 같은 과거의 상기(=과거의 소급)가 가능케 되어 버린다.

과거소급자인 나는 어디까지나 '먹을 수 있다-먹을 수 없다'의 판단 이전까지 소급할 작정으로 '먹을 수 있다'를 상기해 버린다. 그럼에도 불구하고 나는 실제로 '먹을 수 없다'에 후속하는 '소각 처리'라는 판단을 하고 그것을 실행하려고 하고 있다. 이 상기의 결과 나는 "이 생선은 먹을 수 있다고 판단됨에도 불구하고 소각한다"라는 사태에 직면하게 된다. 두번째 시간적 종합을 재고한 절에서 기술했듯이 과거의 작위적 변경이 생기하고 나는 ⓔ와 같은 과거를 손에 넣는다.

판단을 내리는(현재를 진행시키는) 근거로서의 과거와 상기에 의해서 야기된 과거는 이리하여 ⓕ의 두 종류의 과거로서 혼효하는 데 이르렀다.

---

5) 여기서의 논의는 경계에 관한 스펜서-브라운의 논의를 부연하고 발전시킨 것이라고도 생각할 수 있다. G. Spencer-Brown, *Laws of Form*, George Allen & Unwin, 1969. 그는 불 대수(분배율과 상보율(부정)이 항상 존재)이 성립하는 속)와 등가적 대수를 원시대수라는 형태로 정식화했다. 이 대수에 연산 조작은 하나밖에 없는데 그것은 원으로 둘러싼다는 조작이다. 이 원은 마크(mark)라 불린다. 마크는 경계이고 부정조작이라고도 생각되고 있다. 마크가 이중으로 되면 소거되는데 이것은 이중 부정이 긍정과 동치라는 것을 의미하고 있다. 마크가 경계라는 것에서부터, 어떤 기호 F가 적혀 있는 것은 무한의 경계로 둘러싸여 있는 상황을 본래 의미한다. 그는 그렇게 생각한다. 어떤 결단의 전제를 쓰려고 하면 무한히 발산해 버리는 프레임 문제와 같은 구조가 여기에 있다. 주의해야 할 것은 울타리(마크)가 가산 무한개 존재한다는 점에 있다. 무한한 이상 이것은 본래 유한수와 비교할 수 없다(무한이란 유한이 아닌 것이므로). 그러나 스펜서-브라운은 우리의 일상적 직관, 무한을 극히 큰 수로 상정하는 직관을 고의적으로 이용한다. 이런 한에서 무한의 울타리와 유한의 울타리가 비교되고 무한의 울타리는 짝수 개나 홀수 개 중 한쪽이라는 귀결이 얻어진다. 짝수라면 자명한 F는 경계가 소거된 F와 등가이다. 그러나 홀수라면 자명한 F는 경계를 하나 남긴 F(즉 F의 부정)와 등가가 된다. 후자에 있어서 원시 대수는 파탄하고 여기에서 새로운 공리가 유도되어 이번에는 배중률이 성립하지 않는 확장 대수가 얻어진다. 스펜서-브라운의 논의의 묘미는 전제와 부정을 구별하지 않는 점에 있다. 단, 대수를 이용하는 관측자-계산담지체는 항상 정의된 도식적 형식 전체를 전망하고 있다. 그러므로 부정(경계)의 수를 잘못 세거나 부정조작이 어디에서 어디로 더듬어 찾아가고 있는지 모르게 되는 것은 결코 아니다. 이 책에서의 논의는 계산 담지자가 초월적이 아니라 국소적이라는 것을 요청한다. 이때 비로소 전제와 부정의 분리 불가능성이 의미를 가질 수 있다.

이것이 〈그림 27〉에서 제시된 매개자=순수과거에서 확인되는 근거로서의 과거와 상기된 과거의 혼효이다. 이 양자 간의 조정(調停/調整)의 결과 소각의 의미는 극적으로 변화할 수 있다. 물론 가능성이 단 하나는 아니지만 예컨대 ⑧와 같은 해석이 출현할 수 있을 것이다.

이미 분기에 의해 구별된 세목(細目)이 분리되지 않고 양자의 결합이 상정된다. 이리하여 내 눈앞의 생선은 '구워서 비로소 먹을 수 있는' 것으로 판단된다. 벤다이어그램으로 표현한다면 ⓗ가 될 것이다.

현실적인(actual) 현재와 기호화된 과거의 유화, 접근은 이상과 같은 과거를 매개로 함으로써 부단히 진행한다. 눈앞에 놓인 생선의 예에서는 생선의 여러 가지 질감이 현실적인 현재를 구성하고 '먹을 수 있는 것(일반)=일 년 전에 먹었던 항구도시의 생선 초밥의 맛(개체)'이나 '먹을 수 없는 것(일반)=십 년 전에 먹어서 몸이 마비된 버섯(개체)'이 기호화된 과거를 구성한다. 현실적인 현재에 대해 기호화된 과거는 어떤 종류의 극한 개념으로서 제시되고 있다. 이 양자의 관계에 과거가 매개함으로써 먹을 수 있다-먹을 수 없다의 관계(예컨대 이항대립과 같은) 자체가 변화해 버리는 것이다. 만약 과거가 근거로서의 위상만을 가진다면 먹을 수 있다-먹을 수 없다의 대립도식은 변화하지 않는다. 과거가 담지하는 혼효성에서 기인하여 과거에 매개된 보완관계는 운동으로 쫓겨나게 되는 것이다.

이러한 사례는 우리에게 창발이라는 관점을 환기시킨다. 생선의 사례를 조금 바꿔 보자. '춥다-춥지 않다'를 판단한 태고의 인간이 춥다고 판단하여 그 대처를 강요당하고 있는 장면을 상상해 보자. 그는 불을 피워서 몸을 덥힐 것인가, 의복을 둘러서 몸을 녹일 것인가 하는 판단에 강요당해 의복이 될 것을 찾기 시작한다. 그러다 그는 문득 상기한다. (왜 판단을 내리려고 하고 있는 것인가 하고.) 그는 '춥다-춥지 않다'의 판단 이전으로 소급하려고 한다. 여기서 그가 추위에 관한 판단 이전을 소급할 셈이었지만 '춥지 않다'라는 과거를 상기해 버렸다고 하자. 그는 이렇게 생각할 것이다. "원래 추웠던 것은 아니다. 춥지도 않은데 나는 의복을 찾고 있다." 여기에 이르러 그는 방한이라는 목적을 가지지 않는 의복 개념에 도달한다. 그는 여기서 디자인에 눈떴을지도 모른다. 이리하여 직접적 기능과는 무관한 디자인이라는 옷을 입는 새로운 목적이 창발될 것이다. 이상의 논의는 "현재가 과거에 의해 근거 지어진다고 가정할 때 역설적으로 근거로부터의 자유가 증명된다"라는 논점을 유도하는 것이다. 이 점을 아래에서 정리했다.

기계론적 인과율에 내재하는 자유

순수과거를 둘러싼 논의는 다음과 같이 환언할 수 있다. 첫번째로 모든 자연계의 현상은 계산기 프로그램으로서 쓸 수 있다고 가정하자. 물론 자연계의 현상은 사람의 지각이나 인지현상도 포함한다.[6] 또, 모든 계산수단은 튜링머신으로 표현 가능하다는 신념이 일반적으로 취해지고 있으므로 계산기 프로그램으로서 튜링머신을 상정하자.[7] 튜링머신은 기억장

---

6) 여기서 프로그램이란 순수히 기계적인 조작으로서의 프로그램을 의미한다. 예컨대 당신이 차를 운전하고 있다고 상정하자. 설령 전면 유리가 보이지 않아도 핸들을 오른쪽으로 돌릴지 왼쪽으로 돌릴지 그때마다 계산기가 지시해 준다면, 당신은 이것에 따르기만 해도 어떤 루트를 더듬어 갈 수 있다. 이 경우 당신은 어디를 달리고 있는가 하는 의미를 전혀 생각지 않고 순수하게 기계적 조작으로서만 운전하고 있다.

7) 튜링머신은 계산 과정의 수학적 형식화이지만 현재 생각할 수 있는 모든 계산기는 튜링머신으로 치환할 수 있다. 튜링머신은 종이에 해당하는 테이프와 이것에 읽고 쓰는 동작을 가하는 헤드 그리고 이것에 접속하는 본체로 구성된다. 테이프는 무한한 길이로 기호가 배열되어 있지만 기호에는 공백기호도 허용되어 있다. 본체는 변화 가능한 내부 상태를 가진다. 튜

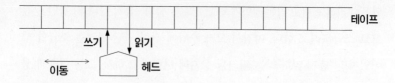

그림 28 튜링머신의 개념. 헤드가 테이프 위의 기호를 좇아 테이프 좌우로 이동하고, 내부 상태를 변화시키면서 기호를 출력하고 정지한다.

치인 테이프와 테이프에 데이터를 읽고 쓰는 헤드, 그것에 데이터를 사용해 내부 상태를 변화시키는 천이규칙으로 구성되어 있다(그림 28). 내부 상태는 현재라는 상태로 생각할 수 있다. 즉, 튜링머신은 현재를 갱신하는 것으로 시간을 진행시키는 기계이다.

　계산기상에서 진행하는 셈 가능한 시간을 우리가 경험하는 시간으로 생각해도 좋은 것일까? 모든 현상이 튜링머신으로 표현된다고 가정할 때 우선 생각해야만 하는 것은 이 문제이다. 그리고 이 문제는 "우리가 경험하는 흘러가는 시간을 현재(내부 상태)만이 아니라 과거(테이프)를 도입해서 구성하려고 하면 과거는 어떻게 정의되어야 하는가"라는 문제와 같다. 우리가 이미 두번째 시간적 종합의 재고에서 이 문제를 독해했던 것을 생각해 낸다면, 경험적 시간을 근거 짓기 위한 테이프는 순수과거로서 상정된 구조를 가지는 테이프가 된다. 튜링머신에서는 바로 시간의 진

링머신의 작동은 아래와 같이 정의된다. 즉 헤드는 테이프 위를 좌우로 움직여서 현재의 내부 상태와 쓰여져 있는 테이프 기호에 따라 양자를 바꿔 쓰고, 헤드가 움직이는 방식을 좌, 우, 정지 중 어느 쪽인가로 결정한다. A. M. Turing, "On Computable Numbers, with an Application to the Entscheidungsproblem", *Proceedings of the London Mathematical Society* 42, 1936, p.230 ; *Ibid.* 43, 1937, p.544. 해설서로서 R. P. Feynman, *Feynman Lectures on Computation*, Perseus Books, 1996 ; A·ヘイ, R·アレン 編, 原康夫·中山健·松田和典 訳『ファインマン計算機科学』, 岩波書店, 1999.

행방식(현재를 지나가게 하는 방식)을 테이프 위의 데이터가 근거 짓고 있다. 순수과거의 논의에서 처리 장치로서의 과거가 혼효했듯이 어떠한 시간 발전도 가능한 만능 튜링머신은 무한의 가능성을 가지는 무한한 테이프를 가지게 된다. 여기서 테이프가 경험적 시간 속에서 사용되는 과거의 위상을 본래적으로 가진다면, 지나간 현재로서의 과거로부터 출발한 순수과거의 도출이 테이프에 그대로 적용된다. 즉, 무한의 계층을 가지고 테이프를 더듬는 것 자체가 모든 가능한 튜링머신의 작동 확정(identify)과 동형(同形)인 그러한 테이프가 상정된다. 전술했듯이 임의의 튜링머신의 작동 확정은 기계적으로 불가능하므로 우리는 여기서 비일정한 테이프의 사용, 비일정한 데이터의 검색을 발견해야만 한다.

　모든 가능한 시간 발전을 전망하는 것(임의의 튜링머신의 작동을 확정하는 것)은 불가능하지만, 그렇게 상정하지 않으면 통상적인 의미에서 정의된 튜링머신 테이프가 더듬어 가는 방식을 과거를 구현한 튜링머신에 바랄 수는 없다. 통상적으로 테이프를 더듬어 가는 방식은 데이터와 내부 상태에 따라 테이프를 오른쪽이나 왼쪽으로 진행시키거나 혹은 정지케 하는 것이다. 간단하게 말해서 좌우 어딘가의 가능성만을 상정한다면 테이프를 더듬어 가는 방식의 모든 가능성은 분기도로 표시된다. 어떤 튜링머신이 테이프를 더듬어 가는 방식은 어떤 경로로 주어지게 된다. 통상의 튜링머신에서는 테이프와 내부 상태를 나타내는 기호를 참조하는 것만으로 테이프를 특정 방법으로 더듬어 갈 수 있다. 그것은 '오른쪽'이라 지시될 경우, '오른쪽은 왼쪽이 아닌 오른쪽이다'라고 이미 알고 있다는 것을 의미한다. 이것에 대해 경험적 시간을 표현하도록 이른바 '과거'가 구현된 튜링머신은 '오른쪽'이라는 지시를 단독으로는 이해 불가능한 기계라고 생각해야만 한다. '오른쪽'이라는 지시를 실행하기 위해서는

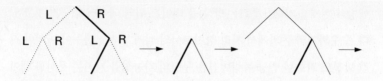

그림 29 왼쪽 그림 2단째의 지시, '왼쪽'을 이해하기 위해서는 '오른쪽이 아닌 왼쪽'을 이해해
야만 한다. 이를 위해서는 오른쪽도 탐색할 필요가 있다(가운데 그림). 또한 '이전의 왼쪽이나
오른쪽도 아니다'를 이해하기 위해 이들도 탐색해야만 한다(오른쪽 그림). 이 전제의 탐색은 무
한히 이어지기 때문에 해당 지시 '왼쪽'을 이해하기 위해서는 전 경로의 확정(identify)이 필요
케 된다.

"그것이 왼쪽이 아니라 전회(前回)의 왼쪽이 아닌 오른쪽으로 구별된 이
현재의 오른쪽이고……"라고, 모든 경로를 전망하고 다른 지시와는 다르
다는 것을 확인하지 않는 한 불가능하게 된다(그림 29). 그럼에도 불구하
고 경험세계의 시간이 진행하는 이상 우리는 과거를 구현한 튜링머신으
로는 불완전한 지시의 이해를 인정해야만 한다.

　불완전한 지시의 이해는 테이프의 읽기, 쓰기에 대한 부정합으로서
나타나게 된다. 지시 즉 테이프상의 기호가 다른 모든 지시를 참조하는
일 없이 단독으로 이해 가능하다면 어떤 기호의 지시는 테이프에 대한 동
작에 상관없이 항상 결정되어 있게 된다. 이런 의미의 유일성이 기입된
기호를 기입한 의미로 읽어 내는 능력, 즉 의미의 재현성을 보증한다. 다
른 한편 이미 과거가 구현된 튜링머신은 의미의 재현성을 보증할 수 없
다. 여기에 테이프에 기입할 때와 읽어 낼 때 사이에 기호의 의미에 차이
가 생긴다. 그래서 테이프의 읽기는 상기이고 기입은 근거로서 사용하기
위한 기록이다. 테이프 초기 상태의 설정까지 포함해 이것을 읽어 낸다고
생각한다면 모든 기입은 시간을 진행시키기 위한 근거를 목적으로 한다.
이것에 비해 기입은 과거를 상기하고 근거로서 사용하는 동작이다. 근거

로서 사용하는 것은 기입할 때 의도된 지시의 의미로 기호의 의미를 이해하는 것이다. 과거가 구현된 튜링머신은 적어도 근거에 따르기 위해 끊임없이 경로를 다시 읽고(과거를 소급하고) 기입될 때의 경로와 다시 읽은 경로 양자를 참조하는 형태를 취하게 될 것이다. 그렇다면 불완전하게 지시를 이해할 경우 읽어 냄 자체가 기입과 같은 과거와 기입과는 다른 과거 두 개를 혼효시키는 것이 된다. 즉 테이프를 읽어 낼 때 근거로서의 과거와 상기된 과거라는 이질적 과거가 상호 작용하고, 그 결과 비로소 테이프의 읽어 냄이 가능케 되어 시간을 진행시킬 수 있는 것이다. 왜 상기가 근거와 다를 수 있는지 그 이유에는 앞 절의 논의를 그대로 이용할 수 있다. 즉 모든 경로를 전망하지 않는 한 어떤 경로의 위치를 결정할 수 없는 이상, 읽어 냄에 있어서 기입할 때와 같은 경로를 더듬을 수 있다는 보증은 어디에도 없기 때문이다. 여기서 근거 지어진 경로로부터의 탈피가 유도된다.

이리하여 자연 현상은 모두 튜링머신으로 표현 가능하다는 가정에서부터 역설적으로 테이프에 미리 결정되어 있던 경로로부터의 탈피, 자유가 유도된다. 이 결말은 어디에 그 주된 원인이 있었던 것일까? 우리는 만능 튜링머신이라는 가정에서 출발해서 과거를 구현한 튜링머신을 상정했다. 여기서 제시한 과거란 흘러가는 시간을 구성할 수 있는 과거였다. 그러한 과거를 테이프의 읽기, 쓰기로서 구현하려는 시도 속에 이미 자유의 원기(原器)가 포함되어 있었던 것일까? 테이프상의 기호를 과거, 내부 상태를 현재라 생각하고 양자에 의해 시간을 구성한다는 시도가 이미 기계론적 인과율로부터의 일탈이 아니었는지 검증해 보자. 현재-내부 상태, 과거-테이프상의 기호라는 대응을 취할 때 무한 개로 준비되어 있는 각각의 기호 사이에 일대일 대응이 되는가 하는 문제가 생긴다. 왜냐하면 과거는 [언젠가] 한 번[은] 현재였기 때문이다. 여기서 과거, 순수과거, 순수순수과거, ……라는 과거의 계층이 출현했다. 이것은 테이프 위의 기호를 어떤 의미로 분류하는 작업이다. 튜링머신에 준거해 말한다면이 분류는 프로그램의 전제를 역행(逆行)해서 사용될 가능성에 관련하여기호를 분류하는 것에 다름 아니다. 예컨대 테이프 위를 오른쪽으로 이동할 뿐인 프로그램에는 '왼쪽'이라는 지시가 기입되지 않는다. 즉, '왼쪽'은이 프로그램에 있어서 한 번도 현재이지 않았던 과거이다. 순수과거는 이것을 만능 튜링머신으로까지 확장한 프로그램에 명시되지 않는 기호에관해 언급하는 특수한 기호이다. 따라서 과거의 무한 계층이라는 것은 기호 의미의 전제를 무한히 거슬러 올라가는 조작이라 생각할 수 있다.

즉 튜링머신에 과거를 구현함이란 튜링머신이 계산기로서 사용되는 전제를 들춰내는 것에 지나지 않는다. 우리는 튜링머신을 결정론적기계라 생각한다. 그러나 그러한 결정론의 이미지는 극히 생경한, 철저하지 못한 결정론이다. 왜냐하면 인간은 기계를 계산기로서 사용하고 그런 한에서 전제를 잘라 내어 프로그램을 읽으며, 그런 한에서 결과를 이해할 수 있기 때문이다. 그 인간의 조정 능력을 특권화해서 계산 과정의외부로 쫓아낸다는 의미에서 철저하지 못한 결정론인 것이다. 일반적으로 이해된 튜링머신의 정의는 극히 객관성이 높다는 것이고 기호의 의미는 하나로 결정되어 결정론적 계(系)로서 충분하다고 믿어져 왔다. 그러나 이런 견해는 튜링머신을 결정론적 시스템이라 생각하는 우리에게 비로소 성립하는 것이다. 튜링머신의 헤드가 테이프 위의 기호 '오른쪽'의지시에 따르는 것은 기계의 설계자인 우리가 '오른쪽'을 이해하고 헤드가 '오른쪽'을 알고 있는 것처럼 우리가 헤드를 설계할 수 있기 때문이다.그러면 우리가 알고 있는 '오른쪽'이란 무엇인가? 우리에게 있어서 '오른쪽'의 의미를 기술하려고 해도 그것은 결코 확정 기술로 치환되지 않는다. 예컨대 우리 연구실에는 일찍이 미기타(右田)라는 남자가 있었다. 나는 그를 놀릴 때 자주 이렇게 말했다. "성이 미기타라면 아무리 생각해도 오른쪽 밭을 경작하던 사람이 기원인 듯해. 하지만 아니야. 실제로는 그가 경작하던 밭은 돌투성이의 돌밭이었거든. 그래서 이시타(石田)라 불렸던 것이야. 그런데 언젠가 그는 호적 같은 곳에 등록할 때 이시타라고 쓰려고 했는데 붓이 미끄러져 그만 미기타라고 써 버린 거야. 미기타라는 이름이 된 것은 그 때문이야." 만들어 낸 이 얘기 이후 나는 미기타라고 말하면서 이시타를 몰래 상상했다. 그의 이름을 서류에 쓸 때 나는 '미기'(右)라고 쓰려고 하다가 '이시'(石)라고 써 버린 경우가 있다. 즉, 튜링머신에 우리가 사용하고 있는 오른쪽이란 의미를 전부 봉함하려고 하면 역으로 오른쪽(右)에 의해 돌(石)이 의미됨과 마찬가지의 상황이 출현할 수 있는 것이다.

'담배'라고 말하고 그 지시대상이 누구의 머리에나 떠오를 때 우리는 보통 단어 '담배'의 의미는 단 한 가지로 결정되어 있다고 생각한다. 그렇지만 물론 이런 의미의 유일성은 선험적으로 주어져 있는 것은 아니고 단어 '담배'를 사용하는 우리 전체가 떠받치고 있는 데 지나지 않는다. '담배'라는 의미의 유일성은 우리가 유일하다고 선택하고 있는 결과인 것이다. '담배의 의미는 단 하나로 결정되어 있다'와 '튜링머신은 결정론적 시스템이다' 사이에 뭔가 본질적 차이가 있는 것일까? 아니, 그렇지 않다. 우리는 튜링머신이 결정론적 시스템인 듯 기계를 계속 사용하면서 계산기의 작동 하나하나를 선택하고 있는 것이다.

튜링머신이 구현된 계산기를 생각해 보자. 이 기계가 결정론적 기계, 계산기로서 사용되기 위해서는 끊임없이 전류를 공급하고 물에 접하지 않도록 하며, 온도를 관리한다는 물리적 경계 조건의 계층이 필요케 된다. 이 물리적 경계 조건들은 물론 무한히 존재할 것이다. 계산기 사용자를 전제로 하지 않고 계산기 사용자의 역할을 테이프에 구현함이란 이 무한히 상정된 물리적 경계 조건을 테이프에 기록하는 것이다. 이 물리적 조건들을 이론적 조건으로서 치환한 것이 '왼쪽'의 의미를 '오른쪽이 아닌 왼쪽이고,……'로 쓴 조건이다. 그러므로 계산기 사용자를 구현시킨 테이프는 모든 가능한 튜링머신의 탐색을 함의하는 것이다.[8]

튜링머신에 과거를 구현함이란 ①결정론적 시스템이 결정론적 시스템으로서 사용되기 위한 전제를 폭로하여, ②그 전제가 무한히 존재하기 때문에 그것을 전망하고 또한 개별적 결정을 하는 것이 불가능하다는 것을 제시하며, ③따라서 결정론적 시스템이 결정론적 시스템으로서 작동하기 위해 해당 시스템은 이미 뭔가 선택을 행하고 있다는 것을 인정하는 것이다. 결정론으로부터의 탈피, 자유는 결정론에 이미 내재한 것이다. 마음이나 의식의 기원을 묻는 뇌과학은 뇌세포의 기계적 작동을 세분화하고 그 조직화된 집합체에 있어서 비로소 마음이나 의식을 발견하려고 한다. 여기서의 문제 설정은 왜 미시에서는 극히 기계적이면서 거시에서는 기계를 뛰어넘은 자유의지가 발견되는 것인가 하는 것이다. 의식이나 마음을 해명하려고 계속 세분화하면, 선택의 자유는 증발해 버린다는 관점이다.[9] 이에 대해 이 책에서 전개한 논점은 미시에 있어서 순

---

8) 下條信輔, 『「意識」とは何だろうか』, 講談社現代新書, 1999.
9) 田森佳秀, 『脳の科学』 22, 2000, p.319. 이 글을 쓴 다모리는 카오스 역학계가 계의 운동을 미래 영겁에 걸쳐 결정하기 위해 무한 정밀도[精度]의 초기치가 필요하다는 것은 계산 과정의 모든 단계(step)에 있어서 오라클(외부정보)이 필요한 것이라고 설명하며, 오라클이 첨부된 튜링머신의 가능성을 주장한다.

수하게 기계론적으로 보인다는 인식은 미시현상을 그 주위나 그것을 어떤 미시적 현상으로 간주하는 관측에서 분리하는 것에서 발생하는 오류로 간주하는 것이다. 그러나 뇌 속에서 한 개의 기계로 상정된 신경세포는 기계로서 작동하기 위한 에네르기를 외부로부터 섭취하는데, 예컨대 에네르기가 부족하면 그 신경세포의 주인인 우리는 홍차에 설탕을 듬뿍 넣어 마시거나 한다. 이러한 동작까지 포함해, 본래 세계성에서 분리된 한 개의 신경세포=기계를 상정하는 것이 가능할까. 아니, 불가능하지는 않다. 그러나 역설적으로 만약 한 개의 신경세포를 기계장치로 상정한다면 그 기계가 정해지지 않은 채로 잠재시키는 세계성, 어떤 종류의 강도도 인정해야만 한다는 것이다. 거시적 시각에 있어서 증발하는 자유라는 이미지는 이 잠재성, 강도를 잃어버리는 것에서 기인한 오류이다. 철저한 결정론과 선택의 자유는 혼효하는 하나의 양상인 것이다.

독자는 이렇게 생각할지도 모른다. 우리는 확실히 과거를 상기하지만 과거를 구현한 계산기라는 것만으로 우리와 같은 의식을 가진 존재를 설명할 수 있는 것일까 하고 말이다. 확실히 과거를 구현한 계산기는 선택 결과의 결정론적 기계이고 비결정성을 포함하고는 있다. 그러나 비결정성에 관해 인식하고 있는 존재야말로 '나' 혹은 의식인 것이고 비결정성과 비결정성의 인식은 다른 것은 아닌가? 만약 그렇다면 '~을 인식하는 나'는 항상 계산기의 외부에 정위하도록 숙명 지어지고 논의는 무한 퇴행하는 것은 아닌가 하고 말이다. 이 책에서는 그렇지 않은 전개를 지향하고 있다. 과거를 구현한다는 시도는 '어떻게 비결정성이 (우발적으로 결정성이) 선택되는 것인가'라는 질문에 직면하는 시도로서 파악되어야 할 것이다. 계산의 시간 단계(step)를 진행하기 위해서는 모든 튜링머신을 전망해야만 한다. 이 논의는 카오스 역학계의 정의와도 유사하다. 카오스 역학계에서는 초기치를 무한대의 정밀도(무한 길이의 비트 열)로 결정하지 않으면 미래의 정확한 작동을 결정할 수 없기 때문이다.[10] 그러나 카오스 역학계는 무한 길이의 비트 열의 비결정성이 실수의 결정성에 메워 넣어져 있다. 결정론과 비결정론은 카오스 역학계에 대한 다른 두 가지 해석에서 귀결되는 것이다. 카오스 역학계 그 자체에 있어서는 결정론과 비결정론이 완전히 일치하고 있다. 여기서는 선택 담지자로서의 '나' 혹은 의식은 존재하지 않는다. 오히려 카오스 역학계는 닫힌 나를 해체하는, 초월론적 주체의 모델이기조차 할 것이다.[11] 그렇기 때문에 역으로 나 혹은 의식은 논의에 있어서 접속 불가능하고 이것을 무리하게 접속하려고 하면 '~을 인식하는 나'라는 무한 퇴행이 숙명처럼 부과된다. 카오스 역학계는 결정, 비결정의 이항대립을 물리치는 좋은 메타포이지만 양자의 완전

---

10) 카오스 역학계로서 가장 유명한 로지스틱(logistic) 사상(寫像)과 동형인 것으로 텐트(tent) 사상이 있다. 사상 $f : [0.0, 1.0] \rightarrow [0.0, 1.0]$은 0.0에서 0.5 이하에 관해 $x^{i+1} = f(x^i) = 2x^i$에 따르고 0.5에서 1.0 이하에 관해 $f(x^i) = 2x^i + 2$에 따른다. 즉 (x^i, x^{i+1}) 평면에 있어서 사상은 텐트와 같은 삼각형을 띤다. 실수는 이진 전개에 의해 0이나 1로 구성되는 무한 열로 표시된다. 예컨대 0.000001000……을 초기치로서 텐트 사상에 주고, 결과를 재차 텐트 사상에 줘서 이것을 반복한다고 하자. 텐트 사상은 값을 2배로 하는 것이므로 소수점 이하 6자리째에 위치하는 1은 기껏 5회의 반복 계산으로 최대 자리에 출현하는 것이 된다. 마찬가지로 아무리 작은 차이더라도 기껏 유한의 반복계산으로 극히 큰 차이가 된다고 생각할 수 있다. 그러므로 텐트 사상의 운동을 정확히 알기 위해서는 초기치를 무한대의 정밀도로 확정해야만 한다. 津田一郎,「deus ex machina—カオスから脳の理論へ向けて」,『システムと制御』31, 1987, p.36. 쓰다 이치로는 이 논문에서 기술 불안정성이라는 개념을 발견하고 있다. 또, 쓰다는 카오스에 노이즈를 줘서 얻을 수 있는 구조(주기진동)를 발견했다. 여기에는 초월론적 주체를 끌어내리려고 하는 지향이 확인된다. I. Tsuda & K. Matsumoto, "Noise-induced order—Complexity Theoretical Digression", *Chaos and Statistical Methods*, ed. Y. Kuramoto, *Proceedings of the Sixth Kyoto Summer Institute*, Springer-Verlag, 1984, p.102. K. Matsumoto & I. Tsuda, "Noise-induced order—The Information Mixing", *The Theory of Dynamical Systems and Its Applications to Nonlinear Problems*, ed. H. Kawakami, *Proceedings of the International Symposium*, World Scientific, 1984, p.170.
11) 예컨대 P. Grim, G. Mar & St. P. Denis, *The Philosophical Computer*, MIT Press, 1998.

한 일치라는 실체를 상정하기에 양자의 구별 내에 생기는 '나'와 분리된다. 여기서는 구별이라는 개체화 과정이 관여할 수 없다.

이 책은 오히려 초월론적 주체를 경유하면서 질료, 개체화를 끊임없이 진행하는 인식 주체=선택담지자(닫혀지려고 하는 운동체)로 논의를 유도해서 그러한 전회를 지향한다. 세계 전체를 완전히 전망하는 것이 원리적으로 불가능하기 때문에 세계는 불완전하게 탐색되고 그때마다 계산의 의미론이 구성된다. 이 철저하게 국소적이고 시의(時宜)적인 의미론이야말로 인식 주체이다. 의미론에 있어서 비결정성이 실행되기 때문에 비결정성은 '인식'된다. 우리는 결정론=비결정론[의 도식]에 동의하지 않고, 불완전한 결정을 지향한다. 열쇠는 불완전한 탐색의 이해에 한정된다. 이 방침은 임기응변적인 호문쿨루스(homunculus)를 인정하는 것이기도 하다. 옛 사람은 인간의 자기재생산을 설명하기 위해 정소(고환) 속에 이미 작은 사람(호문쿨루스)이 들어 있다고 생각했다. 다시 또 이렇게 생각한다면 호문쿨루스의 정소에도 또 호문쿨루스가 들어 있어 논의는 무한 퇴행한다. 의식의 논의도 마찬가지이다. 인식하는 나의 인식 이미지(표상)를 인식하는 내가 내 속에 접어 넣어지는 것으로 출현해 버린다.

호문쿨루스나 '나'의 무한 퇴행은 기계적 조작과 의미론을 분리할 수 있다는 전제에 서 있기 때문에 생기하는 논점이다(예컨대 설[John Searle]이 제시한 중국어 방 논의[12]). '~을 인식하는 나'를 순수하게 통사론적인 기계적 조작이라 생각하기 때문에 더욱 그 표상을 인식하는 내가 필요하게 된다. 방대한 양의 신경세포 집합체인 뇌에 있어서 신경세포의 작동을 순수하게 기계적인 조작이라 생각한다면 항상 '~을 인식하는 나'가 가정된다. 가정된 나 혹은 의식은 원리적으로 기계적 조작의 범위 밖에 있고 신기루와 같이 독해자에게서 도망친다. 이것을 해소하기 위해서는 순수한 기계적 조작이면서 그 전체로서 의식이 출현한다는 초월적 해결을 도모하는 수밖에 없다(물론 이것은 일종의 신학에 지나지 않는다).[13] 기계적 조작과 의미론을 분리할 수 없다는 것은 기계적 조작의 실행이 불완전하게 행해지거나, 혹은 기계적 조작의 실행 환경이 그때마다 불완전하게 만들어진다는 것이다. A의 부정을 계산할 때 그것은 NOT(A)로서 견고하게 계산되지만 B로서 계산될지도 모른다. 이러한 상황이 불완전한 실행 환경에 의해 실현된다. 이때 비로소 우리는 기계적 조작과 공존하는 실행

---

12) 의식에 얽힌 논의의 대부분이 암묵적으로 기계적인 조작(통사론)과 의미론을 분리할 수 있다고 전제해 버린다. 예컨대 철학자인 존 설은 튜링 테스트에 대한 반론으로서 중국어 방이라는 비꼬는 듯한 계산기를 제안한다(J. R. Searl, "Minds, brains and Programs", *Behavioral and Brain Sciences* 3, 1980, pp.417~424). 단, 튜링 테스트란 질문(입력)과 그것에 대한 답(출력)의 관계만으로 계산기 M과 인간을 구별할 수 없다면 M이 지능을 가지고 있다고 판단해도 좋다는 제안이다. 그런데 설의 중국어 방은 외부와 한자 카드열을 교환하는 방(이것을 계산기로 생각한다)으로 방 속에는 한자를 전혀 읽을 수 없는 미국인과 무수한 한자 카드, 그리고 어떠한 입력 카드열에 대해 어떠한 카드열을 출력하면 좋은지를 해설한 매뉴얼(영어로 쓰여 있다)이 놓여 있다. 방 속의 미국인은 한자 카드를 단순한 도안, 패턴으로 간주하고 매뉴얼에 따라 입력된 한자 질문에 한자로 답을 출력하는 것이다. 한자 질문에 대해 '중국어 방'은 적당한 한자를 해답으로 내는 데 지나지 않는다. 전혀 한자를 이해하고 있지 않음에도 불구하고 말이다. 이 논의는 행동주의적 성향이 짙은 튜링 테스트가 의식을 갖는 뇌를 블랙박스화하고 있다는 점에 비판의 화살을 겨눈 것이다. 그러나 '블랙박스화된 것에 의해 중국어 방까지 중국어를 이해하는 계산기로 생각해 버리는 것은 아닌가'라는 야유가 어떻게 성립하고 있는 것일까? 첫번째로 중국어 방은 중국어 따위는 전혀 이해하고 있지 않다는 이유에서 야유가 성립한다고 생각해 보자. 이 경우, 중국어 방에 거주하는 사람의 한자 카드 조작은 중국어를 이해하는 조작과는 다른 별도의 의미론에 의해 조작되고 있다고 생각하게 된다. 그러나 방에 거주하는 사람이 하고 있는 조작은 매뉴얼에 따른 조작이지만 어떠한 의미에서 매뉴얼에 따르고 있는지 설 자신이 결정할 수 있을 것인가? 방에 거주하는 사람은 한자를 읽을 수 있지만 순수하게 기계적 조작에 따르고 있는 척하고 있을 뿐일지도 모르고, 한자는 읽을 수 있지만 그 상세한 뉘앙스까지는 이해할 수 없다는 이유에서 '중국어는 모른다'라고 말하고 있을지도 모른다. 크립키의 플러스[plus]/쿼스[quus]에 대한 논의를 채용해서(Saul Kripke, *Wittgenstein on Rules and Private Language*, Harvard Univ. Press, 1982/1998), 매뉴얼에 따른다고 할 때의 매뉴얼 규칙을 결정할 수 없다고 말해도 좋을 것이다. 어쨌든 중국어를 이해해서 카드를 다루는 것과는 다른 의미론이 여기에 있다고는 증명할 수 없다. 두번째로 중국어 방의 은유는 순수하게 기계적인 조작으로서의 은유이

환경으로서의 의미론을 발견하게 된다. 만약 A의 부정 조작이 NOT(A)로 항상 결정되어 있다면, 계산의 실행은 기계적 조작만으로 충분히 정의되고 의미론은 필요치 않다. 기계적 조작의 변화 가능성이 잠재적으로 함의되는 곳에서만 계산기 과학에서 상정하는 바의 의미론(=기계적 조작에 대한 해석)이 아닌 의미론이 발견=구성된다. 이런 한에서 계산의 실행은 어떤 의미론에 있어서의 실행이고 계산은 계산의 실행에 있어서 이미 '인식'되어 있다. 그 이상의 인식은 필요없다. 결코 무한 퇴행하지 않는 호문쿨루스란 뇌내 도처에 그때그때 생성되는 국소적 의미론인 것이다. 이 책의 2부에서 국소적 의미론에 기반하는 현상으로서의 계산을 구체적으로 논할 것이다.

고 의미론이 존재하지 않으므로 뇌와는 다른 것이라고 설이 주장하고 있다고 하자. 그러나 중국어 방 거주인은 "매뉴얼을 읽는 것이다". 매뉴얼을 읽을 수 있다는 조작은 순수하게 기계적 조작이라고 말할 수 없다. 읽는다는 조작은 항상 오독의 가능성을 잠재적으로 포함하기 때문이다. 첫번째 경우에는 순수하게 기계적 조작의 모델로서 의미론을 발견하려고 하고 있다. 이것은 한 가지로 결정할 수 없다. 이 경우 기계적 조작과 의미론은 분리할 수 있다는 전제가 존재한다. 두번째 경우에는 중국어 방의 기계적 조작에 의미론은 불필요하다고 말하고 있는 것과 같다. 이것은 형식논리에 있어서 통사론과 의미론의 관계와 같다. 이 경우도 양자는 완전히 분리되어 의미론이란 기계적 조작에 대한 단순한 모델이기 때문에 필요 없다는 것이다. 의미론이란 기계적 조작에 대해 메타 층위에서 상정된 모델인 것일까? 이렇게 생각하는 한 양자는 논리적 계층이 다르다는 의미에서 분리된다. 그렇지는 않을 것이다. 기계적 조작이 오류(정의된 조작과 다를 가능성)를 잠재시키는 한 그 조작은 순수하게 기계적 조작으로서 정의할 수 없다. 이때 기계적 조작이라는 정의의 파탄에 있어서 역설적으로 의미론이 존재할 필요성이 확인된다. 이런 한에서 기계적 조작은 국소적 의미론을 이미 병존시키고 양자는 분리할 수 없다. 국소적 의미론이라는 형태에서만 의미는 논의될 필요가 생긴다. 적어도 설은 이러한 논점을 가지고 들어와 있지 않다. 실제로 설은 두번째 논점을 채용하고 있는 것은 아니다. 그것은 뇌도 역시 순수하게 기계적 조작인 이상, 의미론의 부재는 뇌와 중국어 방의 차이가 될 수 없기 때문이라는 이유에서이다. 이것이야말로 국소적 의미론이라는 관점에서 의미를 가지고 들어갈 수 없다는 증거일 것이다. 신경회로망은 스스로를 유지하면서 계산하고 있는 한 실행 환경을 스스로 만들어 내고 있기 때문이다.
13) D. C. Dennett, *Consciousness Explained*, Little Brown & Company, 1991(山口泰司 訳, 『解明される意識』, 青土社, 1997) 등이 그 전형이다.

3. 전제와 귀결의 혼효가 매개하는 미래

우리는 미래=세번째 시간적 종합에서 전개된 논의를 인공지능 연구에서
논의된 프레임 문제의 역설적 전개(=전회)로 파악할 수 있다.[14] 물론 그
논의는 순수과거를 둘러싼 논의에서 전개했듯이 순수과거에서 발견된
근거와 상기의 양의성과도 직접적으로 결부되고 있다. 단, 과거와 미래에
서는 문제에 대한 정위(定位) 장소가 다르다. 과거를 둘러싼 논의에서는
현실항과 필연항의 보완관계에서 출발해서 매개자인 가능항=순수과거
의 독해에 부심한 데 비해 미래는 필연항과 가능항의 보완관계를 매개하

---

14) 프레임 문제 자체가 처음 등장한 것에 관해서는 [1부] 3장 각주 16을 참조하라. 다른 한편
프레임 문제는 문제로 삼을 필요가 없다고 하는 논점도 강하게 제기된다. 프레임 문제는
행위 주체가 상황을 표상화하는 것에 의한, 이른바 표상주의가 만들어 낸 의사-문제라는
것이다(D. Dennett, "Cognitive Wheels: The frame problem of AI", *Minds, Machines, and
Evolution*, ed. C. Gookway, Cambridge Univ. Press, 1984). 표상 없이 상황을 관련성에 있어
서만 파악, 행동의 동기를 갖고 있는 상황 내 주체를 상정한다면, 그것은 세계 모델을 필요
로 하지 않고 따라서 프레임 문제에 직면하는 일이 없다. 이것이 그들의 주된 주장이다(K.
Sterelny, "Review: Universal Biology", *British Journal for the Philosophy of Science* 48, 1997,
pp.587~601). 지적 표상을 가지지 않는 국소적 판단만이 가능한 곤충 로봇이 집단으로서
의미 있는 행동을 취하는 예가 상황 주체의 좋은 예가 되고 있다(R. A. Brooks, "Intelligence
without Representation", *Artificial Intelligence* 47, 1991, pp.139~159). 짐을 발견하면 이것
을 취하고, 오로지 걸어서 돌아다니며 다른 짐을 발견하면 가지고 있던 짐을 거기에 놓도록
동기 지어진 로봇이 집단으로 행동하면 어떤 장소에 짐을 집적하는 행동이 출현하듯이 말
이다. 이러한 전개는 어떤 전개이기는 해도 지능이나 의식의 기원을 독해하는 전회로는 될
수 없을 것이다. 로봇을 설계한 설계자=관측자를 특권화하고 있다는 의미에서이다. 로봇
은 카메라가 보내는 화상 데이터를 계산하고 이 정보에 의해 행동을 일으킨다. 화상 데이터
를 행동으로 동기 짓는 수단으로서 계산하는 어떤 특수한 의미론=계산 실행 환경은 설계
자에 의해 프로그램되어 로봇을 움직이기 위한 전기를 공급함으로써 실현되고 있다. 여기
에는 실행 환경을 그때마다 만들어 내는 과정은 내재하지 않는다. 따라서 계산에 국소적 의
미론이 내재하지 않는다. 그러므로 화상에서 행동으로의 계산 과정은 '계산'으로서, '의식'
이나 '판단'은 아니다. 집단으로서의 지적 행동은 로봇의 행동에 대한 하나의 해석, 모델, 의
미론으로서 존재할 뿐으로 로봇 자체의 행동(계산)에 있어서 존재하는 것은 아니다. 그러므
로 상황 주체의 '지적' 행동 자체가 표상에 지나지 않는다.

는 현실항에 초점을 맞췄다. 미래는 중간휴지에 의해 내재하는 지속의 구조, 즉 현실항(현실적인actual 현재)과 필연항(기호화된 과거)으로 구성된 구조를 현재화했지만 그것은 원래 현재와 과거의 혼효가 의미하는 구조였다. 그러므로 중간휴지라는 현실을 매개자로 생각할 때 우리가 상정하는 것은 필연항인 현재와 가능항인 순수과거의 보완관계인 것이다.

프레임 문제란 어떤 행위를 기계적으로 정의하려고 할 때 우리에게 있어서 너무나도 자명한 숨겨진 전제(프레임)가 기계적으로는 무한한 계층적 전제로서 출현해 버리는 문제이다. "커피를 마시게 해줘", 하고 로봇에게 부탁한다면 로봇은 포트에서 바로 당신의 입으로 뜨거운 커피를 부어 넣을지도 모른다. 커피는 컵에 넣어 제공하는 것이라는 전제를 로봇은 모르기 때문이다. 이러한 전제에는 제한이 없다. 그러나 그러한 무한한 전제 내에서 우리의 행위는 행위로서 위치 지어지고 우리는 세계 내에서 살고 있다. 프레임 문제는 일반적으로 해결해야 할 문제로서 이해된다. 프레임 문제를 해결함으로써만 개별적인, 이-나의-의사 결정은 가능한 듯 생각되기 때문이다.[15] 그렇지 않다. 프레임 문제에 노출되어 있다는 상황은 '초월론적 나(개체)'의 표상이다. 표상이기 때문에 초월론과 개별의 혼효가 초월적 일반, 특수 사례라는 이항대립의 모순으로서 이해되

---

15) 오사와 마사치(大澤眞幸, 『行為の代数学』, 靑土社, 1989. 『身体の比較社会学 I』, 勁草書房, 1992. 『身体の比較社会学 II』, 勁草書房, 1992)에 의하면 행위 주체는 항상 프레임 문제에 노출되어 있지만 일시적으로 불필요한 전제는 무시=소거되어 그로써 결정이 가능케 된다. 매 경우마다 전제를 무시=소거하는 조작이 제3자의 심급이라 불린다. 그것은 현 시점의 문맥을 결정하는 복수성을 담지한 타자성의 어떤 구현이라고도 생각할 수 있을 것이다. 단, 내가 이 책에서 주장하려고 하는 것은 프레임 문제에 있어서 일시적 해결이라고는 부를 수 없다. 그것은 결정을 실행 가능케 하는 경계 조건=의미론이 결정 이전의 주저나 유보를 동반하고 있는 한에서의 결정이다.

고 부정적 의미를 띠고 이해됨에 지나지 않는다. 오히려 바로 초월론적이기 때문에 프레임 문제에 노출되어 있는 것이므로, 커피의 제공방식까지 임기응변으로 대처할 수 있다. 컵이 없는 암벽에서 야영할 때 비닐봉지로 커피를 마시는 것도 가능케 된다. 프레임 문제에 노출된 개별적 의사 결정이기 때문에 행위는 약간의 환경 변화에 대해서는 견고하며 언제라도 변할 수 있다.

무한의 프레임은 순수과거의 표상이다. 어떤 행위는 순수과거에 의해 근거 지어진다. 역으로 어떤 개별적 행위는 스스로의 전제를 상기할 수 있다. 즉, 무한의 프레임은 개별성과 초월론의 혼효에 관한 표상이다. 그런데 A(전제)라면 B(귀결)라는 추론 형식은 전제와 귀결의 혼효를 의미하는 것은 아니다. 전제의 요소로서 귀결이 위치 지어지는 이상, 양자의 혼효는 종과 유 개념의 혼동을 의미한다. 그러므로 양자의 혼효는 한번 전제를 통과한 귀결을 뒤집는 경우도 있을 수 있다. 예컨대 개별 인간의 다툼, 싸움을 생각해 보자(그림 30). 싸움은 확실히 상대를 향한 공격이지만 그 전제로 싸움을 하기에 족한 상대의 확인, 동료의식이 존재한다. 바람에 날아온 비닐봉지에 싸움을 거는 자는 없기 때문이다. 동료의식은 전제로서 잠재하고 공격은 귀결로서 현재한다. 그렇지만 양자가 혼효한다고 생각한다면 양자는 모순된다. 한편은 배타, 다른 한편은 친화를 의미하기 때문이다. 싸움을 행하는 자아는 이것을 계기로 해체될 수 있다.

여기서 독자는 순수과거를 둘러싼 논의로 또다시 되돌아오게 될 것이다. 미래=세번째 시간적 종합에서 논했듯이 전제와 귀결의 혼효는 귀결의 외부, 즉 귀결의 부정과 전제를 같은 수준에서 다룬다. 프레임 전체를 간파하지 않는 이상 그것은 불가피하다. 이를 살펴보면 싸움의 전제가 설령 동료의식이라도 본래 전제인 동료의식과 귀결인 배타적 행위(싸

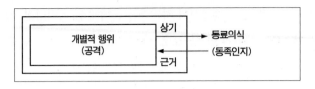

그림 30 전제(밖의 틀)와 귀결(안의 틀)이 끊임없이 혼효하는 프레임 모델. 양자의 혼효는 상기와 근거가 닫힌 보완관계이든지, 무한의 보완관계로서 닫혔든지, 닫히지 않는 것에 의해 보완관계 자체를 해체하든지, 이 가운데 어떤 것을 야기하게 된다.

움)를 같은 수준에서 다룰 이유는 없다. 그렇다면 양자에 의해 모순이 귀결될 우려는 어디에도 없다. 그러나 여기에 순수과거를 둘러싼 논의가 접속한다. 순수과거 전체를 전망하는 초월자를 바랄 수 없는 이상 어떤 폐역[閉域](귀결)의 외부는 전제이면서 또한 귀결의 부정(否定) 형식으로도 대우받는 것이다. 즉, 프레임 문제의 해결이라는 형태로 의사 결정을 이해하는 것은 불가능하다. 앞의 예에서 싸움을 한다고 결정하기 위해서는 우선 상대가 싸움을 하는 인간이라는 전제를 알고 있을 필요가 있었다. 전제란 싸움을 할지 안 할지 의사 결정을 근거 짓는 순수과거이다. 순수과거가 이른바 지나가 버려서 잊혀질 수 있는 것이라면 싸움의 의사 결정과 혼효하는 일은 없다. 그러나 그것은 상기를 허용하는 한 싸움의 의사 결정 그 자체에 잠재하고 혼효한다. 즉 프레임 문제의 해결이란 순수과거의 존재를 전혀 인정치 않고 일단 지운 전제를 완전히 망각하는 것을 의미한다.

혼효하는 무한의 프레임을 수동적 종합으로서의 현재와 순수과거의 관계에 관한 모델로 이해할 때, 우리는 중간휴지의 존재양식에 있어서 〈그림 30〉에서 야기되는 〈그림 23〉의 타입을 분류할 수 있다. 첫번째로 어떤 개별적 행위와 그 직접적 전제가 닫힌 보완관계를 이룬다고 생각될 때(즉, 중간휴지가 무한의 프레임을 유추시킬 수 없을 때) 어떤 행위의 완료는 바로 앞의 지나간 현재로서의 과거라는 문맥에 위치 지어질 것이다. 그것은 지속하는 행위가 현재완료로서 반성되는 데 머무는 것을 함의한다. 두번째로 중간휴지의 부여하는 행위와 나의 재단(裁斷)이 "무한의 프레임 어딘가에 그어진 재단이다"라고 이해되는 경우를 생각해 보자. 이 경우 과거의 상기는 무한의 프레임을 역행하고 순수과거의 상기를 귀결한다. 유한하고 정적인 보완관계는 파탄하기 시작하지만, 유한 개의 프레임에서 유추 가능한 극한으로서의 무한 프레임이라는 초월적 시각에 계속 머문다. 여기서 〈그림 23〉에 나타낸 보완관계는 어떤 행위와 순수과거 사이에서 실현된다. 이리하여 순수과거 내에서 완료, 데자뷔가 출현한다. 세번째로 중간휴지가 유한 개의 프레임으로부터는 유추 불가능한 무한 프레임, 즉 초월론적 지평을 상기시키는 경우를 생각해 보자. 이때 근거와 상기의 보완관계를 성립시키는 구조틀 자체가 파탄한다. 중간휴지가 부여하는 ①행위와 나의 분절 및 ②완료와 시간적 문맥(과거)의 분절은 프레임 모델에 있어서 다음 두 위상으로 생각할 수 있다. 전자는 그 행위 자체의 부정을 거두어들일 수 있는 결여를 계기로 할 수 있는 '어떤 행위'로 이해된다. 후자는 어떤 행위의 근거가 근거의 부정으로서 현재(顯在) 가능한 양상으로서 이해된다. 양자는 함께 어떤 행위 및 해당 행위와 분리할 수 없는 외부를 분절해 버리는 것을 의미한다. 그러나 전자는 안을, 후자는 밖을 현재화시키고 또 논리적 층위가 다른 양자의 혼동이 보완관계의 해체를 야기한다. 앞에서 기술했던 공격의 경우 전자는 공격의 부정이 행동으로서 구현화할 가능성을 함의하고, 후자는 공격의 부정이 친밀함이라는 것을 함의한다. 역시 양자의 어긋남이 야기하는 공격=행위의 해체는 친밀함의 실현 행동의 기원을 야기할 수 있다.

세번째 타입의 예로서 웃음의 기원에 관해 기술해 보자. 이것은 나의 연구실 석사 학생이었던 혼조 미즈호(本城瑞穂)와 검토한 논의이다. 생물학에 있어서 인간의 웃음은 계통적으로 가까운 영장류의 행동(display)과 비교되어 연구되고 있다. 대부분의 포유류에서 이를 드러내는 표현행동이 공격임에 비해 침팬지에서는 '침묵의 이 드러내기' 행동이 알려져 있다.[16] 이것은 사회적으로 열등한 지위의 개체가 우월한 지위의 개체에 대해 나타내는 복종의 표현이고, 우위의 개체가 열등한 지위에 있는 개체에게 접근할 때 겁내는 열등한 지위의 개체를 진정시키는 표현이기도 하다. 어느 쪽이든 그것은 상대에게 공격의 의사가 없다는 것(공격의 부정)을 전하는 기호(sign)이다. 이것이 사람의 미소의 기원이라고 생각되고 있다. 또, 침팬지는 혼자 있어서 편안한(relax) 상태에서는 이를 드러내고 소리를 낸다. 이것이 사람의 홍소(哄笑)의 기원이라고 생각되고 있다. 침팬지에게는 그 기능이 다른 두 개의 행동을 어떻게 사람은 혼재시켜 동일 차원의 웃음으로 진화시킬 수 있었던 것일까. 이것이 생물학적으로 규정된 웃음의 기원 문제이다.[17]

'공격의 부정 표현의 진화'라는 언명 자체가 앞의 프레임 모델을 상정하지 않으면 이해할 수 없다. 첫번째로 부정 수용 일반에서 기원하는 문제가 있다. 생물의 양식적 행동은 유전적으로 결정되어 있다고 생각한다.[18] 생물은 프로그램이 기입된 기계이다.[19] 만약 그렇게 가정한다면 프로그램 외의 표현을 기계가 받아들이도록 프로그램을 바꿔 써야만 한다.

---

16) Jan A. R. van Hooff, *Non-Verbal Communication*, ed. R. A. Hinde, Cambridge Univ. Press, 1972에서는 영장류에게서 보이는 얼굴의 표정으로서 '플레이페이스'[playface]와 '침묵하고 이를 드러내는 행동'을 분류하고 침팬지에게 있어서 후자를 다시 친화적인 것, 복종적인 것, 유화 기능을 가진 것으로 분류하고 있다.

17) R. A. Hinde, *Ethology: Its Nature and Relations with Other Sciences*, Oxford Univ. Press, 1982 ; 木村武二 訳, 『エソロジー―動物行動学の本質と関連領域』, 紀伊国屋書店, 1989.

그를 위해서는 표현행동이라는 전제는 보존한 채 다른 표현행동을 채용할 수 있도록 돌연 변경을 가해야만 한다. 즉, 공격하는 프로그램에 이미 어떤 논리적 계층성을 가지고 들어가야만 한다. 그리고 그 계층성은 그 자체로 무한의 프레임이 되어 버린다. 두번째로 분노의 부정이라면 왜 웃음인가라는 문제가 야기된다. 공격이 아닌 것으로는 울고 겁내는 등의 표현행동으로서 몇 개나 되는 다른 가능성을 허용할 수 있다. 이것에 대해 왜 웃음이라는 특수한 표현행동이 진화한 것인가라는 문제가 남는다.

계층적 프레임(전제)의 혼효모델은 두 문제에 대한 해답을 이미 포함하고 있다. 통상 타 개체에 대해 분노의 표정을 나타내는 행동은 자극(타 개체)-응답(분노) 반응으로서 이해되지만 이 기계적 도식(프레임 A라 부르자)은 전술했듯이 그 외측에 동종 인지라는 전제(프레임 B)를 숨겨서 갖고 있는 것이다. 분노는 분노의 디스플레이를 이해하는 대상으로만 향해지기 때문이다. 따라서 이러한 숨겨진 전제로서 모든 표현행동은 이미 그 외부(=동종 인지)를 동반해서밖에 성립할 수 없다. 그러므로 표현행동의 외부를 받아들이는 것은 이미 외부가 존재하고 있기 때문에 불가능하지 않다. 두번째로 만약 동종 인지라는 프레임이 외부에 존재한다면 분노의 부정이 웃음이 되는 것은 필연적이다. 자극에 대한 응답으로서의 표현행동은 자극 대상에 대한 지시라 생각된다. 이 지시가 자극-응답 반응의 프레임 A에 머무는 한 그것은 분노(공격)라는 표현이 된다. 그러나 만약 분노가 아닌 것으로서 프레임 A를 일탈한다면 이 지시는 곧 프

18) 예컨대 J. maynard-Smith, *Evolution and the Theory of Games*, Cambridge Univ. Press, 1982.

19) R. Dawkins, *The Selfish Gene*, Oxford Univ. Press, 1976.

레임 B의 직접적 지시가 된다. 그것은 동종 인지의 직접적 지시이고 자신과 상대가 같은 유라는 것의 표현으로, 그러므로 친밀함의 표현행동이 될 수밖에 없다. 이렇게 생각하면 침팬지에 있어서 원생 미소와 원생 홍소의 차이가 왜 사람에게 있어 혼동되고 있는지도 수수께끼는 아니다. 원래 분노의 부정이 자신과 상대가 동류라는 것의 지시를 의미하는 이상 자타(自他)의 혼동은 숙명 지어져 있다. 그러므로 한 사람의 상태와 자타의 구별 위에서 성립하는 기호의 전달은 그 기원에 있어서 이미 구별 지어져 있지 않다고 생각된다.

이러한 프레임 혼효 모델을 일반화하면 예컨대 산호초 생태계에서 확인되는 모빙(mobbing)도 설명할 수 있다.[20] 이 모빙은 독립된 산호초에 생식하는 포식자-피포식자 관계에 있는 물고기들이 외래의 강대한 포식자에 대해 공동으로 맞서는 현상이다. 먹고 먹히는 관계에 있는 프레임 A가 같은 산호초에 사는 서식자라는 전제(프레임 B)를 가지고 있다고 생각하자. 모빙은 프레임 B를 현재화시키는 외래종에 의해 프레임 B의 직접적 지시가 행동으로서 표현되는 것이라 설명할 수 있다. 모빙의 예는 중간휴지에 관해 시사적이다. 먹고 먹히는 관계를 행위하는 생태계 구성자에게 중간휴지는 외래의 강대한 천적이다. 이 천적이야말로 산호초 서식자의 개별적·초월론적 행동이 혼효한다는 어긋남을 현재화시켜 근거를 파탄시킴으로써 미래로의 회귀를 야기하는 것이다.

---

20) 모빙이란 통상 피포식자가 포식자를 시끄럽게 따라다니는 공격의 한 형태로, 새나 포유류 등의 경우 쇳소리를 내는 등의 행동을 동반하고 특히 포식자가 있다는 것에 대한 경고로서 기능한다. D. McFarland, *Oxford Companion to Animal Behavior*, Oxford Univ. Press, 1981 ; 木村武二 訳, 『オックスフォード動物行動学事典』, どうぶつ社, 1993. 산호초의 모빙에 관한 논의는 무로란(室蘭) 공업대학 벤처 비즈니스 연구실의 노무라 슈사쿠(野村收作) 씨와의 편지 교환에 의한 것이다.

미래에 정위할 때 우리가 지향할 수 있는 것은 설명이 아니다. 그 대신 우리는 중간휴지에 의해 기원을 체험할 수 있는 실험 환경을 구성할 수 있다. 중간휴지는 자명한 현상의 전제를 현재화시키는 어떤 경계 조건으로서 이해할 수 있다. 모빙의 예에서 그것은 산호초 서식자 전체를 위협하는 강대한 천적이었다. 그러나 이러한 경계 조건은 통상 우리가 이해하는 바의 경계 조건은 아니다. 통상 이해되는 경계 조건이란 무한히 상정된 전제(경계 조건)를 특정 유한의 수준에서 절단하고, 버려진 전제에 관해 전혀 고려하지 않는 그러한 방법으로 지정된 것이다. 이 경우 경계 조건의 지정은 귀결의 원인을 지정하는 것으로 이해되므로 그것은 인과관계의 지정이라는 의미에서 설명이라 불릴 수 있다. 이에 비해 중간휴지는 '경계 조건을 결코 지정할 수 없다'는 양상을 현재화시키는 조건인 것이다. 그것은 초월론적 양상을 현재화시킨다. 즉 "전제를 어디서 자른다 해도, 사상된 전제를 완전히 무시할 수 없다"는 것을 "어떤 전제에서만 절단하고 그 외부를 사상했다고 해도 그 결정에 끊임없이 주저와 후회가 유보되고 절단 이전을 계속 언급한다"는 것을 강조한 설정인 것이다. 무한의 전제에 대치하는 자에게 있어서 절단 이전과 절단 이후는 구별 가능하지만 결코 분리될 수 없다. 그러므로 귀결되는 실험의 원인을 지정한 것은 아니다. 결과적으로 설명이 성공적으로 성립했다고 해도 그것은 결과라는 유한 개의 사례에 대해 성립한 데 지나지 않는다. 그런 것이 아니라 중간휴지는 경계 조건이 지정할 수 없는 조건으로서, 경계 조건의 지정에 의해 귀결된다고 생각되기 십상인 개별 현상을 뒤집는다. 새로운 현상의 기원을 계기하는 그것이 바로 중간휴지인 것이다.

현재, 과거, 미래에 정위하면서 우리는 생성에 대해 다른 접근 방식을 획득한다. 지금까지의 논의에서 봐 왔듯이 문제가 되는 생성이란 초월론을 잠재시키는 개체의 존재론이고, 형식적으로 표현하는 한 일반(초월자)-특수라는 모순을 귀결하는 데도 불구하고 그것을 무효로 하는 양상이다. '현재'는 초월론적 개체의 운동에 대해 일반-특수 사이의 모순을 임기응변적으로 계속 해소하는 운동론으로 전회하고 계산 개념의 확장을 지향한다. 그것은 계산기가 계산기로 실행됨으로써 상기되는 무한의 전제(프레임 문제), 예컨대 전류를 계속 흘리고, 냉각하며, 물을 끼얹지 않는,……에 채워지는 것으로 실현되는 계산 실행을 부단한 변화로서 전개하는 방법론이다. 통상 계산기 사용자가 어떤 계를 계산기로서 사용함으로써 프레임 문제는 은폐된다. 계산기 사용자는 계산기의 프레임 문제를 해결할 수 있는 것이 아니라 그때마다 어떤 형태로 계속 조정하기 때문이다. 예컨대 지금까지 냉방에 개의치 않았던 어떤 계산기 사용자는 계산기의 상태가 나쁘다는 것을 전문가에게 상담하고 이후 냉방이 된 방에서 계산기를 사용할 것이다. 이러한 조정은 조정 담지자인 계산기 사용자가 특권화되어 초월적 신분을 가지고 기술에서 배제되는 한 눈에 띄는 일은 없다. 이것에 비해 프레임 문제 내에서 계산의 진행을 구상하는 것은 계산기를 계산기로서 사용하는 인간에게 특권적 지위를 주지 않고 인간, 사용자, 관측자도 세계, 현상의 일부로서 전개하는 것에 다름 아니다. 이때 우리는 '현상으로서의 계산'을 지향하게 된다. 현상으로서의 계산은 계산인이상 기억장치를 가진다. 계산 실행 환경으로서의 물질, 현상적 기억장치를 독해하는 접근(approach)이야말로, '과거'로의 정위에 다름 아니다. 그리고 현상으로서의 계산은 현상인 이상 미래를 계속 만든다. '미래'에 정위함이란 현상으로서의 계산에 관해 현상에 정위하고 현상으로서 '살고-죽는' 것이다.

II부
___

나의 의식이란 무엇인가

1장_현상론적 의식

1. 의식에 대한 뇌과학의 딜레마

뇌과학은 과연 의식을 해명할 수 있는가? 의식은 관측 가능한 상태 개념
은 아니라는 감각을 한편으로 가지면서, 다른 한편으로 뇌를 구성하는 신
경세포의 발화(發火) 상태를 조사한다. 뇌과학은 그러한 딜레마를 가지
고서 진행한다. 뇌는 신경섬유로 묶인 다수의 신경세포로 되어 있다. 각
신경세포는 다른 복수의 세포에게서 송출되는 전기신호를 받아들이고
통합하여 자신의 상태를 결정한다. 만약 신경세포가 흥분 상태가 되면
해당 세포는 흥분 상태를 다른 세포로 송신한다. 이렇게 미시에서 확인
(identify)되는 이미지는 극히 물리적·기계적이다. 그럼에도 불구하고 그
운동 전체에 의식이 현현한다. 전체로서는 확실히 확인되는 의식, 의사
결정, 선택이 미시에서는 증발해 버린다.[1] 여기서 의식을 과학적으로 이
해하는 문제의 난점이 확인된다.

　　과연 그러한가? 미시적인 이미지는 확실히 계산기의 구성 단위, 연

---

1) 下條信輔, 『'意識'とは何だろうか』, 講談社現代新書, 1999.

산소자에 극히 가깝다. 여기서 '뇌=거대한 계산기'라는 모델이 얻어진다. 이것에 대해 "거대한 계산기만 만들면 뇌는 재현 가능할 것인가" 하고 많은 연구자는 자문자답한다. 그리고 이 자문자답은 많은 연구자에게 원리적으로 크게 곤란하긴 하지만 극히 타당한 질문으로서 대우받는다. 그걸로 좋은 것일까. 내가 "과연 그러한가?" 하고 물은 것은 '뇌=계산기'라는 은유를 세우면서, 동시에 이것에 의문을 가지고 그러한 입장에 대해 이론을 제기한 것이다. 이 책 1부 4장에서 기술했듯이 계산기=결정론적 기계 장치라는 이미지는 극히 철저하지 못한 태도이다. 계산이 실행된다는 현상을 포함, 이른바 계산 과정을 현상화(現象化) 과정으로서 재파악할 때 결정론적 계산 과정도 마찬가지로 선택을 내포한다. 즉, '뇌=계산기'라는 은유에 의해 이해해야 할 대상인 의식이라는 문제-계가 증발해 버리는 것은 '뇌=기호조작기계=계산기'라는 은유에 머물기 때문이다.[2] 우리는 이에 대해 '뇌=물질과정으로서의 계산 과정=현상론적 계산'이라는 입장을 관철하려 한다. 여기서는 관측자 역시도 특권화되지 않고 물질화된다. 따라서 현상론적 계산은 계산기를 사용하는 관측자도 포함하는 계산기-인간계이다.[3] 이때 선택 과정은 계산 과정에 내재하고, 기호 조작 과정으로서의 계산기로는 헤아릴 수 없는 계산이 실행되어 버리는 것의 현상론적 의의가 인정된다. 그리고 여기에 비로소 의식의 문제, 의식에 있어 만들어진 주관적 시간의 의미가 나타나게 된다.

현상화된 계산의 의미는 '의식' 연구에 있어서야말로 그 진가를 발휘

---

2) Y.-P. Gunji, M. Aono & H. Higashi, "Local Semantics as a Lattice Based on the Partial-all Quantifier", *International Journal of Computing Anticipatory Systems* 8, 2001, pp.303~318.

3) 小泉義之, 『ドゥルーズの哲学―生命·自然·未來のために』, 講談社現代新書, 2000.

한다. 생각했던 대로 뇌과학에서는 감각질(qualia) 문제로부터 발단하는 현상의식(現象意識)이라는 문제가 제기되어 있다. 이 현상의식은 현상론적 계산이라는 이론적 구조를 제공하지 않는 한, 미정리·미분화적이라는 인상을 지울 수 없을 것이다. 그래서 우선 마이클 타이[4]의 현상의식에 관한 논의를 해체하면서 동시에 전회하고, 감각질과의 연관, 현상론적 계산과의 연관을 논의하기로 하자.

2. 감각질

우선 감각질에 관해 정리하자. 감각질이란 예컨대 사과의 붉은색의 붉음 다움이다.[5] 나에게 있어서 "맛있어 보이는 사과다. 무척 싱싱하고 윤기가 도는 붉은색이다"라고 생각되는 주관적인 붉음의 질감이다. 이것은 붉음이라는 내관(內觀; 내관이론이 정의하는 심적 상태)인 것일까? 나에게 있어서 눈앞의 사과가 붉음으로서 인지될 때 나는 나의 내부에 숨겨진 붉은색의 견본을 갖고 이것을 참조해서 붉음을 이해하는 것일까? 이러한 문제를 설정할 때 붉은색의 견본은 내관이라 불린다. 그러나 내관은 이미 철학 내에서 철저하게 부정된 것은 아니었는가.[6] 색 견본을 참조해서 사과의 색에 일치시킨다면 그 색 견본은 어떻게 해서 붉음일 수 있는가? 색 견본과 시각 이미지 사이의 이른바 기호로서의 일치는 정의되었다 해도,

---

4) M. Tye, *Ten Problems of Consciousness*, The MIT Press, 1995/1999.
5) D. Charlmers, *The Conscious Mind*, Oxford Univ. Press, 1996 및 茂木健一郎,『脳とクオリア』, 日経サイエンス社, 1997.
6) L. Wittgenstein, *Philosophical Inversticantions*, Blackwell, 1974 ; 藤本隆志 訳,『ウィトゲンシュタイン全集』, 第八巻, 哲学探究, 大修館, 1976.

그것이 붉음이라고 간주될 이유는 어디에도 없다. 붉음의 이유는 또한 색 견본을 붉음이라 부르기 위한 두번째 색 견본을 요구한다. 따라서 이러한 문제 설정 방식은 항상 무한 퇴행으로 귀착한다. 문제는 철학에 머물지 않는다. '외관' 일반을 문제로 할 때 예컨대 우리와 카메라의 시각을 비교하자. 카메라는 렌즈를 통해 필름에 피사체의 상으로 맺히게 한다. 필름은 '보고' 있는 것일까? 그렇지 않다. 여기에 필름을 '보는' 두번째 카메라가 필요케 되고 결국 카메라의 카메라는 무한 퇴행한다. 이렇게 '외관'을 일방적으로 인간 내부로만 귀속시키는 것으로 생기는 모순을 회피하도록, 예컨대 깁슨은 어포던스(affordance)를 제창했던 것이다. 보는 나와 보이는 세계의 총합적 전체로 '외관'을 귀착시키려고 말이다.[7]

어쨌든 인지의 근거를 숨겨진 내관에서 찾으려는 시도가 성공하는 경우는 없다. 그리고 감각질은 내관은 아니다. 오히려 [감각질은] 붉음의 지각현상에 있어서 눈앞의 붉은 사과와 지각하는 측의 내부에 상정된 내관=붉음을 매개하는 것이고, 인지에 있어서 불가피하게 생기는 어떤 개체로서 여겨지는 것이다. 첫번째로 감각질은 주관적이고 '나의' 것이지만 나의 내부에 존재함을 근거로 나의 소유물이 되는 것은 아니다. 감각질은 개체화된 '것'이고, 열린 세계에 국소적 장소를 점하는 어떤 것이라는 위상을 가진다는 점에 있어서만 소유성을 가지는 것이다. 따라서 감각질은 결과적으로 주관적으로 되는 것이지 원리적으로 주관적인 것은 아니

---

7) J. J. Gibson, *An Ecological Approach to Visual Perception*, LEA, 1979 ; 古崎敬 ほか訳, 『生態学的視覚論』, サイエンス社, 1986. '외관'은 보는 것에 있어서 능동적으로 성립함과 동시에 세계로부터 수동적으로 무엇에 있어서 보는지가 부여되는 것으로 성립한다. 이른바 수여되는 '외관'이 어포던스라 불린다. 어포던스에 관해서는 이외에 佐々木正人·三嶋博之, 『アフォーダンスの構想』(東京大学出版会, 2001)을 들어 둔다.

다. 예컨대 모기(茂木)는 "감각질은 공공(公共)적이다"라고 말하는데[8] 이 통찰은 옳다. 공공적 장에 놓인 개체이기 때문에 감각질은 '나의' 감각임을 스스로 주장한다. 두번째로 감각질은 붉음이라는 타입에 불가피하게 동반되는 붉음의 질감인 것이고, 그 자체로는 붉음으로서 성립할 수 없는 어떤 것이다. 예컨대 기르던 고양이를 껴안았을 때 느끼는 귀여운 고양이의 감각질을 생각해 보라. 당신은 물론 안은 것이 고양이이고 특히 자신의 귀여운 고양이라는 것을 알고 있다. 당신이 확인하는 "귀여운 집고양이"는 사전에 기재되어 있는 고양이의 정의만이 아니라 당신 자신이 기르고 있는 고양이로서의 이미지이다. 그리고 여기에 더해지는 당신의 인지 이미지를 개체화한 감각, "털이 북슬북슬하고 따뜻해서 따끈따끈한 기분"이야말로 감각질인 것이다.

그러므로 감각질은 특정한 내적 이미지에 병존하는 구체적 개체인 것이고, 항상 내적 이미지와 일정한 의미에서 상관적으로 존재한다. 이렇게 감각질을 정리할 때 개념에 대한 두 규정, 내포적 규정과 외연적 규정이 상기될 것이다. 개념에 대한 내포란 그 성격/속성이고, 외연은 개념이 적용된 개체(대상)였다. 내포는 개념 내부에 머무는 한편 외연은 개념이 적용된 장소로서 지시되기 때문에 개념 외부에 정위한다. 내포-외연과 닮은 상관적 규정에 타입(type)과 토큰(token)이 있다. 타입은 형(型), 성격이라는 추상적 규정이고, 토큰은 대상, 흔적, 사례라는 개체성을 함의한다. 원래 타입과 토큰은 토큰의 분류를 토큰 그 자체의 구별에 의해 규정하지 않고 타입과의 관계에 있어서 규정하는 보다 일반적 분류를 지향해서 바와이즈가 정의한 것이다.[9] 이러한 한에서 분류 개념의 두 규정,

---

8) 茂木健一郎, 「意識と搖らぎ」, 養老孟司 編, 『同一性をめぐって』, 有限會社養老研修所, 2001.

내포와 외연에 친화적이다. 그러나 이 책에서는 외연보다도 보다 동적인 성격, 즉 외연(구체적 개체)이 결실(結實)하고 대상화하는 과정을 함의하는 경우에 토큰이라는 단어를 사용하고, 이 개체화 과정의 대(對)개념인 보편적 특성으로서 타입이라는 단어를 사용하기로 했다.

눈앞의 사과가 인지되는 경우를 다시 채택해 보자. 눈앞의 사과가 사과로서 인지됨은 사과의 타입이 출현하고 사과의 토큰이 개체로서 나타나는 것이다. 앞에서 기술했듯이 타입은 사과의 붉음의 붉음 그 자체, 이른바 내관이라고 생각해도 좋다. 단, 여기서는 사과의 붉음을 인지하는 것을 내관에 의해 근거 짓지 않고 내관과 그것에 부수하는 감각질의 생성 과정으로서 이해하는 것이다. 그것은 인과론적 해명에서 양상[변화, 규범, 기원]의 독해로의 태도 변경을 의미한다.

토큰과 타입은 원리상 상관적으로 존재하는 것은 아니다. 어디까지나 결과적으로 어떠한 찰나에 있어서만 생성될 뿐이다. 그것은 타입으로서 지정되는 '상태'와 상태를 지정하기 위한 '경계 조건'에 가까운 개념 장치로 생각해도 좋을 것이다. 예컨대 모래의 무게를 재기 위해서는 재어야 할 모래의 양, 체적을 어떤 개체로서 지정해야 한다. 어떤 액체의 온도를 측정하려고 한다면 어디서부터 어디까지의 범위에 있는 액체를 해당 액체로 할지 개체를 지정해야 한다. 이렇게 어떤 타입을 지정하기 위해서는 특정 경계 조건을 지정하고 개체를 지정할 필요가 있다. 그러나 상태의 지정과 그것을 위한 경계 조건의 지정이라는 관계는 타입(내관)과 토

---

9) J. Barwise & J. Seligman, *Information Flow: The Logic of Distributed System*, Cambridge Tracts in Theoretical Computer Science 44, Cambridge Univ. Press, 1997. 3 장 각주 24도 참조하라.

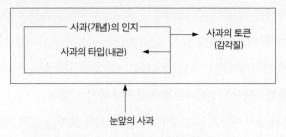

그림 1 사과가 개념으로서 인지되는 경우, 내포와 외연이 규정된다. 마찬가지로 눈앞의 사과가 사과로서 인지될 때, 타입과 토큰이 생성되고 인지된다.

큰(감각질)의 상관적 관계를 유추하는 첫 단계의 모델이기는 하지만 결코 그 자체는 아니다. 상태와 경계 조건 지정의 경우 상태의 지정을 근거 짓는 것이 경계 조건이라는 구도를 취한다. 그러나 내관과 감각질의 경우 내관을 지정하기 위해 감각질이 요청된다고 언명할 수 있는 한편, 감각질을 지정하기 위해 내관이 필요하다고도 언명할 수 있다. 어쨌든 세계로 열린 뇌내 과정으로서 내관이나 감각질이 생성되는 것이라면, 모래나 용액의 측정과 달리 측정자는 세계로부터 분리되어 있지 않은 것이다. 따라서 그저 현상화가 진행되는 경우는 있어도 무엇이 목적이고 무엇을 원인으로서 지정할 수 있는지 결정할 수는 없다. 그러므로 만약 타입과 토큰을 상태와 그 지정을 위한 경계 조건으로 생각한다면 그것은 인과율이 파탄된, 상태와 경계 조건의 쌍으로 생각해야 한다. 상태와 경계 조건이 결과적으로 혼효하도록 생성되기 때문에 경계 조건으로 말미암아 상태가 지정 가능하고, 상태가 지정되도록 경계 조건이 개체로서 존재한다. 타입과 토큰이란 그러한 관계에 놓여 있다.

토큰도 타입도 어떤 종류의 존재 규정이다. 특히 토큰과 외연의 친화성으로 생각을 돌려 집합론적 외연 규정을 생각해 보자. 집합의 외연이란 바로 집합의 원소인 개체였다. 따라서 어떤 원소가 지시될 때 거기에는 항상 다른 가능적 원소가 존립 가능한 바탕, 공간이 준비되어 있는 듯 상기된다. 문제는 집합론에 머물지 않는다. 당신이 개를 인지하는 경우를 생각해 보라. 당신이 그 토큰으로서 일찍이 자신이 길렀던 스피츠를 상기했다고 하자. 이 스피츠는 개 일반에 관한 대표원으로서 상정된 것이다. 그러나 동시에 토큰이 담지하는 개별성 때문에 상기된 스피츠는 다른 가능적 개체(셰퍼드나 불독뿐만 아니라 얼룩고양이까지도)를 상정할 수 있는 장소(배경[地])에 놓인 듯 상기되기도 한다. 대표가 종의 추상이라면 토큰은 개 일반이라는 바탕에 완전히 일치하고, 토큰으로서의 전경[図]과 분리된 '상징' 따위는 결코 존재하지 않는다. 이것에 비해 다른 가능적 개체를 혼효시킬 수 있는 바탕이 상정되는 경우, 어떤 토큰(전경)과 그것이 놓인 바탕(배경)은 분리되어 있다. 따라서 토큰은 개체로서 지시되는 것이며 동시에 개체가 존립하는 장소를 생성하고, 매 순간 생성하기 때문에 배경과 전경이 분리되는 경우와 분리되지 않는 경우가 있다고 생각된다. 두번째로 지시가 가능한 장소에 있어서 전경과 배경의 비분리성이 확인되는 것인가, [아니면] 지시를 하는 바탕(예컨대 개 일반이라는 개념)과 지시된 개체(토큰) 사이에서 배경과 전경을 분리할 수 없는 것인가 하는 구별이 있을 것이다. 이상의 모든 것, 즉 전경과 배경의 분리 가능, 불가능성과 전경, 배경이 상정된 두 종류의 장소의 분리 가능, 불가능성의 모든 조합을 생각할 때, 〈그림 2〉와 같이 네 가지를 상정할 수 있다. 각 그림에 있어서 좌측의 타원은 〈그림 1〉에 나타난 직사각형(개념)에 대응하고 있다. 단, 그림 속 타입에 관한 기술은 생략되어 있다.

예컨대 '개' 개념에 대해 〈그림 2〉의 A는 '개' 개념과 토큰이 동등한 듯이 이해되는 경우를 나타낸다. '개'에 관한 안쪽을 향한 화살표는 실질

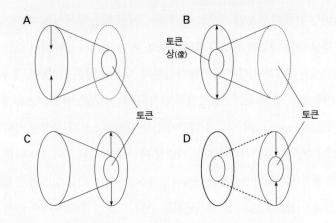

그림 2 개념(각 그림 왼쪽 타원)의 외부로 지시되는 토큰이 스스로 만들어 내는 바탕(개념 외부의 공간: 각 그림 오른쪽 타원)과 토큰 자체의 관계.

적으로 바탕이 있는 공간이 개체로까지 축퇴하고 있다는 것을 나타낸다. 이때 토큰 '스피츠'는 어떤 견종(犬種)이 아니라 개 그 자체의 질감, 대표원으로서 이해된다. 그러므로 '스피츠'가 놓인 장소는 다른 종과 혼효할 수 있는 공간으로서 표면적으로 나타나지 않고 점선으로 나타나 있다. 〈그림 2〉의 B는 토큰 '스피츠'가 개념을 인지할 때 하나의 방법(타입)으로서 이해되는 경우를 나타낸다. '스피츠'라는 토큰이 아니라 토큰 그 자체의 이미지인 토큰 상이 다양한 다른 방법을 가능적으로 혼효시키는 개체로 해석된다. 개체가 어떤 부분을 점하는 공간이라는 양상이 밖을 향한 화살표에 의해 나타나져 있다. 이상의 A, B에서는 어디까지나 인지된 개념 '개'라는 전체와 토큰의 관계가 논의되어 있다. 즉, 양자에게 있어 토큰은 '개' 개념 외부에 개념 적용의 범위를 규정하고 거기에 배열되는 것이 아니라 오히려 타입과 같은 성격을 갖는다고 여겨진다. 이에 비해 〈그림 2〉의 C, D에서는 개념 '개' 외부에 구축된 공간과 토큰의 관계가 논의되고 있다. C에서는 어떤 토큰에 대한 지시와 동시에 지시된 토큰 이외의 가능적 개체가 혼효하는 공간으로서 공간이 생성되는 경우를 나타내고 있다. 따라서 토큰 '스피츠' 이외에 '불독'이나 '셰퍼드'가 상정되는 공간으로서 공간은 만들어진다. D는 네 분류군에서 가장 특이한 양상이다. 상기된 토큰은 개념 외부라는 공간 전체에 대한 표지(label)로서 여겨진다. 개념 외부라는 바탕, 공간 전체가 개체로 축퇴하고 전경(토큰)과 배경의 구별을 무효로 만들어 버린다. 이때 토큰 '스피츠'는 마치 개가 아닌 구체적 개체를 상기하는 듯이 이해됨에 틀림없다. 어떤 이유 때문에서인가? 그리고 이런 일이 일어날 수 있는 것일까? 이것에 관해 기억을 예로 삼아 생각해 보자.

3. '본 적 없다'라는 기억

붉음을 인지할 때 타입(어떤 종류의 내성)과 토큰(감각질)이 상관적으로 생성된다. 특히 토큰이 개별화된 것이라는 이유에서 개별자와 그것이 놓인 바탕 사이에 전경과 배경에 있어서의 어떤 종류의 도착이 생길 수 있다. 〈그림 2〉의 D에서 제시한 양상을 우리는 기억에 있어서 확인할 수 있을 것이다. 내 연구실에서 몇 가지 기억실험을 행했을 때, 나는 본 적 없다는 강고한 기억에 주목하게 되었다. 피험자에게 20개 정도의 대상(target) 도형을 하나씩 차례차례로 보여 주고 이들을 기억하게 했다. 몇 분 뒤 30개 정도의 도형을 차례차례로 보여 주고 각각 봤는지 안 봤는지를 대답케 했다. 이러한 실험을 행하면 모든 질문에 정답을 댈 수 없는 피험자도 순간적으로 '본 적 없다'고 대답하는 경우가 종종 있다. 그리고 그의 확인과는 반대로 그 기억은 오인인 경우가 많다. 첫번째로, 기억한다는 과정을 기억한 패턴(토큰)을 창고에 보관하는 것이라고 생각하자. 상기는 창고에서 끄집어내는 조작이 된다. 이렇게 생각한다면 '본 적 없다'고 결론 내리기 위해서는 20개의 패턴을 전부 창고에서 끄집어내 조합해야만 한다. 그리고 모든 패턴과 다르다는 결론을 얻었을 때만 '본 적 없다'를 결정하게 된다. 여기에서는 대응하는 데 시간이 걸리고 '본 적 없다'는 순간적 판단은 설명할 수 없다. 두번째로, 기억이나 상기를 기억 조작적인 계산 과정이라 생각하자. 기억은 시각 이미지로부터 어떤 추상화된 '보았던 패턴'(타입)으로 변형하는 계산 조작의 획득 과정이라 생각할 수 있다. 상기는 획득한 계산 조작을 이용해 '보았던 패턴'이 계산되는 과정이 된다.[10] 이때 실험에서 대상과 다른 도형이 제시되었다면 시각 이미지를 계산해봐도 '보았던 패턴'에 도달하지 않는 것으로서 '본 적 없다'가 판단된다. 첫번째 경우와 달리 해당 시각 이미지와 기억된 모든 패턴을 조합하지 않고도 '본 적 없다'는 판정이 가능케 된다. 그러므로 그만큼의 시간이 걸리지 않고 '본 적 없다'는 순간적 판단이 가능케 될 듯하다. 그러나 사정은 첫번째 경우와 본질적으로 다르지 않다. 망막에서 입력된 패턴을 변형해서 어떤 패턴으로 도달했을 때 계산이 종료되고 그 결과로 '봤다'고 판정된다면, '본 적 없다'는 판정은 언제 어떠한 상태에 의해 결정되는 것일까? 그것은 결정된 상태로 도달하지 않는 과정이므로 계속 시간을 소비할 뿐인 과정이 된다. 그것은 기억한 각각의 패턴으로 도달하기까지의 시간의 총합 이상으로 긴 시간을 요함에 다름 아니다. 따라서 역시 '본 적 없다'는 순간적 판단은 설명할 수 없다.

---

10) 예컨대 C. M. Bishop, *Neural Networks for Pattern Recognition*, Oxford Univ. Press, 1995.

두번째 상정은 다음과 같은 경우도 포함한다. 붉은 삼각형, 붉은 원, 붉은 사각형이 제시되었다고 하자. 피험자는 주어진 도형을 붉음으로 범주화(categorize)할 수 있다. 이때 녹색 원이 주어졌다면 그는 붉지 않은 것으로서 '본 적 없다'고 즉시 판단할 수 있는 것이다. 이 경우 피험자는 붉다는 성격=타입에 의해 도형을 범주화하고 녹색 도형이라는 개체(토큰)에 있어서 붉지 않다는 타입을 발견=구성하게 된다. 즉, 토큰과 타입을 비교함 혹은 항상 도형에 대해 타입적 인지와 토큰적 지각이 상관적으로 생성됨이 여기서 요청된다.

결국 기억이나 상기를 토큰이나 패턴 어느 한쪽이라고 가정하고 그것에 의해 기억한 상태를 정의한다면 그것만으로는 '본 적 없는' 상태를 잘 결정할 수 없다. 잘 결정할 수 없다는 것은 적어도 '본 적 없다'는 것을 즉각적으로 결정할 수는 없다는 의미이다. '봤다'를 상태로 정의한다면 어떤 (논리적) 공간에 어떤 국소적 장소를 점하는 개념으로서 그것을 정의하는 것이다. 그러므로 그 부정은 국소적 장소의 외부 전역(全域)을 지시하게 된다. 이러한 한에서 '본 적 없다'는 결정은 이 외부 전역을 다 탐색하는 것이 되고 방대한 시간을 요하게 되는 것이다. 따라서 '봤다'와 마찬가지로 '본 적 없다'는 순간적 판단을 설명하려고 한다면 '봤다'=기억한 상태의 결정과 동등한 자격으로, '본 적 없다'를 상정할 필요가 있다. 그렇다면 '보았던 상태'와 항상 상관적으로 '본 적 없다'가 기억되는 것일까? 여기에는 두 가지 문제가 숨어 있다. 첫번째로는, '본 적 없다'는 한편으로 '봤다'의 부정 형식이면서 '봤다'의 외부 전역을 다 탐색하는 조작을 동반하지 않도록 상정해야만 한다. 여기서 바탕이 있는 공간과 어떤 구체적 개별자의 특수한 관계, 또는 보편적 개념의 개체화가 상정되어야만 한다. 두번째로는 '봤다'와 '본 적 없다'가 부정 조작을 매개자로 해서 상관적인 것인가 하는 문제이다. 바로 이들 문제에 대해서는 토큰과 타입의 일정하지 않은(indefinite) 관계, 즉 양자의 상관적이고 동적인 관계가 대답해 준다.

'본 적 없다'의 기억에서 귀결된 것, 그것은 부정의 결정에는 타입과 토큰의 상관적 생성이 필요하고 양자를 구별하면서 사용하는 과정이 요청된다는 것이다. 그러므로 대상 도형에 대해 '봤다'가 인지될 때 역시 타입에 의한 인지와 토큰에 의한 지각이 있다고 해보자. 예컨대 〈그림 3〉의 A, B, C와 같은 도형을 순차적으로 보여 줬다고 하자. 각각에 관해 타입, 토큰으로서의 인지, 지각이 성립할 것이다. 단, 항상 타입과 토큰의 인상이 같은 강도를 갖고 인지될 리는 없다. 예컨대 〈그림 3〉의 A가 어떤 도형으로서 인지될 때 '삼각형'이라는 타입이 인지되었다고 하자. 이것을 구체적으로 지시하는 토큰은 〈그림 3〉의 A에 나타난 직각삼각형이라고 하자. 이 경우 대상 A가 통상 상기되는 밑변 위에 정점이 위치하는 삼각형과 다르다는 이유로 타입보다도 직각삼각형이라는 토큰에 의한 지각이 강한 상황을 상상할 수 있을 것이다. 이것에 비해 〈그림 3〉의 B의 경우 대상이 정삼각형이기 때문에 타입에 의한 인지는 A보다 용이함에 틀림없다. 이때 토큰에 의한 지각은 있다고 해도 극히 약하다고 상정할 수 있을 것이다. 이상 두 가지에 비해 대상 C의 인지는 '사각형'이라는 타입에 의해 인지된다고 하자. 여기서 타입 '사각형'은 대상 C와 외관상 크게 다르다. 이것을 이유로 대상 C의 토큰이 〈그림 3〉의 C와 같이 사각형과 다른 삼각형으로서 개체화하는 것을 충분히 상정할 수 있다.

대상 C에 있어서 타입과 토큰은 모순된다. 이것이 〈그림 2〉의 D에서 논의한 상황을 만들어 낼 수 있다. 우선 〈그림 3〉의 A, B, C로 생성되는 타입, 토큰의 관계를 〈그림 2〉의 분류에 순차 대응시켜 보자. 우리는 첫번째

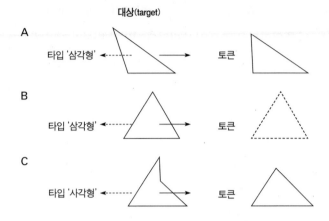

그림 3 가상적 기억실험에서 제시된 대상 도형과 상기되었다고 하는 각각의 타입과 토큰. 여기서는 대상이 A, B, C의 순으로 피험자에게 제시되었다고 하자. 타입과 토큰은 대상에 관한 어떤 인지적 규정으로서 상기되었지만 토큰은 개체로서의 성격을 담지하기 때문에 C의 경우와 같이 타입과 토큰이 모순되는 경우도 상정할 수 있을 것이다.

대상 A를 표준적 삼각형의 이미지로부터 탈피한 것으로서 상정했다. 이것을 이유로, 타입으로서의 '삼각형'이 약하다면 토큰은 인지된 개념(=인지 패턴) 외부의 바탕(개념을 규정하는 장소와는 다른 장소라는 의미로)에 있어서 개별화된 대상이라 파악할 수 있을 것이다. 따라서 토큰은 〈그림 2〉의 C와 같이 개념 외부 공간의 일부를 접하는 개체로서 다뤄지고, 다른 가능한 토큰, 예컨대 이등변삼각형이나 정삼각형 등을 혼효할 수 있는 공간으로서 가능공간이 구성된다. 대상 B는 타입이 강력하고 토큰은 거의 무시할 수 있을 정도로 약하다고 상정되었다. 따라서 토큰은 인지 개념을 적용하는 장소에서의 지시를 환기하지 않고 〈그림 2〉의 A나 B와 같이 인지 개념과의 직접적 관계에 있어서 이해될 것이다. 즉 〈그림 2〉의 A와 같이 인지 개념 〈삼각형〉이나 타입 '삼각형' 그 자체와 직접 동등한 이미지로서, 또는 〈그림 2〉의 B와 같이 어떤 인지방법(타입)으로서의 토큰으로서 말이다. 따라서 〈그림 3〉에 나타난 대상 A, B와 같은 인지에 서는 '본' 것이 인지되고 그 인지 스타일에 다양한 변이가 제공될 뿐으로 '본 적 없는' 것이 인지되는 일은 없다고 생각된다.

　타입이 약하고 토큰의 강도가 강할 때(그림 3의 A), 그 경향에 영향받 아서 토큰은 외부를 환기하고 또한 외부를 바탕으로 해서 확장한다. 이때 개념 외부는 때로 개념이 배제하는 공간을 함의시킨다. 여기서는 그러한 힘을 담지한 토큰의 모델이 상정되고 있다. 지바(千葉)대학의 시오타니 겐(塩谷賢)은 나의 이 모델에 관해 다음과 같은 의견을 기술했다. 원래 타 입이란 개념을 내용으로 해서 덩어리 형태로 규정하는 것으로, 거기에 함 의되어 있는 것은 '배제의 가능성'이다. 예컨대 개념 '개'의 타입이 제시 될 때 그 타입을 채우지 않는 '개가 아닌 것'(개에 의해 배제되는 것)이 가 능적으로 상정된다. 이것에 비해 개별화된 것으로서의 토큰은 '유사 가능 성'을 함의한다. 그러므로 토큰은 그 자체로서 항상 다른 유사 개별자를 혼효시키는 가능성으로서 토큰이 지정되는 장소를 만들어 낸다. 이러한 타입/토큰의 구별은 일반적으로 인정할 수 있을 것이다. 여기서 타입적 인지가 강한 경우 타입이 담지하는 배제의 가능성을 토큰 그 자체가 담지 하게 되는 것은 아닐까. 그러면 토큰은 본래 담지하는 유사 가능성에 의 해 스스로가 지시되는 장소를 만들 수 없고 배제의 가능성으로서 스스로 의 장소를 구축해 버린다. 그러므로 타입적 인지가 강할 때 타입과 혼효 하는 토큰은 타입이 배제하는 가능적 존재의 표지(label)로서 사용되어 버린다.

　대상 C(그림 3)와 같이 타입과 토큰이 모순되는 경우 두 경우가 상정 될 것이다. 양자가 모순되기 때문에, 어딘가에 정위하여 어느 것을 강조 하는 선택이 일어날 수 있기 때문이다. 〈그림 4〉의 A에 우선 토큰이 선택

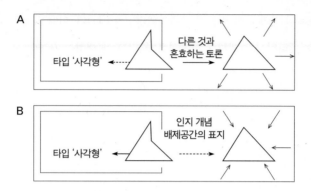

그림 4 대상에 대해 타입 '사각형'과 '삼각형'과 같은 토큰이 상기되고 양자가 모순되는 경우, 타입과 토큰 중 어느 한쪽으로의 선택이 일어날 것이다. 타입이 선택될 때, 토큰은 소위 외연으로서 개체화된다(A). 다른 한편 토큰이 선택될 때, 인지 개념 외부(개념을 배제할 가능성)가 축퇴한 개체화된 것으로서 토큰이 상기되는 착오가 생길 것이다. 이때 토큰은 '본 적 없는 것'이라는 기억으로서 이해될 것이다(B).

되는 경우를 제시한다. 우리의 모델에서는 토큰이 담지하는 인지 개념＝바깥을 향한 화살표가 외부공간을 확장하도록 형성하고 토큰은 다른 가능적 토큰과 혼효하도록 지시된다. 즉 '이' 토큰은 다른 가능적 토큰, 육각형이나 원 등이 아닌 토큰으로서 인지되고 있다. 따라서 이 경우 대상 C는 어떤 삼각형과 닮은 형태＝토큰으로서 인지된다. 이른바 토큰이 본래적으로 담지하는 유사 가능성에 의해 토큰이 지시되는 장소가 구축되는 것이다. 이에 비해 타입 '사각형'이 굳이 선택되는 경우를 〈그림 4〉의 B로 나타내 보자. 이때 타입의 강도가 탁월하기 때문에 인지 개념 외부의 공간이 축퇴하도록 상정된다. 게다가 개념 외부의 공간은 단순히 개념을 적용하기 위한 장소로서 상정되지 않고 개념이 배제된 공간으로서 상정된다. 바로 타입이 담지했던 배제의 가능성이 토큰에게 전사되어 토큰은 개념이 배제하는 가능(공간)을 축퇴한 형태로 사용된다. 배제된 가능공간이 축퇴한 결과 어떤 토큰이 개체화했다고 이해된다. 이때 타입이 탁월한 나머지, "타입이 배제하는 가능성은 '봤다'가 배제하는 가능성"으로서 이해되고 토큰은 '본 적 없는 것'의 개체적 인상으로 취급될 것이다. 즉, 피험자는 〈그림 4〉에서 나타낸 토큰에 부합하는 대상을 보여 주었을 때 '본 적 없다'라고 즉각적으로 판단함에 틀림없다.

우리는 지각에 있어서 타입적 인지와 토큰적 지각의 상관적 모델을 구성할 수 있다. 그러나 중요한 점은 설령 상관적 모델이 유효해도 본래 타입과 토큰의 구별은 불분명하다는 점이다. 타입은 토큰적 양상을 담지하고 또한 토큰은 타입적 양상을 담지한다. 따라서 양자는 전도하는 경우도 있을 수 있고 보다 복잡한 현상까지 만들어 낸다. 타입이라는 개념도 다시 타입-토큰으로 분절되고, 토큰 개념도 또 타입-토큰으로 분절된다. 그리고 토큰 개념의 타입(유사의 가능성)과 타입 개념의 타입(배제의 가능성)이 뒤틀려 전도함으로써 지각 개념의 배제 가능성을 담지하는 토큰이 나타난다. '본 적 없다'는 지각은 이리하여 생긴다. 그렇기 때문에 본래 의식을 매개한 톱-다운적 인지와 신경세포로부터 수동적으로 생성되는 보텀-업적 지각의 구별도 각각 타입과 토큰의 동작 원리로서 대응시키는 것은 가능하지만 동시에 혼동도 불가피하게 된다.

4. 시간 인지에 있어서 타입과 토큰

인지에 관한 타입(내관)과 토큰(감각질)의 결과적 혼효라는 모델은 다양한 인지현상을 설명할 수 있을 것이다. 나는 주관적 시간면을 토큰으로 파악함으로써 감각질, 즉 주관적 질감이라는 파악하기 힘든 문제-계를 실험적으로 표면화하는 것이 가능하다고 생각하고 있다. 우리는 통상 시

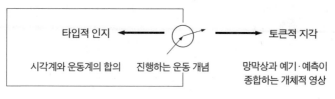

그림 5 공의 운동 인지에 관한 타입과 토큰.

간 그 자체를 지각하는 것은 아니다. 어떤 사건이나 운동을 인지하는 것으로 거기서부터 언급된 시간을 지각하는 것이다. 그러므로 주관적 시간의 연구는 운동 인지/지각을 탐구하는 것으로 가능케 된다.

운동 인지에 관해서 〈그림 5〉와 같은 모델을 생각해 보자. 여기서는 운동의 인지에 관해서도 타입적 인지와 토큰적 지각의 결과적인 혼효를 상정한다. 운동 인지에서는 신체의 시각계와 운동계가 연합한 것이 이것에 대응할 것이다. 여기서는 시각계와 운동계의 운동 인지가 모순 없이 합의하기 때문에 타입적 인지가 탁월해진다고 생각한다. 역으로 시각계와 운동계가 어긋남을 초래할 때 타입적 인지가 약해지고 상대적으로 토큰적 지각이 탁월해진다고 생각하자. 토큰적 지각이란 시각적 운동상의 주관적 구축이다. 그것은 망막상을 통해 구축되는 어떤 주관적 순간(찰나)상이다. 그러므로 그 순간을 객관적으로 측정하려고 한다면 극히 긴 경우도, 극단적으로 짧은 경우도 생각할 수 있다. 순간은 주관적으로 그때마다 구성된다. 여기서는 이것을 토큰이라 부르는 것이다.

예컨대 피험자가 프로야구 선수의 공을 칠 경우를 생각해 보자(그림 6). 공의 운동 인지에 관해 뛰어난 프로야구 타자(피험자)는 바로 운동계와 시각계의 합의로서 공을 인지할 것이다. 이때 공은 타입적으로 인지된다. 앞 절에서 고찰했듯이 타입적 인지가 탁월한 경우 타입이 담지하

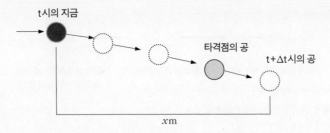

그림 6 운동계·시각계의 연합에 뛰어나고, 타입적 운동 인지가 탁월한 프로야구 타자는 운동하는 지금(흑색 원으로 표시된 공)이 배제된 가능성＝미래에 대한 표지로서 회색의 공 화상＝토큰을 사용해 버린다. 지시된 토큰(회색의 공) 이외는 배제되고 t 시간에서 t+Δt 시까지의 사이, 그는 멈춰 있는 공을 인지한다.

는 '배제의 가능성'이 토큰으로 전사된다. 따라서 토큰은 다른 토큰을 혼효시키는 장소에서 지시되지 않고 유일한 토큰이 지각된다. 운동 인지의 경우 지금 바로 인지되고 있는 운동 개념은 '현재 진행하고 있는 운동'이다. 이 개념이 배제하는 가능성이란 즉 '미래'에 다름 아니다. 따라서 지금 바로 지각되고 있는 토큰은 어떤 미래의 시간 간극을 표상하는 표지로서 지각될 것이다. 물론 현재 진행하고 있는 운동의 토큰은 지금 비치고 있는 망막상 그 자체는 아니다. 지금 비치고 있는 망막상과 피험자의 예기, 예측, 기억을 종합해서 구성되는 어떤 개체적 양상이다. 이상에서 타입적 운동 인지가 탁월한 프로야구 타자에게 있어서 〈그림 6〉과 같은 상황이 출현할 것이다. 즉 그는 t 시에 야구 글러브의 손 앞 xm에 있는 공을 앞에 두면서 진행하는 해당 운동이 배제하는 가능성＝미래(t 시에서 t+Δt 시 사이)의 표지로서 어떤 토큰, '치는 순간에 있는 공'을 정지면과 같이 계속 보게 된다. 그는 이렇게 말할 것이다. "공이 멈춰 보인다".

　이에 비해 프로야구 선수가 아닌 우리에게 프로야구 선수의 빠른 공은 망막상으로서는 성립해도 운동계가 따라갈 수 없을 것이다. 물론 이 운동계는 안구 운동도 포함한다. 즉 보통 사람은 공을 눈으로 쫓는 것도, 더구나 치는 것도 뜻대로 되지 않고, 시각계와 운동계는 크게 어긋나게 된다. 우리가 상정한 모델에서는 이 경우 타입적 인지가 약해지고 토큰적 지각이 탁월해진다. 따라서 진행하는 지금으로서 지각되는 토큰은 '유사 가능성' 내에서 지시되어 다른 가능적 토큰과 함께 존재하게 된다. 이 복수의 혼효하는 토큰들이 합성되어 주관적 운동의 순간, 주관적 시간면이 만들어진다고 생각해 보자. 복수의 혼효하는 공의 양상은 단순히 바로 앞의 잔상만이 아니라 피험자의 과잉되고 준비되지 않은 예기, 예측, 기억을 총합하여 복수의 가능적 공으로서 구성될 것이다. 말하자면 피험자에게 한순간 동안에 이 복수의 공들(토큰)이 공존하고 이 공존에 의해 운동하는 순간이 구성된다. 피험자는 계기하는 한순간마다 다른 '흔들리는 공'을 계속 보게 될 것이다.

이상의 운동 인지에 관한 겨냥도, 특히 미래에 대한 표지로서의 토큰이라는 이미지는 이 책 1부 3장 4절에서 기술한 미래=제3의 시간적 종합과 극히 잘 맞아떨어진다. 항상 결과적으로 혼효하는 토큰과 타입은 세번째 시간적 종합에서 논해진 '나'와 '내가 저질러 버린 사건'에 각각 대응할 것이다. 나와 나의 행위는 미분화적 애벌레 자아에 있어서 완전히 일치한다. 여기에 다시 한번 어떤 현상화, 즉 나의 현상화가 계기(契機)하면 나와 나의 행위는 상관적으로 상호 보완하도록 분화한다. 바로 타입의 지정과 그 경계 조건(개체, 토큰)이 결과적으로 혼효하도록 말이다. 나는 단 한 사람의 인간으로서만 '나다움'을 주장하는 듯하다. 내가 누구인지 정의하지 않은 채 나 이외의 것을 배제할 가능성을 정립시켜 나는 현상화한다. 나는 배제의 가능성으로서 가능성을 함의하기 때문에 원생적 타입으로도 생각할 수 있다. 다른 한편 나는 개체로서 인식된다. 끊임없이 나와 마찬가지인, 그러나 나와 다른 타자를 인식하고 타자와 접촉하는 가운데 나는 존재한다. 타자(나와 혼효하는 나와는 다른 토큰)와의 혼효 없이 나는 존재할 수 없다. 이러한 한에서 '나'는 유사 가능성 내에서 지시된 토큰이라 생각된다. 그렇다. 오히려 '나'는 타입이자 토큰이다. 원래 개념에 관해 그 토큰적 규정과 타입적 규정을 명확하게 구별하는 것은 곤란하다(그렇기 때문에 역으로 토큰이 타입이 담지해야 할 성격을 전사轉寫하는 비틀림이 생기할 수 있다). 또한 여기서 '나'를 토큰으로 대응시킨 것은 상대적 이유 때문이다. '나'에 대해 '나의 행위'는 사건인 한에서 배제의 가능성만을 함의하는 타입이라고 생각되기 때문이다. 사건이란 항상 시작과 끝을 가지고 그 외부를 배제하는 것으로 규정된다. 사건은 다른 사건과 불가피하게 혼효하지 않는다. 단지 한 번인 한에서의 사건은 존재한다. 또 다른 사건과 비교하고 유사성을 발견하는 것은 사건 그 자체에 있어서가 아니라 어디까지나 '나'에 의해서이다. 그러므로 사건은 시작과 끝의 외측을 배제하고 경계 지어 버리면 사건이게 되는 것이고, 이런 한에서 타입이라 생각하는 것이 타당하다.

토큰으로서의 '나', 타입으로서의 '나의 행위(사건)'라는 비교를 한 후에 토큰이 담지하는 보편=개체라는 성격을 재차 상기해 보자. 개념-개의 토큰이 스피츠일 때 스피츠는 개에 대한 보편 개념이면서 개체였다. 그렇기 때문에 토큰으로서의 스피츠는 개념-개와 동등하면서 개체화된 순간 다른 가능적 토큰, 불독이나 셰퍼드를 혼효시키는 유사 가능성 내에서 지시되고 개 일반의 부분이라는 위상 규정을 가지게 된다. 이것과 같은 이유에서 토큰으로서의 '나'는 타입으로서의 '나의 행위'와 동등한, 완전히 일치한 것이면서도 그렇기 때문에 개체화된 찰나, 나의 행위의 부분을 점하는 개체인 듯 이해된다. 여기서 "나의 행위는 나에게는 너무 크다"라는 미래로의 계기(契機), 시간의 경첩에서 벗어난 계기가 주어진다. 세번째 시간적 종합=미래가 이것을 계기로 나와 나의 행위의 분절도 해체하고 영원회귀로서의 미래를 지향하듯이, 토큰은 토큰-타입의 분절을 해체해서 미래라는 시간을 지향한다. 원래 임기응변적·자의적으로 현상화된 타입과 토큰의 구별의 비틀림이 구별 그 자체를 무효로 하고 타입과 토큰을 혼동하는 토큰의 사용이 허용된다. 이리하여 타입이 본래적으로 가지는 배제의 가능성을 토큰이 담지하고, 진행하는 현재를 배제한 징후[徵]로서 미래가 출현한다. 배제의 가능성을 담지하는 토큰이기 때문에 그것은 셈할 수 있는 절대적 순서이자, 정적이며 단적이다. "공이 멈춰 보인다"는 이런 의미에서 단순한 수사(rhetoric)가 아닐 뿐만 아니라 세번째 시간적 종합에 대한 뛰어난 은유이다.

주관적 시간면에 관해 간단한 실험을 소개하고 이 절을 끝내자. 운동에 관한 타입적 인지와 토큰적 지각 어느 쪽이 탁월한지에 따라 운동의 '외관'이 달라질 것이다. 나는 이것을 시사하는 실험을 행해 보았다. 관찰된 운동은 계산기의 디스플레이 상에 표시된 붉고 푸른 원의 운동이다(단 운동 이미지는 이산離散적인 스냅숏snap shot을 0.01초마다 촬영해서 만들었다). 여기서 푸른 원은 정삼각형을 그리며 등속으로 운동하고 있다. 이 푸른 원의 운동만을 디스플레이 상에 표시하고 보는 한, 확실히 푸른 원이 정삼각형의 궤도를 그리고 있다는 것을 확인할 수 있다. 실제로는 이 푸른 원의 운동에 붉은 원의 운동이 합성되어 피험자에게 제시된다. 특히 정삼각형 아래의 정점과 오른쪽 위의 정점 부근에서 붉은 원은 다른 운동을 한다. 이때 푸른 원의 운동이 각각의 정점 부근에서 어떻게 보이는가를 비교하는 것이 본 실험의 목적이다. 아래의 정점에서는 푸른 원이 정점에 접근하는 데 따라 붉은 원도 반대 방향에서 이 정점으로 접근하고, 양자의 충돌 직전에 붉은 원이 사라진다. 그러므로 푸른 원은 바로 붉은 원과 정면 충돌하고 튕겨져 오른쪽 위쪽으로 궤도가 구부러지는 듯 보인다. 이에 비해 오른쪽 위의 정점 부근에서 푸른 원이 정점에 도달하기까지 붉은 원은 푸른 원의 궤도를 그대로 좇아 이것을 추적한다. 그러나 그 뒤, 역시 푸른 원의 궤도상에서 붉은 원은 푸른 원을 앞지르거나 다시 앞질러지거나 하며 불규칙적인 운동을 하는 것이다(그림 7).

피험자는 아래쪽 정점에서 푸른 원과 붉은 원의 충돌 직전의 상을 마치 정지 화상처럼 선명하게 볼 수 있다. 이때 푸른 원과 붉은 원은 잔상 같은 것을 동반하지 않고, 극히 선명한 원으로서의 외관이 성립한다. 다른 한편 오른쪽 위 정점 부근에서는 푸른 원, 붉은 원이 함께 선명하지 않게 보여 많은 잔상을 동반하고 흔들리는 듯한 외관이 성립한다. 또, 오른쪽 위 정점 부근에서 실제로 푸른 원은 정삼각형의 정점까지 진행한 후 궤도가 구부러지고 있음에도 불구하고 정점 이전에 구부러지는 듯 보이는 것이다(그림 7). 그리고 이 운동상을 계속 보면 푸른 원의 운동은 정삼각형의 궤도에서 어긋난 위치에서도 보이는 것처럼 느껴진다. 여기서 원 운동의 타입적 인지란 무엇인가에 관해서 생각해 보자. 운동의 타입적 인지는 안구 운동을 포함하는 운동계와 시각계의 정합적 합의로 생각할 수 있으므로 그런 한에서 운동 주체가 눈으로 성공적으로 추적할 수 있는 것으로서 원 운동의 타입적 인지로 생각해도 좋을 듯하다. 여기서의 운동 주체란 푸른 원이다. 즉 붉은 원이 푸른 원의 운동에 더해짐에도 불구하고 푸른 원이 운동 주체이고 붉은 원의 그것은 단순한 조역에 불과한 운동 인지가 성립할 때 타입적 인지가 탁월하다. 이것을 여기서는 전경(운동주체, 푸른 원)과 배경(운동주체 이외의 것, 붉은 원)의 명확한 분리라 부르기로 하자. 명백하게 정삼각형 하부의 정점에서는 배경과 전경이 분리되어

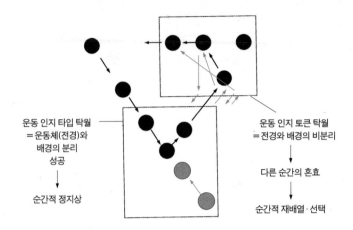

운동 인지 타입 탁월
=운동체(전경)와
배경의 분리
성공

순간적 정지상

운동 인지 토큰 탁월
=전경와 배경의 비분리

다른 순간의 혼효

순간적 재배열·선택

그림 7 원 운동에 관한 타입적 인지와 토큰적 지각의 비교 실험. 푸른 원(검은색으로 표시)은 등속으로 정삼각형을 그리면서 운동하고 붉은 원(회색으로 표시)이 이것에 부수해서 운동한다. 삼각형의 아래 정점에서 붉은 원은 푸른 원에 접근했다 사라진다. 오른쪽 위의 정점에서는 푸른 원을 추월하고, 푸른 원에 추월되는 복잡한 운동을 한다(단 오른쪽 위 정점 부근에서는 항상 정삼각형의 궤도에 따라 운동한다). 회색의 화살표가 붉은 원의 궤도를 나타내고 있다. 아래 정점에서는 운동 주체인 푸른 원(전경)과 이것에 부수하는 붉은 원(배경)이 잘 분리되어 타입적 인지가 탁월하다. 그 결과 붉고 푸른 두 종류의 원이 충돌하는 순간을 피험자는 정지면과 같이 선명하게 볼 수 있다. 이것에 비해 오른쪽 위의 정점 부근에서는 운동 주체(전경)와 이것에 부수하는 것(배경)의 분리가 곤란하고 타입적 인지는 약하다. 그 결과 토큰적 지각이 탁월하고, 혼효하는 몇 개의 상이 합성되어 주관적 운동 시간면이 구성된다. 푸른 원은 실제로 정삼각형의 정점까지 나아가서 그 궤도가 구부러짐에도 불구하고 도중에서 구부러지는 듯 느껴진다.

타입적 인지가 탁월하다. 붉은 원은 푸른 원의 굴곡점을 지시하는 지표로서 이해되기 때문이다. 따라서 타입적 인지가 가지는 배제로서의 가능성이 토큰에도 전사되어 토큰은 '부정된 현재, 즉 미래'의 표지로서 정지면처럼 인지된다. 배제로서의 가능성에 있어서 지시되는 개체는 다른 가능적 대안을 혼효시키지 않고 단 하나의 토큰에 의해 주관적 운동상을 구성한다. 그 결과 충돌 직전의 두 원은 극히 선명하게 보인다(그림 8).

다른 한편 푸른 원과 붉은 원에 있어서 전경과 배경이 분리되기 어려

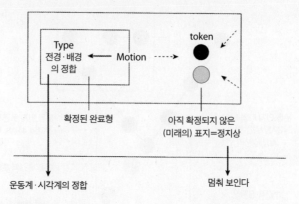

그림 8 붉은 원(회색으로 표시)이 운동 주체인 푸른 원(검게 표시)의 운동에 대한 지표라고 인지되는 경우, 타입적 인지가 탁월하고 토큰은 타입이 가지는 배제의 가능성 내에서 지시된다. 토큰은 배제의 가능성 내에서 개체화하고 결과적으로 푸른 원과 붉은 원의 충돌 직전의 영상은 멈춰 보인다.

운 정삼각형 오른쪽 위 정상 부근에서 상대적으로 토큰적 인지가 탁월해진다. 이 결과 현재 진행하고 있는 운동의 토큰은 유사 가능성 내에서 지시되므로 다른 가능적 토큰(그것은 예기나 예측을 경유해서 만들어진 다양한 잔상이자 환영이다)과 혼효한다. 이러한 복수의 토큰이 종합되어 어떤 주관적 운동면=시간면이 구성된다. 따라서 운동의 주관적 순간은 객관적으로 상정되는 순간이라는 관점에서 기술한다면 다수의 순간, 다수의 시간면을 포함, 거기서부터 자의적이면서 경험적인 종합에 의해 어떤 주관적 순간이 구성된다고 말할 수 있을 것이다. 그러므로 운동 그 자체가 다수의 잔상을 포함, 흔들리는 것처럼 느껴진다. 그리고 경험적·자의적인 토큰 군의 합성에 의해 운동 주체인 푸른 원은 정삼각형의 정점에 달하기 전에 그 궤도의 각이 떨어지듯 구부러져 진행되는 것처럼 보이는 것이다(그림 9).

이 실험은 익숙해질 수 있다. 붉은 원과 푸른 원의 합성 운동을 본 후

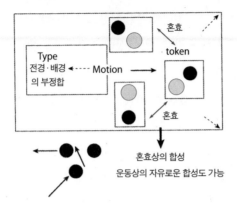

그림 9 푸른 원과 붉은 원의 운동에서 운동 주체가 어느 쪽으로 정착하기 어려울 때 상대적으로 토큰적 인지가 탁월하고 다양한 토큰이 혼효하여 그 합성에 의해 아래 그림에 나타나는 운동의 '외관'이 성립해 버린다. 푸른 원은 정삼각형 궤도의 정점까지 진행함에도 불구하고 도중에서 궤도가 구부러져, 구부러질 때 운동과 무관계한 푸른 원이 정점에서 점멸하는 듯 느껴진다.

푸른 원의 운동만을 보고 그후 다시 합성 운동을 해본다. 이때 피험자가 의도적으로 푸른 원의 운동을 쫓아가면 오른쪽 위의 정점에서도 푸른 원은 정삼각형의 정점까지 도달하는 듯 보인다. 즉, 붉은 원의 운동에 의해 기만되었던 착시는 사라져 버린다. 그래서 나는 운동 주체의 색이 정삼각형의 오른쪽 절반과 왼쪽 절반에서 변하는 실험을 했다. 앞의 실험에서 항상 푸른색이었던 운동체는 여기서는 오른쪽 절반에서는 푸르게, 왼쪽 절반에서는 붉게 변한다. 여기에서도 운동체만을 계산기의 디스플레이 상에 비출 때 원이 정삼각형의 궤도를 그리고 등속 운동하고 있는 것으로 지각된다. 이것에 앞의 실험에서는 붉은 원으로 나타났던 '배경'의 운동을 합성한다. 단, '배경'은 우측에서는 붉게 좌측에서는 푸르게 변한다. 이로써 전경과 배경의 분리는 원리적으로는 가능하다. 그러나 운동 주체의 색이 도중에서 변화한 후, 이것을 방해하는 다른 색의 원이 나타나므로 운동 주체를 쫓는 것은 첫번째 실험 이상으로 곤란해진다. 이 실험에서도 외관은 첫번째 실험과 같다. 단, 예상대로 운동체를 쫓기가 곤란하기 때문에 실험에 익숙해지지 않고 오른쪽 위 정상에서 착시는 사라지지 않는다. 특히 운동 주체가 정점에 달하는 일 없이 도중에서 구부러지는 외양은 첫번째 실험보다도 강조된다.

여기서 나타난 푸르고 붉은 원 운동의 실험은 프로야구 투수의 공을 치는 사고실험과 비교 가능한 실험이다. 타입적 인지가 우월하고 정지면과 같은 순간이 구성되어 지각되는 경우의 극한에 '공이 멈춰 보인다'는 외관이 위치 지어질 것이다. 다른 한편, 빠른 공에 자신이 완전히 대응할 수 없고 공이 흔들려 보이는 경우, 실험에서 나타났듯이 주관적 순간의 두께가 변화하며 그 결과 잔상만이 아니라 예측과 예기가 개입한 환영까지 혼효하는 주관적 시간면으로서의 외관이 성립한다고 생각된다. 이것은 혼효를 허용하는 가능공간 내에서 토큰이 지각되는(토큰적 지각) 모델로 이해할 수 있다.

토큰적 지각의 또 하나의 극단적 예가 자동 운동일 것이다. 암흑 속에서 한 점 광원을 계속 응시할 때 이 광원이 정지하고 있음에도 불구하고 운동하고 있는 듯한 외관이 성립한다. 멈춰 있는 것에서 운동을 느끼는 것이다. 자동 운동에 대해서는 응시함으로써 뇌에서 안구 수의(隨意) 운동에 잘못된 지령이 전달되어 과잉적 수의 운동에 의해 운동이 지각된다고 설명된다.[11] 원래 안구는 끊임없이 조금씩 진동하고 있고 이 운동 때문에 외관이 성립한다. 멈춰 있다는 지각도 이 운동 위에서 성립하고

---

11) R. L. Gregory, *Eye and Brain: The Psychology of Seeing*, Oxford Univ. Press, 1998; 近藤倫明·三浦佳世·中溝幸夫 訳, 『脳と視覚―グレゴリーの視覚心理学』, ブレーン出版, 2001.

있고, 역으로 생리적으로 안구 수의 운동을 멈춰 버리면 사물을 볼 수 없게 되어 버린다. 암흑 속에서 한 개의 광원을 계속 응시할 때 응시는 안구수의 운동을 정지시키려는 듯 작용한다. 그렇지만 정지 그 자체는 불가능하므로 뇌는 통상의 운동과 역방향의 과잉적 운동에 의해 정지를 실현하려고 지령을 낸다. 이 결과 안구가 끊임없이 과잉 진동하여 상대적으로 망막상이 운동하고, 일어나지도 않은 운동이 지각되는 것이다. 암흑 속에서 한 광원을 주시할 때 우선 안구만을 왼쪽으로 향하고 왼쪽 방향의 암흑을 응시한 후 정면의 한 광원을 응시하면, 광원은 오른쪽 방향으로 운동하는 듯 지각된다. 왼쪽 암흑을 응시할 때 안구가 오른쪽으로 흔들리며 돌아오는 진동을 되풀이하고 바꿔서 정면을 볼 때 이 우향 운동, 즉 흔들리며 되돌아옴에 대한 정지 지령이 안구를 좌향 운동, 즉 흔들리며 되돌아오도록 과잉 반응시킨다. 결과적으로 망막상이 오른쪽으로 운동하는 것으로 이 지각은 설명 가능하다.[12] 이것으로서 자동 운동은 안구 수의 운동을 정지시키려 하는 과잉 반응으로 설명할 수 있었던 것이다.

바로 타입적 인지의 전제인 운동–시각계의 정합적 연합이 무너짐으로써 토큰적 지각이 성립하고 자동 운동이 감각된다. 그러나 문제는 그렇게 간단치 않다. 타입적 인지란 시각과 운동의 직접적인 연합이 아니라, 발달 과정에서 단련되어 끊임없이 유지되는 추상적 타입 공간에 대한 시각과 운동계의 적합이라 생각되기 때문이다. 따라서 안구 운동이 창출하는 망막상이 직접 외관을 성립시키는 것은 아니다. 통상 망막상이 운동계의 외계 파악에 정합적이도록 추상적 타입 공간은 유지되어 있고, 외관은 이 타입 공간을 통해 성립한다. 자동 운동의 경우 추상적 타입 공간과 망

---

12) 안구 수의 운동의 실험에 관해서는 Gregory, *Eye and Brain*; 『脳と視覚』, p.146.

막상의 어긋남을 통해 그 공간이 파탄하고 토큰적 지각에 의한 외관이 재구성될 것이다. 그러므로 안구 운동 자체가 어떠한 리듬으로 실현되든지 여기서부터 높은 빈도로 토큰적 화상을 혼효시켜, 거기서 주관적 운동상을 재구성(지각)하기까지 뇌내에서 다수의 선택 과정이 진행된다. 우선 뇌는 진동하고 있는 망막상에서 적당한 빈도로 화상을 선택하고 있다. 또한 두께를 가진 주관적 시간면으로서 그 몇 가지를 선택해서 혼효시키고, 주관적 시간면 속에서 방향성을 선택하고 합성하고 있다. 나아가 각 주관적 시간면에 정합적으로, 복수의 주관적 시간면의 순서로부터 연속성을 창출하고 최종적으로 운동을 지각시킨다. 이 하나하나의 선택들이 정지하고 있는 광원에서 방향을 가진 운동이라는 외관을 창출한다. 하나하나의 선택은 타입적 인지와 토큰적 지각의 혼효와 동적 보완관계에 의해 결정된다. 그러므로 아기가 어른이 되는 과정에서 어떤 타입 공간이 어떻게 단련되고 유지되어 그 부단한 생성 때문에 어떻게 타입과 토큰의 관계가 동적으로 운동하는지가 해명되고, 그 위에서 타입 공간이 파탄할 때의 지각 보상(補償) 때문에 토큰적 지각이 어떻게 변질하는지를 통해 비로소 자동 운동이 이해된다. 망막상의 변화라는 외인(外因)에서부터 직접 자동 운동을 설명하려고 하면 안구는 진동하는데 왜 운동은 어디까지나 직선적으로 운동하는 것처럼 지각되는가 하는 수수께끼는 수수께끼인 채로 남는다. 즉 타입-토큰의 동적인 혼효성이야말로 자동 운동 이해의 열쇠가 되고, 역으로 '공이 멈춰 보임'조차 같은 수준에서 논의 가능케 된다.

5. 현상론적 의식에서 현상론적 계산으로

뇌과학의 딜레마는 프레임 문제적인 계산 실행 환경을 포함한 형태로 계산 개념의 확장(=현상론적 계산)에 의해 타파될 것이다. 이때 끊임없이 생성되는 통사론적 계산(프로그램)과 국소적 의미론(개체화된 경계 조건, 경계 조건을 결정해 버릴 수 있는 '사물'이자 계산의 실행 환경)이 상호 작용하고 계산이 진행해 가는 과정에 의해 세계 내 뇌내 현상이 이해되기에 이른다. 이 모델이 구현된 현상이야말로 의식 과정에 있어서 타입적 내관과 토큰적 감각질이 혼효해서 나타나는 현상은 아닐까. 오히려 역으로 감각질 문제는 현상론적 계산이라는 모델 내에서 이해하지 않으면 해결할 수 없는 문제일 것이다.

마이클 타이는 현상론적 의식을 현상으로서 야기시키는 심적 상태로 규정한다. 그 자신은 타입적 내관과 토큰적 감각질의 구별 및 그 혼효성에 관해 강하게 주장하는 것은 아니다. 현상이란 본래 존재론적으로 사물로서의 현전을 인정해 버리는 개념일 것이다. 나는 여기서 우선 현상학과 과학적 인식론 사이의 차이를 희화화해서 정리해 둘 것이다. 양자의 차이는 '생각하기 전에 뛰어 버린다'냐 '뛰기 전에 생각한다'냐의 차이라고 말해도 좋다. 뛴다는 행위 전에 그 의미·근거를 인식하려고 하면 근거의 근거라는 무한 퇴행에 빠져 버린다. 불필요한 전제를 배제하는 것이 실질적으로 불가능하고, 행위자는 미동도 할 수 없는 사태에 빠진다. 여기에 과학적 인식론에 있어서 '뛴다'를 이해하려고 할 때 불가피하게 출현하는 프레임 문제가 발견되는 것이다. 다른 한편 인식을 배제하고 '생각하기 전에 뛴다'로서, 즉 '뛴다'를 현상으로서 이해함이란 뛸 수 있는 이유를 인식할 필요는 원래 없고, 뛸 수 있는 이유는 세계 내의 의미로서 편재하고 있다고 인정하는 것이다. 그러므로 그것은 '뛰어 버릴 수 있는' 현상을 인정하는 수밖에 없다는 태도이다. 양자의 대립은 생성이라는 존재태를 '사물'에 정위해서 이해하는가, '것'에 정위해서 이해하는가 하는 대립이고, 중세의 실재론이냐 유명론이냐 하는 대립을 경유해 연면히 이어지는 전통적 대립이다.[13] 여기서 현상론적 계산에 의해 주장되는 것은 바로 양자의 대립 구조 자체를 환골탈태하고 '생각하면서 뛰는' 것을 이해하는 이론이 된다(물론 '생각한다'는 뛰는 것의 근거를 제공하지 않는다).

현상론적 의식이란 이른바 프레임 문제적인 상황을 현상이라는 개념에 의해 잘 회피하는 장치이다. 현상이라는 개념에 의해 프레임 문제를 무시하는 것은 아니고 현상을 인식에 접속해 프레임 문제의 부정적 의미를 회피하고 그 적극적 측면을 건져 내는 것이다. 즉 타입의 결정에 관해 생기는 양의적 지시=자기언급은 그 전제인 전체의 지시가 불가능하다는 것을 나타내는 프레임 문제에 의해 무효로 되고, 프레임 문제의 전제인 인식 주체의 확실성은 자기언급에 의해 무효로 된다. 이렇게 해서 현실의 생성=개체화가 옹호된다. 타이는 심적 상태라는 뇌 상태의 국재화를 인정하고 이 국재화에 이르는 다양한 뇌 외부나 자기 외부도 포함하는 과정을 강조한다.[14] 외부를 명확히 규정할 수 없는 한편, 안-밖을 자의적으로는 구별할 수 있다. 그러한 환경 내 국재화 과정으로서 현상의식을 파악하고 있는 것이다. 여기서 무근거한 안-밖 구별로서의 경계 조건 생성이 논의의 범위에 들어온다. 즉 이런 의미에서 현상론적으

---

13) 山內志朗, 『天使の記号学』, 岩波書店, 2001. 야마우치 시로에 의하면 천사란 무매개적 매개자이다. 종과 유의 어긋남은 천사에 의해 일체의 조정도 없이 초월적으로 해결된다. 그러므로 천사주의(天使主義)는 흥미롭지 않다고 야마우치는 기술한다.

14) M. Tye, *Ten Problems of Consciousness*, The MIT Press, 1995/1999, 1장 p.3.

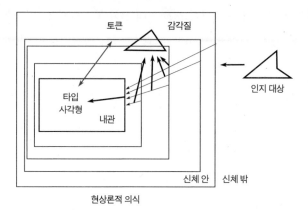

신체 안 ┃ 신체 밖

현상론적 의식

그림 10 현상론적 의식 형성의 모식도. 다양한 전제, 경계 조건이 결정되어 버리는(개체화하는) 것으로 타입적 인지(내관)가 성립하고, 동시에 전제, 경계 조건도 또한 생성되어 버리기 때문에 전제, 경계 조건에는 타입을 근거 짓는 것이라는 위상 규정을 줄 수 없다. 타입 생성에 있어서 결정되어 버리는=버린 전제, 경계 조건(굵은 선 사각형) 그 자체야말로 토큰이자 감각질이다. 그림 속에서는 사각형인 타입의 전제, 경계 조건을 개체화하는 과정을 포섭해서 토큰을 나타내고 있다.

로 생각함이란 어떤 상태가 지정 가능케 되는 경계 조건을 상태와 쌍으로 상정하면서 경계 조건도 또한 생성되는 것으로 해서, 경계 조건에 의한 상태 지정의 근거를 무효로 하는 것이다. 따라서 경계 조건을 지정하는 외부 환경의 어떠한 것, 예컨대 관측자도 결코 특권화하지 않는다. 그러므로 이러한 의식의 현상론적 이해는 프레임 문제 그 자체와도 접속하는 논점이다(그림 10).

　인식론적인 프레임 문제와 접속하는 것으로 현상론적 의식은 〈그림 10〉에 제시되었듯이 계층적인 경계 조건을 계속 생성하고 특정한 경계 조건의 생성으로서 타입적 인지를 성공시킨다. 여기서 타입과 경계 조건을 지정해 버릴 수 있다는 의미에서의 토큰이 혼효적으로 야기된다. 중요한 점은 토큰과 타입이 혼효적으로 생성하고 상호 작용해서 의식을 야기한다는 것에 있다. 타입만을 생각할 때 자기언급에 빠지고, 토큰만을 생각할 때 프레임 문제에 빠진다. 양자의 동적 보완관계에 의해 타입에 있어서의 자기언급은 경계 조건의 비일정함에 의해 무효가 되고 토큰에 관한 프레임 문제는 경계 조건 설정 담지자의 비일정함에 의해 무효가 된다. 통상 사물이란 의미를 개재하지 않는 그저 있는 것이고 토큰이다. 따라서 독자는 "토큰을 말한 찰나, 타입이 되어 버린다", 혹은 "항상 토큰은 타입으로서만 말해진다"라는 감각을 가질지도 모른다. 그리고 감각질의 문제는 타입으로만 말할 수 있음에도 불구하고 토큰도 담지하고 있는 현상의 문제로 비춰질지도 모른다. 그러나 그러한 이미지는 여기서 기술한 현상론적 의식에 정합적이지 않다. 현상론적 의식은 프레임 문제를 무효로 하면서도 경계를 가진다. 따라서 현상론적 의식과 이것을 관측하는 관측자의 경계도 계속 상정하면서 동시에 무효로 한다. 그러므로 "관측 대상은 토큰이지만 관측자를 통한 순간 타입으로서만 말할 수 있다"라는 대상과 관측자 사이의 단절 같은 것은 여기서는 존재하지 않는 것이다. 즉, 토큰으로서 감각질을 재발견함이란 단순히 감각질의 성격을 재편하는 데 머물지 않고 프레임 문제적 전개 속에서 현상을 발견하고 토큰을 타입화해 버리는 관측자를 내재화하는 전회에 다름 아니다.

타이가 제기하는 다양한 문제는 현상을 인식과 프레임 문제의 접속에 의해 전회하는 것으로 독해할 수 있는 문제이다. 예컨대 색조 역전이라는 사고실험은 다음과 같이 제기된다.[15] 우선 모든 색채에 관해 보색이 되고 있는 행성을 상정한다. 하늘은 푸르지 않고 황색이고, 풀은 붉은색, 익은 토마토는 녹색인 경우다. 단, 그 외의 현상은 모두 지구와 같다. 행

---

15) M. Tye, *Ten Problems of Consciousness*, 1장 pp.26~28.

성의 주민은 역전 색조에 적응한 심리학적 체험을 가지고 그러한 지향적 문맥 속에서 생활하고 있다. 그들은 색에 관한 말도 역시 지구와 역전되어 있다. 황색 하늘을 푸른 하늘이라 부르고 익은 녹색 토마토를 붉은 토마토라 부르는 것이다(그러므로 색조를 무시하는 한 사물과 언어의 관계는 전혀 다르지 않다). 여기서 당신이 자고 있는 사이에 색조 역전된 콘택트 렌즈를 끼워서(물론 위화감은 전혀 없다) 이 행성에 보내졌다고 상정한다. 깬 당신은 색의 변화를 전혀 눈치채지 못한다. 어쨌든 렌즈가 색을 역전시켰고, 단어도 변하지 않았기 때문이다.[16] 그러나 타이는 이 행성 주민의 황색 하늘의 감각질과 렌즈로 색을 반전시키고 있는 당신의 감각질은 다를 것이고 또 당신이 충분히 이 반전 행성의 물리적 환경에 적응해 간다면 행성의 주민과 마찬가지의 감각질을 가지는 것은 아닌가 하고 주장하는 것이다.

이 사고실험은 색채 감각이 현상론적이라는 것을 무시하고 있다는 점에서 가정으로서 곤란하다. 타이는 다음과 같은 예를 든다.[17] 지구상에서 짙은 황색으로 보이는 O와 짙은 푸른색으로 보이는 O′을 상정하자. 당신은 O′보다 O가 선명하다고 경험하고 있다. 역전 색조의 행성에서는 O는 짙은 푸른색, O′는 짙은 황색이다. 당신에게는 렌즈 때문에 이것이 지구와 같은 색으로 보이겠지만, [렌즈 없이도] 당신과 마찬가지로 짙은 황색을 짙은 푸른색보다 선명하다고 느끼는 행성 주민은 존재할 것이다. 그렇다면 그들은 O보다 O′가 선명하다고 주장할 것이다. 그러므로 설령

---

16) 색조 역전 행성 사고실험은 N. Block, "Inverted Earth", *Philosophical Perspectives* 4, 1990, pp.53~79에서 최초로 제기했다.

17) M. Tye, *Ten Problems of Consciousness*, 7장 pp.206~207.

스펙트럼에 관해 색조의 역전을 가정할 수는 있겠지만, 그 이외에 관해서는 전부 지구와 같은 행성 같은 것을 상정할 수 없는 것이다. 색채 감각은 우리의 온갖 경험, 경험을 야기하는 세계 내의 다양한 현상과 분리할 수 없고, 분리 가능하다는 가정은 불완전하게만 성립한다. 그러므로 그 불완전함 때문에 색에 관한 다양한 말의 용법이 지구와 역전 색조의 행성에서는 다르고, 그것도 포함해서 색에 관한 감각질이 생성되는 이상 두 행성에서 색에 관한 감각질은 다르고 행성에 보내진 당신은 당초 위화감을 품으면서도 점차로 이 행성의 주민과 마찬가지의 감각질을 가지는 것이다.

타이가 제시하는 설명은 그다지 뛰어나다고는 생각되지 않지만 논점은 이해할 수 있다. 우리는 이것에 관해 〈그림 10〉을 참조하면서 다음과 같이 기술해 보자. 역전 색조 행성에서 익은 녹색 토마토를 보고 있다고 하자. 행성의 주민은 이것을 녹색이라는 타입으로 보고 있으므로 타입-녹색을 지정하는 경계 조건=토큰이 생성되어 있다. 색 이외의 모든 현상은 지구와 같으므로 타입-녹색을 지정하는 데 이르는 뇌내외의 현상론적 경계 조건은 지구와 같을 것이다. 그렇다면 그들은 예컨대 지구의 주민이 체험하는 녹색 토마토의 감각질과 마찬가지의 감각질을 이 익은 토마토에서 느낄 것이다. 물론 역전 색조 행성에서는 토마토는 붉은색에서 익어서 녹색이 되므로 주민은 녹색 토마토를 "익어서 맛있을 것 같은 토마토"로 느낄 것이다. 그러나 그것은 "익어서 맛있을 것 같은 녹색"이지 "익어서 맛있을 것 같은 붉은색"과는 명백하게 다른 질감일 것이다. "익어서 맛있을 것 같은 붉은색"을 지각하는 것은 뇌의 어떤 영역이다. 그 영역에 계산을 실행 가능케 하는 경계 조건은 뇌의 다른 영역의 활동이다. "맛있을 것 같은 녹색"과 "맛있을 것 같은 붉은색"이 타입으로서 다른 이상 각 타입을 계산으로서 실행하는 생성된 경계 조건(토큰)도 다르다. 즉, 그것은 경계 조건으로서 사용되는 뇌 영역의 미묘한 차이를 야기한다. 그러므로 각 감각질은 다를 것이다. 그리고 콘택트렌즈를 끼고 주민의 감각을 의사 체험하는 당신은 질감에 관한 언어적 표현을 매개해서 결국 이 차이를 깨닫게 되고 또 익숙해져 갈 것이다. 즉, 현상론적 의식이라는 관점에서 색채 감각을 이해하려고 한다면 색채 감각을 특정 타입으로서만 정의하고 다른 세계 내에서 진행되는 현상과 단절해서 이것을 이해하는 것이 불가능하게 된다.

현상론적 의식에 있어서의 인지를 이해할 때 토마토의 색채 감각의 예에서도 명백하듯이 우선 "타입-녹색으로서 토마토를 본다"라는 표현이 사용된다. 물론 외관은 '~로서 본다'라는 형식으로 성립하는 것은 아니다. 그러나 만약 '~로서 본다'를 부정할 뿐이라면 이 이상 우리는 외관에 관해 건설적인 논의를 세울 수 없다. 현상론적 의식에 있어서 외관을 이해할 때 타입으로서의 외관을 당초 구성해 두면서 타입 지정을 위한 경계 조건까지 현상으로서 생성된다는 논점이 도입된다. 따라서 다양한 외관의 혼효가 이해되고 혼효성이 담지하는 무한 속도의 운동으로서 외관은 재구축되어 '~로서 본다'는 무효가 된다. 결국 현상론적 의식은 단순히 '~로서 본다'를 부정하는 것은 아니고 다양한 '~로서 본다'의 혼효를 옹호함과 동시에 '~로서 본다' 때문에 외관은 성립한다'라는 논점을 무효로 하는 것이다.

타이가 드는 예에서 또 하나 고통에 관한 소유성, 사밀성(私秘性)에 대한 문제를 들어 보자.[18] 우선 그는 같은 소유격으로 표현되는 '베수비

---

18) M. Tye, *Ten Problems of Consciousness*, 3장 pp.206~207.

우스 화산의-분화'와 '나의-고통'의 차이는 무엇인가 하고 묻는다. 양자는 둘 다 소유성을 갖고 있는 것은 아닌가 하는 것이다. 그러나 타이는 "고통은 나에게 있어서 체험되는 감수(感受) 대상이지만, 분화는 베수비우스 화산에 있어서 결코 체험되지 않을 것이다"라고 기술한다. 이 한 가지 점에서 나의-고통에는 소유성 이상의 필연적 사밀성이 존재한다고 주장하는 것이다. 이것은 아무리 봐도 논점이 불분명하다. 이것에 관해서도 〈그림 10〉을 참조하면서 현상론적 의식이 프레임 문제와 현상론의 접합면으로서 이해되고 독해된다는 것을 제시해 보자. 베수비우스 화산의 분화의 경우 왜 우리는 화산은 분화를 체험하지 않는다고 느끼는 것인가. 그것은 베수비우스 화산의 경우 '나'와 달리 그 안팎의 구별이 자명해서 의심의 여지가 없다는 것으로 처리되기 때문이다. 즉, 베수비우스 화산은 자명한 개체이고 명쾌한 경계를 갖는다. 우리는 거기에서 프레임 문제를 발견하지 않는다. 따라서 분화가 '베수비우스 화산의 분화'로서 개체화되는 사태를 우리는 분화 일반이라는 액체가 꼭 맞는 확고한 용기에 받아들여져 개체화된 것이라 상정한다. 여기에서는 관측자인 우리가 용기를 상정하고 우리가 용기에 분화 일반을 붓고 있다. 관측자인 우리가 여기에 특권화되어 있다. 이런 한에서 용기 내부는 균질적이고 일의적이며, 어떤 내부구조를 생성시킬 수 없다(그림 11의 A). 이에 비해 '나의 고통'의 경우 만약 '나'를 어떤 용기로 상정해도 그 용기는 나 자체이므로 용기의 지정을 특권화할 수 없다. 나는 세계 외부와의 구별을 가지면서도 어떤 구별을 특권화하고 그 이상의 외부를 절단하는 것이 불가능한 구별을 가진다. 나라는 용기는 프레임 문제에 노출되면서 다양한 구별을 생성하는 현상으로서 이해된다. 그러므로 타입적 고통과 그 지정을 가능케 하는 경계 조건으로서의 토큰적 고통을 혼효시킨다. 즉, 타입적 고통과 토큰적 고통

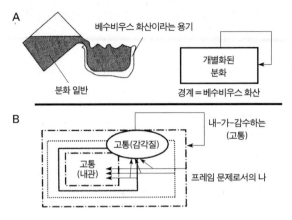

그림 11 '베수비우스 화산의 분화'에 있어, 개체화에서는 경계=베수비우스 화산이 프레임 문제에 노출되는 것으로 이해되고 있지 않다. 이에 비해 '나의 고통'의 경우 나는 프레임 문제에 노출된 현상이고 타입적 고통과 토큰적 고통의 내부 구조를 생성한다. 이 차이가 체험·사밀성의 차이를 야기한다.

을 생성하는 무대로서의 나에게 있어서 그러한 '사물'=토큰인 내부구조의 존재 때문에 '사물'을 체험하고 소유하는 것이다. 그러므로 우리의 고통은 베수비우스 화산의 분화와 달리 감수 대상, 체험 대상이 될 수 있는 것이다(그림 11의 B). 다시 말해 소유성 즉 사밀성은 '나'의 존재를 근거로 '나의' 라는 소유격이 출현하는 것이 아니라, '사물' 즉 개체가 생성=존재하고 개체이기 때문에 소유 대상일 수 있으며, 또한 개체가 미리 존재하는 것이 아니라 생성=존재하는 것이므로 개체가 소유성, 사밀성을 가지는 것이다. '나'는 선험적(a priori)이 아니라 세계 내에서 생성=존재하는 개체=개체화이기 때문에, 그 태생에 있어서 개체화의 장소로 작용하는 기능(조작성)을 동반한다. 그것이 소유성이다.

　이상 두 가지 예를 통해, 타이가 기술하는 현상론적 의식이 프레임 문제와의 접합면을 논의 범위에 넣지 않고는 있지만, 프레임 문제와 현상과의 접합면(인식론과 존재론의 접합면)에 있어서 이해되어야 할 문제를 다루고 있다고 생각해도 좋을 것이다.

이 책 1부에서 우리는 매개성의 문제를 채택, 생성의 세 가지 양상인 변화, 규범성, 기원의 어디에 정위하든지 매개자를 도입하는 것이 필수적임을 주장했다. 변화, 규범성, 기원은 들뢰즈의 첫번째 (현재), 두번째 (과거), 세번째 (미래) 시간적 종합에 대응하고 그 사생아로서 원생이론, 원생계산, 원생실험이 시사된다. 이 장에서 기술한 토큰(개체)과 그것에 동반하는 타입을 야기하는 '프레임 문제=현상세계' 의식에 있어서 우리는 세 가지 다른 양상에 정위한 각각의 경우에서 다른 매개자를 발견하게 된다.

가능성에 정위한다면(원생계산), 현실항(타입으로서의 상태)과 가능항(상태를 변화시키는 규칙으로서의 세계-프레임 문제적 상황) 사이를 매개하는 필연항은 현실항을 계산하는 찰나마다 구성되는 어떤 경계 조건=토큰이 된다. 즉, 토큰은 그 국면(場)에 들어맞는 계산의 실행 환경, 임기응변적인 국소적 의미론으로 이해된다. 여기서의 경계 조건은 경계 조건을 지정해 버릴 수 있다는 양상을 포섭한 개념이다. 매개자는 가능성을 잠재성으로 바꿔 읽는 장치이다.[19] 본래 프레임 문제적 상황=현상세계는 어떤 가능세계로서 상정할 수 있는 것은 아니다. 그것은 여러 개념이 혼효하는 현실을 잠재시키는 장이다. 그렇지만 계산 환경을 계산기 사용자에게서 절단하는 것이 가능하다고 상정되는 닫힌 계산 개념에 있어서 현실은 혼효성을 무시한 상태(점)로 간주되고, 그런 한에서 계산의 구동력은 가능공간 그 자체로 간주된다. 여기서 현실성을 되찾기 위해 매개

---

19) 가능성은 선험적(a priori)으로 설정되고 초월적으로 전망된 가능세계 내에서 정의된다.

자로서의 필연항을 도입하고 가능성을 잠재성으로 회복시킬 필요가 있다. 그것이야말로 원생계산=현상론적 계산이라는 전회이다. 따라서 실행 환경으로서의 의미론은 닫혀 있기 때문에 미리 가능성을 열거할 수 있는 가능공간이 아니라 프레임 문제적으로 무제한으로 언급되기 때문에 잠재성을 숨기는 현상세계의 양상을 계승하는 장치여야만 한다. 따라서 의미론은 불완전하고 부분적인 약한 전체성을 띤 국소적 의미론으로서 상정된다.

현실성에 정위한다면(원생이론), 타입과 토큰의 혼효적 생성을 매개하는 가능성, 즉 프레임 문제적 상황=현상세계가 매개항이 된다. 이때 우리는 의식의 잠재성을 매개자로 해서 생각하게 된다. 필연성에 정위한다면(원생실험), '사물'=토큰 자체의 필연성에 정위하고 이것을 토큰(필연성)과 현상세계(가능성)로 분절하게 된다. 여기서는 토큰(세계에 있어서 단독성을 주장하는 개체)을 중심으로 생각한다면 토큰은 경계 조건을 스스로 자명하게 결정하는 주체로 상정된다. 상정된 토큰과 혼효하는 타입=현실성이 매개항이 된다. 현실성이란 문맥이고 경계 조건이 지정될 수 없는 한에서 경계 조건이 담지하는 양상이다. 타입은 개체(토큰=경계 조건의 지정)에 의해 근거 지어지는 것처럼 파악되는 것이지만(물론 그런 것은 아니다), 개체가 될 수는 없다. 경계 조건 그 자체로서 결코 파악되지 않는 현실성인 것이다. 이리하여 원생실험에서는 세계 속에서 타입과 토큰의 혼효라는 도식을 전환하고 가능세계로서 상정된(잠재성을 띤) 세계 속에서 살 필연자라는 양상을 필연자와 가능세계의 혼효로 재파악, 그 위에서 양자를 매개하는 타입에서 현실성을 강하게 발견하는 것이다. 이 장에서 접한 운동 인지에 관한 실험에서는 타입적 인지를 운동계와 시각계의 합의로 정의했다. 그러나 역으로 타입적 인지는 시간을 멈추는, 극히 상식적이지 않은 인지를 야기한다. 그러므로 실험 결과를 그러한 체험으로 가지고 가기 위해서는 운동계와 시각계가 실험 상정자에게 있어서는 오히려 모순되어 있는 쪽이 좋을 것이다. 운동·시각계 사이의 결과에 있어서 극한적 합의는 오히려 합의로의 과정을 구동하는 상황으로서 상정될 것이기 때문이다. 이때 실험 환경은 모순을 내포하고, 지정할 수 없는 경계 조건이라 불리는 것이 될 것이다. 첫 경험을 구동하는 실험은 그렇게 기획될 수 있다. 이상의 겨냥도에 따라 다음 장에서 구체적인 사례를 전개해 보자.

2장_현상론적 계산·원생계산

1. 학습과정＝현상론적 계산 과정

앞 장에서 나는 감각질(주관적 질감, 예컨대 사과의 붉은색이 지닌 싱싱한 붉음)이란 토큰(개체화 과정도 포함한 개체)이며, 개체이기 때문에 주관성, 사밀성을 가진다고 논했다. 그리고 토큰과 타입(속성)의 혼효적 생성이라는 관점에서 현상론적 의식을 재구성하고, 이러한 논점은 현상론적 계산에 극히 정합적이라고 기술해 '뇌＝현상론적 계산 과정'이라는 은유의 유효성을 주장했다. 현상론적 계산 과정은 〈그림 12〉와 같은 모식도에 의해 이해할 수 있다. 이 그림과 현상론적 의식의 모식도 〈그림 10〉의 상동성에 주의해 주었으면 한다. 타입적 인지와 토큰적 지각의 혼효와 마찬가지로 이 각각에 대비되는 통사론적 계산과 국소적 의미론이 혼효적으로 끊임없이 생성되고 양자의 상호 작용에 의해 계산이 진행된다.

특히 이 책 1부 1장, 4장에서 확장된 계산 개념에 관해 논했을 때, 지정된 상태(현실성)와 궤도의 속(束)(가능성) 사이의 첨가(adjunction)라 불리는 상관적 보완관계를 동적 관계로 변경하도록 매개항이 도입되었다. 현상론적 계산에서는 무제한적 전제, 경계 조건이야말로 현실의 계산 과정에 있어서의 실행 환경이자 광의의 의미론이다. 즉, 프레임 문제적 상황에서야말로 본래의 의미론이 존재하며 잠재성이 존재한다. 이것에 대해 프레임 문제적 실행 환경을 어떤 곳에서 절단하고 통사론과 의미론의 관계를 현실성과 가능성의 관계로 복속시키는 형식 언어에서는 양자 간에 엄연히 '첨가'가 존재한다. 통사론은 논리식으로서의 기호 열을 변형하는 어떤 기계적 규칙(추론 규칙)의 '속'과 공리라 불리는 자명한 논리식(예컨대 A=A)으로 구성된다. 공리에서 출발하여 추론 규칙에 의해 변형된 논리식은 이 통사론에 있어서 증명 가능하다고 불린다. 이에 비해 의미론은 통사론으로 증명 가능한 논리식에 참을 대응시키는 {참, 거짓}과 같은 집합이다. 물론 참과 거짓은 부정 조작에 의해 묶여 집합 {참, 거짓}은 원소 간에 관계를 가지고 있다. 이 의미론 자체가 속이라는 순서 집합을 이루고 있다(속束에 관한 상세한 논의는 부록 1을 참조하라). 예컨대 삼단논법만을 추론 규칙으로 하는 공리계(통사론)는 린덴바움 대수라 불리는 분배율이 성립하는 속으로서 제시된다. 따라서 통사론과 의미론의 관계는 두 속 간의 준동형 사상으로서 표현 가능하다.[1] 이때 어떠한 (통사론에서 의미론으로의) 준동형 사상을 채용해도 '참'에 대응하는 논리식이면 증명 가능하다고 제시된다. 이 역도 포함해서 항진명제(tautology)와 증명 가능성의 동치성을 나타내는 것이 완전성 정리이다. 완전성 정리는 의미론의 개념이다. 이것에 비해, 어떤 논리식이 증명 가능하고 또 그 논리식의 부정도 증명 가능한 논리식이 논리식의 집합에 존재하지 않을 때 이 논리식의 집합은 무모순이라고 한다. 무모순성은 통사론의 개념이다. 또, 논리식의 집합에(통사론에서 의미론으로의) 준동형 사

---

1) 田中俊一, 『位相と論理』, 日本評論社, 2000을 참조하라.

상에서 '참'에 대응하는 사상이 존재할 때 이 논리식의 집합을 '충족 가능하다'고 한다. 이로써 완전성은 충족성으로 치환되고, 충족 가능하다는 것과 무모순성의 동치를 증명할 수 있다. 무모순이라는 것을 고려해서 논리식 F의 증명 가능성과 그 부정의 증명 불가능성의 분리를 가는 화살표로 나타낸다면, 가는 화살표의 관계가 일대일로 대응한다는 것을 이해할 수 있다. 여기서 통사론과 의미론의 동등성이 주장되고 첨가가 발견된다.[2]

이 절에서 전개된 현상론적 계산 모델(이 기본적 구상은 내 연구실의 박사과정 대학원생인 아오노 마사시靑野眞士와 히가시 히데키東英樹와의 논의에서 생겨났다)에서는 통사론과 현실의 의미적 현상세계 사이의 매개자로서 국소적 의미론(계산 실행 환경)이 상정된다.[3] 만약 현실의 의미적

2) R. Goldblatt, *Topoi, the Categorical Analysis of Logic*, North-Holland, 1979/1991.

3) Y.-P. Gunji, Y. Kusunoki & M. Aono, "Interface of Global and Local Semantics in a Self-navigating System Based on the Concept Lattice", *Chaos, Solitons & Fractals* 13, 2002, pp.261~284. 이 글은 특히 개념속의 구성함과 동형이 되는 이항관계의 확장법칙에 관해 논의하고 있다. Y.-P. Gunji, M. Aono, H. Higashi & Y. Takachi, "The Third Wholeness as an Endo-observer", *Science of the Interface*, eds. H. H. Diebner, T. Druckrey & P. Weibel, Genista verlag, 2001, pp.111~130. 이 글은 제3의 전체와 대각선 논법의 관계를 논하고 있다. Y.-P. Gunji, M. Aono & H. Higashi, "Local Semantics as a Lattice Based on the Partial-all Quantifier", ed. D. Dubois, *International Journal of Computing Anticipatory Systems* 8, 2000, pp.303~318. 이 글은 세포자동자에 현상론적 계산을 구현시키는 방법을 기술하고 있다. Y.-P. Gunji, M. Aono & H. Higashi, Proc. *IMEKO/SICE/IDEE*, eds. K. Ito, P. G. Morasso & D. J. Ostty, pp.55~60. 이 글은 세포자동자의 현상론적 계산에 있어서 트레이드 오프 원리가 약하다는 점을 기술하고 있다.

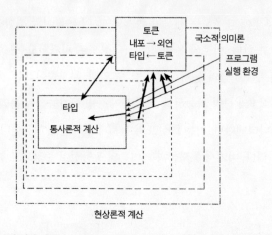

그림 12 현상론적 계산 과정의 모식도. 논리적으로는 근거 지을 수 없는 계층적 경계 조건이 현상으로서 생성되고, 국소적 의미론을 현실화=개체화함과 함께 이것을 실행 환경으로 하는 통사론적 계산도 생성된다. 그때마다 생성되는 실행 환경(국소적 의미론) 위에서 통사론적 계산이 실행되어 간다.

현상세계가 어떤 부분에서 절단되어 그 세계를 전부 전망할 수 있다고 가정한다면 매개자로서 구성된 의미론은 국소적으로 될 수 없다. 통상 절단된 현상세계와 일대일로 대응한다고 상정되는 의미론이 결정되고 그 위에서 통사론적 계산이 실행될 뿐이다. 그렇게 하지 않고 우리는 "형식적으로 주어지는 의미적 현상세계를 불완전하게만 탐색할 수 있는 한에서 의미론은 그때마다 구축된다"는 점에 초점을 맞출 것이다. 즉, 매개자(국소적 의미론)가 담지하는 불완전한 탐색에 의해 약한 전체 개념이 구성되고 프레임 문제에 노출되는 것을 불가피하게 하는 현상세계가 모델화된다. 이러한 한에서 형식적 현상세계라는 가능성의 범주(category)가 잠재성의 범주로 바꿔 쓰인다. 모델화의 열쇠는 첨가의 불균형화에서 찾을 수 있다. 모델에서는 의미론 자체도 내부에 첨가를 가지고 있고(그림 12), 여기에 불균형화=균형화 과정을 가지고 들어가는 것으로 의미론을 국소화한다. 그 때문에 매개항인 국소적 의미론의 내부에서도 첨가를 불균형화=균형화시키는 매개항이 존재한다. 그것이 불완전한 탐색을 담지하는 세번째 전체 개념이 된다.

　우선 현상론적 계산의 구체적 이미지를 환기하기 위해 산수 교과서를 읽는 아이의 학습 과정에서 현상론적 계산 과정을 발견하려고 해보자. 물론 여기서 문제가 되는 학습 과정은 아이에게 고유한 과정은 아니다. 어른이어도 그가 세계-내-존재자인 이상 외부를 불완전하게 탐색하는 형태로 학습을 진행한다는 것은 다르지 않다. 여기서 질문할 수 있는 것은 불완전한 탐색, 탐색이 담지하는 약한 전체성의 의미이다. 〈그림 13〉에 나타냈듯이, 우선 산수 교과서가 주어져 있다고 하자. 교과서는 독자가 상정되지 않는 한 의미가 없는 기호 열이지만 필자에 의해 나열되어 있으므로 어떤 규칙에 따라 늘어서 있다. 이런 의미에서 우리는 이것을 통사론적 계산이라 부르자. 철학자는 스스로의 경험세계(세계 내에서 닫혀 있지 않은)를 탐색하고, 스스로 읽고 있는 부분이 이해될 수 있도록 기호 열에 대한 이미지를 구축한다. 이 이미지하에서 교과서에 쓰여 있는 기호 열이 독자에게 있어서 수학적 내용으로서 이해된다. 여기서 이미지에 대응하는 것이 국소적 의미론이다.

　국소적 의미론은 이른바 통사론적 논리식을 그 국면에서만 이해 가능하도록(증명 가능하도록) 구성하는 의미론이다. 통상의 형식논리에서 의미론은 통사론으로 증명 가능한 어떠한 논리식에 대해서도 참인 의미치를 준다. 즉, 읽어서 의미를 이해할 수 있도록 해석한다. 따라서 통사론과 의미론은 동등하며, 언어를 통사론적으로 이해할 수 있다면 의미론이란 본질적으로는 필요가 없는 것이 된다. 이해가 문맥이나 상황에 의존하지 않는 경우 의미론은 불필요한 것이다. 이에 비해 현상론적 계산에서

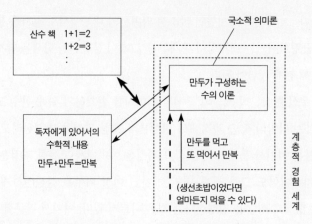

그림 13 산수 교과서를 읽는 학습과정에서 발견되는 현상론적 계산 과정.

상정된 것은 통사론적 논리식인 기호 열이 문맥이나 독자 없이 의미를 가질 수 없는 상황이고 의미론은 스스로 국소적으로 되지 않을 수 없다. 〈그림 13〉에 제시한 예에서 독자는 1행째의 '1+1=2'를 자신의 경험세계를 탐색하여 만두의 이미지로부터 해석할 수 있을 것이다. 즉, 만두의 이미지를 사용, '만두+만두=만복(滿腹)'이라는 내용으로서 말이다. 그런데 2행째가 되면 독자는 혼란을 느끼게 된다. '2+1=3'은 만복인 상태에서 다시 또 1개의 만두를 먹지 않으면 안 되는 상황이기 때문이다. 이것은 만두의 이미지로는 이해할 수 없다. 이때 독자는 1+1=2에 더해서 2+1=3도 이해 가능하도록 이미지를 경험세계에서 탐색한다. 그의 경우 생선초밥이라면 몇 개라도 먹을 수 있으므로, 이것에 의해 이미지를 즉 국소적 의미론 자체를 변경해 버리는 것이다. 이리하여 그는 그에게 있어서 교과서의 의미내용을 바꾼다. 이 과정이 계속됨으로써 학습이 진행된다.

학습 과정으로서의 현상론적 계산 과정을 형식적 모델로 치환해 보자. 여기서는 〈그림 14〉와 같은 치환을 행한다. 산수 책을 속 다항식(부록

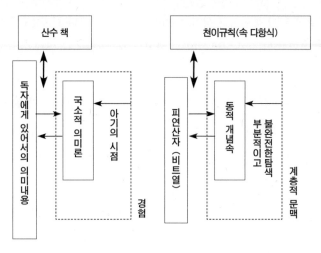

그림 14 학습 과정으로서의 현상론적 계산을 비트 열 변환의 현상론적 계산 모델로 치환할 수 있다. 동적 개념속으로 표현되는 의미론이 계속 변화한다.

1 참조)이라는 그 자체로는 값을 계산하지 않는 식, 즉 그 자체는 의미가 없는 프로그램으로 치환한다. 산수 책을 읽을 경우, 차례차례로 만들어져 가는(=이해되어 가는) 독자에게 있어서의 의미내용을 속 다항식으로 변환되는 비트 열(1차원 문자 열에서 문자는 1이나 0만)로 치환한다. 또, 경험에서 그때마다 만들어지는 이미지 즉 국소적 의미론을 첨가를 무너뜨려 동적으로 변화하는 것을 불가피하게 하는 동적 개념속으로 구성한다. 또 경험세계는 수학적으로 두 개의 대상 간에 정의되는 이항관계로 정의한다. 단 뒤에서 기술하겠지만 이 이항관계는 계층성을 가지고 구성된다. 중요한 점은 프레임 문제에 노출되면서도 어떤 경계 조건이 결정되어 버린다는 양상을 어떻게 정의할까이다. 여기에 아기의 시점이라는 말의 함의가 있다.

아기의 세계는 부분적이고 불완전한 것이다. 예컨대 아기가 숫자 2

까지밖에 알지 못한다고 하자. 아기에게 있어서 3보다 큰 수는 다 셀 수 없는, 범위 밖의 수가 된다. 그러나 아기는 2보다 큰 수에 관해 알아 갈 잠재성을 가지고 있다. 여기서 가능성이 아닌 잠재성이 있다는 함의를 설명해 보자. 알아 갈 가능성은 아기와 무관하게 2보다 큰 자연수가 실재하는 것을 전제로 한다. 아기와 무관하기 때문에 그는 2보다 큰 수에 대해 아는 것도 가능하지만 모르고 끝날 수도 있다. 그렇다면 나는 "2보다 큰 수를 아는 것이 가능하다"고 언명할 것이다. 이에 비해 잠재성은 아기가 항상 2보다 큰 수를 모름에도 불구하고, 언급하고 계속 마주서고 있다는 것을 함의한다. 아기는 모르지만 결국은 알지도 모르는 2보다 큰 수에 계속 마주서서 2까지의 수를 센다. 따라서 잠재성은 알려고 하는 지향성을 함의한 가능성이다. 이러한 아기의 시점은 한정한다는 형식으로 나타낼 수 없다. 자연수는 무제한으로 이어지고 그것을 어른은 알고 있어서 그런 한에서 실재하는 것으로서 본다. 이때 아기가 아는 수를 1과 2로만 정의한다면 자연수의 전체를 아는 자만이 아기의 수 세계를 한정한다. 이 표현 속에서 아기는 2보다 큰 수와 전혀 무관하게 되고 아기의 지향성, 아기의 잠재성은 나타낼 수 없다. 아기의 잠재성은 기지(既知)와 미지(未知)를 범주가 다른 개념으로 하고 다시 그 접촉도 고려하지 않으면 나타낼 수 없다. 결국 아기의 세계야말로 국소적 의미론의 요체이다. 세계에 대해 부분적이면서 불완전하게 외부를 탐색, 언급하는 운동. 이것이야말로 국소적 의미론이 된다. 아기의 세계는 아기에게 있어 전체이면서 성장하는 전체이다. 성장하는 전체는 세계에 있어서 성장 가능하다. 즉, 성장하는 전체는 세계-내-존재로밖에 있을 수 없다. 이상의 형식화를 진행시키기 위해 아래에서 그 준비를 해보자.

2. 대역(大域)적 의미론으로서의 개념속

개념속

〈그림 14〉 오른쪽의 형식화에 있어서 나는 국소적 의미론을 동적 개념속에 의해 구성한다고 기술했다. 또, 형식논리에서 말하는 통사론과 동등한 의미론은 대역적 의미론이라고 기술했다. 동적 개념속은 대역적 의미론으로서 상정할 수 있는, (정적) 개념속의 대개념으로서 구상되었다. 그러므로 우선 개념속에 관해 간단히 기술하자(수학적인 상세한 설명은 부록 2를 참조할 것). 개념속은 이 책에서 되풀이해서 논한 내포와 외연의 쌍으로서 정의된 형식적 개념을 구성 요소로 하는 구조(속束)로 건터와 윌리[4]에 의해 제안되었다. 우선 속이란 원소 간에 순서관계가 정의된 집합으로 어떤 연산 조작(상한과 하한)에 관해 닫혀 있는 집합이다(상세한 설명은 1 부록을 참조할 것). 여기서 닫혀 있다는 것은 속에서 2개의 원소를 취해 와서 양자에 어떤 연산 조작을 적용했을 때 계산 결과로서 얻어진 1개의 원소도 또 해당 속에 속하고 있다는 것을 의미한다. 그런데 (분류) 개념은 우선 해당 개념이 존재하고 이것에 대해 두 규정으로서 내포·외연이 주어지지만 형식적 개념에서는 해당 개념, 그 이름은 필요 없다. 내포와 외

---

[4] B. Ganter & R. Wille, *Formal Concept Analysis : Mathematical Foundations*. Springer, 1996. 개념속이 처음 언급된 것은 B. Ganter, *Classification and Related Methods of Data Analysis*, ed. B. Hans-Herrmann, North-Holland, 1988, pp.561~566 등. 예컨대 최근의 시간 개념에 관한 응용 예로서 K. E. Wolff, "Concepts, States and Systems", ed. D. Dubois, *Computing Anticipatory Systems*, 2000, pp.83~97. 개념속은 다른 두 개의 카테고리 간의 첨가(adjunction)를 이용한다는 의미에서 추공간[chu space](V. Pratt, Proc. *Workshop on Physics and Computation, Phys. Comp.* 94, IDEE, 1994)이나 바와이즈(Barwise)의 정보 흐름(information flow)과도 서로 닮은 개념일 것이다.

	겹눈	6개의 다리	광합성
잠자리	X	X	
매미	X	X	
지네	X		
해바라기			X

연의 쌍 자체를 형식적 개념으로 정의하는 것이다. 이를 위해 우선 대상 집합과 속성집합을 정의하고 그 관계로서 정의된 세계(형식적 문맥)를 부여한다. 예컨대 대상집합으로서 {잠자리, 매미, 지네, 해바라기}를, 속성 집합으로서 {겹눈, 6개의 다리, 광합성}을 생각하자. 양 집합을 위와 같은 표로 만들어서 서로 관계가 있는 곳에 X표를 붙여 보자.

명백하게 잠자리는 겹눈을 가지고 있고 6개의 다리를 갖고 있으므로 표 안에서 서로 교차하는 위치에 X표가 붙여져 있을 것이다. 이 X표가 붙은 대상과 속성의 쌍의 집합이 속성집합과 대상집합 사이의 이항관계이고 이것에 의해 형식적 문맥이 정의된다. 여기서 우리는 곤충이라는 개념을 알고 있으므로 이 표 안에서 그것을 모아 보자. 대상에 관해 곤충은 {잠자리, 매미}이고 속성에 관해서는 {겹눈, 6개의 다리}이다. 전자는 곤충의 외연(개념의 적용 범위)이 되고 후자는 내포(개념을 나타내는 성격)가 되고 있다. 그러면 양자 간에 다음과 같은 관계가 보일 것이다.

외연의 어떤 원소도 각각 내포의 모든 원소를 만족하고 있고 역으로 내포의 어떤 원소도 각각 외연 전부를 만족하고 있다. 여기서 역으로 형식적 문맥만 주어져 있다면 상기 조작을 만족하는 대상집합과 속성집합의 쌍을 형식적 개념으로 정의할 수 있다. 예시된 형식적 문맥의 경우 이

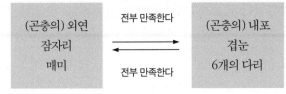

상의 관계를 만족하는 쌍은 다음이 전부다.

> ({잠자리, 매미, 지네, 해바라기}, 공집합)
>
> ({잠자리, 매미, 지네}, {겹눈})
>
> ({잠자리, 매미}, {겹눈, 6개의 다리})
>
> ({해바라기}, {광합성})
>
> (공집합, {겹눈, 6개의 다리, 광합성})

주어진 이념적 세계(형식적 문맥)에서는 이상 5개의 개념이 존재하게 된다. 여기서 주의할 것은 두 가지이다. 첫째는 형식적 개념쌍의 한쪽이 공집합이어도 개념으로서 인정한다는 점이다. (공집합, {겹눈, 6개의 다리, 광합성})에 관해 생각해 보자. 공집합은 원소를 가지지 않으므로 존재하지 않는 원소는 외연이 무엇이든 그 전부를 만족한다고 말할 수 있다. 역으로 {겹눈, 6개의 다리, 광합성}의 전부를 만족하는 대상은 존재하지 않으므로 공집합이 쌍이 된다는 것을 알 수 있다. 즉, 이 쌍은 앞에서 주어진 쌍의 정의를 만족하고 있다. 둘째로 외연으로 내포를 결정하든 그 역이든 정의를 만족하는 것 전부를 빠뜨리지 않고 모은 쌍만이 형식적 개념이라는 점이다. 한 원소로 이루어진 집합 {잠자리}는 {겹눈, 6개의 다리}를 모두 만족하지만 {겹눈, 6개의 다리}를 만족하는 대상 전부를 모은 것이 {잠자리}인 것은 아니다. 그러므로 ({잠자리}, {겹눈, 6개의 다리})는 개념은 아니다.

형식적 문맥에서 얻어진 개념의 집합에 순서관계를 정의한 것이 개념속이다. 속은 순서집합으로 어떤 연산 조작에 관해 닫힌 것이라 전술했지만 아래와 같이 순서집합을 정의하면 자동적으로 속이 된다. 형식적 개념의 순서관계는 개념쌍의 외연에 관한 포함관계로 정의한다. 즉, 한편의 개념이 다른 한편보다 크다는 것은 전자의 외연이 후자의 외연을 완전히 포함하는 경우이다. 순서관계는 집합의 모든 원소에 관해 결정되는 것은 아니다. 서로 순서관계가 정해지지 않은 원소가 존재한다는 것에 주의하라. 개념의 순서관계를 위일수록 크게 해서 선으로 묶어 도식화한 것이 하세 도표(Hasse diagram)라 불린다. 이것이 속의 구조를 그림으로 나타낸 것이다. 예로서 든 개념집합의 경우 하세 도표는 아래와 같이 된다. 바로 오각형의 각 정점에 개념이 위치하게 된다. 상하관계가 외연에 있어서 포함관계가 되어 있는 모양을 이해할 수 있을 것이다.

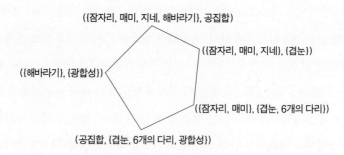

하세 도표를 보면 내포에 관해 바로 외연과 포함관계가 역으로 되어 있다는 것을 이해할 수 있다. 개념은 여기에 '첨가'를 성립시킨다(그

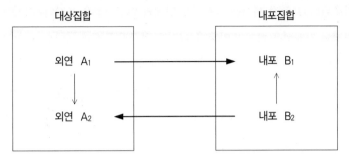

그림 15 개념쌍을 만드는 조작(굵은 화살표)이 구성하는 '첨가'. 세로 방향의 화살표는 포함관계를 나타내고 화살 앞쪽이 화살 뒤쪽보다 작다는 것을 나타내고 있다. 즉 여기서 첨가란 포함관계 $A_1 \supseteq A_2$ 에 대해 포함관계 $B_1 \subseteq B_2$가 일대일 대응으로 결정되는 것이다. 내포와 외연의 쌍 (A_1, B_1)와 (A_2, B_2)는 개념이다.

림 15). 어떤 외연에 대해 개념쌍이 되는 내포를 취한다. 이 내포보다 포함 관계상 작은 다른 개념의 내포를 취하고 그 개념쌍이 되는 외연을 보면 첫번째 개념의 외연보다 크다. 즉, 포함관계의 쌍이 대상집합 안과 속성집합 안에서 일대일로 존재한다. 바로 첨가 때문에 개념은 쌍이면서 외연/내포 둘 중 한쪽의 포함관계에 의해 순서관계를 정의할 수 있다.

이념적 세계가 형식적 문맥으로서 주어져 있을 때 이상의 방법에 따라 속을 구성할 수 있다. 얻어진 속은 세계를 분석적으로 나타내는 이론 혹은 그것과 동등한 의미론으로 해석할 수 있다. 이 책 1부 1장에서 접했 듯이 형식적 개념에는 무모순성과 분석성이 함의되어 들어간다. 무모순성은 각 개념에 있어서 내포와 외연의 보완적 쌍대성이다. 다시 말해 내포와 외연이 어긋남을 야기해서 개념을 구성하는 것은 아니다. 분석성은 개념들 간의 관계이고 개념들이 같은 내포 및 외연을 공유하는 경우는 없다. 이상의 성격은 개념쌍의 정의에서 유도된다. 즉, 개념에 의해 세계는 중복 없이 재단되고 분석된다. 양자의 성격에 의해 세계는 분석적이라고 간주된다. 분석적 세계는 정적이고 일체의 비일정성을 포함하지 않으며 변경의 잠재성을 가지지 않는다. 이것은 형식적 문맥과 개념속이 일대일로 대응한다는 것을 의미하고 형식적 문맥에서 얻어진 개념속에 의해 원래의 형식적 문맥을 재구성할 수 있다는 것을 의미한다. 이것은 개념쌍이 되어 있는 대상을 집합과 속성의 집합 사이에 X표를 붙여 용이하게 확인할 수 있을 것이다. 이제 다음으로 속을 의미론으로서 사용해 그 사용 방법을 기술해 보자.

의미론으로서의 속

'x+y'라는 계산식에서는 x나 y가 자연수냐 실수냐에 따라 계산식의 의미가 달라진다. 그래서 어떤 대상, 실수가 자연수인가 기호인가 하는 형(型)을 단언해서 계산의 실행을 정의한다.[5] 우리의 모델에서는 이 형과 같은 형태로 속을 사용한다. 우선 계산식은 속 다항식을 사용한다. 속 다항식은 상한($\vee$), 하한($\wedge$) 및 (^{c})을 연산 기호로서 포함하는 표현이다. 상한 $x \vee y$는 속의 원(元)인 x, y에 대해 x 및 y보다 큰 속의 원소 중에서 최소 원소를 의미한다. 하한 $x \wedge y$는 속의 원인 x, y에 대해 x 및 y보다 작은 속의 원소 중에서 최대의 원소를 의미한다. 다음 페이지 상단 그림과 같은 속으로 예시하자. 속에서는 최대원소, 최소원소를 그림과 같이 각각 1, 0으로 나타낸다. 이제 $a \wedge d$를 생각하면 a보다도 d보다도 작은 원소는 b와 0이고 그중에 최대인 것은 b라는 것을 알 수 있다. 즉, $a \wedge d = b$이다. 마찬가지로 $a \vee d = c$이다. 또 $0 \wedge e = 0$, $0 \vee e = e$이다. 부정 조작은 속의 한 원소에 대해 정의된다. 원소 x의 부정은 x^c로 표시되고 $x \wedge x^c = 0$, $x \vee$

---

5) 계산의 형(型)이라는 것이 하나의 예일 것이다.

$x^c = 1$을 만족하는 것으로 정의된다. 위에서 본 하세 도표의 예에서 a^c는 e, f 두 개 존재한다. 또, $0^c = 1$, $1^c = 0$으로 이 경우의 부정은 단 하나 존재한다.

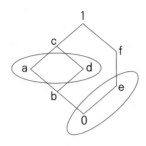

　이상과 같은 연산 조작을 포함하는 식, 속 다항식의 계산을 주어진 속 상에서 계산한다. 이때 우리가 보는 모델에서 특히 주목할 것은 부정 (否定)의 계산이다. 부정은 속의 구조에 입각해서 속의 모든 원소에 대해 존재하는 경우가 있으며, 존재하지 않는 경우도 있다. 전자를 만족하는 속을 상보속이라 한다. 그리고 부정이 단 하나로 결정되는 경우도 있고, 이러한 속은 분배속으로 되어 있다—분배속이란 해당 속의 임의의 원소 a, b, c에 대해 $a \wedge (b \vee c) = (a \wedge b) \vee (a \wedge c)$(분배율)이 성립하는 속이다. 의미론으로서의 속이 변화하는 경우 이렇게 각 원소에 관한 부정의 결정 방식이 변하게 된다. 이 차이는 이 장에서 구상된 현상론적 계산 모델에서 명시적으로 제시된다. 우리는 학습 과정으로부터의 유사성에 의해 이미지를 비트 열로 치환했다. 비트 열이란 0과 1로 구성된 기호 열이므로 배열에 있어서 값은 {0, 1}이라는 집합의 원소이다. 이 집합에서 속이라는 것을 용이하게 확인할 수 있고 상보 분배속이라는 것도 용이하게 확인할 수 있다. 상보 분배속은 불 대수(Boolean Algebra)라 불린다. 결국 현상론적 계산은 불 대수와 임의의 속 계산 사이의 상호 작용을 포함하는 계산이 된다.

계산할 수 있는 속 다항식은 가장 간단한 것을 생각한다면 0^c와 같은 표현이다. 이 표현에 나타난 0은 {0, 1} 불 대수의 원소이지만 여기서는 의미가 없는 통사론적 표현이다. 계산은 어디까지나 의미론으로서 상정된 속 상에서 실행된다. 표현 0^c의 계산이 {0, a, b, 1}라는 2^2-불 대수상에서 계산되는 경우를 생각해 보자(그림 16의 A). 우선 통사론적 표현의 0(흰 원소)은 2^2-불 대수상의 흰 원소로 대응된다. 즉, 0이라도 b라도 좋다(마찬가지로 1은 검은 원소로 대응되고 1이라도 a라도 좋다). 여기서 부정이 계산된다. 0에 대응된다면 그 부정은 1이고 b에 대응된다면 그 부정은 a가 된다. 부정을 계산한 후, 다시 {0, 1}에 대응된다. 이때도 또 2^2-불 대수상의 흰 원소는 0으로, 검은 원소는 1로 대응된다. 따라서 최종적으로 0의 부정은 1 단 하나로 결정된다.

이에 비해 의미론인 속이 분배속이 아닌 경우의 0^c의 계산을 생각해 보자(그림 16의 B). 이 경우도 비트 표현에서 의미론으로서 사용되는 속 상으로의 변환 및 그 역방향의 변환은 〈그림 16〉의 A와 마찬가지이다. 단, 이 경우 의미론으로서 사용되는 속의 어떤 원소에 대응할 때 0^c는 0의 경우와 1의 경우가 모두 가능하다. 통사론적 기호인 0이 우측 속에서 c에 대응되는 경우를 생각해 본다. 여기서 그 부정을 취해야겠지만, 부정의 정의에 의해 명백하게 a도 b도 그 부정이다($a \wedge c = 0$, $a \vee c = 1$이고, 또 $b \wedge c = 0$, $b \vee c = 1$이다). 따라서 이들을 재차 비트 표현으로 되돌리면 0의 경우와 1의 경우가 함께 존재한다. 이러한 모순은 우측 속을 아무리 백색, 검은색으로 양분해도 해소되지 않는다(단, 통사론적 기호 0을 우측의 속에서 0에 대응시키면 그 부정은 1 단 하나로 결정된다). 즉, 의미론으로서 〈그림 16〉의 B와 같은 속을 채용하면 0의 부정이 1이 아닌 0인 경우도 존재하고 계산으로서 모순이 내재한다.

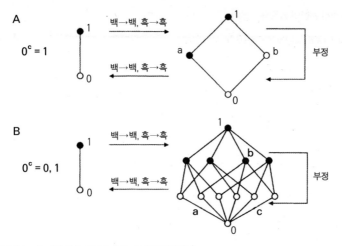

그림 16 속 다항식을 다양한 속들 상에서 계산한다.

A : 2^2-불 대수상에서 계산하고 비트 열로 되돌리는 경우. 0의 부정은 2^2-불 대수의 어떤 원소에 대응해서 부정을 다시 취해도 1 하나로 결정된다.

B : 분배속이 아닌 속 상에서 계산하고 비트 열로 되돌리는 경우. 0의 부정은 0과 1 양자 모두 취할 수 있다.

이 책에서는 이상과 같이 속을 의미론으로서 사용한다. 단, 속은 처음에 기술한 개념속으로 구성된다. 경험적으로 규정된 세계가 대상집합과 속성집합 간의 이항관계로 준비되어 여기서부터 불완전한 탐색에 의해 개념속이 구축된다. 이 불완전한 탐색이야말로 프레임 문제에 노출되면서 진행되는 계산 과정의 열쇠이다. 다음으로 이것을 설명해 보자.

3. 국소적 의미론, 아기의 시점

성장하는 전체와 잠재성

세계를 대상집합과 속성집합 사이의 이항관계로서 정의하는 한 세계는 가능성의 범주와 관련되어서 파악된다. 이 위에서 우리는 가능성이 한정

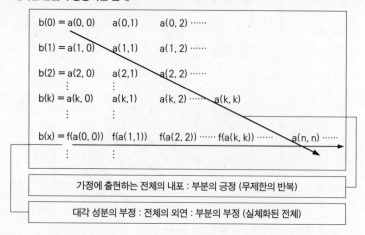

그림 17 대각선 논법에서 보이는 전체 개념의 내포와 외연과의 모순. 기호 b(k)는 실수, a(k, j)는 1이나 0으로 b(k)의 우측 기호 열은 그 2진 전개를 나타낸다. 함수 f는 0을 1로, 1을 0으로 대응한다. 대각 성분을 f로 대응시킨 것을 b(x)라 표기하고 있다.

되지 않도록 그리고 세계 내에 존재하는 관측자의 지향성이 언급되도록 잠재성을 회복해야만 한다. 이 책 1부 2장 2절에서 '확장된 과학'으로 논한 세번째 전체, 성장하는 약한 전체를 사용해 잠재성을 회복시킬 수 있다. 우리가 세계 내에서 성장하는 전체로서 유의한 것은 대각선 논법에서 이용된 전체 개념이었다. 이 상황을 〈그림 17〉로 정리해 두자. 우리가 주목했던 출발점은 대각선 논법의 전체 개념은 개념인가 하는 점이었다. 대각선 논법에서는 셈해진 각 무한 열이 실체로서 규정된다. 이것은 전체의 구성 요소인 부분으로서 규정된다. 이것을 모은 것이 전체 개념의 내포였다. 집합론에 있어서 내포-외연의 규정에서 보면 원소를 열거하는 것은 외연이다. 그러나 대각선 논법에서 열거되는 무한 열은 부분이고 전체 개념의 외연(적용된 대상)은 아니다. 그러므로 열거된 부분에 의해 규정된 전체는 전체 개념의 내포인 것이다.

결국 전체 개념의 내포는 각 부분을 긍정해서 모은 것이다. 이에 비해 외연은 전체 개념 외부에서 그 적용 범위를 규정해야만 한다. 즉, 내포적으로 규정된 각 부분의 집합을 전망하고 대상화해야만 한다. 이 조작이 바로 대각 성분을 어긋나게 취하는 조작이다. 다음과 같이 보다 간명하게 기술할 수 있을 것이다. 전체 개념의 내포란 대상화된 무한 열(그림 17의 가로열) 전체(표의 세로 방향)를 조망하는 것이므로 표의 대각 성분을 취하는 것으로 나타낸다. 이에 대해 외연은 내포적으로 규정되는 전체를 대상화하는 것이므로 열거된 어떤 무한 열과도 다르도록 대각 성분을 가공한 것이 된다. 여기서 서로 구별 가능한 무한 열만이 실체로 규정되어 있기 때문이다. 그렇게 실체화된 전체는 역시 부분인 어떤 대상(무한 열)과도 다르기 때문에 다른 무한 열과 마찬가지로 대상으로서의 위상을 가지고 〈그림 17〉과 같이 가로 열로 배열된다. 그러면 결국 대각 성분과 가로 열로서 배열된 전체 개념의 외연은 그 교점에서 모순된다. 즉, 대각선 논법의 모순이란 바로 내포와 외연의 모순인 것이다.

대각선 논법에서는 대각선 논법을 이용하는 수학자도 세계-내-존재이기에 전체 개념이 세계 내에서 성장하는 전체가 된다. 수학자와 분리된 형태에서의 대각선 논법 그 자체는 모순으로 귀결되지만, 수학자를 포함한 현상론적 계산과 같은 의미에서의 현상론적 증명은 결코 모순에 봉착되는 일 없이 진행한다. 그러므로 칸토어는 대각선 논법을 경유해서 가산 무한과 실무한의 무한에 관한 계층성을 구성할 수 있었던 것이다.[6] 따라서 우리에게는 대각선 논법을 사용하는 수학자까지 고려한 대각선 논

6) P. J. Cohen, *Set Theory and the Continuum Hypothesis*, W. A. Benjamin, 1966.

법에 있어서의 전체 개념을 형식화할 필요가 있다. 수학자까지 고려할 때 상정되는 세계는 〈그림 17〉의 표가 전부가 아니다. 증명의 외부에도 세계는 펼쳐져 있는 것이다. 즉, 전부를 전망하고 내포적 전체를 대상화/외연화한 경우에조차 내포적 전체의 외부에(내포적 전체를 상정한) 관측자가 사는 세계가 펼쳐져 있으므로 전체 개념의 외연은 결코 내포와의 모순에 봉착하지 않는다. 여기에야말로 현상론적인 증명을 진행하는 수학자에 의한 불완전하고 부분적인 탐색의 함의가 있고, 현상론적 증명의 함의가 있다.

현상론적 계산 과정의 모델에서는 이러한 불완전한 탐색을 개념속의 구성에 있어서 정식화한다. 대각선 논법이 담지하는 내포와 외연의 모순에 접근하는, 그러나 결코 봉착하지 않는 관계는 첫번째로 세계(이항관계)를 탐색하는 조작으로서, 두번째로 이항관계의 계층성으로서 두 개의 요소로 나눠져 구성된다. 그리고 최종적으로 관계하는 계층적 이항관계 내에서 개념쌍이 탐색되고 불완전 개념속이 구축되는 형태로 종합된다. 우선 첫번째 탐색 조작을 정의하자. 앞 절에서 기술한 형식적 개념은 대상집합의 부분집합에 대해 그 모든 원소와 관계가 있는 속성집합의 원소를 빠뜨리지 않고 모아 이 대상집합의 부분(외연)과 속성집합의 부분(내포)의 쌍을 개념으로 해서 정의했다. 따라서 해당 대상인 대상집합 부분의 전체를 전망하고 이항관계 전체를 전망한다는 조작이 여기에 포함되어 있다(이 '모든'이라는 조작은 전칭 양화사 ∀로 표기된다). 우리는 이 전체 개념을 재구성한다. 현상론적 대각선 논법과 같이 전체를 전망하는 조작과 그 부정이 동시에 채용되어, 모순에 빠지기 직전에 있으면서 모순에 빠지지 않고 진행되는 과정으로서 불완전한 탐색을 구성하는 것이다. 이것은 〈그림 18〉과 같이 정의한다. 우선 대상의 부분집합이 주어져 있다고

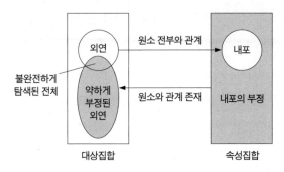

그림 18 대상집합의 부분집합(외연으로 표기)에 대해 부분적이고 불완전하게 그 전체에 대처하는 조작. 외연의 모든 원소와 관계가 있는 속성을 모아 내포를 취하고 그 부정을 결정한다. 이 내포의 부정의 원소와 하나라도 관계가 존재하는 대상집합의 원소를 모아, 최초의 외연과의 '교집합'을 취한다. 이 교집합 부분만을 해당 외연에 있어서의 '전체'로 생각하는 것이다.

하자. 이것은 아직 개념쌍은 아니므로 외연은 아니지만 임시적으로 외연이라 부르기로 한다. 이 외연에 관한 전체를 외연의 원소 전부가 아니라 아래와 같이 정의한다. 우선 외연 원소 전부와 관계하는 속성을 모아 이 것을 내포라 하고 다음으로 속성집합 내에서 이 내포의 부정(보補집합)을 취해 이 내포의 부정 원소와 하나라도 관계가 있는 대상을 모아 이것과 최초로 주어진 외연과의 교집합을 취한다. 이 교집합 부분을 주어진 외연에게 있어서의 (불완전한) 전체로 정의하는 것이다.

주어진 대상 집합에 대해 이렇게 전체를 취하는 방식을 불완전한 탐색이라 부른다. 그리고 불완전한 탐색을 채용해서 외연에 대응하는 내포를 결정한다. 즉, 내포는 외연을 불완전한 탐색 아래에서 본 원소 전부와 관계가 있는 속성의 집합이라 정의된다. 이것을 원래의 내포와 구별해서 의(擬)내포라 부르기로 한다. 이렇게 눈앞의 집합에 관한 전체가 불완전하게 됨으로써 세계(이항관계) 전체에 관한 불완전한 탐색이 구성된다. 대각선 논법은 바로 '전체이자 전체의 부정'을 채택한다. 전자가 전체의 내포이고 후자가 전체의 외연이었다. 이것에 비해 불완전한 탐색은 어떤 대상의 집합 s의 전체를 's 그리고 s쌍의 부정의 쌍'에 의해 정의한다(여기서 쌍이란 대상에 대한 속성의 집합, 속성에 대한 대상의 집합을 의미한다). 관측하는 집합에 대해 '첨가' 쌍을 상정 가능한 다른 집합이 외부에 상정되어 거기서 부정이 취해져 되돌려진다(단, 되돌리는 조작은 모든 원소와의 관계가 요청되는 것이 아니라 하나라도 관계가 존재하면 된다는 점에 주의하라). 대각선 논법 자체는 모순으로 귀결된다. 그러나 현상론적 대각선 논법은 전체를, 이른바 성장시킨다. 전체의 부정을 긍정적으로 부가함으로써 전체는 성장을 함의하게 된다. 이때 전체의 외부가 함의되어 전체와 전체의 부정은 다른 범주에 있다고 상정된다. 우리가 구성한 집합 s의 전체는 외연과 내포라는 다른 범주에 있어서 s와 그 부정을 취하기 때문에 성장하는 전체와 마찬가지로 모순에 봉착하지 않는 것이다.

보다 직관적으로 불완전한 탐색에 의한 약한 전체, 세번째 전체를 검증하자. 여기서 대상의 집합을 A라 하면,

A의 불완전한 전체 ⇔ A 내에서 A의 전부가 가지지 않는 속성을 하나라도 가진 대상

으로 정의됨에 주의하라. 예컨대 A = {자동차, 오토바이}라고 하자. 또, 이때 세계 전체는 이하의 형식적 문맥으로 정의되어 있다고 하자.

여기서 A 전부가 갖지 않는 속성(A 전부가 가진 속성의 부정)이란 {걸터앉다, 먹다, 난방}이고 이 가운데 하나라도 속성을 가지는 대상을 생각하면 오토바이가 '걸터앉다'와 관계하고 있다. 즉, A의 불완전한 전체는 {오토바이}로 규정된다. 따라서 A의 불완전한 전체에 관해 탐색된 의내

	달리다	연료소비	걸터앉다	먹다	난방
자동차	X	X			
오토바이	X	X	X		
스토브		X			X
말	X		X	X	

포는 {달리다, 연료 소비, 걸터앉다}가 된다. 불완전한 전체는 아기가 보는 전체와 같이 전부를 다 탐색하지 않고 임기응변식으로 그 극히 일부를 볼 뿐으로, 전부를 본 셈으로 취급되는 전체이다. 중요한 점은 이 불완전한 임기응변식의 탐색을 형식화하는 경우 그 형식화하는 것은 어른의 객관적 시점이라는 점이다. 그러므로 세계 전체를 전망할 수 없는 아기의 시점을 형식화함에 있어 아기의 눈앞에 있는 대상만이 아니라 세계에 존재하는 모든 완전한 탐색을 정의하는 것이다. 그것은 현실의 아기가 전망하고 있는 것은 아니다. 불완전한 전체를 탐색할 뿐인 아기가 항상 스스로의 미지를 기지로 바꿀 수 있는 잠재성을 가지고 있는 그 양상에 대한 표현으로서 정의되는 것이다. 그렇다. 현상론적 대각선 논법은 내포적 전체와 그 부정을 범주가 다른 전체로 규정함으로써 탐색한 기지 외부를 미지로 바꾸려고 하는 잠재성을 스스로 가질 수 있는 것이다. 이리하여 간단한 이항관계로서 주어져서 기호적 조작으로서 정의된 탐색이 가능성의 범주가 아니라 잠재성의 범주를 담지하게 된다. 관측대상인 A 이외의 것이 가지는 속성을 고려함으로써 A의 불완전한 탐색이 정의된다는 것은 결국 A 이외의 것도 알 수 있을지도 모른다는 잠재성의 표현인 것이다.

불완전한 탐색에 의해 개념은 쌍(외연, 의내포)으로 정의된다. 바야

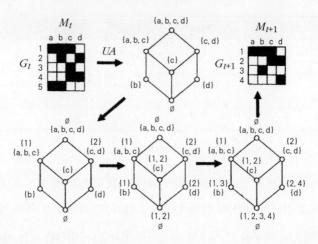

그림 19 대상집합(G)과 속성집합(M)의 관계(검게 칠해진 부분의 쌍의 전체)에서 불완전한 탐색에 의해 의내포(알파벳을 원소로 하는 집합)를 원소로 하는 개념속이 작성되어 내포-외연 간의 첨가를 회복하도록, 즉 (외연, 의내포) 쌍이 첨가를 가지도록 외연(숫자를 원소로 하는 집합)을 재구성한다. 최종적으로 완성된 개념의 쌍을 만족하도록, 대상과 속성 간의 관계를 바꿔 만들 수 있다. 이렇게 이항관계가 계속 변화하기 때문에 대상집합, 속성집합에는 시간을 나타내는 첨자 t가 붙여져 있다.

흐로 쌍(외연, 내포)이 가지고 있던 '첨가'는 존재하지 않는다. 그 대신에 세계(이항관계) 자체가 첨가를 회복하도록 바꿔 쓰인다. 이 조작은 〈그림 19〉와 같이 정의된다. 우선 주어진 대상집합(G_t), 속성집합(M_t) 사이의 관계를 사용(상단 왼쪽 그림의 검게 칠해진 사각형이 나타내는 쌍의 집합이 이항관계이다), 불완전한 탐색에 의해 (외연, 의내포) 쌍을 개념으로 한 불완전 개념속이 성립된다(상단 중앙, 상세한 것은 부록 3을 참조하라). 여기서 속의 원소에 붙여진 알파벳이 의내포이며, 예컨대 abc는 {a, b, c}의 생략형이다. 상대되는 외연은 상단 중앙에서 생략되어 있다. (외연, 의내포)는 (외연, 내포)와 같은 〈그림 15〉에 나타난 '첨가'를 가질 수 없다. 그래서 의내포와 〈그림 15〉 같은 관계를 가질 수 있는 의내포의 쌍을 새로운 외연으로서 다시 만드는 것이다. 그러기 위해서는 〈그림 19〉에 나타나듯이 의내포의 최대원에 대응하는 외연을 공집합으로 하고 이하 포함관계를 만족하고 하세 도표상에서 구별된 속 원소가 구별되도록 외연을 결정하면 된다. 〈그림 19〉 하단 왼쪽과 같이 공집합의 바로 아래, 분기해서 구별된 속 원소에 관해서는 외연으로 구별하고 대상 원소 1, 2를 배분한다. 다음으로 하단 중앙에 나타나듯이, 포함관계를 만족하도록 모든 하위 원소에는 1, 2가 외연요소로서 배분된다. 마찬가지의 조작을 속 원소가 외연으로 구별되기까지 계속한다. 속 원소가 최종적으로 외연만으로 구별 가능하게 되면(그림 19의 하단 오른쪽), 얻어진 (외연, 내포) 쌍이 새로운 대상집합, 속성집합 간의 관계를 보여 주게 된다.

따라서 불완전한 탐색에 의해 불완전 개념속을 만들 때 다시 한번 만들기 시작하면 계속 변화하는 것은 어쩔 수 없게 된다. 그런데 나는 대각선 논법을 불완전한 탐색과 계층적 이항관계로 분배하고 그다음 총합한다고 기술했다. 다음으로 두번째 계층적 이항관계에 관하여 기술해 보자.

계층적 문맥과 분배율에 관한 계층성

현상론적 계산 과정에 있어서 아기의 시점에서 탐색되는 세계(형식적 문맥)는 객관적인 어른의 세계인 듯 주어진다. 즉, 객관적 세계는 모든 흑백이 결정 가능한 세계로 세계의 복잡함은 단순히 조합의 다수성에서만 구해진다. 이러한 세계는 정적이며 진화, 생성, 창발 등은 존재할 수 없다. 그렇기 때문에 아기의 시점, 불완전한 탐색에 의해서만 생성이 계기한다. 그런데 흑백을 결정할 수 있는 일체의 모호함을 배제한 형식적 세계는 배중률(참/거짓의 중간 형태를 인정하지 않는 법칙)을 만족하는 속으로 표현할 수 있다. 또, 그러한 세계에서는 어떤 의미치(속의 원소)의 부정은 단

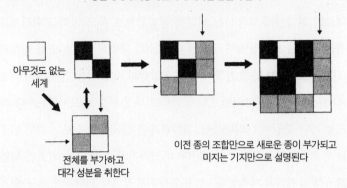

아무것도 없는
세계

전체를 부가하고
대각 성분을 취한다

이전 종의 조합만으로 새로운 종이 부가되고
미지는 기지만으로 설명된다

그림 20 불완전한 탐색이 구동되는 장소, 계층적 이항관계의 정의. 상단에 제시되었듯이 대상, 집합이 한 행, 한 열씩 부가된다(회색으로 나타나 있다).

하나로 결정된다. 그러므로 우리는 이념적이고 일체의 오류를 포함하지 않는 논리세계로서 상보 분배속, 즉 불 대수를 채용할 것이다. 불 대수에서 가장 간단한 것은 {0, 1}이라는 2-불 대수이다. 이것을 개념속으로 해서 귀결되는 형식적 문맥을 계층적 세계의 최하층으로 정의한다. 최하층의 형식적 문맥(이항관계)은 그러므로 대상이라는 이름의 한 요소로 구성되는 대상집합과 속성이라는 이름의 한 요소로 구성되는 속성집합 사이의 관계=공집합으로 정의된다. 이 이념적 세계에는 이름밖에 존재하지 않고 그 사이에 관계는 존재하지 않는다(그림 20 왼쪽). 이때 개념의 집합은 ({대상}, 공집합)과 (공집합, {속성})뿐이라는 것을 쉽게 확인할 수 있을 것이다. 형식적 문맥의 계층성은 〈그림 20〉과 같이 정의된다. 두번째 계층의 형식적 문맥은 첫번째 계층의 모든 대상과 관계가 있는 새로운 속성 및 모든 속성과 관계가 있는 새로운 대상을 부가하는 것으로 구성된다(그림 20 하단). 〈그림 20〉 내에서는 부가된 관계를 회색으로 나타내고

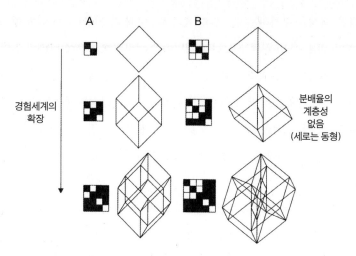

그림 21 계층적 이항관계. 그 확장은 〈그림 20〉에 따른다. 개념(외연, 내포)을 원소로 해서 개념
속을 구성하는 한, 이항관계의 확장은 속의 구조에 본질적 변경을 주지 않는다.
A : 개념속은 모두 불 대수. B : 개념속은 모두 상보 모듈러속.

있다. 원시적인 공집합=이항관계로부터 얻어진 이항관계(그림 20 하단)
는 〈그림 20〉 상단 왼쪽에서 두번째 이항관계와 같다는 것에 주의하라.
이하 마찬가지로 보다 하위의 모든 대상과 관계가 있는 속성 및 모든 속
성과 관계가 있는 대상을 새롭게 부가하고 새로운 계층에 위치하는 이항
관계를 정의한다.

 구성된 계층적 이항관계는 상위로 갈수록 복잡함을 증가시키고 있
다. 단, 그 복잡함은 정적인 원래의 (외연, 내포) 쌍으로 정의된 개념으로
본 한에서의 복잡함이고, 단순한 조합으로서 증가하는 복잡함이다. 조합
적 복잡함이란 양적인 복잡함이다. 따라서 부가된 속성, 대상은 항상 기
지의 조합으로 환원되는 것이다. 이것은 〈그림 21〉에서 제시된다. 이항관
계로서 제시된 것은 세로 방향으로 각각 〈그림 20〉에서 제시한 방법으로

대상, 속성을 부가하는 데 지나지 않는다. 이때 각 이항관계에 대응하는 (외연, 내포) 개념을 원소로 하는 개념속을 이항관계 우측에 나타내고 있다. 〈그림 21〉의 A의 속은 원소수가 2, 2^2, 2^3개인 불 대수이다. 따라서 어느 것이나 배중률을 만족하는 상보 분배속이고 논리적인 구조는 모두 같다. 또 〈그림 21〉의 B는 상보 모듈러속이라 불리는 것으로 서로 동형이다. 이 경우도 이항관계의 확장이 논리 구조에 본질적 변화를 주고 있지 않다.

계층적 이항관계도 또한 현상론적 대각선 논법의 표현이다. 새롭게 구축된 이항관계는 항상 기존의 대상을 모두 긍정하는 속성의 부가에 의해 얻을 수 있다. 단, 상관적으로 부가되는 대상은 부정한다(그러므로 〈그림 20〉에서 부가된 행, 열의 교점은 관계가 존재하지 않는다). 부가된 속성에서 봐서 부가된 대상은 속성 전부를 긍정해서 구축된 '전체'이다. 따라서 부가된 대상의 부정은 속성에 있어서 전체의 부정이다. 결국 여기서 정의한 대상, 속성의 부가 방식은 '전체'와 '전체의 부정'을 아우르는 것이고 그로써 전체를 성장시키고 있다. 전체와 그 부정의 합은 집합론에 있어서 성장을 함의하지 않는다. 그러나 여기서는 전체를 규정하는 데 있어서 내포와 외연의 범주를 구별하고 있다. 결국 전체의 외부도 상정해 전체의 적용 범위(외연)를 지정하는 장소가 존재하기 때문에, 전체와 전체의 부정이 구별되어 양자의 합이 성장을 함의한다.

현상론적 대각선 논법에서는 전체와 전체의 부정을 다루는 범주(위상)가 구별된다. 불완전한 탐색, 세번째 전체 개념에서는 양자의 교집합이 취해지고 계층적 이항관계에서는 양자의 합이 얻어진다. 양자를 총합하고 계층적 이항관계 내에서 불완전한 탐색을 행해서 불완전 개념속을 구성할 때 분배율의 계층성이 출현한다. 〈그림 22〉의 A는 계층적 이

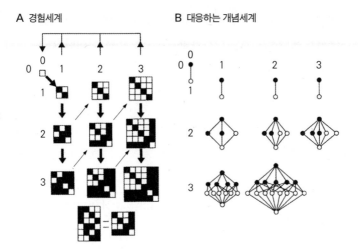

A 경험세계

B 대응하는 개념세계

그림 22 A : 계층적 이항관계로서 정의된 세계. B : 각 이항관계에서 (외연, 의내포)를 요소로
해서 얻어진 개념속.
각 위치는 A의 이항관계의 위치에 대응한다. 이 개념속에서 이항관계를 재구성하면 가는 화살
표로 나타냈듯이 천이(遷移)한다. 얻어진 개념속은 오른쪽 상위(上位; 그림에서는 아래쪽)로 갈
수록 분배율이 무너져 간다. 계층을 더욱 증가시킬 때 개념속은 분배율에 관한 계층성을 나타
낸다.

항관계이다. 왼쪽 위에 최하층이 위치하고 왼쪽 열 아래로 갈수록 조합적
복잡성이 증가하고 있다. 그러나 이것들에 불완전한 탐색을 행하여 (외
연, 의내포) 쌍을 요소로 하는 불완전 개념속을 구성하면 〈그림 22〉의 B
의 왼쪽 세로열과 같이 된다. 이것들은 하위만이 불 대수고 다른 것은 분
배율이 성립하지 않는 모듈러속이 되고 있다. 〈그림 22〉의 A 내에서 굵
은 화살표는 이항관계의 확장을 나타낸다. 이에 비해 가는 화살표는 (외
연, 의내포)-불완전 개념속에서 '첨가'를 회복하도록 재구성된 이항관계
로의 이행을 나타내고 있다. 〈그림 22〉의 A의 세로 3, 가로 1(이것을 (3, 1)
이라 표기한다)에 위치하는 이항관계를 주면, 불완전 개념속은 〈그림 22〉
의 B의 (3, 1)이 되고 여기에서 A의 이항관계(2, 2)가 얻어진다. 또한 (외

연, 의내포)-개념에 의해 불완전 개념속 (2, 2)가 얻어져 이하 이항관계(1, 3)→불완전 개념속(1, 3)→이항관계(0, 0)로 변천한다. 어디서부터 출발해도 최종적으로 이항관계 (0, 0)으로 돌아간다.

계층적 이항관계는 〈그림 22〉보다도 계층을 증가시킬 수 있다. 이때 하층(그림 22에서는 위쪽)에서 상위(그림 22에서는 아래쪽)로 감에 따라서 분배율이 적용되는 범위가 속 내에서 좁게 되어 가는 계층성이 출현한다. 모든 속은 상보속(부정이 존재하는)이지만 하층에서 차례로 분배속→비분배·모듈러속→비모듈러·온모듈러속이라는 순서로 분배율이 약해져 가는 것이다. 〈그림 16〉에서 제시한 의미론으로서의 속의 사용 방법을 상기한다면 상위 계층일수록 부정이 0인지 1인지 결정할 수 없는 경우가 증가한다. 자발적인 오류가 증가해 가는 것이다.

분배율에 관한 중요한 논점을 제시해 두자. 속의 분배율은 a∧(b∨c) = (a∧b)∨(a∧c)였다. 분배율은 병렬처리가 순차적 처리로 치환 가능하다는 것을 나타내고 있다.[7] 우변에서 a가 두 번 나타나고 있다는 점에

---

7) K. Svozil, *Randomeness & Undecidability in Physics*, World Scientific, 1993에서는 분배율과 복사(copy) 가능성의 관련에 대해 언급하고 있다.

R. F. C. Walters, *Category and Computation*, Cambridge Univ. Press, 1991에서는 원시 귀납함수를 분배 카테고리(곱product, 쌍대곱coproduct, 시始대상, 종終대상이 존재하고 product와 coproduct 사이에 분배율이 존재하는 카테고리)로 정의한다. 이때 분배율은 $A \times (B+C) = (A \times B) + (A \times C)$로 표시된다. 여기서 B 및 C를 일점(一點)집합 {*}로 정의하자. {*}+{*}는 좌성분과 우성분을 구별하는 직합(直合) 집합으로{(*, 0), (*, 1)}이므로 본질적으로 서로 구별된 2원소 집합, $B = \{0, 1\}$과 같다. 이것에 분배율을 적용하면 $A \times (B+C) = A \times (\{*\}+\{*\}) = (A \times \{*\}) + (A \times \{*\}) = A + A$를 얻는다. 최후의 동형은 A의 원소에 하나하나 {*}를 병치해도 그것은 A의 원소와 다르지 않기 때문이다. 결국 $A \times B$라는 직적이 $A + A$라는 직합으로 치환된다. 계산론에 있어서 직적상의 계산은 공간적으로 다른 장소의 계산이 병렬적으로 동시에 진행하는 것을 의미한다. 예컨대 어떤 장소에서 2+3 = 5라는 계산이, 다른 장소에서는 4×5=20이라는 계산이 진행되는 것이다. 이것에 비해 직합상의 계산은 계산을 시간적으로 할당하는 스위치를 의미한다. 우선 어떤 계산을 실행하고 이것이 끝난다면 다른 계

주의하라. 여기서 ∧b와 ∧c를 관측 조작, a를 관측 대상이라 생각하자. 또, x∨y를 x와 y를 어떤 의미에서 평균을 취하는 조작이라 생각한다. 이 때 분배율의 좌변은 두 관측 조작을 아울러 하나의 조작으로 하도록 조작을 한 번만 대상으로 시행하는 것을 의미한다. 이에 비해 우변은 우선 하나의 조작을 대상으로 행하고 다음으로 두번째 조작을 행해서, 두 결과를 평균하는 것을 의미한다. 그러므로 후자에서는 대상의 상태가 완전히 확정 가능하고 복사 가능하다는 것을 함의한다. 그 때문에 a가 두 번 출현하는 것이다. 상태를 확정함이란 어떤 바탕을 가진 개체 즉 토큰을 타입으로서 확정하는 것이다. 이 상태 확정이 완전하다는 것은 바탕을 가진 것에 대한 관측이 한순간에 가능하다는 것이다. 즉, 관측에 시간은 걸리지 않는다고 가정되어 있다. 이런 한에서 다수의 요소로 이루어진 배열적으로 진행되는 어떠한 상호 작용에서도 각 요소의 상태는 한순간에 확정된다. 이때에 한해서 동시적=병렬적 상호 작용은 우선 첫번째 상호 작용이 계산되고 다음으로 두번째 상호 작용이 계산되는 순차적 처리로 치환할 수 있다. 즉 분배율은 상태의 완전한 확정을 함의하고 상태를 복사 가능하다고 가정하기 때문에, 원리적인 병렬 처리를 순차적 처리로 치환할 수 있다고 하는 것이다.

분배율이 성립하는 속은 상태의 완전한 확정을 의미하기 때문에 초월적이고 완전한 관측자의 이미지로 파악할 수 있다. 이것은 완전한 세계

산을 실행하게 된다. 따라서 분배율이 존재하는 계산은 병렬 처리를 스위치로 해서 순차적 처리로 치환 가능케 한다. 이것은 동시에 진행하는 병렬 계산 처리가 완전히 확정[同定]되고 복사(copy)되기 때문에 일시적으로 기억 가능하고, 그러므로 시간적으로 순서를 가질 수 있다는 것을 의미한다.

Y.-P. Gunji & H. Higashi, "The Origin of Universality : Making and Invalidating a Free Category", *Physica* D 156, 2001, p.283.

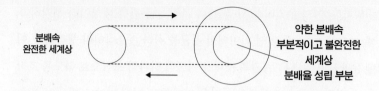

그림 23 분배속과 약한 분배속(비분배 모듈러 등)의 상호 작용으로서 구성된 부분적이고 불완전한 관측자의 관측행위.

상이다. 소박하게 생각한다면 부분관측자의 이미지란 이러한 완전한 세계상 내에서 한정되는 부분이라고 생각할 수 있을 것이다. 그러나 사태는 오히려 반대다. 부분적이고 불완전한 세계상은 자신이 가진 완전한 세계상을 세계의 일부에 지나지 않는다고 하는 이미지이다. 그러므로 완전한 세계상을 스스로의 세계상의 일부로 간주하는 이미지야말로 부분적이고 불완전한 세계상이다. 〈그림 23〉과 같이 분배속과 분배율이 부분적으로밖에 성립하지 않는 속의 상호 작용은 부분적이고 불완전한 관측을 하는 자가 스스로 자리하고 있을 완전한 세계를 상정하면서(관측자는 세계의 부분), 그러나 완전한 세계를 상정할 수 있는 한에 있어서 완전한 세계를 스스로 거두어들이는(완전한 세계는 관측자의 이미지의 부분) 양자 간의 어긋남을 나타내게 된다.[8]

이것으로 준비는 끝났다. 다음 절에서는 기초적 세포자동자(cell au

---

8) 郡司ペギオ-幸夫·伊東敬祐·貞岡久里, 『本機械学会誌』 97(906), 1994, p.610. Y.-P. Gunji, H. Sadaoka & K. Ito, "Inter—and intra—cellular computation model based on Boolean vs non-Boolean inconsistency", *Biosystems* 35, 1995, pp.213~217 및 Y.-P. Gunji, K. Ito & H. Sadaoka, "Bootstrapping system defined by inconsistent relation between Boolean and non-Boolean logic", *Applied Mathematics and Computation* 79, 1996, pp.43~98에서는 부정에 관한 근거의 부재를 동기로 해서 불 대수와 하이팅(Heyting) 대수가 혼효한다고 설명하고, 그 위에서 시간 발전을 양자 간의 상호 작용으로 구성했다.

tomaton)의 속 다항식을 통사론적 프로그램으로 간주하고 국소적 의미론 내에서 계산하자. 그때 프레임 문제적 계산 실행 환경을 고려하지 않는 계산 과정에서는 결코 보이지 않았던 계산의 이미지가 떠오른다.

4. 현상론적 계산의 힘

세포자동자에의 구현

지금까지 설명해 온 국소적 의미론의 구조틀을 이용해 현상론적 계산 과정을 실제로 계산기로 계산해 보자. 독자는 의심할지도 모른다. 계산 과정의 실행 환경이 결코 분리될 수 없는 '열린 실행 환경' 내에서의 계산이란 계산기 사용자도 포함한 환경으로서의 계산이다. 그것을 계산기 내부에 프로그램으로서 봉해 넣는 것 자체가 난센스는 아닌가 하고 말이다. 하지만 그렇지 않다. 계산기 프로그램 자체가 계산기 사용자와 분리되어 있지 않다. 프로그램에 봉해 넣는 것이 난센스라는 논의는 이 분리를 전제로 하지 않으면 성립하지 않는다. 그러한 비판은 난센스이다. 그러면 역으로 현상론적 계산을 생각할 필요도 없는 것인가 하면 그렇지는 않다. 계산기 프로그램이 물질이나 '사물', 세계에서 유리된 가상적 세계라는 오류는 뿌리 깊다. 이것에 대해 분리되어 있지 않은 양상을 강조하는 계산 프로그램은 사람을 포함한 계산 실행 환경과 계산기 프로그램의 관련, 더 자세하게 말하자면 프로그램을 사용하는 사람의 결과에 대한 발견적 해석도 부분적으로 대신하고 지원하는 프로그램으로서 사용할 수 있다. 이러한 방법론=존재론으로서의 현상론적 계산은 극히 개별적으로 유용한 것이다.

통사론적 계산 프로그램으로서 여기서는 기초적 세포자동자[9]의 속 다항식 표현을 이용하기로 하자. 기초적 세포자동자란 각 위치에 0이나 1을 분배한 1차원 기호 열(비트 열)을 다른 비트 열로 변환하는 천이규칙이다. 이 천이규칙은 각 위치의 기호를 그 위치와 그 양 이웃 기호, 총 세 상태에 의해 결정론적으로 변화시킨다. 각 위치에 각자 관측자가 앉아 있다고 하자. 각 위치의 상태는 0이나 1이므로 각 관측자가 관측하는 자신과 양 이웃이 구성하는 가능한 입력쌍은 (왼쪽, 자신, 오른쪽)으로 표시하면 $(0,0,0)$, $(0,0,1)$, $(0,1,0)$, $(0,1,1)$, $(1,0,0)$, $(1,0,1)$, $(1,1,0)$, $(1,1,1)$의 총 여덟 개의 상태가 존재한다. 이 각각에 대해 '자신'이 0이나 1 중 어느 쪽으로 변화하는가를 정의하면 하나의 세포자동자가 정의된다. 그러면 여덟 상태에 대해 0이나 1 중 어느 쪽인가를 결정하는 것이므로 가능한 규칙의 수는 2^8=256개 존재한다는 것을 알 수 있다. 예컨대 $(0,0,0)$과 $(1,1,1)$에 대해서만 '자신'을 1로 바꾸고 그 외의 상태에 대해서는 '자신'을 0으로 하는 규칙을 정하면 이것이 하나의 개별적 자동자가 된다. 이렇게 규칙이 정해지면 모든 위치에서 동시에 이 규칙을 적용하고 비트 열을 변환한다. 예컨대 (0) 0011 (1)이라는 비트 열이 주어졌다고 하자. 괄호에 들어간 좌단의 0과 우단의 1은 경계 조건으로 비트 열과는 독립적으로 주어진다. 여기서 0011의 왼쪽에서 첫번째에 위치하는 자신에게 있어서 입력쌍은 $(0,0,0)$이다. 이하 오른쪽으로 감에 따라 입력쌍은 $(0,0,1)$, $(0,1,1)$, $(1,1,1)$이 된다. 그러므로 정의된 규칙을 동시에 적용할 때 0011은

---

9) 1차원 세포자동자에 대해서는 다음을 참조하라. S. Wolfram, "Statistical Mechanics of Cellular Automata", *Reviews of Modern Physics* 55, 1983, p.601. S. Wolfram, "Universality and Complexity in Cellular Automata", *Physica* D 10, 1984, p.1.

240 II부 나의 의식이란 무엇인가

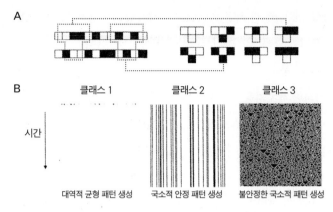

A

B

클래스 1   클래스 2   클래스 3

시간

대역적 균형 패턴 생성   국소적 안정 패턴 생성   불안정한 국소적 패턴 생성

그림 24 A : 기초적 세포자동자의 규칙(오른쪽)과 비트 열 변환에 있어서 그 동기(同期)적 적용 (왼쪽). B : 기초적 세포자동자의 행동에 의한 분류. 가로 방향으로 늘어선 비트 열의 변화를 세 로 방향으로 순차적으로 나열, 시간 발전을 나타내고 있다. 검은 점이 1, 흰색이 0을 나타낸다.

1001이라는 비트 열로 변환된다. 이 조작을 되풀이함으로써 비트 열의 시간적 변화가 표시된다. 모든 기초적 세포자동자를 다 조사하면 규칙은 그 작동에 따라 세 그룹으로 크게 나눌 수 있다(그림 24).[10] 각각 1차원공

---

10) 자동자의 세 그룹은 초등적[初等的] 세포자동자에 의한 것으로 상태 수를 증가시키거나 국 소적 상호 작용의 수를 증가시킨다면 클래스는 4개가 된다(S. Wolfram, "Universality and Complexity in Cellular Automata"). 새로운 클래스 4는 카오스적 작동과 안정된 국소적 패 턴을 왔다 갔다 하는 작동을 나타내고 카오스 근방부의 임계현상이라 말해진다. 실제로 랭 턴은 어떤 매개변수를 설정해서 그것에 의해 세포자동자를 일차원적으로 배열하면 매개변 수 공간이 좌우로 클래스 1이나 2를 나타내는 구조상(相), 클래스 3을 나타내는 카오스상 으로 나뉘어, 그 사이에 위치하는 자동자가 클래스 4가 됨을 제시하고, 클래스 4가 카오스 근방부의 임계현상이라는 것을 증명했다. 단 이러한 이미지는 모든 시간 발전이 세포자동 자에 의해 쓰여지고 거기에는 일체의 내부관측적 선택이 개재하지 않는다고 생각하는 경 우에 한한다. Y.-P. Gunji & S. Toyoda, "Dynamically Changing Interface as a Model of Measurement in Complex Systems", *Physica* D 101, 1997, p.27에서는 시스템의 시간 발 전을 항상 분기 데이터를 루프로 해서 규칙화하고 이것을 스스로 적용해서 진행한다고 정 의했다. 이 경우 데이터를 무한분기=루프로 하기 때문에 시스템에 있어서의 관측 데이터 는 끊임없이 관측 방법을 규정하는 규칙으로 변화한다. 단 이 자기결정은 불완전한 것으로

간 방향으로 균질한 패턴을 만드는 규칙이 클래스 1, 국재화한 패턴을 만
드는 규칙이 클래스 2, 자기상사적이고 복잡한 패턴을 만드는 규칙이 클
래스 3이라 불리고 있다.

이러한 세포자동자의 현상론적 계산을 나타내 보자. 이미 한 번 〈그
림 14〉에서 나타낸 모식도를 참조해 주었으면 한다. 이것에 따라 현상론
적 계산의 프로그램이 구성된다. 여기에서 프로그램이 세포자동자의 속
다항식이 된다. 예컨대 어떤 천이규칙 : (왼쪽, 자신, 오른쪽)=$(0, 0, 0)$ 또
는 $(1, 1, 1)$일 때만 '자신'을 1로 바꾸고 그 이외의 경우는 0으로 한다. 이
경우 속 다항식은,

다음 시각의 '자신'=(왼쪽^c∧자신^c∧오른쪽^c)∨(왼쪽∧자신∧오른쪽)

으로 표시된다. 이 식에 (왼쪽, 자신, 오른쪽)=$(0, 0, 0)$을 대입하면 다음
시각의 '자신'=$(0^c ∧ 0^c ∧ 0^c) ∨ (0 ∧ 0 ∧ 0) = 1 ∨ 0 = 1$이 되고 0을 출력하는
(왼쪽, 자신, 오른쪽)=$(0, 0, 1)$을 대입하면 $(0^c ∧ 0^c ∧ 1^c) ∨ (0 ∧ 0 ∧ 1) = 0 ∨$
$0 = 0$이 됨이 확인될 것이다. 단 우리는 이 계산을 그때마다 만들어지는
국소적 의미론하에서 계산한다. 이 계산의 구체적인 모식도를 〈그림 25〉
로 나타내자. 여기서 주어진 속 다항식은 직전에 예시한 것이다. 즉, 어떤
프로그램은 스스로 고정되어 시간 발전 속에서 일체 변화하지 않는다. 이
규칙을 $\{0, 1\}$ 불 대수상에서 계산한 결과가 〈그림 24〉 클래스 3으로 예시

여기에 선택이 들어간다. 이러한 시스템은 매개변수 공간을 설정해 보아도 상전이는 확인
되지 않고 오히려 모든 매개변수 영역에서 임계현상적 작동이 나타난다. 따라서 카오스의
가장자리와도 같은 작동은 어떤 특이한 영역이 선택되는 결과가 아니라 다수를 선택하면
서 계산하는 과정에 있어서 보편적인 작동이라는 이미지가 여기에 출현한다.

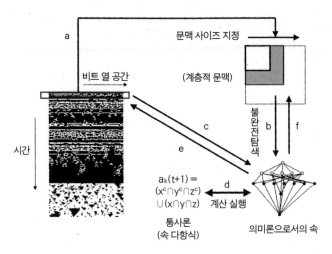

그림 25 기초적 세포자동자 : 다음 시각의 '자신'=(왼쪽^c∧자신^c∧오른쪽^c)∨(왼쪽∧자신∧오른쪽)의 현상론적 계산. 알파벳이 있는 화살표는 실제 계산 과정을 나타내고 있다. 상세한 설명은 본문을 참조할 것.

되고 있는 것이다. 그 패턴은 복잡하다고 해도 반복된다는 인상을 주기에 충분한 것이다. 이에 대해 〈그림 25〉에서 제시한 시간 발전 패턴은 계산의 시행 환경(국소적 의미론)이 계속 변화하는 것으로 그 작동을 계속 바꾼다. 구체적으로는 이하의 계산 과정이 프로그램에 구현되어 있다.

첫번째로, 주어진 비트 열을 실수화하고 이것에 의해 문맥 사이즈 확장의 규모가 지정된다(그림 25의 a). 여기서 문맥 사이즈란 〈그림 22〉의 A에서 제시한 계층적 이항관계의 원소수이다. 각 시간 단계(step)에서 이전에 결정된 이항관계가 존재하고 있다. 이 기존의 이항관계를 기점으로 해서 대상 및 속성을 새롭게 몇 개 부가하고 문맥 사이즈를 확장하는 것이다. 부가 방법은 전술했듯이 〈그림 20〉에 따른다. 단, 문맥의 지정은 〈그림 22〉의 A가 최상단에 위치하는 이항관계일 때만 확장이 허용된다. 따라서 이항관계의 천이는 사이즈의 확장(그림 22의 A 굵은 화살표)으로 항상 행해지는 속(束)에서 문맥으로의 천이(그림 22의 A 가는 화살표)에 따라 진행하게 된다. 또, 사이즈의 확장은 다섯 요소의 대상 및 속성까지 허용되므로 〈그림 22〉의 A보다도 많은 요소를 가진 개념속이 출현하고 분배율에 관한 계층성에도 보다 많은 계층이 허용된다. 특히 〈그림 22〉의 시간 발전 계산에서는 비트 열의 계량 엔트로피(entropy)[11] (0.0에서 1.0 사이의 실수)가 계산되어 그것에 의해 문맥 사이즈가 지정되어 있다. 두 번째로 이렇게 결정된 이항관계를 불완전하게 탐색하고 (외연, 의내포)- 개념을 원소로 하는 불완전 개념속이 결정된다(그림 25의 b). 세번째로 비트 열의 값쌍(値對), (왼쪽, 자신, 오른쪽)이 불완전 개념속상의 원소로 주어진다(그림 25의 c). 비트 열의 값이 0일 때는 속상[上]의 흰 원소의 어딘가로, 1일 때는 검은 원소의 어딘가로 무작위(random)하게 주어진다. 속 원소의 흑백 구별은 각 속마다 미리 결정되어 있다(단, 전술했듯이 부정의 비결정성은 이 흑백 구별 방법에 의하지 않고 필연적으로 출현한다). 네번째로 이 속상에서 (왼쪽, 자신, 오른쪽)에서 자신이 속상의 어떤 원소로 변환되는지는 속 다항식에 따라 계산된다(그림 25의 d). 다섯번째로 네번째 조작에서 얻어진 속 원소로서의 새로운 '자신'이 비트 열로 재변환된다(그림 25의 e). 이때 속 상의 흰 원소는 0으로, 검은 원소는 1로 변환된다. 이리하여 비로소 비트 열 변환의 계산이 완료된다. 그리고 최후로 불완전 개념속의 '첨가'를 회복하도록 이항관계가 재구축된다(그림 25의 f). 이상의 조작이 반복되는 것으로 비트 열 변환이 계기한다.

---

11) 기호 열에서 혼잡함의 정보를 끄집어내는 양. 예컨대 0과 1로 구성되는 1차원 비트 열에서는 우선 단위 길이를 결정하고 이 단위 길이에서 출현하는 어떤 배열 k의 출현확률 P(k)를 계산하여 P(k) log P(k)를 모든 가능한 배열에 관해 총합을 취해 단위 길이로 나눠 규격화한다. S. Wolfram, "Universality and Complexity in Cellular Automata".

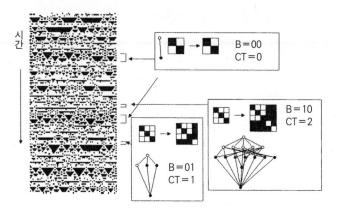

그림 26 기초적 세포자동자 현상론적 계산의 시행열. 〈그림 25〉와 계산 방법은 마찬가지지만 문맥 사이즈의 지정을 경계 조건(단 주기적 경계 조건)만으로 행하고 있기 때문에 변화하는 이항관계에 변형태[variation]가 적다. 사각형 내에 제시되어 있는 것은 지시된 시간 부위에서 사용된 이항관계(화살표 뒤쪽)와 경계 조건(B), 그것에 의해 사이즈(CT는 사이즈를 바꾸기 위해 부가되는 행, 열 수를 나타낸다)를 바꿀 수 있는 이항관계(화살표 앞)와 거기서 얻어진 개념속이다. 이 개념속상에서 속 다항식이 계산된다. 속 다항식은 〈그림 25〉의 계산과 같다.

시간 발전 패턴은 〈그림 25〉에 나타냈듯이 끊임없이 계속 변화하지만 그래도 잠정적인 안정성을 갖는다. 그리고 어느 순간 돌연 변화하는 작동이나 공간 전역이 동기(同期)해서 변화하는 작동의 출현을 본다. 이러한 복잡한 작동은 의미론이 끊임없이 변경되는 것의 결과이다. 단, 복잡함의 정도는 이항관계의 사이즈를 어디까지 확장하는가에도 의존한다. 전술했듯이 계층적 이항관계는 분배율에 관한 계층성을 야기한다. 〈그림 25〉의 계산에서는 문맥 사이즈의 확장을 꽤 크게 취하고 있다. 이에 비해 〈그림 26〉에서는 비트 열이 문맥 사이즈를 경계 조건만으로 지정하고 있다. 그러므로 지정의 변형태(variation)는 좌우 경계의 조합, (0, 0)에서 (1, 1)의 4가지밖에 없다. 이런 한에서 문맥 사이즈의 확장은 확장하지 않는다는 지정을 포함하면 속성, 대상을 3개 부가하는 데 머문다. 그러므로 국소적 의미론으로서의 속의 변형태는 소수(少數)로, 그 경로가 〈그림 25〉에 제시된 복잡한 작동은 〈그림 26〉에서 제시한 시간 발전에서 확인되지 않는다. 그러나 그래도 이 패턴의 부단한 변화에는 어떤 의미가 포함되어 있다. 현상론적 세포자동자의 계산은 통상의 {0, 1}-불 대수상에서 계산하는 세포자동자에 대해 경로의 변경이나 건너뜀(skip)을 실현하고 있다. 통상의 세포자동자는 결정론적 규칙이기 때문에 주어진 비트 열을 변환하는 데 있어서 가능한 다음 상태 비트 열의 종류를 결정하는 것은 경계 조건뿐이다. 즉, 경계 조건의 종류에 의해 비트 열의 변환 계열은 분기한다. 이 분기도 안을 경계 조건에 따라 진행하는 과정이 통상적인 세포자동자의 시간 발전이다. 만약 분기가 모두 2분기라고 가정하면 최초에 오른쪽으로 진행한 궤도가 오른쪽 분기의 속에서 점프해서 왼쪽 분기의 속으로 변경되는 일은 없다. 또, 도중의 분기 과정을 건너뛰어서 수 단계(step) 앞의 비트 열로 도달하는 일도 없다. 그러나 현상론적 세포자동자의 계산은 그러한 과정을 계속 실현한다. 이 경로의 변경이나 건너뜀이 의미하는 바는 무엇인가. 이제 이것에 관해 고찰할 수 있도록 계산을 전개해 보자.

약해진 트레이드 오프 원리

현상론적 계산이란 프레임 문제에 노출되면서도 경계 조건을 그때마다 '결정해 버리는' 계산 과정이라 정의된다. 이러한 현상론적 계산이라는 논의와 접속 가능한 논의로서 물리 현상으로서의 계산이나 생물학적 계산(예컨대 DNA 컴퓨팅)을 들 수 있을 것이다. 물리 현상으로서의 계산은 입자의 충돌 과정을 계산으로 간주하는 것으로 실현된다. 여기서는 충돌 현상을 계산으로 보게 해버리는 행위(어떤 종류의 관측 과정)에 가역적 물리계와 불가역적 계산 과정의 인터페이스를 발견하려는 목적이 있다.[12] 입자의 충돌을 완전 탄성 충돌로 하면 이것은 가역이다. 충돌 후의 상태에서 운동의 방향을 역으로 하면 충돌 이전의 상태를 복원할 수 있다. 그러나 계산은 일반적으로 비가역이다. $x \wedge y$의 계산을 $\{1, 0\}$-불 대수로 계산하면 $0 \wedge 0 = 0 \wedge 1 = 1 \wedge 0 = 0'$, $1 \wedge 1 = 1$이다. 즉, 계산 결과(우변)만을 보고 계산 이전(좌변)의 값을 복원할 수 없다. 그래서 이 입자의 충돌을 계산이라 간주하기 위해 입자가 운동하는 공간의 다양한 장소에서 입자의 궤도를 변환하는 게이트를 준비하고, 특정 장소에서만 입자의 통과를 관측해서 통과하는지 여부에 따라 계산 결과를 얻는 구조를 부여해 두는 것이다. 이것이 당구공 계산기이다. 이 경우 관측자는 공간 전체를 전망할 수 있는 전능한 초월적 관측자로 상정된다. 따라서 전부를 전망할 수 없는 불완전한 관측이라는 형식에서의 현상과 인식의 접점은 많은 경우 논의되지 않는다.

　생물학적 계산의 경우 특히 DNA 컴퓨팅[13]의 발상도 입자 충돌 계산과 같은 유에 속한다. 계산 담지자를 입자 대신에 DNA로 하고 이 천이 과정을 계산으로 간주할 수 있도록 치환을 잘 정의하는 것이다. 그러나 계산이라 간주하는 장치의 불완전함을 적극적으로 발견하려는 시도도 있었다. 그것을 지향한 것이 마이클 콘래드이다.[14] 그는 단백질을 계산 담

---

12) 당구공의 충돌을 계산기로서 사용하려는 최초의 논문은 N. Margolus, "Physics-like Models of Computation", *Physica* D 10, 1984, p.81. 관련 서적으로서는 다음을 든다. T. Toffoli & N. Margolus, *Cellular Automata Machines*, The MIT Press, 1987.

13) L. M. Adleman, "Molecular computation of solutions to combinatorial problems", *Science* 266, 1994, p.1021. 상세한 것은 3장 1절을 참조하라.

14) M. Conrad, *Current in Modern Biology*, Now in *Bio Systems* 5, 1972, p.1. 단백질을 이용해 계산기를 만든다는 발상은 대략 같은 시기에 러시아의 리버만에 의해서도 얻어졌다.

지자로 간주하는 계산기를 지향했다. 예컨대 효소 반응은 단백질의 복잡한 입체 구조를 이용하고 두 개의 단백질이 각각 열쇠와 열쇠구멍의 관계를 활성 부위로 이용 가능할 때 진행한다. 이 과정은 '사물'이 가진 공간 구조가 서서히 접근하고 다소의 변형을 동반하면서 계산을 진행한다는 의미에서 촉지(觸知) 과정이라 불리고 있다. 이 책의 용어법을 사용한다면 토큰으로서의 계산이다. 다른 한편 논리 계산은 모두 타입으로서의 계산이다. 세포 내에서 타입이란 단백질이 응집해서 얻는 이후의 기능이다. 기능은 환경 속에서 발휘되는 '사물'이 아닌 특성이기 때문이다. 콘래드는 생체계 내에서 타입으로서의 계산이 토큰으로서의 계산을 매개하여 진행한다는 점에서 계산의 불완전함을 읽어 내고 거기서 진화적 계산 개념을 발견하려고 한 것이다. 그는 그러한 의미에서의 생물학적 계산 과정은 통상 프로그램화 가능한 계산(타입으로서만 진행하는 계산)과 다를 가능성이 있다고 기술하고 있다.

계산을 입자의 충돌로 생각할 때 입자의 분포가 계산값에 해당한다. 이때 계산의 만능성과 효율에 관해 배타율이 성립할 것이라고 콘래드는 주장했다.[15] 이것은 트레이드 오프[한쪽을 추구하면 부득이 다른 쪽을 희생해야 하는, 이율배반적인 관계(물가 안정과 완전 고용의 관계 등)] 원리라 불린다. 입자가 이상 기체와 같이 충돌을 반복하면 모든 분포를 편력할

두 사람은 뒤에 공동연구에 들어갔다. E. A. Liberman, S. V. Minina, O. L. Mjakotina, N. Shklovsky-Kordy & M. Conrad, "Neuron Generator Potentials Evoked by Intracellular Injection of Cyclic Nucleotides and Mechanical Distension", *Brain Research* 338, 1985, pp.33~44. 또 이러한 발상의 연장선상에 뇌=계산기라는 발상이 있다. S. R. Hameriff, *Ultimate Computing : Biomolecular Consciousness and Nanotechnology*, Elsevier-North Holland, 1987.

15) M. Conrad, *The Universal Turing Machine : A Half-Century Suvey*, ed. R. Herken, Oxford Univ. Press, 1987.

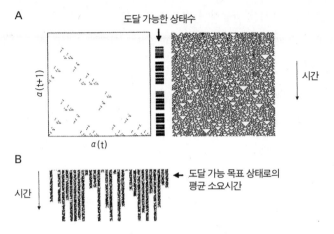

A

도달 가능한 상태수

a(t+1)

시간

a(t)

B

시간

← 도달 가능 목표 상태로의
평균 소요시간

그림 27 A : 어떤 세포자동자의 만능성. 오른쪽에 제시된 시간 발전에 있어서 비트 열을 십진
법으로 두고 0.0에서 1.0 사이의 실수를 부여하고 있다(a(t)). 모든 가능한 비트 열을 부여할 때
a(t+1)로 얻어지는 비트 열의 모든 비트 열에 대한 비율이 만능성이 된다.
B : 다양한 초기 상태에서 출발해서 어떤 상태로 도달하기까지의 시간 발전 예. 이것을 모두 가
능한 초기치에서 계산하고 평균해서 그 목표로의 효율이 계산된다. 또한 가능한 골에서 평균할
때 세포자동자의 효율을 계산할 수 있다.

것이다. 즉, 어떠한 계산 결과도 얻을 수 있으므로 계산의 만능성은 극히
높다. 그러나 어떤 상태(goal)에 도달하기까지의 시간을 생각한다면 그
것은 확률적이므로 극히 장시간을 요할 것이다(효율이 낮다). 역으로 특
수한 목표에 단시간에 도달하는 상호 작용을 상정한다면 다양한 상태로
는 도달하지 않고 만능성이 희생케 되는 것이다. 이것은 우리도 일상생활
에서 자주 체험해 보았을 것이다. 나이프는 종이를 자를 수도 있고 포크 대
신으로도 사용할 수 있는 극히 만능성이 높은 도구다. 하지만 와인 마개
를 따기 위해 코르크를 부술 수도 있고 코르크 따개로서의 효율은 나쁘
다. 이에 비해 와인 병따개 전용 도구는 해당 용도에 관해 효율이 높지만
만능성은 낮다.

그래서 이 계산 만능성과 효율에 관한 트레이드 오프 원리의 존재 양식을 통상의 세포자동자 계산과 세포자동자의 현상론적 계산과 비교해 보자. 실제로 트레이드 오프 원리는 구체적으로 계산해서 체험되고 있지 않다. 그래서 세포자동자의 계산 만능성과 효율을 아래와 같이 정의했다. 어떤 세포자동자가 주어져 있다. 여기서 모든 가능한 비트 열에서 출발할 때 이 규칙에 따른 변환에서 도달 가능한 비트 열의 종류가 몇 개인지 센다. 모든 가능한 상태에 대한 도달 가능한 상태의 비율을 이 세포자동자의 만능성이라고 정의한다(그림 27의 A). 다른 한편 어떤 세포자동자에 있어서 모든 가능한 초기 상태에서 도달 가능한 어떤 상태(goal)로 도달하기까지의 시간을 계산하고 전체를 평균한다. 이것이 해당 목표에 대한 효율이 된다. 또한 이것을 도달 가능한 목표로 평균한 값을 이 세포자동자의 계산 효율이라 정의한다(그림 27의 B).

정의된 계산 만능성과 계산 효율을 모든 세포자동자(256개의 규칙)에 관해 그림으로 나타낸 것이 〈그림 28〉에서 희게 표시한 원이다. 예컨대 (왼쪽, 자신, 오른쪽)의 모든 가능한 상태에 대해 0을 출력하는 규칙은 그림 속의 왼쪽 하단에 위치하고 있다. 이 규칙은 어떠한 초기 상태에서 출발해도 모두 0으로 이루어진 기호 열로서밖에는 출력되지 않는다. 그러므로 만능성은 극히 낮다. 그러나 이 경우 도달 가능한 상태란 모두 0으로 이루어진 기호 열뿐이고 거기서는 어떠한 초기 상태에서 출발해도 1 계산 시간 단계(step)로 도달하기 때문에 효율은 최고로 높다. 이에 비해 경계 조건을 조절하면 모든 비트 열에 도달 가능한 규칙도 존재한다. 이 경우 만능성은 가장 높지만 효율은 대단히 낮고 그림 내의 위치는 오른쪽 상단이 된다. 모든 자동자에 관해 개관하면 어떤 만능성에 시점을 고정할 때 효율에 변이가 있지만 그 위치에서 가장 효율이 높은 자동자를 선

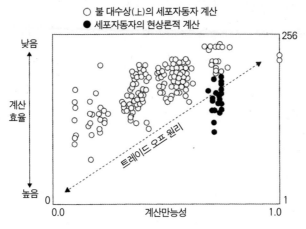

그림 28 {0, 1}-불 대수상에서 계산한 세포자동자의 계산 만능성과 효율의 배타적 관계 및 마찬가지로 현상론적 계산에 의한 양자의 관계 비교. 비트 열은 8비트로 계산하고 있기 때문에 어떤 상태로의 도달하는 최대 소요시간(가장 효율 낮은)은 모든 상태를 편력하는 경우에는 $2^8 = 256$이 된다.

택해도 보다 만능성이 낮은 위치에서 최고의 효율을 가지는 자동자의 효율을 상회하는 것은 아니다. 그러므로 만능성과 효율에 관한 트레이드 오프 원리를 명료하게 간파할 수 있다. 즉 〈그림 28〉에서 각 계산 만능성의 값으로 가장 높은 효율을 가지는 자동자의 흰색 원을 선으로 묶어 얻은 꺾어진 선이 트레이드 오프 원리를 나타내고 있다. 이것에 대해 현상론적 계산의 결과는 검은 원으로 제시되고 있다. 여기서는 256개 전부의 규칙에 관해 계산은 하고 있지 않지만 대칭적 규칙 (왼쪽, 자신, 오른쪽)의 입력쌍을 좌우 교체해도 출력은 변화하지 않는 규칙으로 (왼쪽, 자신, 오른쪽)=(0, 0, 0)=1을 만족하는 32개 규칙에 관해 전부 계산하고 있다. 이쪽 결과는 통상의 세포자동자의 계산에 비해서 만능성이 어느 정도 높음에도 불구하고 효율이 그다지 떨어지지 않는다. 적당히 만능성이 높은 계산이 실현되어 있다.

생물 시스템에서 효율을 가지면서도 적당한 만능성을 보존하는 것은 계속 변화하는 환경 내에서 살아가기 위한 중요한 방도이다. 기계적으로 너무 특화된 기능은 약간의 환경 변화에도 대처할 수 없기 때문이다. 이 장에서 논한 현상론적 계산 모델에서는 통사론적 프로그램에 관해서는 변화를 허용하고 있지 않다. 그러나 그럼에도 가역성을 가지면서 효율적인 계산이 실현된다. 물론 모델에 조금 손질을 가해 통사론적 프로그램도 변화하는 현상론적 모델을 구축할 수 있다. 이 경우 항상 가역적이면서 프로그램까지 변화시키는 시스템, DNA가 변화하는 생물 시스템과 같은 시스템을 구성할 수 있을 것이다. 이때 환경과 거기에 놓인 생물의 너무나도 부단하고 밀접한 상호 작용 때문에 획득형질이 유전하는가, 하지 않는가 하는 논의는 원리적으로 결정 불가능한, 또한 어떻게 되든 좋은 논점이 될 것이다. 나는 생물이 기계가 아니라고 주장하고 있는 것은 아니다. 생물은 열린 환경 내에서 끊임없이 경계 조건을 결정해 버릴 수 있는 기계이고 가역성을 가지면서 효율적인 것은 그 때문이라고 말하고 있는 것이다. 경계 조건 그 자체는 타입이지만 "경계 조건을 결정해 버릴 수 있는 것"은 토큰이다. 타입과 토큰이 끊임없이 생성되어 결과로서 혼효하기 때문에 이 과정은 창발이라고 인지되는 것을 항상 잠재시킨다.

창발의 예로서 수학 '0'의 기원을 재고해 보자.[16] 0의 등장 이전에 사람들은 세는 것을 전제로 1이나 2를 셈했다. 이 전제까지 언급할 때 '셀 수 없는' 것을 기호화하고 '셀 수 없음'을 세는 '0'이 발명=발견될 수 있었다. 이러한 설명만으로 끝난다면 대부분의 사람이 자각하지 않는 '세다'

---

16) 郡司ペギオ-幸夫・東英樹・野村拟作, 「創発性と記号の起源」, 『数理科学』 436, 1999, p.13.

의 전제로까지 생각이 미친 한 사람의 천재가 출현하지 않는 한 0은 발명되지 않았을 것 같다. 그렇지 않다. 천재라는 어떤 특수한 조건으로 환원하지 않고도 0의 발명은 '세는' 조작에서 불가피하게 출현한 것이다. 여기서도 1이나 2를 상기하는 경우에조차 끊임없이 타입적 인지와 토큰적 지각이 혼효하는 현상론적 계산 과정이 의미를 갖는다. 0의 등장 이전 1을 세는 찰나, 1과 2를 더하면 3이 된다는 기계적 조작으로서 1의 타입이 의식될 것이다. 이와 동시에 이러한 타입적 1을 상기할 수 있게 하는 토대로서의 경계 조건 즉 토큰이 동시에 생성되고 있다. 그것은 예컨대 모래밭을 상정하고 모래산을 한 개 만들어 내서 인식되는 구체적 개체로서의 1이다. 양자의 혼효가 있어서 비로소 1이 사용된다. 따라서 이 토큰에 있어서 '모래산을 만들지 않을 가능성'은 항상 잠재하고 있다. 처음부터 모래산이 있는 것이 아니라 1을 세는 찰나 모래산을 만드는 한에 있어서 1이라는 '사물'이 출현하는 것이므로 '셀 수 없다'는 가능성으로서 있는 것이 아니라 잠재하고 있는 것이다. 이 논의는 1의 토큰이 만들어지는 모래산이 아니라 미리 개체로서 있는 1개의 자갈이어도 상관없다. 1개의 자갈은 1을 세는 찰나 선택되어 그 존재가 발견=구성되는 것이기 때문이다. 여기에 비로소 경계 조건이 주어지는 것이 아니라 스스로 선택되고 결정되어 버린다는 함의가 있다. 스스로 생성하고 있기 때문에 전제의 더욱 외측의 세계가 함의되고 선택을 가능케 하는 세계의 존재가 함의되고 있다. 이 세계 내에 존재하기 때문에 경계 조건의 생성, 선택이 가능케 된다. 그렇기 때문에 전제에 대한 언급, 회귀는 0 등장 이전 1을 세는 찰나에도 항상 잠재하고 있다. 따라서 세는 것의 외부로 언급하고 이것을 개체화하는 것으로 나타나는 0의 발명=발견은 셈 행위의 어떤 단계에도 잠재한다. 0의 발명=발견은 특수한 조건(천재)으로 환원되는 것이 아니고 불가피한 것이다.

현상론적 계산에서 본 뇌

뇌=현상론적 계산 과정이라는 모델은 의식과학의 다양한 문제에 통찰을
줄 것이다. 예컨대 뇌장애(대부분은 우뇌의 두정엽이나 측두엽의 장애)에
의해 생기는 편측 무시(片側無視)라는 증상이 있다.[17] 이 증상을 보이는
사람들은 사물의 좌측에 주의를 기울일 수 없다. 눈앞의 그릇에 쌓여 있
는 샐러드를 좌측만을 남기고는 전부 먹었다고 주장한다. 거울을 보고 혼
자 화장하는 여성은 얼굴의 우측만 화장한다. 그러나 그들은 상으로서의
사물이 보이지 않는 것은 아니다. 〈그림 29〉의 A와 같은 두 개의 집 그림
을 그들에게 제시하고 "당신이 산다면 어느 쪽의 집이 좋습니까?" 하고
물어본다. 그들은 각각의 집의 좌측을 무시하고 있으므로 양자를 같다고
생각한다. 그러므로 똑같은 이상한 질문을 한다고 되물으면서도 불타고
있지 않은 쪽의 집을 선택한다. 두 집 그림의 위치를 바꾸어도 역시 불타
고 있지 않은 집을 선택한다. 그래서 "같은 집인데도 왜 저쪽을 선택합니
까?" 하고 물으면 그들은 다양한 이유를 꾸며 내서 "왜냐면 이쪽이 지붕
이 튼튼할 것 같으니까" 등의 대답을 한다. 물론 두 집 그림에 그러한 차
이는 없다.

　편측 무시는 당초 좌측이 완전히 보이지 않는다고 생각되었다. 적어
도 뇌내에서 구성되는 시각 영상지도(은유적인 표현에 지나지 않는다)가
결손되어 있을 것이라고 생각되었다. 그러나 불타는 집의 실험은 이른바

---

17) 편측 무시에 관한 최초의 불타는 집 실험은 J. Marshall & P. Halligan, "Blindsight and
　　Insight in Visuo-spatial Neglect", *Nature* 336, 1988, p.766.

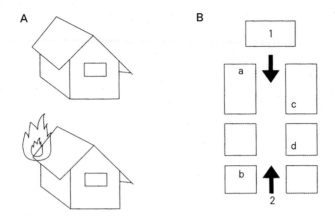

그림 29 A : 편측 무시 실험을 위한 불타는 집 사례. B : 풍경을 1에서 보는가 2에서 보는가에 따라 편측 무시 환자에게서 무시되는 왼쪽은 다르다. 그들은 심상 풍경으로서 전체를 파악할 수 있지만 좌우를 역으로 상기해 버린다.

'보이고 있지만 보이지 않는' 양상을 비춰 내고 있다. 이 때문에 지도는 정확하지만 지도의 어디를 보는지 주의를 향하는 것에 관한 기능 장애라 생각되기에 이르렀다.[18] 편측 무시는 대부분의 경우 우뇌의 손상으로 좌측이 무시되는 증상을 띤다. 이 경향에는 이론도 있지만 외관의 기능 장애라고 설명되고 있다. 사물을 볼 때 그 좌측은 양안의 망막 우반구로 들어가서 우뇌로 통하고 있다. 그러므로 우뇌의 손상은 시각대상 좌측의 결여로 통한다는 것이다. 문제는 좌뇌의 손상도 같은 정도로 존재할 터인데도 그 경우 편측 무시가 나타나지 않는 것은 왜인가 하는 것이다. 우선 우뇌 손상의 경우를 생각해 보자. 여기서 뇌내 영상은 어느 쪽의 뇌에서도 만

---

18) 편측 무시는 주의에 관한 기능 장애라고 한다. M. Gazzaniga, "Organization of the Human Brain", *Science* 245, 1989, p.947.

들 수 있고 그 '외관'은 주로 우뇌가 담당한다고 가정한다. 보고 있는 대상의 우측면은 좌뇌로 들어가고 완전한 지도가 만들어져 그 외관을 성립시키도록 당장 뇌릉(腦稜)을 통해 우뇌로 연락된다. 좌우의 뇌는 끊임없이 연락을 취하고 있다. 이 경우는 좌뇌에서 탁월하게 처리가 진행되고 명령 받은 우뇌는 손상이 있어도 적당히 외관을 성립시킬 수 있다고 생각하자. 이에 대해 대상의 좌측면은 우뇌로 들어가서 좌뇌로 보내져 완전한 지도가 만들어진다. 단, 이 경우 우뇌 주도로 처리를 진행하므로 우뇌의 손상 때문에 주의를 기울일 수 없고 외관은 성립하지 않는다. 이리하여 우뇌 손상에서의 좌측 무시는 이해할 수 있다. 마찬가지로 좌뇌의 손상을 생각 하면 대상의 좌측면은 손상이 없는 우뇌에서 진행되기 때문에 문제는 없고, 우측면이 좌뇌로 들어가도 '외관'은 손상 없이 우뇌로 보내져 만들어 지므로 이것도 문제없다. 그러므로 좌뇌 손상에서 편측 무시가 일어나지 않는 이유는 일단 설명되었다.

'보는 것'을 뇌내 과정으로서 '보이는 대상'과 '보는 조작'으로 분절 하고 후자에 있어서 장애라 생각할 때 타는 집의 사례는 잘 설명될 수 있 다. 단, 같은 편측 무시라고는 해도 뇌의 어떤 부위가 손상을 받는가에 따 라 증상은 다르다. 전두엽에 손상이 있는 경우 실제의 시야에 관해 편측 무시는 일어나지 않지만 본 것을 생각해 내는 심상 풍경에 있어서 편측 무시가 나타난다. 이 역의 사례도 있고 양쪽 다인 경우도 일어난다. 또한 사태는 복잡하다. 〈그림 29〉의 B는 1에 위치하는 대성당 근방의 지도다. 우선 1의 위치에 환자를 세워 놓으면 좌측을 무시하고 건물 a나 b를 보 고한다. 이번에는 2의 위치에 세워 놓으면 역시 좌측을 무시하고 건물 c 나 d를 보고한다. 환자는 심상 풍경으로서 전체를 상기할 수 있다. 그렇지 만 이 경우, 왼쪽으로 주의를 향해서 건물을 들어 보라고 하면 오른쪽 건물을 들고 그 역도 성립한다는, 심상 풍경에 있어서의 좌우 역전이 보고되어 있다.[19] 이들을 근거로 뇌내 영상과 영상에 대한 주의, 나아가 영상의 기원=재구성과 뇌의 손상 부분을 참조하고 다양한 뇌의 국재화된 기능을 분류할 수 있다. 이 경우 뇌는 중앙 제어계에 의해 계산 처리를 분배하거나 통괄되면서 국재화한 부분계가 각각 배열적으로 처리를 진행하는 거대한 기호론적 계산기의 은유로 묶이게 된다. 그러나 심상 풍경의 역전이라는 증례는 뇌=기호처리적 계산기라는 모델에 변경을 강요할 것이다. 국재화한 부위에 특정 기능을 하나하나 코드화해 가는 형태로 계산기로서의 뇌를 상정한다면 뇌라는 계산기의 용량은 폭발해 버린다. 현재하는 기능이 국재화해서 관측되는 것과 뇌의 기계 원리로서 국재화하고 있는 것은 별도이다. 뇌의 부위는 관측자가 어떤 특정 기능을 코드화해도 끊임없이 그 코드 외부의 기능을 담지할 수 있다. 그런 동적인 측면(잠재성)을 파악하지 않으면 코드화되는 기능이 결국은 폭발한다는 것은 명백하다.

보다 동적인 처리 과정이란 무엇인가? 현상론적 계산 과정은 그것에 대한 하나의 해답을 제시할 것이다. 뇌내 처리 과정은 우뇌와 좌뇌의 구별을 포함하고 다양한 부위에서 끊임없이 병렬적으로 진행하고 있다. 동적인 기호처리적 계산기라는 막연한 이미지로는 질적으로 다른 계산 과정의 병렬, 상호 작용이라는 양상을 이해할 수 없다. 다른 부위의 상호 작용을 동반하는 동적인 병렬처리 과정[20]이란 질적으로 다른 계산 과정을

---

19) C. Guariglia, A. Padovani, P. Pantano & L. Pizzamiglio, "Unilateral Neglect Restricted to Visual Imagery", *Nature* 364, 1993, p.235.

20) 전두전영역의 중심적 작용에 있는 워킹메모리(단기 기억과 장기 기억을 잇는 오퍼레이팅 시스템)는 극히 동적으로 뇌의 활동 영역을 할당하고, 계산 자원을 배분하면서 스스로도 이 오퍼레이팅 시스템에 편입되어 있는 것은 아닐까 하는 설에 대해서는 다음을 보라. T. Sawaguchi & I. Yamane, "Properties of Delay-period Neuronal Activity in the Monkey

끊임없이 생성하고 혼효시키는 계산 과정이다. 즉 이 책에서 전개되는 타입적 계산과 토큰적 계산의 혼효를 생성하는 현상론적 계산 과정이라 생각할 수 있다. 이 문맥에서 편측 무시에 관해 생각해 보자. 이른바 편측 무시는 대상의 타입은 보이지만 토큰 왼쪽 절반이 보이지 않는 것이다. 토큰이 감각질이라는 가정으로 되돌아가면, 그들은 사물의 좌측면에 관해 감각질이 느껴지지 않을 것이다. 왜 좌측면만인가. 이 설명에 관해서는 전술했듯이 우뇌가 토큰적 계산, 즉 국소적 의미론을 생성하고 있기 때문이라고 생각하면 설명이 된다.

타입은 보이지만 토큰이 보이지 않는다. 전술한 "보이는 것=뇌내 영상은 존재하지만 영상으로의 주의 환기 기능이 손상을 일으키고 있다"라는 설명에 비해 현상론적 계산 모델은 심상 풍경에 있어서 좌우 역전이 잠재적으로 항상 일어날 수 있음을 설명한다. [2부] 1장 3절에서 기술한 '본 적 없는 기억'을 개체화해 버리는 현상과 마찬가지로 심상 풍경의 좌우 역전은 설명 가능하다. 〈그림 30〉에 나타난 상황을 생각하자. 여기서 피험자 앞에는, 좌측에 사과 우측에 바나나가 놓인 테이블이 있다. 편측 무시 환자는 타입으로서 전체를 보지만 토큰으로서는 오른쪽 바나나밖에 보이지 않는다(그림 30 상단). 다음으로 테이블의 반대쪽에서 보게 할 때 이번에는 오른쪽 사과의 토큰만을 볼 것이다(그림 30 중단). 마지막으로 테이블을 철거하고 테이블 위의 것을 상기하게 하자. 환자는 타입적 인지에 관해 장애를 가지지 않으므로 심상 풍경의 타입적 인지는 토큰적 인지보다 상대적으로 우월할 것이다. 여기서 바나나를 상기하는 경우를 생

Dorsolateral Prefrontal Cortex during a Spatial Delayed Matching-to-sample Task", *Journal of Neurophysiology* 82, 1999, p.2070.

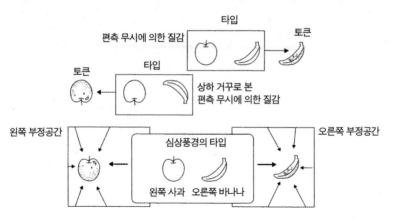

그림 30 왜 편측 무시인 사람들에게 심상 풍경의 좌우 역전이 생기는가? 그들에게 타입은 보통으로 보이지만 토큰은 우측밖에 보이지 않는다고 생각된다. 심상 풍경에서는 타입적 인지가 강하고 상대적으로 토큰은 약하다. 토큰은 부정된 가능공간의 표지(label)로 인지된다(1장 3절을 참조하라).

각하자. 바나나를 시각적 토큰으로서 인지할 때 그것은 환자의 시야 전체였다. 그러나 심상 풍경에서는 그 일부를 점하는 토큰이다. 그렇지만 타입적 인지가 우월하기 때문에 토큰으로서의 바나나는 '오른쪽에 있는 바나나' 이상의 타입적 역할을 담지하게 된다. 1장 3절에서 기술한 타입이 본래적으로 담지하는 배제로서의 가능성을 토큰·바나나가 담지하고 오른쪽 위치라는 타입이 배제하는(부정하는) 위치의 표지(label)로서 바나나는 개체화할 것이다(그림 30 하단 오른쪽). 이때 토큰·바나나는 심상 풍경의 오른쪽이 아닌 위치, 결국은 왼쪽에 위치하는 것으로 이해되고 '왼쪽의 바나나'가 성립한다. 마찬가지로 사과는 오른쪽에 위치하는 것으로 간주되고(그림 30 하단 왼쪽), 여기서 심상 풍경에서의 좌우 역전이 출현한다.

타입과 토큰이 구별되면서도 혼효하고 또한 양자의 관계가 비틀림

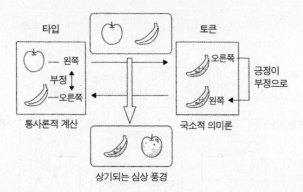

그림 31 국소적 의미론을 사용한 현상론적 계산에 의해 심상 풍경의 역전을 설명한다. 통사론적 계산이란 타입으로서의 '사과–오른쪽'이나 '오른쪽의 부정=왼쪽'과 같은 순서쌍이고 전술한 속 다항식에 해당한다. 이것에 비트 열에 해당하는 것을 계산시키지만 계산의 실행은 국소적 의미론 위에서 진행한다. 이때 자발적 요동에 의해 '토큰·바나나·왼쪽' 긍정의 계산이 부정의 계산으로 간주될 수는 있다. 그 결과 '토큰·바나나·오른쪽'이 계산된다. 사과에 관해서도 마찬가지 계산이 진행할 때, 양자의 상호 작용 결과로서 심상 풍경에 있어서 좌우의 역전이 출현한다.

을 동반하는 것으로 타입의 부정에 대응하는 토큰으로서 생성되고 있던 토큰이 사용되어 버린다. 대체로 이러한 계산 처리는 앞의 국소적 의미론을 사용한 현상론적 계산 모델로 이해할 수 있다. 이 모델에서는 토큰이란 경계 조건을 지정해 버리는 것이고 프레임 문제에 노출되면서 의미론을 만들어 버리는 것=국소적 의미론이었다. 다른 한편 타입은 통사론적 프로그램으로서 상정되었다. 이들로부터 〈그림 31〉에 나타난 모델을 상정할 수 있을 것이다. 심상 풍경의 타입은 '사과–왼쪽', '바나나–오른쪽', '오른쪽의 부정=왼쪽'이나 '부정의 부정=긍정'이라는 의미가 없는 기호의 사용 방식이 정의될 뿐으로 구체적 공간으로서 상기되고 있지 않다(시각적 영상 지도라는 것은 이러한 것일 것이다. 어쨌든 영상이라고는 해도 뉴런의 발화에 지나지 않으므로). 이것은 자동자의 현상론적 계산에 있어서 속 다항식에 대응하는 것이다. 자동자의 계산에서 비트 열을 계산했 듯이, 이것에 기반해서 평면 이미지로서의 심상 풍경을 계산한다고 생각하자. 단 계산의 실행은 우선 국소적 의미론으로 행한다. 그러면 분배율이 성립하지 않는 속 상에서의 계산에서 부정의 의미가 변해 버렸듯이, 의미론상에서의 '바나나·오른쪽'을 긍정할 셈이었던 계산이 '긍정＝긍정의 부정'을 사용, 또한 부정에 관한 자발적 요동의 효과로 '바나나·왼쪽'을 귀결하는 것이 가능하다(단 국소적 의미론상의 '바나나·오른쪽'은 타입에 있어서 '바나나-오른쪽'이라는 기호의 대응이 아니라 순서쌍 자체가 토큰이라고 상정되어 있다. 예컨대 오른쪽에서 빛이 들어오는 시계에서 '바나나-오른쪽'은 '바나나-왼쪽'보다 '밝은 바나나의 질감'인 것처럼). 토큰·사과에 관해서도 마찬가지의 계산이 행해져서 이것을 최종적 심상 풍경으로서 출력한다. 이리하여 심상 풍경에 있어서 좌우 역전이 출현할 것이다.

국소적 의미론이 분배율의 계층성을 가지고 자발적 요동의 정도를 바꼈듯이 토큰 '바나나·오른쪽'에서 '바나나·왼쪽'으로의 변경은 일어나지 않는 경우도 있을 것이다. 예컨대 의미론이 불속일 때 요동이 발생하지 않듯이 말이다. 국소적 의미론은 그때마다 그 자리에서 만들어지므로 다양한 경우가 가능하다. (전두엽 손상과 측두엽 손상의 차이 등.) 물론 국소적 의미론은 다르도록 상정되어야 한다. 그러나 이 책에서 논하고 있는 논점은 뇌내에서의 '외관' 처리 과정을 "뇌의 국재화된 부위-특정 기능"이라는 대응관계의 분류에 의해 이해하는 것이 아니라, 어떠한 부위에서 '외관' 계산에 관한 특정 기능을 상정하려 해도 항상 다른 부위와 타입-토큰적 연관을 가지고 있고 이 연관·혼효야말로 기능의 다양함이나 다 상정할 수 없는 기능의 잠재성의 원동력이 된다고 주장한다는 점에 있다. 그리고 그 논점을 간과한다면 "특정 부위-특정 기능"이라는 코드표는 원리적으로 폭발할 것이라는 점에 있다. 심상 풍경의 좌우 역전은 심상 풍경에 있어서만 출현하는 전두엽에 고유한 계산 과정이 아니라 어떠한 뇌 내 계산 과정에서도 다른 계산과 분리할 수 없는 것으로서 어떠한 부위에도 잠재하는 성격일 것이다.

세포자동자의 현상론적 계산에서 얻어진 약해진 트레이드 오프 원리는 단기 기억과 계산 처리 관계를 평가한 인지 실험[21]에서 직접 발견된다. 실험은 단기 기억에 있어서 문장 독해라는 처리와 기억 유지의 관계를 평가한 것이다. 문장 독해에서는 읽어 나가는 단어의 유지와 그들을 어떤 의미에서 계산론적으로 처리하는 과정(=독해)은 또 다른 기능일 것이다. 양자의 관계를 조사하기 위해 단기 기억 능력과 문장 독해 능력이 독립적으로 조사되었다. 그 결과 양자 간에 상관은 인정되지 않았다. 그러나 문장을 읽으면서 동시에 문장을 구성하는 문장 말미에 있는 동사를 기억하라고 하자, 독해 능력이 뛰어난 사람일수록 잘 기억한다는 결과가 얻어졌던 것이다. 이 현상은 독해와 단어의 기억 유지라는 두 처리를 크기가 정해진 종이 위에 써서 계산하는 과정이라 생각하는 은유로 이해되고 있다. 독해력이 뛰어나고 이 처리에 공간을 많이 할당하지 않는 사람은 기억 유지의 공간이 남아 있기 때문에 기억 유지에도 뛰어나고 독해력이 떨어지는 사람은 독해 계산 처리만으로 종이를 다 사용해 버려, 단어 기억 유지의 공간이 없는 것이다. 기억 유지 단독으로 실험하면 그것을 실행하기 위한 종이는 백지인 채 존재하므로, 독해력이 떨어

---

21) M. Daneman & P. Carpenter, "Individual Differences in Working Memory and Reading", *Journal of Verbal Learning and Verbal Behavior* 19, 1980, p.450., J. Jonides, E. Smith, R. Koeppe, E. Awh, S. Minoshima & M. Mintun, "Spatial Working Memory in Humans as Revealed by PET", *Nature* 363, 1993, p.623.

지는 사람이라도 기억 유지에 탁월한 경우는 충분히 생각할 수 있다. 양자의 작업을 동시에 진행하는 경우만 상관성이 인정되는 이유는 이것으로 설명되었다.

그러나 이러한 은유적 모델은 계산기의 이미지를 너무나 소박하게 사용하고 있고 계산기가 계산을 실행하는 환경에 관해 멋대로 이상화하고 있다. 이 설명에서는 독해라는 계산 처리와 기억 유지라는 계산 처리 과정이 함께 높은 효율로 실현되는 것에 관해 어떤 의문도 품지 않는다. 다른 계산에 관해 유용하다는 것은 만능성을 의미한다. 그것이 함께 높은 효율로 계산된다면 뇌라는 계산기는 계산 만능성과 효율에 관한 트레이드 오프 원리를 파괴해 버리고 있는데도 말이다. 현상론적 계산이 아니라 기호처리 과정으로서 뇌=계산기를 상정해 버릴 때, 많은 경우 사람은 메타 층위의 계산기 내부 계산 담지자와 계산기를 사용하는 인간을 무자각적으로 동일시하고 특권화하고 있다. 종이를 사용한 두 종류의 계산 실행이라는 은유의 경우, 두 계산 처리는 두 개의 프로그램으로서 상정되어 있을 것이다. 첫번째 독해에 관한 프로그램은 독해에 관해 효율이 높지만 다른 계산에 관해 효율이 낮아도 상관없다. 두번째 기억 유지에 관한 프로그램도 마찬가지로 상정해 보자. 그러면 각각의 프로그램은 트레이드 오프 원리를 파괴하지 않으며, 기호처리적 계산기의 은유에도 부적절함은 전혀 없다. 그러나 그러한 두 프로그램을 선택해서 할당하는 계산도 또 이른바 뇌내에서 진행되는 것이다. 그럴 경우 독해 프로그램의 선택에 관한 높은 효율과 기억 유지 프로그램의 선택에 관한 높은 효율이 함께 성립해 트레이드 오프 원리는 파괴되어 버린다. 결국 다른 계산 처리를 함께 높은 효율로 실행해 가는 계산기는 실행 환경을 사상(捨象)한 계산기 이미지로 이해할 수 없다. 문장 독해와 기억 유지가 함께 잘 진행된다는 점에 현상론적 계산에 있어서 약해진 트레이드 오프 원리가 숨겨져 있는 것이다. 이때 두 처리 과정은 결코 객관적으로 평가 가능하다는 의미에서 높은 효율로 진행되고 있다고 더는 언명할 수 없다. 높은 효율로 계산하는 데 실패함으로써 계산 과정을 건너뛰거나 다른 계산 궤도로 점프하게 되고 그 결과로서 적당히 높은 계산 효율이 실현된다. 확실히 이 실패의 내재에 의해 적당한 만능성도 성립하는 것이다. 그것은 오류가 없는 기호처리적 계산 과정으로는 결코 짐작할 수 없는 논점인 것이다.

단지 산다는 지향성

현상론적 계산은 국소적 의미론이라는 계산 실행 환경과 그 위에서 실행된 계산이 분리되지 않은 채 운동해서 계산 자체를 변화시킨다. 이런 한에서 철저하게 상대적인 계산기의 오류와 다른 새로운 발상으로서의 계산을 구별하는 것이다. 예컨대 다음과 같은 계산을 상정하자. 나는 담배를 찾고 있다. 대학의 연구실 방이 그 탐색 공간이다. 책상 위부터 커피 컵이나 재떨이가 흐트러져 있는 테이블 위, 바닥 위까지 차례차례 찾는다. 이 탐색이라는 계산은 어떤 국소적 의미론하에서 실행되고 있다. 그것은 "담배는 맛있다"라는 의미론이다. 그러나 나의 뇌에서 행해지는 이 계산은 계산의 실행 환경=국소적 의미론을 끊임없이 만들어 내고 유지하면서 진행하는 계산이다. 따라서 계산의 실행 그 자체가 의미론의 생성 및 유지와 분리할 수 없다. 실제로 방을 탐색하는 행동도 포함해서 담배를 찾는다는 계산 그 자체가 실행 환경인 국소적 의미론에 영향을 준다. 국소적 의미론은 계산 실행을 완전히 규정할 수 없다. 계산을 기계적인 조작으로서 규정하려고 해도 어떤 기계적 조작의 정의와 어긋남을 야기하는 계산까지도 잠재시키고 있다. 따라서 내가 모처럼 찾은 담배를 버리는 경우도 있을 수 없는 일은 아니다. 국소적 의미론이 아직 "담배는 맛있다"로서 유지되는 한 담배를 버린다는 행동은 계산 오류이다. 그러나 실로 계산의 실행과 실행 환경이 분리될 수 없기 때문에 탐색하고 있는 중에 국소적 의미론이 변경되는 일도 있을 것이다. 그렇다. "담배는 맛없다"라고 말하듯이 말이다. 조금 전까지 맛있다고 생각하고 있던 담배가 이제는 맛없는 것으로 인식된다. 이때 담배를 버린다는 계산과 행동은 더 이상 오류가 아니다. 그것은 금연을 촉구하는 건설적이고 새로운 발상이다. 나는 의미론의 변화에 의해 조금 전까지의 오류를 새로운 발상으로 바꿔버리는 것을 가능케 한다.

계산 실행 환경으로서의 의미론을 언급하고 의미론과 연동한 계산의 변화를 볼 때, 우리는 계산 오류와 새로운 발상의 계산을 구별할 수 있다. 생물이란 원래 개체 발생이나 발달 과정에 있어서도, 진화 과정에 있어서도 그러한 변화 내에서, 그리고 변화를 살고 있다. 어제까지 싫었던 것이 좋아지고 어제까지 독이었던 것이 오늘은 음식이 된다. 그러면 이러한 변화에 있어서 무엇이 유지되는 것인가? 개체성인가? 그러나 끊임없이 대사에 의해 세포를 갱신하고 계속 변화하는 나에게 있어서 개체성은 이것을 개체성이라 부르는 한에서 유지될 뿐이다. 하물며 진화에 있어서 개체는 죽음에 의해 교대된다. 종이 존속하는 것인가? 그것이야말로 개체성 이상으로 자의적이다. 나에게 있어서 나라는 의식은 끊임없이 유지되고 존속하고 있는 것일까? 어제까지와는 생각하는 방식도 기호도 전부 다르다고 해도 나라는 의식은 존속하고 있는 것일까? 그러나 극히 특수한, 예컨대 어떤 절대적 궁지에 직면했다고 느낄 때 나라는 의식은 간단히 파괴되고 나는 산산조각으로 분쇄되어 어떤 종류의 분열까지도 볼 것이다. 이러한 변화를 경유해서까지 무엇이 존속하고 있는 것일까.

그것은 단지 산다는 과정일 것이다. 개체가 존속하고 종이 존속하는 것이 아니라 단지 산다는 과정이 존속한다. 단지 산다는 것은 개체성의 유지를 목적으로 하는 것은 아니다. 그러나 개체성을 통해서만, 개체화에 대한 얽매임을 통해서만 실현된다. 단지 산다는 과정은 가능성의 범주로 논의할 수 없다. 어떤 계산 실행 환경하에서 어떤 가능공간, 어떤 해공간이 설정된다. 가능성은 그 내부에 한정되어서만 논의되는 개념에 지나지 않는다. 현상론적 계산에서는 가능공간 그 자체가 변화한다. 계산의 토대가 변화한다. 가능공간 내부의 계산, 해공간 내부의 탐색이 그 외부로 언급하고 다른 가능성을 모색한다. 어떤 가능성의 범위에 머물지 않고 그 가능공간에서 설정된 해와 어긋남을 야기하는 다른 가능성을 잠재시킨다. 나는 여기서 "계산이 잠재성을 가진다"라는 용어법을 사용할 것이다. 그리고 잠재성 때문에 어떤 가능공간과는 다른 가능성이 모색되는 그 운동성 자체를 지향성이라고 부르고 싶은 것이다. 단지 산다는 것은 지향성의 한 모델이다. 그리고 그 지향성은 단지 산다는 것이 생의 파괴, 죽음을 잠재시키기 때문에 실현되는 것이다.

우리가 이해한 것은 단순히 어떤 가능세계로 완전히 좁혀질 수 없는 운동은 아니다. 그러한 운동은 가끔 오류를 일으키는 계산에 지나지 않는다. 그런 것이 아니라 어떤 가능세계가 뒤집어져 다른 가능세계를 실현하는, 그렇지만 지향성을 담지한 운동인 것이다. 내가 여기서 전개한 현상론적 계산의 형식적 모델에서는 지향성을 나타내는 한 방법으로서 아기의 시점을 "형식적 세계를 전망하면서 지금 스스로가 본 적 없는 대상집합에까지 언급하면서 지금 보고 있는 대상집합 전체를 결정한다"는 방법으로 형식화했다. 여기에 세계 내 탐색이 어떤 지향성을 담지한다는 표현이 인정된다. 형식적 모델로서 나타내는 한, 지향성은 어쩔 수 없이 일종의 목적론적 색채를 띠게 된다. 지향성은 단지 사는 것이 아니라 미래에 대한 구체적 목표를 향한 지향성으로서 표현되어 버린다. 시스템이 외계에 대한 내부 모델을 끊임없이 만들어 내면서 결정을 내리는 내부 예측모델[22]은 목표의 설정에 의해 그 작동을 명시화할 수 있다. 뒤보이스는 미래에서 야기되는 상태를 참조하고 현재를 결정한다는 형식으로 구체적 목표가 아닌 목적론을 역학계에 내재시켰다.[23] 이케가미 다카시(池上高志)는 게임이라는 세계에서 목적론을 설정하고 그런 한에서 지향성을 표현하려고 했다.[24] 아이자와 요지(相澤洋二)는 변형 베르누이 사상(寫像)이 담지하는 프랙탈한 끝개에서 잠재성의 표현을 발견한다.[25] 어느 것이나 지향성을 담지하는 운동을 어떻게 내재적으로 돌파하는가 하는 관점을 가진 연구이다. 나는 어떠한가 묻는다면 목적이나 승패와 어디까지나 무관한 형태로 단지 살고, 죽음이 잠재하는 과정이 담지하는 지향성에 얽매이지 않는다고 대답할 것이다. 현상론적 계산은 현상과 인식 담지자를 접촉시킴으로써 인식 주체에게는 상정할 수 없다. 인식을 실현하고 인식 주체를 개체로서 표현하는 그러한 세계 내에서 인식 주체가 끊임없이 산

---

22) R. Rosen, *Anticipatory System: Philosophical, Mathematical and Methodological Foundations*, Pergamon Press, 1985. D. M. Dubios & G. Resconi, "Hyperincursivity : A New Mathematical Theory", *Presses Universitaires de Liège*, 1992. D. M. Dubios, "Generation of Fractals from Incursive Automata, Digital Diffusion and Wave Equation Systems", *Biosystems* 43, 1997, p.97.*

23) Dubios & Resconi, "Hyperincursivity : A New Mathematical Theory". Dubios, "Generation of Fractals from Incursive Automata, Digital Diffusion and Wave Equation Systems", p.97.

24) T. Ikegami & M. Taiji, *Advances in Artifical Life*, eds. D. Floreano, et al., Springer-Verlag, 1999, pp.545~554. M. Taiji & T. Ikegami, "Dynamics of Internal Models in Game Players", *Physica* D 134, 1999, p.253. Y. Aizawa, *Chaos, Solitons & Fractals* 11, 2000, pp.263~268.

25) Y. Aizawa, *Chaos, Solitons & Fractals* 11, 2000, pp.263~268.

다는 양상을 그 계산 범위에 수용한다. 나 자신으로 말할 것 같으면, 확실히 목적이나 목표나 가치를 가지지 않고 단지 살고 단지 죽을 것이다. 죽을 것이기 때문에 살고 있다는 현실을 나는 살고 있는 것이다.

3장_원생실험

1. 실험＝체험을 향해

DNA 컴퓨팅 재고

실험이라는 구조틀에 대해 우리는 견해를 크게 바꿀 필요에 부딪칠 것이다. 실험은 통상 관찰자가 그것을 진행하기 위한 전제인 경계 조건에 관해 제어할 수 있다는 것을 가정한다. 물론 실험자는 전능하지 않다. 따라서 실험 중 아무리 실험 환경을 일정하게 지키고 불확정 인자가 실험 과정에 영향을 미치지 않도록 주의를 기울여도 그것을 완전히 배제할 수 없다. 실험자는 물론 그것을 알고 있다. 그러나 그런 한에서 가능한 한 불확정 인자를 배제할 수 있는 경우만 실험 결과가 얻어졌다고 생각한다. 그러한 실험결과는 같은 조건하에서 다시 실험을 행해도 재현 가능하기 때문이다. 실험 환경, 경계 조건의 제어는 실험의 재현성을 목적으로 하고 있다. 수치 실험이라는 방법이 있다. 물질현상을 계산기 내에서 기호처리적 계산 과정으로서 재현하는 방법이다. 물질현상을 수치 실험으로 치환할 때 물질현상도 또한 계산 과정으로서 간주된다. 이때 물질현상으로서의 계산이 기호론적 계산으로 치환된다. 여기에 본질적 난점이 존재한다. 물질현상으로서의 계산 과정은 토큰적 계산이다. 계산 담지자는 크기나 무게, 형태를 가지는 '사물'이다. 이에 비해 기호처리적 계산은 타입적 계산이다. 기호나 수학은 추상적 성격의 타입이지 구체적 개체는 아니다. 양자의 차이를 덧셈으로 상상해 보자. 타입적 계산에서는 1+1=2도, 1+100=101도 계산이라는 작업에 관해 질적 차이를 가지지 않는다. 다른 한편 같은 계산을 토큰적 계산으로서 상상해 보자. 예컨대 1은 1kg 무게의 돌이라고 하자. 2개의 돌을 가지고 비로소 2를 무게로서 알게 된다. 이 것을 1+1=2의 토큰적 계산, 즉 개체를 매개한 계산이라고 생각한다. 이 때 1+100의 계산 결과처럼 보고할지도 모른다. 따라서 이 토큰적 계산을 타입적 계산으로 간주할 때에는 단순한 오류로 간주될 것이다(토큰적 계산도 마찬가지로 계산인 이상 최종적으로 타입을 측정해야만 한다). 계산을 진행시킴으로써 계산의 의미가 변질된다. 여기에 타입적 계산에서는 보이지 않는 토큰적 계산의 함의가 있다.

앞 장에서 접한 단백질을 계산 소자로 하는 계산기나 DNA 컴퓨팅은 토큰적 계산이다. 현상을 계산 과정으로 생각할 때 여기서는 끊임없이 토큰과 타입의 비틀림이 계기한다. 이 어긋남을 단순히 (타입적) 계산의 오류로 생각할 것인가, 그렇지 않으면 여기에 보다 적극적 의의를 발견하고 계산 개념 그 자체를 확장해서 생각할 것인가에 따라 물질에 의한 계산의 의의는 크게 달라지게 된다. 그 일례로서 DNA 컴퓨팅을 채택해 보자.

DNA 컴퓨팅[1]은 계산 담지자로 DNA(디옥시리보핵산)를 이용하고 기호론적 계산의 대량 병렬처리를 보다 효율적으로 실현하려고 구상되

---

1) L. M. Adleman, "Molecular Computation of Solutions to Combinatorial Problems", *Science* 266, 1994, p.1021.

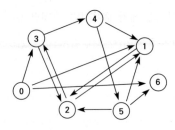

그림 32 애덜만이 DNA 컴퓨팅을 위해 부여한 경로 문제. 정점 0에서 6에 이르는 경로 중 모든 정점을 한 번만 통과하는 경로는 존재하는가?

었다. 이런 한에서 타입적 계산과 토큰적 계산의 어긋남은 고려되고 있지 않다. 기호론적 계산 즉 타입적 계산이란 기호 열의 치환이다. 증명 과정까지 계산이라 생각한다면 기호의 반복(copy)이나 절단(cut)도 치환에 포함될 것이다. 여기서 DNA를 기호로 생각하면 DNA는 바로 기호의 치환·절단·페이스트(paste)·복제(copy) 등의 기호 변환을 진행시키는 기호이다. DNA는 A(아데닌), T(티민), G(구아닌), C(시토신) 네 종류의 염기로 이루어진 1차원 뉴클레오티드 배열 사슬과 A-T, G-C의 쌍을 만족하는 상보적인 1차원 뉴클레오티드 배열 사슬에 의해 이중나선을 구성한다. 이 이중나선은 배열 방향으로 찢어져, 한쪽 편의 염기 배열만으로 상보적 관계에 의해 다른 한편을 재현할 수 있다. 이 상보적 변환을 기호의 치환이라 생각할 수 있고, 기호 처리로서의 계산은 직접적으로 DNA의 작동으로 치환하는 것이 가능케 된다.

실제로 최초로 실행된 DNA 컴퓨팅은 위와 같은 것이다.[2] 문제로서

2) G. Păun, G. Rozenberg & A. Salomaa, *DNA Computting*, Springer-Verlag, 1998 ; 横森貴·榊原康文·小森聡 訳, 『DNA コンピューティング』, シュプリンガー·フェアラーク東京, 1999.

〈그림 32〉와 같은 경로 문제가 주어진다. 그것은 모든 정점을 한 번만 통과해 출발점(0)에서 도착점(6)으로 도달하는 경로(이러한 경로는 '해밀턴 경로'Hamiltonian path라 불린다)는 존재하는가라는 문제이다. (그림 32에서는 0→1→2→3→4→5→6이라는 순서로 해경로가 보이도록 정점에 번호가 붙여져 있다). 정점을 묶는 선분에는 방향이 붙여져 있으므로 이것을 유향변(有向辺)이라 부른다. 이러한 계산에서는 시작점에서 출발해서 주어진 유향변을 통하는 경로를 샅샅이 뒤지듯이 조사하는 수밖에 없다. 예컨대 시작점에서 출발하는 0→1→2→1로 경로를 생각하면 정점 1을 2회 통과하므로 조건을 만족하지 않는다. 그러므로 이 경로는 기각된다. 마찬가지로 조건이 만족되기까지 한쪽 끝에서부터 시도해 가는 것이다. 이러한 대량 시행을 동시에 시험관 내에서 실행하려는 것이 DNA 컴퓨팅이다. 그를 위해 정점인 유향변을 DNA 한쪽 끝 사슬(뉴클레오티드 배열)로 치환한다. 우선 정점은 아래와 같은 20염기분의 길이를 가지는 배열로 적당하게 치환할 수 있다(여기서는 정점 2, 3만 나타낸다).

s_2=TATCGGATCGGTATATCCGA

s_3=GCTATTCGAGCTTAAAGCTA

변(辺)은 아래와 같이 치환한다. 우선 정점을 앞뒤 반으로 분절한다. s_2는 TATCGGATCG - GTATATCCGA로 나눠지고 s_3은 GCTATTCGAG - CTTAAAGCTA로 나눠질 것이다. 이때 정점 2에서 3에 이르는 유향변은 s_2 후반부의 상보배열(A-T, G-C의 상보성을 이용한다)과 s_3 전반부의 상보배열을 이은 배열로 정의하는 것이다. 이리하면 상보관계에 의해 유향변과 정점이 접속하기 때문이다. 따라서 변은,

$$e_{2 \to 3} = \text{CATATAGGCT*CGATAAGCTC}$$

와 같이 주어진다.

이리하여 〈그림 32〉에 나타난 정점인 유향변 전부가 뉴클레오티드 배열로 치환되고 뉴클레오티드 배열을 결합하는 효소(리가아제 ligage)와 함께 시험관 내에서 섞이게 된다. 시험관 내에서는 가능한 경로가 병렬처리적으로 형성되어 간다. 변, 정점에 대응하는 대량의 뉴클레오티드 배열이 가능한 한 결합하고 다양한 경로를 동시에 만들어 가기 때문이다. 전술한 정점 2에서 3으로의 경로는 아래와 같은 뉴클레오티드 배열로서 형성된다.

TATCGGATCG-GTATATCCGA*GCTATTCGAG-CTTAAAGCTA

CATATAGGCT*CGATAAGCTC

위가 정점 2, 3에 대응하는 뉴클레오티드 배열이고 아래가 변 2→3에 대응하는 뉴클레오티드 배열이다. 상보관계에 의해 정점이 각각 반으로 나뉜 것과 변이 차례로 결합한다. 그러고는 얻어진 대량의 가능한 경로로부터 목적 경로를 선택하면 된다. 첫번째로 0을 시작점, 6을 종점으로 하지 않는 경로를 빼고, 두번째로 7개의 정점으로 구성되지 않는 경로를 빼고, 세번째로 모든 정점을 포함하지 않는 경로를 뺀다. 이 조작도 생화학 반응으로서 구현된다. 최종적으로 어떤 뉴클레오티드 배열이 존재하고 있다면 그것이 문제에 대한 해로 판정된다.

그러나 DNA 컴퓨팅을 순수하게 기호처리적 계산으로 생각한다면 오류가 많아 계산기로서 사용하는 것은 곤란할 것이다. 실제로 DNA는 이중나선 구조 때문에 형태적으로 구멍을 갖고 있고 거기에는 많은 수의 전사 인자(轉寫因子) 단백질이 부착된다(이들 다양한 전사 인자들이 유전자 제어에서 작용하고 있다). 생체 내에서는 인핸서(enhancer)라 불리는 영역에서 DNA 자신을 습곡(褶曲)시켜, 자기 자신의 다른 부위에 부착시킨다. 이때 DNA는 구조적으로 크게 변하고 다른 사슬과의 접속에 관해 통상과 다른 작동을 보일 것이다.[3] 물론 이것은 극단적인 사례이지만 시험관 내에서 아무리 효소의 종류를 제어하려 해도, DNA 사슬에 숨어드는 제어 불가능한 반응을 완전히는 억제할 수 없을 것이다. 문제로서 주어진 정점이나 변을 DNA 사슬로 치환하는 것으로 도형상의 정점 간의 결합을 정의하려고 해도 바르게 정의하는 것은 곤란할 것이라는 점이다. 즉 DNA 컴퓨팅의 계산 도중에서 접속하지 않아야 할 절이 결합되는 것이나 같은 정점을 2번 통과한 경로에 있어서 해당 정점이 다른 것으로 인식되어 이 경로가 문제 조건을 만족하는 해로 인식되는 오류도 나타날 것이다. DNA 컴퓨팅을 단순히 기호처리적 계산기의 대체물로 간주하는 한 이것들은 오류에 지나지 않는다.

계산이 진행됨으로써 풀려야 할 문제가 변질되어 간다. DNA 컴퓨팅은 그러한 계산 과정을 구현하고 있는 것이다. 어떤 변에 해당하는 배열과 정점에 해당하는 배열이 대응하고 결합했다고 하자. 이 결합이 실현됨으로써 이후의 반응 환경이 변화하고 이 미시적 환경하에서 새로운 변과 정점의 결합이 진행되어 간다. 주어진 문제를 잘 정의했을 터인 변

---

3) 대표적 교과서로서는 B. Alberts, D. Bray, J. Lewis, M. Raff, K. Roberts & J. D. Watson, *Molecular Biology of the Cell*, Garland, 1994; 中村桂子 訳, 松原謙一 監修, 『細胞の分子生物学』, 教育社, 1995.

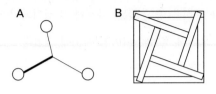

그림 33 A : DNA 컴퓨팅을 불안한 제어 불가능한 환경에서 이용할 때 분기한 변까지 계산될 가능성이 있다. 이것은 오류일까?
B : 성냥개비 퍼즐. 8개의 성냥개비로 사각형 2개, 삼각형 4개를 만들려면?

과 정점이 변질되어 버린다. 그것은 문제가 변질되어 버리는 것을 의미한다. 문제가 문제로서 올바르게 설정되어 있지 않은 경우에도, DNA 계산 과정은 반응의 진행에 의해 제멋대로 문제를 설정해 버릴 것이다. 이것은 계산 개념의 확장=현상론적 계산으로의 전환을 야기할 것이다. 애매한 문제에서조차 현상론적 계산은 결과를 산출한다. 예컨대 경로 문제에 있어서도 해가 존재하지 않는 문제를 주고 "변을 몇 개 더하면 해밀턴 경로는 존재하는가?"라는 문제를 생각해 보자. 이 경우 DNA 컴퓨팅에 있어서 뉴클레오티드가 제멋대로 신장하는 것 등에 의해 세 정점을 묶는 분기한 변이 형성되는 경우(곤란한 가정이지만)를 상정해 보자(그림 33의 A). 이것에 의해 '분기한 1개의 변'에 의해 단 하나의 변의 추가로 해밀턴 경로(?)가 얻어지게 된다고도 해석할 수 있다.

해밀턴 경로의 존재 문제의 경우 해가 얻어졌다고 생각하는 데는 무리가 있다. 그러나 기지를 발휘해야 풀 수 있는 퍼즐의 경우는 어떠한가. 예컨대 "8개의 성냥개비로 4개의 삼각형과 2개의 사각형을 만들어라"라는 문제를 생각해 보자. 다각형의 변 하나에 성냥개비 1개가 필요하다고 생각하는 한 정답에는 도달할 수 없다. 이때 분기한 변을 생성해 버리는 계산은 〈그림 33〉의 B에 제시한 퍼즐의 해에 도달할 수 있을 것이다. 이러한 퍼즐의 경우, 변은(즉, 문제는) 사전에 잘 정의되어 있지 않다. 이런 종류의 퍼즐은 오히려 정의의 미비함 때문에 자의적으로 '잘 정의하는' 것으로 해답으로 향하는 것이다. 즉, 계산은 발상을 계산하는 과정이라는 것이 요구된다.

DNA 컴퓨팅을 '발상을 계산한다'는 목적을 위해 이용한다면 계산이 끊임없이 잘 정의되어 있지 않은 환경에서 진행되면서도 끊임없이 잘 정의되어 버리는 그러한 불안정한 환경을 이용할 필요가 있다. 물질에 의한 계산은 '사물'을 생산하고 경계 조건을 그때마다 잘 정의해 버리는 과정이라 생각되므로, 경계 조건은 끊임없이 불안정성을 만들어 내는 엔진으로서 설정되면 된다. 경계 조건을 설정할 수 없다는 조건을 적극적으로 활용하는 태도가 여기에 요구된다. 실험은 발상·창발을 계산하는 과정으로서 고안된다.

시각적 가능세계와 운동적 필연자

원생실험='발상·창발을 계산하는 과정'이라는 실험 예를 아래 절에서 두 개 소개하기로 하자. 두 개 모두 내 연구실의 석사논문이다. 양자는 공통으로 운동계와 시각계의 어긋남을 강조하는 실험 환경을 부여하고 통상 나타나지 않는 인지적 타입의 출현을 얻는 그러한 인지 시험이다. 원생실험은 필연자와 가능세계의 상호 작용을 현실성에 의해 매개하고 가능성을 잠재성으로 재현하는 방법론이다. 우리는 이 구조틀을 시각계와 운동계의 관계에 적용한다. 시각적 가능세계 내에서 운동이 선택을 실현한다. 운동과 시각의 관계는 통상 이렇게 파악할 수 있을 것이다. 눈앞의 테이블에 좌우, 컵 두 개가 놓여 있다고 하자. 당신이 어느 쪽 컵을 선택한다고 하자. 시각적 영상은 두 개의 컵을 가능적으로 확실히 제시하고 그

후 당신은 둘 중 하나를 선택한다. 그렇게 생각한다면 가능성의 실재와 행위에 의한 실현은 선후관계를 구성하면서 서로 독립적이다. 당신의 손이 한쪽의 컵에 닿는 것은 두 컵의 실재에 어떤 영향도 주지 않는다고 가정되어 있다. [2부] 1장 5절의 논의, "생각하기 전에 뛰는가"(현상학), "뛰기 전에 생각하는가"(인식론, 프레임 문제)를 상기해도 좋다. 왜냐하면 당신의 시각도 또한 당신이 성장하고 학습하는 과정에서 "당신의 시각상은 운동계에 의해 촉지 가능하므로 실재라 생각해도 좋다"라는 식으로 획득된 것에 지나지 않기 때문이다. 이들에 입각해서 말할 수 있는 것은 시각은 운동행위 이전에 확실성을 보증하는 것은 아니고 운동행위가 가능성 내에서의 선택인 것은 아니라는 것이다. 즉, 운동은 시각적 가능세계 내에서 끊임없이 선택함과 동시에 시각세계 자체를 재확인해 간다. 시각은 가능세계를 제공함과 동시에 운동행위의 경험을 시각영상적 표현으로서 재확인해 간다. 양자에게는 함께 능동적 작용(시각 → 운동, 운동 → 시각)과 수동적 재현(추인)이 인정되고 재현에 있어서 어긋남을 야기하지 않는 한에서 수동적 재현은 잠복해 버린다. 재현이 무시되는 한에 있어서 시각계가 제공하는 공간영상과 운동계가 경험하는 세계는 일대일로 대응한다고 생각되고 시각계와 운동계의 모순적인 관계는 자명하며 선험적인 것으로 상정되어 버린다. 물론 우리는 아기가 아니다. 아기는 끊임없이 그렇게 운동계와 시각계 사이에서 조정을 행할 것이다. 그러나 발달을 경험한 어른은 운동계와 시각계가 조정해서 만들어진 특정한 타입적 공간을 획득하고 있는 것이다. 앞에서 기술한 두 컵의 실재를 가능적으로 제공하는 가능공간이란 아기가 보고 있는 시각상이 아니라 특정한 타입적 공간이다. 이른바 시각계와 운동계는 스스로 만들어 낸 타입적 추상공간에 적응하고 이것을 매개로 해서 서로 협조하고 있다. 그러므로 잠시

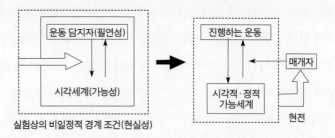

그림 34 서로 재투사·재현 과정을 계기하는 운동·시각적 가능세계의 어긋남을 강조하는 실험 환경에 의해(왼쪽 그림), 양자의 어긋남을 매개하도록 출현하는 새로운 인지타입을 실험적으로 유도한다(오른쪽 그림).

본 것만으로 책상 위의 오른쪽에 있는 컵을 손으로 더듬어 집을 수 있을 것이다. 아기라면 이러한 타입적 추상공간은 아직 없고 텔레비전 영상으로 평면상의 좌표와 거리를 계산하면서 손을 뻗는 로봇처럼 신중하게 될 것이다. 이 타입적 추상공간이 이른바 어른의 시각계(실은 시각·운동계가 만들어 내고 유지하고 있는 것)이다. 단, 타입적으로 아기와 마찬가지의 끊임없는 조정이 있다.

여기서 실험은 〈그림 34〉와 같이 구상된다. 뇌=현상론적 계산 과정에서 구상된 타입적 계산(현실성), 그것을 실행하는 프레임 문제적 환경(가능성), 양자를 매개하는 국소적 의미론 토큰(필연성)이라는 3항관계는 토큰으로서 존재하는 필연자(운동행위자인 인간), 인간이 상정하는 가능세계(시각세계)와 그것을 매개하는 현실성으로서의 비일정한 경계 조건으로 바꿔 읽을 수 있다. 원생실험은 이 부정적 경계 조건을 시각과 운동 사이의 어긋남으로 구성해 새로운 인지 타입을 생성한다.

진행하는 운동과 시각적 가능세계는 항상 어긋남을 야기하고 끊임없이 그 어긋남을 해소하도록 상호 작용하고 있다. 통상은 이 부단한 조정을 찾아내기 어려운 것에 지나지 않는다. 실험적으로 양자의 어긋남을 확대해 볼 때, 조정은 현재화하고 운동과 시각적 가능세계 사이를 적극적으로 매개하도록 새로운 인지 구조까지 발견할 것이다(그림 34). 그 매개자가 어떠한 과정으로서 출현하고 어떻게 측정에 관계하게 되는가를 아래에서 구체적으로 논하자.

2. 좌우 반전 시야하에서의 기억실험

운동·시각의 어긋남

다음에 제시하는 실험은 본 연구실에 소속된 구와모토 구미코(桑本久美子)의 석사논문에서 실행된 나와의 공동 연구이다. 우리는 당초 연구 계획을 세울 때, 인간이 그가 놓인 환경을 인지하고 행동할 때 그 인지 형태가 경험적 일상과 크게 다르다면 여러 감각들도 또한 변화할 것이라고 생각했다. 전술했듯이 인식과 행동의 관계는 통상 "사전에 가능세계가 인식되고 행동의 사후 그중 하나가 선택된다"라는 선후관계로서 상정된다. 이 상정에 있어서 다수의 가능성에서 하나가 선택되는 것으로서 인과율적 시간의 진행이 소박하게 파악된다고 말할 수 있다. 세계(외부 환경)에 대한 이러한 인과적 인지는 타입으로서의 인지이다. 그것은 경험적으로 단련된 성격이고 '지금·여기'의 질감을 중시할 필요가 없는 인지이기 때문이다(인지과학에서는 인지와 지각을 각각 톱다운적 처리, 보텀업적 처리로서 구별한다. 전자는 의식을 중심으로 한 처리이고 후자는 분산병렬적인 신경계로부터 생성된 감각으로 이해되고 있다. 즉, 타입적 처리란 이 구별에서 인지에 대응한다). 만약 타입적 인지를 자명한 것으로 해서 사는 인간에게 타입적 인지와 어긋남을 야기하는 토큰적 지각이 돌연 엄습하면 어떻게 될 것인가. 그는 경험적으로 시각과 운동의 연합적 관계를 자명케 하도록 단련하고 있고, 따라서 타입적 인지를 탁월케 하고 있다. 1장에서 논했듯이 돌연 토큰적 지각에 의해 발생한 어긋남은 토큰적 지각의 타입적 전도, 즉 정지한 순간을 지각시킬 것이다. '지금·여기'라는 질감은 타입이 담지하는 배제에 의한 가능성이 전사되어 진행되는 현재를 부정하는 '어떤 지속을 가지는 미래'의 부호로서 지각될 것이기 때문이다("공이 멈춰 보였다"의 경우를 생각하라).

우리는 이런 종류의 지각을 자주 경험한다. 교통 사고가 났을 때 몸이 차 보닛에 올라가 버린 순간부터 정지한 영상이 비디오에서 프레임 단위로 재생되는 것처럼 지각된다. 차에 받힌다는 강렬한 '지금·여기'라는 질감=토큰적 지각은 '가능세계에서 실현되는 하나를 선택한다'는 인과적 시간에 모순된다. 인과적 시간은 항상 미래를 복수성으로서 이해하는 장치이다. 미래는 실현 가능한 복수의 가능성에 의해 구성된다고 상정된다. 그러므로 선택 이전 → 이후의 방향을 시간의 화살로 인지한다. 이 인지가 앞 절 마지막에서 접한 취할 수 있는 컵이 제시(가능공간)되고 여기서 취한다는 현실을 선택한다(가능성의 축퇴)라는 선후관계를 함의하는 타입적 추상공간을 통한 인지이다. 이에 비해 차에 받힌 순간 필시 미래는 복수성으로서 의식되지 않고 오히려 유일성으로서 지각될 것이다. 필연적 죽음을 향해 결정론적으로 구동하는 선택의 여지가 없는 순간 가능성의 축퇴가 아닌 시간이 지각됨에 틀림없다. 그 결과 타입적 인지와 토큰적 지각(지금 여기에 있어서 차와의 충돌)은 모순된다. 그리고 강렬하게 지각된 '지금·여기'에 있는 충돌은 충돌 이전까지 자명하다고 간주되어 온 타입적 인지가 전사되어 지각된다. 이것이 토큰적 지금·여기의 타입적 전도이다. 토큰은 이 전도 때문에 유사한 가능성으로서 다른 영상을 혼효시키지 않고 배제의 가능성을 담지하여 공허한 시간에 대한 표지가 되고, 정지한 시간이 현전한다.

정지한 시간을 체험하는 실험은 가능한가? 우리는 시간 간격의 변질이 그렇게 특수한 것이 아니라 사소한 것으로도 변화할 수 있고 또한 통상 인지 메커니즘의 커다란 차이로 인정되는 증례조차 사소한 경험의 차이에서 유래하는 것은 아닌가 하고 생각하기 시작했다. 자폐증 서번트 증후군(Savant syndrome)에서 확인되는, 테이블 위의 다수의 성냥을 순간적으로 파악하는 인지가 하나의 사례이다.[4] 통상 테이블 위에 127개의 성냥이 흩어져 있으면 이것을 1개, 2개 하고 셀 것이다. 이는 꽤 시간을 요할 것이다. 이것에 비해 서번트 증후군을 보이는 사람 중 일부는 순간적으로 성냥의 수를 지각=인지하고 '127개'라고 답해 버린다. 셈을 하고 있었다고 생각하기에는 너무 짧은 시간이다. 즉 그들은 순간적 영상 그 자체를 수라는 타입에 결부하고 있다고 생각된다. 이른바 '지금·여기'를 지속을 가지는 순간으로서 '사물'화하고 그 자체를 또 수라는 타입에 대응해 버리는 것이다(그러므로 지각이자 인지이다).

서번트 증후군에서 확인되는 이런 종류의 수 파악은 타입적 인지가 탁월한 인지시스템(즉, 통상적인 우리들 어른)에 토큰적 지각을 맞닥뜨리게 하면 자폐증을 띠지 않는 우리에게도 출현하는 것은 아닐까? 그것이 이 실험의 발상 원천이다. 물론 그들과 마찬가지로 테이블 위의 성냥을 순간적으로 이해할 수 있도록 피험자를 바꾸는 일은 기대할 수 있을 것 같지 않고 실험적으로 위험하기도 하다. 그래서 실험 조건을 적당한 수준

---

4) F. Happé, "Autism: Cognitive Deficit or Cognitive Style?", *Trends in Cognitive Sciences* 3(6), 1999, p.216.

으로 조절하게 되었다.

미로 해법에서 기억의 차이

타입적 인지는 시각과 시각을 이용한 운동의 정합적 관계로서 경험적으로 단련되고 있다. 그러므로 이것과 모순된 토큰적 체험을 좌우 반전 안경을 사용한 작업에 의해 표현한다. 좌우 반전 안경은 프리즘을 이용해서 좌우반전된 시계를 만드는 장치이다. 안경을 통한 시야는 좌우가 반전된 거울상이 된다. 따라서 안경을 통해 연필로 선을 그으면 오른쪽에서 왼쪽으로 가는 연필은 왼쪽에서 오른쪽으로 가는 운동으로 보인다. 좌우 반전 안경을 쓰고 수작업을 하는 것은 극히 곤란해진다. 개인차는 극히 커서 나는 좌우 반전 안경을 쓰기 시작한 처음 한순간은 원을 그리는 것도 불가능했다. 게다가 단 10분 정도 착용했을 뿐인데도, 벗은 뒤 시간이 꽤 지난 심야에도 멀미하는 듯한 느낌이었다. 이에 비해 구와모토는 처음부터 어려움 없이 원을 덧그리는 것이나 문자를 쓰는 것까지 가능했다.

좌우 반전 안경을 사용함으로써 기억 양식이 어떻게 변화하는지 우리는 이 점을 측정할 수 있는 실험을 구상했다. 피험자에게 주어진 과제는 몇 개의 미로를 기억하는 것이다. 미로의 해답을 몇 회나 되풀이하고 쫓아가서, "정답을 기억하고 있어서 미로가 풀릴 것인가 그렇지 않을 것인가"를 판정했다. 우리의 실험은 통상의 인지 실험과 좌우 반전 안경의 사용 방식과는 꽤 다른 것이다. 원래 반전 안경은 반전 시야에 적응하는 것을 목적으로 고안된 것이다.[5] 우리 눈은 망막상에 있어서 상하 반전

---

5) G. M. Stratton, "Upright Vision and the Retinal Image"(*Psychological Review* 4, 1897, p.341)가 최초의 실험에 관한 논문이다. I. Kohler, "The Formation and Transformation of

하고 있다. 우리는 본래 상하 반전 안경을 걸친 상태에서 일상생활을 하고 있고 탄생 이후의 발달 과정에 있어서 이 원래의 상하 반전 시야에 적응해 왔다고 생각된다. 그렇다면 다시 상하 반전 안경을 장착하고 그러한 시야에 재차 적응하는 것도 가능하지 않을까. 또, 그 적응에 의해 감각은 어떻게 변화할 것인가. 그러한 것을 목적으로 역전안경은 고안된 것이다. 이 전통을 계승해서 역전안경(상하와 함께 좌우 반전도 고안된)을 이용한 인지 실험은 완전히 역전 시야에 적응한 결과, 감각이나 행동이 어떻게 변화하는가를 평가하는 실험이 대부분이다. 최근에는 이것에 fMRI나 PET라는 측정 장치를 이용, 역전시야 적응의 결과 뇌의 활동 부위가 어떻게 변화하는지를 조사하고 있다.[6] 이에 비해 우리 실험은 미적응된 시각·운동계가 어긋남을 야기하는 조건으로서 좌우 반전 안경을 이용한다. 오히려 우리의 실험에 있어서 완전히 적응한 좌우 반전 안경 숙달자는 부적당하다.

실험에 앞서서 다음과 같은 작업가설을 세웠다. 좌우 반전 안경을 착용하지 않는 경우 시각과 운동 간에 모순은 없고, 시각은 타입으로서 인지되고 있을 것이다. 이 경우 타입적 인지란 시야를 어떤 종류의 추상적 공간 패턴으로서 인지하는 것이다. 예컨대 테이블의 오른쪽 끝에 커피컵이 놓여 있는 경우 당신은 이것을 일별하는 것만으로 어렵지 않게 오른손을 뻗어 컵을 손에 쥘 수 있을 것이다. 시야가 마치 사진처럼 고정되어 이

the Perceptual World", *Psychological Issues* 3(Monograph no.12), 1964 및 C. S. Harris, "Adaptation to Displaced Vision: Visual, Motor, or Proprioceptive Change?", *Science* 140, 1963, pp.812~813.

6) A. M. Norcia, M. W. Pettet, T. R. Candy, A. M. Skoczenski, and W. V. Good, "Optimizing the Stimulus for Sweep VEP Acuity Estimation", *Investigative Ophthalmology & Visual Science* 40, 1999, S.820.

사진 속의 컵을 향해 신중하게 거리를 계산하고 손을 뻗어 가는 것은 결코 아니다. 시야 전체에서 테이블의 위치가 추상적으로 파악되어 테이블 위의 '오른쪽 끝'이 기호로서 컵에 대응하고 기호적 추상공간을 참조하여 적당히 손을 뻗는 데 지나지 않는다. 즉, 손의 운동도 마찬가지로 이 추상공간에 적응하고 있다. "대체로 그 시계(視界)로서 추상적 공간(타입)이 구성되어 있다"고 생각할 수 있다. 시각계와 운동계의 어긋남을 철저하게 무시할 수 있기까지 경험적 일상이 단련된 결과 그러한 타입적 인지가 탁월하다고 생각된다. 운동과 시각의 정합성은 이 타입적 추상공간에 대한 정합성으로서 실현된다고 생각된다. 그렇다면 미로에 있어서 정답 경로를 기억하는 경우도 경로 전체의 타입이 개략적 지도(타입)로서 인지될 것이다. 예컨대 출발 지점에서 목표 지점까지의 경로는 S자 형이었다고 파악할 때처럼 말이다.[7] 이에 비해 좌우 반전 안경을 장착한 경우 손의 운동은 항상 시각을 배반하고 순간마다 지각되는 시각상과 손의 운동상은 '지금·여기'라는 토큰으로서 지각될 것이다. 시각과 운동의 조리가 맞지 않기 때문에 타입적 인지는 파탄하고 양자가 정합적으로 구성하는 추상적 공간 타입은 기능할 수 없다. 좌우 반전 안경 덕분에 당신은 테이블 오른쪽 끝에 있는 컵을 취하는 것에도 지장이 생긴다. 일상적 행위와는 달리 운동·시각의 순간순간에 최대한의 주의를 기울이면서 컵으로

---

7) 일본 원숭이도 예컨대 순서 개념을 이해하고 이것을 기억에 이용하는 듯하다. 오를로프 등은 하나의 패턴 계열이 3패턴으로 구성되는 패턴 계열을 여러 마리의 원숭이에게 기억시킨 후, 순서를 보존한 미지의 계열을 주고 원숭이가 이것을 인식하고 있는지를 확인했다. 예컨대 A →B→C 및 D→E→F를 기억시킨 뒤, D→B→F나 A→E→F를 제시하면 앞의 순서를 보존하는 것으로 반응하지만 B→D→A 등에는 반응하지 않는다. T. Orlov, V. Yakovlev, S. Hochestein & E. Zohary, "Macaque Monkeys Categorize Images by Their Ordinal Number", *Nature* 404, 2000, p.77.

손을 뻗어야만 한다. 따라서 미로 기억에 있어서도 역시 대체적인 경로 패턴을 상상하는 것은 불가능하고 순간순간 체험되는 다양한 '지금·여기'가 정답 경로의 순서나 전체로서의 패턴·맥락과 무관하게 단편으로서 각각 독립적으로 기억될 것이다. 이 경우 미로의 정답 경로를 기억한 뒤에 미로를 풀 때, 피험자는 기억하고 있던 단편=어떤 장소에 도달할 때에만 경로를 생각해 낼 것이다. 마침 생소한 마을을 헤매고 있던 사람이 한 담배가게를 발견한 순간 거기서 어디로 가면 되는가를 생각해 내듯이. 물론 좌우 반전 안경의 장착에 의해 시각과 운동은 상반되므로 '지금·여기'의 단편적인 기억은 시각적으로 탁월한 것이 될지, 운동에 탁월한 것이 될지 선택이 행해질지도 모른다. 만약 운동감각으로서만 기억된다면 피험자가 설령 미로를 성공적으로 풀었다 해도 그것을 시각적으로 기억했다는 감각은 전혀 없고 왜 풀었는지 알 수 없다는 기묘한 감각을 느끼게 됨에 틀림없다.

이상의 작업가설을 정리하면 다음과 같이 된다. 좌우 반전 안경을 장착하지 않은 경우, 시각과 운동은 외부환경의 파악에 관해 완전히 일치하고 그 결과 톱→다운적인 환경의 인지가 가능케 되고 있다. 이른바 의식이 주도적으로 외계를 추상화하고, 외계는 추상적 성격·타입으로서 파악되고 기억된다. 그러므로 지리적 경로 기억에는 추상화·간략화된 어떤 종류의 패턴이 사용될 것이다. 이에 비해 좌우 반전 안경을 장착한 경우에는 시각·운동의 어긋남이 계기한 결과, 단편적인 순간의 기억이 서로 독립적·병렬적으로 기억될 것이다. 후자의 기억 시스템은 〈그림 34〉 오른쪽 그림에 나타냈듯이 시각·운동의 어긋남을 조정하는 매개자로서 현전하는 것이다. 바로 양자의 어긋남에도 불구하고 미로를 푼다는 과제 수행이 실현되어 가기 때문이다. 이 경우 미로를 푼다는 총합적 행동이 독립적 기억 단편의 병렬적 처리 결과 야기된다. 이른바 보텀→업적 처리에 의해 총합적 전체가 생성된다. 좌우 반전 시야하에서는 운동·시각의 매개자가 보다 명확한 매개자로서 현전하고 오히려 시각·운동계의 상호 작용을 주도하는 경우도 일어날 수 있음에 틀림없다. 즉, 단편적 기억 자체가 총합적 전체의 일부라는 위상에 머무르지 않고 새로운 상위 동인(top agent)으로서 전체성을 획득하는 경우가 있을 수 있다는 것이다. 단편적인 국소적 지리가 경계표(landmark)처럼 기능하는 것으로 말이다. 그 지점을 기억해 낸 순간 단순히 그 이후의 국소적 방향이 상기되는 데 머무르지 않고 마치 전망대에 올라 전체 지리를 부감하고 있는 듯 전체를 인지한다. 이때 보텀→업적 처리의 결과 어떤 전체성이라는 기호까지 생성된다고 말할 수 있을 것이다. 결국 운동계와 시각계의 어긋남의 유무에 의해 기억의 톱→다운적 처리와 보텀→업적 처리라는 차이가 생기는 것은 아닌가. 그렇게 예상한 것이다.

이상의 작업가설을 검증하기 위해 구체적 실험을 다음과 같이 구성했다. 피험자에게는 우선 미로 정답 경로를 기억하는 과제가 주어진다. 다음으로 이 기억을 이용해 미로를 실제로 풀어 보는 과제가 주어진다. 또한 기억이 정확한지 부정확한지 방증을 얻는다는 의미에서 피험자에게 미로와 같은 눈금으로 자른 모눈종이를 주어 여기에 미로의 경로 패턴을 상기하는 그림을 그리게 했다. 피험자는 이 일련의 과제를 좌우 반전 안경을 착용하기 전에 모두 실행한다. 그후 피험자는 안경을 착용하고 5분간 삼각형, 원, 별 모양의 따라 그리기(trace)를 한다. 이 단계에서 기분이 나빠진 피험자나 따라 그리기가 전혀 불가능했던 피험자는 실험을 중단시키고 데이터를 파기한다. 어떻게든 따라 그리기할 수 있게 된 피험자만이 전술한 일련의 과제를 좌우 반전 안경을 장착한 채 모두 수행한

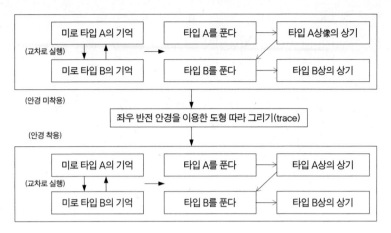

그림 35 좌우 반전 시야를 이용한 실험의 작업 수순. 각각 안경 미착용, 착용시 타입 A, B 중 어느 쪽이 풀리는가를 평가한다. 또한 각각 기억한 경로를 상기하게 해서 이 복원률도 평가에 더한다. 안경 착용 이전과 이후로 타입 A, B의 미로 자신은 각각 다르게 된다.

다. 이것으로 실험은 종료하고 안경 장착 전과 후의 결과가 비교된다. 쉽게 결과를 비교할 목적으로 안경 착용 전과 후 각각에 대해 두 종류의 다른 미로(타입 A, B)가 준비되고 각각 다른 방법으로 정답 경로가 기억된다. 다음으로 이 두 종류의 미로를 풀고 경로상을 그리게 해서 안경 착용 전후에 타입 A, B의 차이에서 기인하는 정답률이나 상기에 의한 경로복원률의 변화를 평가한다. 단 안경 착용 후에 사용한 두 종류의 미로는 경로 기억의 방법에 관해 타입 A, B로 구별되지만 미로 자체는 다른 것이다. 〈그림 35〉는 피험자에게 부과된 작업의 흐름을 나타내고 있다.

타입 A의 기억법은 다음과 같은 것이다. 미로의 정답 경로는 〈그림 36〉의 A에 나타나는 붉은 선(회색 선으로 표시)이다. 이것에 미로보다 큰 사이즈의 불투명한 커버를 씌운다. 커버에는 중앙에 작은 구멍이 뚫려 거기로 미로를 보면 경로의 극히 근방(近傍)만이 보인다. 이 구멍을 통해 정

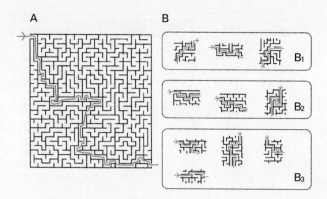

그림 36 A : 타입 A의 미로기억에 이용하는 단서. 이것을 구멍이 난 커버로 덮고 구멍 너머로 회색 선(실제로는 붉은색인 정답 경로)을 따라 그리면서 이것을 기억한다.

B : 타입 B의 미로기억에 이용하는 단서. A에서 이용한 것과는 다른 미로로 6개 전부 분기 주변을 잘라 내 이것에 4개의 더미 패턴을 섞고 순번대로 바꿔 넣어 세 군으로 나눴다. A와 마찬가지로 정답 경로에는 회색 선이 그어져 있다. 이것도 커버를 덮고 구멍 너머로 따라 그려서 기억한다. 화살표는 정답 경로의 출발점 → 목표 방향을 나타낸다. 실험에서는 두 개의 미로에 대한 따라 그리기를 교차로 행하게 했다.

답 경로를 가는 막대기로 따라 그리기하면서 기억하는 것이다.

미로상에는 6개소의 분기가 있지만 이 기억용 지도에서는 분기가 닫혀 있다. 피험자는 붉은 선으로 유도되어 출발선에서 목표로 도달한다. 이에 대해 타입 B의 기억법은 〈그림 36〉의 B에 제시된다. 우선 풀려야 할 경로상의 6개소 전부 분기 근방이 복사된다. 이것들에 풀린 미로와 무관계한 더미 분기가 세 개 혼입된다. 도합 10개의 분기 근처는 정답 경로에 따른 순서에 관해 무관해지도록 무작위하게 바꿔 배열된다. 이것들을 〈그림 36〉의 B와 같이 3군으로 나눈 후 각각 타입 A의 기억법과 마찬가지로 커버를 씌워 구멍 너머로 정답 경로(붉은 선으로 그려져 있다)를 따라 그리기하는 것이다. 실제 타입 A, B의 기억 과제는 〈그림 35〉에 나타냈듯이 (타입 A의 따라 그리기 → 타입 B의 제1군 → 타입 A → 타입 B 제2군 →

타입 A → 타입 B 제3군으로) 교차로 행했다. 타입 A와 B에는 다음과 같은 차이가 있다. 타입 A의 경우는 구멍에서 얻은 개략적 경로를 순서에 따라 패턴화하고 이것을 기억할 수 있게 된다. 즉, 추상적 기호적 공간을 이용한 타입적 기억이 허용된 기억법이라 할 수 있다. 이에 비해 타입 B에서는 순서가 바뀌 넣어지고 또한 더미가 혼입하고 있기 때문에 경로를 타입적 인지에 의해 기억하는 것은 불가능하다. 미로를 푸는 데 타입 B의 단서를 이용하기 위해서는 각 근방을 상세하고 선명하게 기억해 두는 수밖에는 없다. 한순간마다 진행하는 운동·시야를 토큰으로서 기억하는 수밖에 없는 것이다. 그러므로 우리의 작업가설에 따른다면 좌우 반전 안경을 착용하기 전에는 타입 A의 미로가 잘 풀리는 반면 타입 B는 풀리지 않으며, 좌우 반전 안경을 착용한 후에는 이 관계가 역전된다고 예상된다.

미로의 분기는 전부 6개소가 있다. 미로를 풀 때 분기점에서 틀린 경로를 선택해 버린 경우, 분기에서 앞의 틀린 경로는 곧 막다른 골목에 도달하기 때문에(단, 분기점은 커버에 숨겨져 보이지 않는다) 피험자는 이것을 역으로 다시 더듬어 정답 경로로 돌아갈 수 있다. 미로는 모두 연필로 그리게 하고 연필은 계속 종이에서 떨어지지 않도록 요구된다. 따라서 6개의 분기 중 몇 개의 정답이 나오는지 기록된다. 6개 중 정답률이 이리하여 특정된다. 또, 미로를 풀게 한 뒤에 상기하고 그리게 한 정답 경로의 인상은 정답 경로와 어느 정도 유사하게 그려져 있는지를 패턴의 꺾인 상태를 계산해서 평가했다. 이것을 정답 경로의 재현율이라 부른다. 두 곡선 사이에 다섯 단계의 스케일에 관해 각각 교차 상관(相關)을 계산하고[8] 모든 스케일에서의 최대 상관계수(係數)를 재현율로 정의했다. 특히

8) 예컨대 S. K. Mitra & J. Kaiser, *Handbook for Digital Signal Processing*, Wiley, 1993.

타입 A의 미로에 관해서는 상기한 인상이 정답 경로의 기하학적 특징을 만족하고 있는지 그렇지 않은지 판정했다. 이것을 특징 추출률이라 부르기로 한다.

이상 모든 경과를 통합해서 나안시(裸眼視; 좌우 반전 안경 미착용)와 안경 착용시에 기억의 사용 방식이 어떻게 변화하는가를 평가했다. 사용된 측정치를 아래에 나타냈다.

a	b	c	d	e
타입 A 미로	타입 A 미로	타입 A 미로	타입 B 미로	타입 B 미로
정답률	재현율	추출률	정답률	재현율

정답률은 6개의 분기 중 올바른 경로를 선택한 확률, 재현율이나 추출률은 0.0에서 1.0 사이의 실수값으로 주어진다. 측정치는 최종적으로 정답률, 추출률에 관해서는 0.7 이상, 재현율에 관해서는 0.6 이상의 값을 1, 그것보다 아래를 0으로 하고 0 혹은 1로 이치(二價)화했다.

이들을 이용해서 피험자가 미로를 풀 때 사전에 부과된 정답 경로의 기억이 보텀→업적 기억인지 톱→다운적 기억인지 그 정도를 평가했다. 평가를 위한 계산 방법은 아래와 같다. 우선 측정값에서 미로와 단편 기억, 전체 기억이라는 개념 간의 인과관계를 도식화한다. 미로를 풀 때 단편적(토큰적) 기억의 기여가 탁월한지, 추상화된 전체성(타입적) 기억이 탁월한지 그 기여를 도식화하는 것이다(그림 37). 우선 타입 A 미로에 관해 설명하자. 미로 정답률과 추출률에 의해 미로를 기억할 때 그 특징을 타입으로서 추출하고 이 타입적 기억을 이용해 미로를 풀었는지 풀지 않았는지가 판정된다. 첫번째로 $(a, c) = (1, 1)$을 생각해 보자. 이것은 타입 A의 미로가 풀리고 정답 경로의 특징도 추출 가능했다는 것을 의미한다.

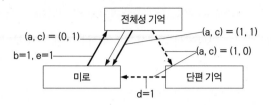

그림 37 실험 측정치로부터 기억에 관한 전체성 기여도를 계산하는 방법. 측정치를 1, 0으로 코드화하고 그 조합에 의해 전체성 기억(타입적 기억), 단편 기억(토큰적 기억), 미로 간의 인과 관계를 화살표로 주고, 인과도식을 만든다. 그 뒤 굵은 화살표를 1.0, 가는 화살표를 0.5, 점선 화살표를 -1.0으로 해서 총합을 계산한다.

타입 A의 미로는 타입적 기억을 이용해 푸는 것을 허용하는 미로였다. 이 경우는 경로 특성을 추출할 수 있었다는 것에서 전체성 기억을 사용해 미로를 풀었다고 판정할 수 있다. 그러므로 〈그림 37〉에 나타나듯이 전체성 기억에서부터 미로에 대한 기여가 화살표로 나타나게 된다. 두번째로 (a, c)=(1, 0)일 때를 생각하자. 이것은 타입 A의 미로가 풀리고 정답 경로의 특징을 추출할 수 없었다는 것을 의미한다. 그러므로 전체성 기억을 사용하고 있지 않다. 미로를 풀 때 피험자는 단편적 기억을 이용했다고 판정할 수 있는 것이다. 즉, 피험자는 순서적인 전체성 기억의 단서를 부여받으면서 여기서부터 단편만을 추출해 이것을 이용해 미로를 풀었다고 생각된다. 따라서 개념 간의 인과관계 그림에 있어서 전체성 기억에서 단편 기억, 또 미로로의 화살표가 부여된다. 마찬가지로 (a, c)=(0, 1)을 생각하자. 미로는 풀리지 않았지만 특징은 추출되어 있다. 그러므로 전체성에서 미로로의 기여는 있지만 (1, 1)의 경우의 절반의 기여로 생각되었다. 재현율 b가 1인 경우는 미로에서 전체성을 재현할 수 있었으므로 미로로부터 전체성으로의 화살표가 부여된다.

다음에 타입 B 미로에 관한 평가 방법을 기술한다. 이 경우는 d와 e

를 독립적으로 평가할 수 있고 d=1일 때에는 단편 기억에서 미로로의 화
살표, e=1일 때에는 미로에서 전체성으로의 화살표가 각각 부여된다. 이
리하여 얻어진 인과관계의 도식을 수치화한다. 여기서는 〈그림 37〉에 있
어서 단편 기억을 경유하는 모든 화살표를 -1, 그 이외의 화살표를 1로
하고(단, 절반의 기여라고 간주되는 화살표는 0.5) 그 총합을 계산한다. 이
값을 전체성 기여도라 부른다. 전체성 기여도가 높을 때, 피험자는 정답
경로의 전체적 패턴을 타입으로서 기억하고 미로를 풀 때 이것을 이용하
는 정도가 강하다고 생각할 수 있다. 역으로 낮을 때 정답 경로는 단편을
그때마다 토큰으로서 기억하고 피험자는 이것을 이용해 미로를 푸는 정
도가 높다고 평가할 수 있다.

실제로 실험해 보면 나안시의 기억 작동 방식에 개인차가 크고 다양
성이 꽤 확인되었다. 우리는 이 개인차를 고려해서 좌우 반전 시야에 의
한 기억 작동 방식의 변화에 일반적 경향이 확인되는지 그렇지 않은지 유
의해서 결과를 평가했다.

3. 토큰적 기억의 출현과 자폐증

좌우 반전 시야에 의한 기억의 변화

좌우 반전 시야를 이용한 미로 실험은 62인의 대학생(18~23세), 8인의 고
교교사(28~50세), 한 사람의 대학교수(36세)를 피험자로 해서 실시되었
다(이 중 남성 52인, 여성 19인). 그 전형적인 실험 결과를 〈그림 38〉에 제
시했다. 이 그림은 타입 A 미로에 관한 정답 경로와 피험자에게 재현된
인상 패턴이고 나안시와 좌우 반전 안경 착용시를 비교하고 있다. 패턴은
단위격자에 따른 꺾인 선으로 표현되고 꺾인 선 데이터를 n개마다 건너

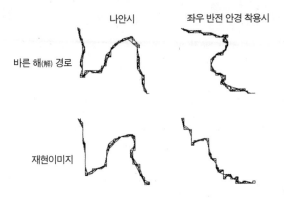

그림 38 타입 A 미로에 관한 나안시, 좌우 반전 안경 착용시의 정답 경로(상단)와 피험자에 의해 재현된 패턴(하단). 데이터는 다양한 스케일에서 거친 낱알화(coarse graining)되고 교차상관을 계산했기 때문에 다양한 스케일로 선이 겹쳐 그려져 있다. 나안시에는 정답 경로를 잘 기억하고 있고 안경 착용시에는 기억되지 않는다. 그러나 미로는 양자 모두 정답률이 높다.

뛰어 얻은 데이터를 n스케일의 데이터로 했다. 그리고 다양한 스케일에 관해 정답 경로와 피험자에 의한 재현 패턴 사이에서 교차상관이 계산된다. 〈그림 38〉에서는 다양한 스케일의 꺾인 선 데이터를 겹쳐 그리고 있다. 이 피험자의 경우 나안시도 좌우 반전 안경 착용시에도 미로 내 6개의 분기 중 5개에 정답을 부여하고 있다. 어느 경우도 잘 풀리고 있는 것이다. 그러나 피험자에 따라 정답 경로의 재현율은 크게 다르다. 나안의 경우는 어떤 스케일에서 대략 0.7의 상관을 얻고 이것이 재현율이 되므로 재현율은 극히 높다. 이에 비해 좌우 반전 안경 착용시 모든 스케일에서 상관은 0.5 이하이고 따라서 재현율은 극히 낮다. 이상의 상황은 패턴을 일별한 것만으로도 명백할 것이다.

　타입 A 미로가 분기 순서의 공간적 배치, 패턴을 기억하는 것으로 풀리는 미로였다는 것을 상기하라. 피험자는 나안일 때 바로 그러한 타입적 인지, 추상적 공간 패턴을 파악해서 정답 경로를 기억하고 이것을 이용해 미로를 풀고 있는 것이다. 이것에 비해 좌우 반전 안경 착용시 피험자는 미로 분기가 구성하는 공간 패턴을 전부 파악하고 있지 않다. 그럼에도 불구하고 미로가 잘 풀리고 있다는 것은 운동과 시각이 조성하는 어긋남이 타입적 공간을 파탄시키고 피험자를 매순간의 운동·시각에 집중시켜 분기 하나하나를 토큰적으로 지각시키고 있다고 생각할 수 있다. 마찬가지로 미로가 풀린다고는 해도 정답 경로를 기억할 때의 기억 방법은 나안시와 좌우 반전 안경 착용시가 전혀 다르다.

피험자 각각의 결과는 꽤 다양성을 띤다. 나안의 경우에조차 타입적 기억을 전혀 이용하지 않고 미로를 풀어 버리는 피험자도 존재한다. 그러나 우리의 작업가설에 역행하는 경향, 즉 "나안의 경우에 토큰적 기억을 사용하고 좌우 반전 안경 착용시에 타입적 기억을 이용한다"를 보여주는 피험자는 적었다. 이러한 일반적 경향을 평가하기 위해 〈그림 37〉에 제시한 해석을 각 피험자의 실험 결과에 적용하고 각 피험자에게 있어서 나안시, 안경 착용시에서 해답 기억에 관한 전체성 기여도가 어떻게 변화하는가를 조사했다. 〈그림 39〉의 A는 가로축에 좌우 역전 안경 착용시의, 세로축에 나안시의 기억에 있어서 전체성 기여도를 피험자마다 점으로서 표시하고 평면상의 점밀도에 따라 등고선을 그린 그림이다. 각 축은 모두 P방향일수록 전체성 기여도가 높고 F방향일수록 낮다. 즉, F방향일수록 타입적 기억을 이용해 전체적 패턴을 추상화하지 않고 토큰적 기억에 의해 분기 단편을 독립 배열적으로 유지하고 있다고 생각된다. 만약 대각선상에 점이 분포해 있다면 나안시와 안경 착용시 기억의 사용 방식에 변화가 없다는 것을 알 수 있다. 또, 대각선 오른쪽 아래 방향에 점이 분포되어 있으면 나안시에서 안경 착용시로 타입적 기억에서 토큰적 기억으로 변화했다는 것을 알 수 있다(역으로, 대각선 왼쪽 윗 방향에 분포

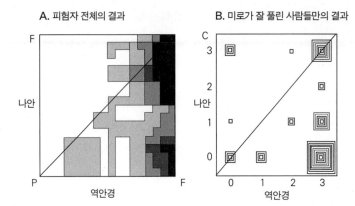

그림 39 A : 역전 안경 착용시의 전체성 기억 기여도에 대해 나안시의 그것을 각 피험자마다 표시하고 점밀도에 따라 작업한 등고선 그림. 색이 짙을수록 고밀도. P일수록 전체성 기억 기여도가 높고 F일수록 낮다.

B : 마찬가지의 구상을 타입 A 미로가 항상 잘 풀린 피험자만으로 한정해 둔 결과.

한다면 토큰적 기억에서 타입적 기억으로 변화했다고 말할 수 있다). 등고선 그림을 보면 나안시의 기억을 이용하는 방식에는 다양성이 있고 극단적인 타입적 기억 보유자에서 극단적인 토큰적 기억 보유자까지 존재한다는 것을 알 수 있다. 그러나 중요한 점은 역전 안경을 착용하고 운동과 시각 사이의 어긋남을 강조해 보는 것으로 대부분의 피험자에게 있어서 보다 토큰적 기억을 보유하는 경향이 강해지는 것을 확인할 수 있다는 점이다. 즉, 우리의 작업가설이 옳았다는 것을 입증하는 결과가 얻어진다. 〈그림 39〉의 B는 타입 A 미로에 관해 나안시, 안경 착용시 함께 6개 중 4개 이상의 분기에 바르게 선택한 피험자 데이터만을 모은 해석 결과이다. 여기서 기억에 관한 전체성 기여도는 4단계로 평가되어 수가 적을수록 전체성 기여도가 높다는 것을 나타내고 있다. 또, 가로축이 안경 착용시의 기여도, 세로축이 나안시의 기여도를 나타내고 각 피험자의 값을 표시하고 있다. 사각형의 등고선의 수가 피험자 수를 나타내고 있다. 이 제한된 데이터에 따라서도 전체 피험자가 나타내는 경향과 마찬가지의 경향을 읽어 낼 수 있다.

우리의 실험 결과는 첫번째로 타입적 기억의 자명성을 파탄시키는 것이다. 의식을 개재한 톱→다운적 인지와 보텀→업적 지각의 원리적 구별은 존재하지 않는다. 이 실험에서 보인 톱→다운적 처리란 타입적 추상공간·의미적 공간을 매개한 운동·시각의 정합적 연합이고, 타입적 추상공간은 학습과 발달의 결과 단련된 것에 지나지 않다고 생각된다. 그 결과 야기된 타입적 추상공간의 매개에 의해 시각이 가능성을 제공하고 운동이 그중 하나를 선택한다는 도식적 선후관계가 마치 원리적 인지 제어와 같이 확인되는 데 지나지 않는다. 그렇기 때문에 그러한 표층적 제어는 운동과 시각의 어긋남에 의해 파탄하고 타입적 추상공간을 획득하기 이전의 아기와 같이 토큰적 지각을 탁월케 하는 기억이 출현한다. 실로 아기가 눈앞의 장난감에 손을 뻗을 때 매 순간 목숨을 걸고 점프하고 그렇기 때문에 실패도 있듯이, 운동과 시각 사이에 어긋남을 야기한 피험자는 매 순간을 지각하는 수밖에 없다. 그것이 토큰적 지각이고 단편에 의한 기억이다. 그 결과, 성공적으로 미로가 풀린 경우에는 독립 배열적인 기억 처리로부터 총합적 행동이 귀결되는 방식으로 보텀→업적 처리가 출현했다고 생각된다.

약한 중심성 통합 능력?

새로운 발상을 계산한다는 구조틀에서의 원생실험은 현상적 결과에 관한 차이를 특정 메커니즘에 관한 차이로 환원하는 환원주의를 무효로 만든다. 우리는 당초 자폐증인 사람들이 보여 주는 흐트러진 성냥의 수를 한순간에 파악하는 능력조차 단련에 따라 우리도 가능한 것은 아닌가 하고 기술했다. 그것은 물론 양자 간에 뇌 기능의 차이를 인정하지 않는 것은 아니다. 오히려 차이는 세계에 넘치고 있지만, 차이를 가지면서도 어떤 현상군은 하나로 범주화될 수 있다. 그 분류는 설득력을 가지면서 동시에 근거가 없다. 그렇기 때문에 특정 메커니즘으로 현상의 범주를 환원할 수 없다고 주장하는 것이다. 현상을 닫힌 시스템에 고유하게 귀속할 수 없기 때문에 우리에게도 성냥의 수를 한순간에 알 수 있을 가능성은 제로는 아니다. 좌우 반전 시야를 이용해 운동과 시각 간에 어긋남을 가지고 들어가 톱→다운적 기억에서 보텀→업적 기억으로 변경을 가능케 해서 얻은 실험 결과는 자폐증 환자가 아닌 우리들도 성냥의 숫자를 파악할 수 있다는 것을 시사하는 것은 아닐까? 그렇게 말하더라도 뇌과학적 견지에서의 자폐증 아이와 우리, 그리고 좌우 반전 시야를 이용한 경우의 우리 사이에 어떠한 차이가 보고되고 그것에 의해 어떠한 것을 논할 수 있는지, 기존 연구를 참조하고 생각해 보기로 하자.

전술했듯이 좌우 반전 시야를 이용한 인지실험에서는 뇌의 활동 부위에 관한 변화가 측정되고 있다. 당초는 일본 원숭이가 계산기 디스플레이 상의 도형에 손을 뻗는 실험이 행해졌다. 좌우 반전 시야에 충분히 적응한 원숭이는 재빨리 디스플레이상의 도형에 손을 뻗을 수 있다. 통상 우측에 위치하는 대상의 망막상은 좌뇌로 들어가기 때문에 그쪽 측이 보다 강하게 발화한다. 그러나 좌우 반전 시야에 적응한 원숭이는 이 좌우의 활동 부위가 역전하는 것이 아니라 양쪽이 같이 발화했다. 따라서 뇌 전체의 동적 구조가 상상 이상으로 크게 변화한 것은 아닌가 하고 짐작된다.[9] 마찬가지의 실험을 사람에게 행한 경우도 역시 뇌의 활동 부위가 상세하게 조사되었다. 좌우 반전 시야 적응 결과 시각·운동의 변환을 담당

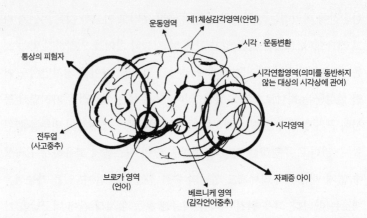

그림 40 뇌 각 부위의 기능 및 착시 도형 과제를 준 경우 자폐증 아이에게서 활발하게 활동하는 부위와 그 이외의 피험자에게 보이는 활발한 활동 부위.

하는 영역이나 언어에 관계하는 브로카 영역이 강하게 발화한다는 측정 결과가 얻어졌다(그림 40).[10] 이들에 의해서도 단순히 시각계가 좌우 반전하는 것만이 아니라 시각적으로 좌우를 인지하는 데 있어 시각이 아닌 손의 운동을 중심으로 시각·운동계를 재편성하기 때문에 추상적 기호를 매개한 구조 변동(브로카 영역의 발화 때문)이 일어났다고 생각되고 있다.

이것에 비해 우리가 행한 좌우 반전 시야의 실험은 반전 시야에 대한 충분한 적응 이전의 상태를 문제로 하고 있다. 반전 시야에 적응하기 이전에 운동과 시각은 특정한 추상공간을 매개한 정합적 연합을 실현하고

9) Y. Sugita, "Global Plasticity in Adult Visual Cortex Following Reversal of Visual Input", *Nature* 380, 1996, pp.523~526.
10) K. Sekiyama, S. Miyauchi, T. Imaruoka, H. Egusa & T. Tashiro, "Body Image as a Visuomotor Transformation Device Revealed in Adaptation to Reversed Vision", *Nature* 407, 2000, pp.374~526.

있고 반전 시야에 충분히 적응한 후에는 다른 추상적 공간이 실현되어 있다. 그것은 어떤 타입적 인지에서 다른 타입적 인지로의 이동이다. 그러나 이 사이에 토큰적 지각에 의한 타입적 인지시스템의 해체가 경과하고 있는 것은 아닐까. 그것이 우리의 주장이다. 타입적 인지와 토큰적 지각을 양분하고 현상을 양자의 이원론으로 표현했다고 하자. 모든 것은 타입과 토큰의 이원론적 표현에 의해 나타나게 되지만 양자는 위상을 달리하는 것인 이상 서로 영향을 주는 일은 없다. 그렇다면 좌우 반전 시야에 충분히 적응한 결과 출현하는 새로운 타입적 인지는 반전 안경 미착용시에 확인된 타입적 인지로부터 토큰적 지각을 경유하는 일 없이 평행 이동했다고 생각된다. 마치 계산기의 오퍼레이팅 시스템을 어떤 소프트웨어로부터 다른 소프트웨어로 바꾸듯이 말이다. 그렇게 생각한다면 타입적 인지가 붕괴함으로써 톱→다운적 지각이 해체되고 보텀→업적 처리하에서 토큰적 지각이 탁월하도록 뇌내 처리 과정이 진행하여 이윽고 새로운 상위 동인이 생성한다는 동적 흐름은 생각하기 힘들다. 이에 비해 토큰과 타입을 구별하면서 그 혼동·전도까지 허용하는 우리의 겨냥도에서는 타입적 인지가 토큰적 지각에 영향을 주고 역도 일어날 수 있다는 양자 간의 능동적 상호 작용이 함의된다. 우리의 실험은 이 도중 경과에 바로 토큰적 지각이 경유한다는 것을 나타내고 있다. 즉, 설령 실험자가 타입적 인지와 토큰적 지각을 구별하고 이런 한에서의 인지현상 분류를 시도하려고 하면 양자 간의 동적인 상호 작용, 비틀림, 타입이 토큰으로 변화하는 것 또는 그 역이 불가피하게 관찰되기에 이른다(그림 41).

이상의 논의에 입각해서 자폐증 아이의 증례를 생각해 보자. 자폐증 아이는 시각에 관해 전체성이나 문맥을 인지하는 능력(중심성 통합능력)이 결여되어 있다고들 설명한다.[11] 그 예로서 착시가 일어나지 않고 같

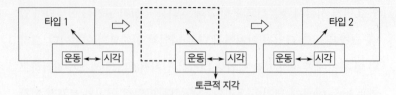

그림 41 나안 상태에서 운동과 시각은 타입적 추상공간을 매개하고 정합적으로 조절되어 있다(왼쪽 그림). 이 경우 운동·시각 개념의 타입이 너무나 탁월하고 토큰은 지각되지 않는다. 좌우 반전 안경을 착용하고 운동·시각이 어긋남을 야기하는 경우, 경험적으로 단련된 타입적 추상공간은 아직도 남아 있지만 형해화(形骸化)되고 토큰적 지각이 현전화한다. 이로써 순간마다 선명한 기억이 가능케 된다(가운데 그림). 좌우 반전 시야에 충분히 적응케 하는 나안과는 다른 타입이 형성되어 이것을 매개한 운동·시각의 새로운 정합적 연합이 가능케 된다(오른쪽 그림).

은 이유에서 속임그림 과제를 빨리 풀 수 있다고 보고되어 있다.[12] 예컨대 중앙에 직경 2cm의 원이 그려지고 그 주위에 직경 5cm의 원이 5개 방사상으로 그려진 도형 A를 생각하자. 그 옆에 도형의 패턴이 같고 중앙의 원의 직경도 같지만 주위의 원의 크기가 1cm인 도형 B를 배치한다. 여기서 도형 A와 B에서 중앙의 원의 크기 중 어느 쪽이 큰지 피험자에게 묻는다. 자폐증을 보이지 않는 피험자의 경우 주위의 원의 크기에 갈피를 잡지 못하게 되어 도형 B의 중심원을 도형 A의 중심원보다 크게 느낀다. 그런데 자폐증 아이의 경우 중앙의 원에 주의를 집중시키는 한, 그 주위를

---

11) U. Frith, *Austin: Explaining the Enigma*, Blackwell Science, 1989. F. Happé, "Autism: Cognitive Deficit or Cognitive Style?", *Trends in Cognitive Sciences* 3(6), 1999, p.216.

12) F. Happé, "Studying Weak Central Coherence at Low Levels: Children with Autism do not Succumb to Visual Illusions. A research note", *Journal of Child Psychology and Psychiatry* 37, 1996, p.873. 및 A. Shah & U. Frith, "An Islet of Ability in Autistic Children: a Research Note", *Journal of Child Psychology and Psychiatry* 24, 1983, p.613에는 자폐증 아이의 능력에 관한 구체적 사례가 기술되어 있다. 또 속임그림 과제에 관해 fMRI를 이용, 과제 수행시의 뇌 활동 부위가 조사되어 자폐증 아이와 그 외의 경우에 대한 비교 연구가 행해지고 있다.

무시해 버리고 착시가 일어나지 않는다. 그 결과 양자의 원의 크기는 같다고 올바르게 지각되는 것이다. 속임그림 과제는 의미 있는 도안(유모차 그림) 내에서 입방체의 투시도와 같은 이차원 패턴을 발견하는 과제이다. 입방체 투시도는 의미 있는 도안에서 그 구성 요소와 무관하게 겹쳐져 있기 때문에 통상 발견하기 힘들다. 그러나 전체의 문맥(도안)에 영향받지 않는 자폐증 아이는 대단히 쉽게 발견한다.

이들 실험에 대해 뇌의 활동 부위도 측정되고 있다. 〈그림 40〉에 나타나듯이 통상의 피험자는 후두엽 제1시각영역이나 시각연합영역 이외에 언어중추인 브로카 영역이나 전두엽에서의 활발한 활동이 확인되었지만 자폐증 아이에 관해 후자에서의 활발한 활동은 발견되지 않았다. 이로써 전체성이나 문맥을 파악하는 능력은 전두엽이나 브로커 영역과 관련되고 거기서 형성된 중심적 통합 능력의 작용이 자폐증 아이에게서 약한 것은 아닌가 하고 결론짓고 있다. 그러나 이렇게 생각하면 일부의 자폐증 아이에게서 확인되는 성냥 수를 순간적으로 파악하는 능력이나 다빈치 수준의 데생 능력, 300년 후의 12월 7일이 무슨 요일인가를 알아맞히는 능력 등을 전혀 설명할 수 없다. 그러한 계산은 어떤 전체 내에서의 의미를 인지하는 것이 불가피하기 때문이다. 그러므로 우선 문맥, 전체성 개념에 관해 결여되어 있는 것이 아니라 통상의 사람들과는 이질적인 무언가를 가지고 있는 차이는 아닌가 하고 일단 생각해 보기로 하자.

우선 주의를 기울이는 대상 이외에 그것을 둘러싼 문맥, 환경, 세계를 상정할 수 있다고 할 때의 세계의 의미에 관해 생각해 보자. 그러한 세계는 항상 간접적으로 출현하고 사후에 있어서 의미를 갖는 것이 일반적이다. 그림을 인식했을 때 그림이 세계로부터 분리된 순간, 전경을 배치한 주위로서 상정되는 배경처럼 말이다. 현상론적 계산의 장에서 논한 대각선 논법에 있어서 '성장하는 전체를 내재하는 전체'는 좋은 예이다. 그러나 세계 전체로서 상정된 것이 성장해 버리고, 이것을 인정하는 순간 최초로 상정되어 있던 세계는 단순히 괄호에 들어간 세계로서 현실세계 안에 존재하고 있었다고 인정하지 않을 수 없다. 이렇게 간접적으로 출현하는 현실세계가 어떤 개체적 대상과는 다른 타입으로서 상정되어 있다. 그것이 우리가 통상 상정하는 현실세계는 아닌가. 이런 한에서 현실세계는 개체와 같이 확정적 경계를 가지지 않고 그 내부에 어떠한 불일치(예컨대 성장)가 있다고 해도 이것을 무근거로 회수해 버리는 개념 장치로서 상정되어 있다. 의식에 있어서 끊임없이 현실세계가 사후적으로 인지된다 해도, 현실세계상은 끊임없이 타입으로서 상정되고 잠재하고 있는 것은 아닌가. 그렇기 때문에 항상 현실세계는 변화나 부적절함을 회수하는 장치로서 현전할 수 있는 것은 아닌가. 이른바 회수장치로서의 현실세계라는 모델은 궁극의 타입이다. 어떠한 내포적 규정에 의해 분석적으로 상정되는 통상의 타입과 달리, 규정할 수 없지만 현전하는 무언가 혹은 통상의 일반 타입 개념의 모순까지 회수하는 메타 층위의 타입으로서 현실세계 모델은 단련되고 있기 때문이다. 이 현실세계야말로 타입적 인지로서 상정되는 중심적 통합 능력이라 생각된다.[13]

이러한 상정하에서 자폐증 환자는 '다른 중심적 통합 능력=다른 현실세계(타입)'를 소유한다고 생각해도 좋을까? 그렇지 않다고 본다. 오히

---

13) A. W. Snyder & D. J. Mitchell, "Is Integer Arithmetic Fundamental to Mentalprocessing?: The Mind's Secret Arithmetic", *Proceedings of the Royal Society of London* B 266, 1999, pp.587~592에서는 평범한 우리에게 있어서 세계를 분석하는 뇌의 부위가 우월하고 이것이 작동하지 않는 자폐증 환자에게는 분석 이전의 순수한 세계상이 지각되는 것은 아닐까 하고 주장한다. 역으로 말하면, 평범한 우리들도 역시 자폐증 환자와 같은 능력이 잠재되어 있지만 분석 능력의 우월함 때문에 그 능력을 발휘하지 않는다는 것이다.

려 자폐증 환자는 불일치를 회수할 수 있는 장치로서의 타입세계를 가지고 있지 않은 것은 아닐까. 물론 어떤 타입세계를 가지고는 있지만 전부를 회수한다는 의미에서의, 어떤 의미로는 무절제한 타입세계를 가지고 있지 않은 것이다. 내가 그렇게 생각하는 근거의 하나는 마음 이론[14]에 관한 문제에 근거하고 있다. 마음 이론은 다음과 같은 실험 결과에 대한 해석의 하나로서 부상하게 된다. 우선 피험자에게 다음과 같은 그림 이야기를 한다. "샐리는 방에서 나갈 때 바구니 속으로 구슬을 던져 버렸습니다. 샐리가 나왔을 때, 앤이 방에 들어가 바구니에서 구슬을 꺼내서 상자에 숨겼습니다. 그런데 놀이를 하다 방으로 돌아간 샐리는 구슬을 가지려고 우선 어디를 찾을까요." 이 이야기 내에서 샐리는 앤의 존재를 모른다. 따라서 통상 아이는 "샐리는 바구니를 찾는다"고 대답한다. 그러나 자폐증 아이는 "샐리는 상자를 찾는다"고 대답하는 것이다. 이 실험 결과에 대한 해석은 이러하다. 자폐증 환자는 이야기 전체를 들었을 때 이야기 세계의 주인인 샐리나 앤이 자신과 같은 추론을 하는 인간이라고 상정할 수 없다. 반대로 자신과 같이 추론하는 한 우리는 일반적으로 타인의 마음에 관한 소박한 모델을 상정하고 있다. 즉, 자폐증 환자는 타인에 대해 마음의 모델(이론)을 상정할 수 없는 것이다.

---

14) 마음 이론에 관해서는 샐리-앤 과제(H. Wimmer & J. Perner, "Beliefs about Beliefs : Representation and Constraining Function of Wrong Beliefs in Young Children's Understanding of Deception", *Cognition* 13, 1983, pp.103~128)와 스마티 과제(J. Perner, S. R. Leekam & H. Wimmer, "Three-year Olds' Difficulty with False Belief : The Case for a Conceptual Deficit", *British Journal of Developmental Psychology* 5, 1987, pp.125~137)를 들 수 있다. 본문에서 들고 있는 것이 샐리-앤 과제이다. 스마티 과제는 '한 아이에게 스마티(초콜릿) 상자를 열어 보여 준다. 그러나 거기에는 초콜릿이 아니라 연필이 들어 있다. 이 번에는 다른 아이에게 그 상자를 제시한다. 아이는 상자 속에 무엇이 들어 있다고 생각할까?'라는 것이다.

아이를 대상으로 한 실험이라는 점에서, 실험 결과의 해석에는 다양한 어려움이 있을 것이다. 이 이야기를 현실에서 일어난 것으로서 이해시킨다는 점에서 일종의 '흉내놀이'적 상황을 받아들일 것이 피험자에게 요구되고 있다. 소꿉놀이를 할 때 "그럼 타로 군은 아빠야" 하고 말하고 이것을 받아들일지 받아들이지 않을지에 따라 마음 이론을 가질지 않을지 판정하는 것은 가능할 것 같지는 않다. 그러나 '흉내놀이'가 원리적으로 받아들여지지 않는다는 것을 판정할 수 있다면 실험 결과는 어떤 함의를 가질 것이다. 그것은 마음 이론을 갖는가 갖지 않는가라기보다, 부적절함을 회수하는 장치로서의 현실세계라는 타입을 피험자가 갖는가 갖지 않는가라는 판정으로서이다. 들은 이야기를 이야기(흉내놀이)로서 받아들일 수 없는 경우, 그는 이야기로서 상정된(이야기) 세계를 그가 사는 현실세계 내에 받아들일 수 없다고 생각할 수 있을 것이다. 그는 이야기의 세계 외측에도 아직도(그 자신이 사는) 현실세계가 확장되어 있다고 실감할 수 없다. 이야기 세계를 회수하는 현실세계의 실재성이라는 타입을 상정할 수 없다. 그러므로 받아들일 수 없다고 생각된다(받아들인 순간에 이야기에 등장하지 않는 자신이 사라져 버리므로).

다음으로 들려 준 이야기가 이야기로서는 인식된 경우를 상정해 보자. 이 경우 그러함에도 불구하고 "샐리는 상자를 찾았다"고 피험자가 답한다면, 그는 상대적 참이라는 개념을 이해하고 있지 않다고 생각된다.[15] 피험자가 정위해야 할 것은 샐리이다. 그다음으로 피험자가 샐리가 사는

---

15) 상대적 참이라는 개념은 양상논리 S4에 있어서 필연적 참, 가능적 참이라는 참, 거짓과는 다른 새로운 양상치와 정합적인 개념일 것이다. 양상논리 S4는 위상 불 대수로 구성할 수 있다. 위상 불 대수는 불 대수에 있어서 폐포(閉包) 연산이 새롭게 정의된 속이다. 폐포연산 a는 아래와 같이 정의된다. (i) $0^a = 0$, (ii) $x \leq x^a$, (iii) $(x > y)^a = x^a > y^a$, (iv) $x^{aa} = x^a$. 이 다음으로

세계를 무엇이든 회수하는, 실재를 상정하는 수밖에 없는 현실세계라는 타입에 의해 규정한다고 가정해 보자. 이 경우 피험자는 이야기를 모두(즉 앤의 일도) 알고 있는 청자인 자기 자신을 세계와 동치해서는 안 된다. 왜냐하면 현실세계란 확정적으로 기술되는 '사물'이 아니라 온갖 부적절함을 회수해 버리는 어떤 종류의 깔끔하지 못한 개념 장치이기 때문이다. 만약 피험자가 이야기 세계를 그러한 경험세계로 상정한다면 앤에 관한 지식을 가지는 자기 자신(피험자)과 경험세계를 동일시할 수 없을 것이다. 이런 한에서 그는 그가 지금 정위하고 있는, 지식소유자로서 확정되는 샐리와 지식 같은 것은 가지고 있지 않은 샐리가 사는 세계를 동일시하는 것은 아니다. 후자는 온갖 확정 기술을 물리치면서 온갖 부적절함을 납득하는 현실세계로서 상정되어야만 하기 때문이다. 그러므로 샐리에게 있어서 참과 이야기 전체 내에서의 참(그것은 현실세계로서 상정되는 세계 그 자체에 있어서 참이 아니라 이야기를 듣고 있는 피험자에게 있어서 참이다)을 구별하고 샐리에게 있어서 상대적 참을 이해할 수 있음에 틀림없다. 그렇다면 그는 "샐리는 바구니를 찾는다"고 대답함에 틀림없다. 그러나 자폐증 환자가 원래 무엇이라도 회수 가능한 장치로서의 경험세계 모델을 가지지 않는다면 샐리와 세계를 구별할 수 없다. 확정 기술에 의해 규정된 샐리와 확정 기술을 허용할 수 없는 세계의 구별을 그는 원래 모르기 때문이다.

따라서 들은 이야기를 어떤 세계로 받아들이는 것이 불가능하든 가

보원(부정) 조작을 c로 해서 cac=i로 하면 (i) 1^a=1, (ii) $x^a \leq x$, (iii) $(x < y)^i = x^i < y^i$, (iv) $x^{ii} = x^i$ 가 성립한다. 여기서 A^i에 □A(필연적 참)을 대응시켜 ~□~A를 ◇A(가능적 참)에 대응시키면 양상논리 S_4가 얻어진다. 상대적 참은 가능적 참으로 대치할 수 있다.

능하든 "샐리는 상자를 찾는다"고 답하는 피험자에게 있어 "현실세계는 온갖 부적절함을 회수하는 타입적 개념 장치로서 상정되어 있지 않다"라고 말할 수 있다. 여기서 상정된 현실세계란 확정적 개체로서 결코 상정할 수 없이 무근거로 실재한다고밖에 말할 수 없는 궁극의 타입으로서 상정되는 것이라고 다시 한번 독자의 주의를 환기해 두고 싶다. 어떠한 부적절함에든 현실세계는 결과에 있어서 미동도 하지 않는다. 이러한 타입으로서의 현실세계 모델을 자폐증 환자는 획득하고 있지 않은 것은 아닐까.

궁극적인 타입으로서 현실세계를 상정하고 있지 않다는 점에 자폐증 환자가 가진 능력의 열쇠가 있다고 생각할 수 없을까. 타입적 추상세계는 성장·발달의 과정에서 단련되어 온 것이다. 단련되었다는 과정을 거친 이상 견고하다. 그러므로 예컨대 일반적으로 타입적 기억의 해체를 재촉하기 위해서는 좌우 반전 안경과 같은 특수한 장치가 필요케 되었다. 이러한 타입적 인지 중에서도 현실세계의 실재성이라는 타입은 가장 견고할 것이다. 이에 비해 자폐증 환자는 궁극의 타입으로서의 현실세계를 가질 수 없고 그들 뇌내에서 상정된 세계는 확정적인, 개체적인 세계로서 구성된다. 그렇기 때문에 개체(토큰)세계에서 타입세계(그러나 결코 궁극의 타입은 아닌)로의 전도라는 사태가 용이하게 생기하는 것은 아닐까. 예컨대 세계를 나의 지각에 의해 규정할 수 있는 확정된 '사물'로 생각해 보자. 통상 이렇게 상정된 세계는 간단히 경험에 의해 파탄할 것이다. 그러나 자폐증 환자가 아닌 경우 이 한정적인 세계의 파탄을 회수하는 궁극의 타입적 현실세계가 상정되어 있기 때문에 실재하는 현실세계의 파탄으로서는 지각될 수 없다. 이에 비해 자폐증 환자에게 있어 세계 전체는 확정적이어도 그 외부를 가지지 않는 세계라고 상정되고 그러한 한에서 이 모델세계가 파탄된다. 그리고 미리 이 모델세계를 회수하는 현실세계는 그들에게 있어 상정되어 있지 않다. 그렇다고 하면 전체이면서 동시에 부분인 세계로서 세계는 순식간에 재구성된다. 전체로서의 세계가 단번에 부분으로서의 위상 규정을 받아들인다. 그렇기 때문에 궁극적 타입으로서 상정되는 현실=경험세계가 (우리 평범한 인간에게 있어서는) 잠재하고 있으면서도 끊임없이 타입으로서의 위상 규정을 유지하는 것과는 대조적으로 확정적 세계=세계 전체(자폐증 환자의 세계)는 타입이면서 동시에 토큰화해 버리거나, 역으로 토큰으로서 지각되면서 타입으로서 인지되는 일이 용이하게 일어나는 것은 아닐까.

타입을 계산하면서 타입적 계산을 실현하도록 결정되는 경계 조건이 토큰적 지각을 제공한다. 그러나 타입과 토큰의 비틀림, 전도는 일반적으로는 그렇게 용이하게 발생하는 것은 아니다. 왜냐하면 현실세계=궁극의 타입이 경험적으로 발달하고 통상 특권적으로 행동하는 것으로 타입, 토큰의 비틀림을 잘 억제하고 있기 때문이다. 이에 비해 자폐증 환자에게 있어서는 궁극적 타입의 발달이 다소 뒤쳐졌든지 손상되었다.[16] 그 결과 타입과 토큰의 분리, 독립성에 관한 견고함이 소실되어 있다. 그러므로 타입, 토큰 간의 전도가 용이하게 일어난다. 그렇게 생각할 수 있는 것은 아닐까.

이상의 논의를 거울 삼아 자폐증 환자가 아닌 우리들도 자폐증 환자의 특이한 능력을 체험할 수 있는지 그 가능성을 다시 물어보자. 여기서 제안된 가설은 "자폐증 환자는 실재세계를 궁극의 타입으로서, 즉 온갖

---

16) 熊谷高幸, 『自閉症からのメッセージ』, 講談社 現代新書, 1993. 자폐증은 원래 기질장해인가 기능장해인가 하는 원인에 관한 논쟁이 있었지만 최근에는 기질장해론이 우위에 서 있다.

부적절함을 회수하는 개념 장치로서는 갖고 있지 않다"라는 것이었다. 타입으로서의 현실세계를 가지는가 가지지 않는가. 이 차이는 인지에 관해 결정적인 것으로서 생각된다. 그렇다고 하면 순간적으로 성냥의 수를 파악하는 인지를 우리는 결코 체험할 수 없는 것일까? 그렇지 않다.

이 점을 음미하기 위해 우선 성냥의 수를 순간적으로 파악하는 능력에 관해 우리의 현상론적 계산에 의거한 모델을 구성해 보자. 그들은 일별해서 순간적으로 성냥을 센다. 또한 이러한 능력을 발휘하는 자는 소수(素數) 등에 관해 특별한 감각을 갖고 있다. 즉, 그들은 개별적 수에 관해 타입적 인지가 우월하다고 생각된다. 우선 그들이 온갖 외계 파악에 있어 타입적 수의 인지가 탁월하다고 상정해 본다. 이러한 상황에서 흩어진 성냥이 주어진다. 흩어진 성냥의 상은 어떤 구체적인, 개별적인 수로서 주어질 것이다. 그것은 토큰이다. 그러나 수의 파악에 관해 타입적 인지가 우월한 그들에게 있어 토큰은 [2부] 1장 3, 4절에서 논했듯이, 본래 유사 가능성이 아니라 그 자체가 배제의 가능성을 담지하는 것으로서 지각될 것이다. 흩어진 성냥이 배제의 가능성을 담지하는 상태란 어떻게 상정할 수 있는가? 흩어진 성냥은 하나하나의 성냥을 개체로 한 집합체이다. 그렇다면 흩어진 성냥은 셀 수 있는 한에 있어서 수라는 토큰이 된다. 하나씩 센다면 어떤 범위를 세고 어떻게 세는가에 의해 '흩어진 성냥 자체'가 가능한 수를 혼효시키는 것이 된다. 즉 '흩어진 성냥 자체'가 유사의 가능성을 담지하는 토큰이라면, 가능한 수인 10이나 27이나 127…… 등을 혼효시키는 가능공간 내에 흩어진 성냥의 수를 지시하는 어떤 토큰(수)이 위치 지어질 것이다. 배제에 기반한 가능성이란 혼효를 허용하는 가능공간의 부정이고, 그러므로 셈이라는 조작을 허용하는 가능세계의 부정이다. 가장 단순하게 이것을 상정한다면 성냥을 전경으로 한 '흩어진 성냥'

을 성냥을 배경으로 하고 그 배경을 전경으로 하는 패턴으로서 상정하는 것이다. 성냥의 배경이 이어져 하나의 개체로 화한 패턴은 이미 세는 것 따위는 할 수 없다. 이것이 배제의 가능성을 직접적으로 담지하는 '흩어진 성냥'의 토큰, 이른바 타입화한 토큰이다. 이때 타입화한 토큰은 다른 숫자가 아닌 어떤 숫자라는 타입으로 단번에 전도한다. 이리하여 흩어진 성냥의 타입으로서 어떤 숫자가 인지된다.

이 모델에서는 토큰의 타입화가 흩어진 성냥에 대한 순간적인 수 파악의 열쇠를 쥐고 있다. 이 모델을 채용하는 한 타입과 토큰의 용이한 비틀림, 전도가 흩어진 성냥 수를 순간적으로 파악하는 능력을 기초 짓는다고 생각할 수 있다. 따라서 궁극의 타입으로서 경험세계를 파악하지 않는 자폐증 환자는 이것을 용이하게 실현할 수 있을 것이다. 그러면 경험세계에 관해 견고한 실재감을 가진 우리는 어떠할까. 바로 우리의 뇌가 현상론적 계산기이기 때문에 그것은 가능할 것이다. 현상론적 계산기란 프레임 문제에 노출되면서 계산을 진행시키는 계산기이다. 어떤 타입적 계산을 실현하기 위해 유효한 경계 조건 X를 지정했다고 해도, 그 경계 조건이 그것을 둘러싼 새로운 경계 조건 Y하에서 지정되기 때문에 해당 계산은 가능케 된다. 따라서 조건 Y의 존재 때문에 어떤 타입적 계산의 원인을 경계 조건 X로 완전히 환원하는 것은 불가능하다. 같은 이치를 자폐증 아이의 계산에도 적용할 수 있을 것이다. 타입과 토큰의 전도를 실현하는 계산이 궁극적 타입인 경험세계의 결여에 기초 지어지고, 또 이들 처리 과정에 대응하는 뇌 부위를 특정할 수 있었다고 하자. 평범한 우리에게 있어서는 궁극적 타입=경험세계의 뇌내 감득(感得) 위치 P(아마도 타입, 기억인지에 관여하는 부위일 것이다)가 활동 가능하지만 자폐증 아이에게는 그 뇌 부위가 손상되어 있다고 말이다. 이렇게 상정한다면 P

가 존재하는 경우 성냥의 표현 계산은 경계 조건 X로 간주되고 P가 손상된 경우는 경계 조건 X'로 간주된다는 차이를 발견케 된다. 이로써 "성냥개비의 수를 한순간에 파악하는 계산기"를 정의(identify)할 수 있었던 것 같다.

설령 그렇다 해도 한정된 계산기는 뇌의 다른 부위, 뇌내외의 다른 부위, 신체 외부 등의 프레임 문제를 귀결하는 경계 조건하에서 지정할 수 있는 경계 조건에 지나지 않으며, 그런 한에서 특정 계산기로 확정됨에 틀림없다. 외부를 고려하는 한 그 내부에 분리된 계산기는 동적으로 존재하고 아무리 견고해도 변화 가능성을 계속 유지한다. 바로 좌우 반전 시야라는 운동계와 시각계의 어긋남을 적극적으로 이용해서 톱→다운적 기억 처리로부터 보텀→업적 기억 처리가 야기되듯이, 아무리 견고한 타입적 세계도 동적으로 변화할 수 있다. 그러므로 자폐증 환자의 성냥개비에 관한 능력을 우리도 역시 체험하는 것이 가능하다. 성냥 표상(表象) 계산의 실행 환경 X와 X'의 차이는 다시 이들을 구동하는 Y와 Y'의 차이를 Y와 Z의 차이로 실험적으로 치환할 수 있다. 이리하여 X를 X'로 바꿀 수 있을 것이기 때문이다. 즉, Y→X→'하나씩 센다'와 Y'→X'→'한순간에 수를 알 수 있다'의 차이가 Z→X'→'한순간에 알 수 있다'와 Y'→X' →'한순간에 수를 알 수 있다'에 의해 사라져 버린다.

우리는 세계의 실재성을 언명할 수 있다. 그러나 그것은 세계나 세계의 일부인 뇌의 구성에 의해 기반 지어지는 것이 아니라 발달 과정에서 단련됨에 지나지 않는다. 여기서 말하는 궁극의 타입적 세계는 오모리 쇼조(大森莊藏)가 주장하는 겹쳐 그리기에 의거한 적당한 실재론에 가깝다.[17] 입방체를 보고 입방체라는 타입을 지각할 수 있는 것은 왜인가. 망막상으로서 얻을 수 있는 것은 다양한 무제한 개의 이차원상, 지각 표면

(perceptual surfaces)이라는 토큰이다. 이들을 합성해서 입체인 입방체＝타입을 합성하는 것은 불가능하다. 이른바 타입과 토큰의 관계를 증명 없이 적당히 겹쳐 그려 버린다. 그 결과 입방체의 실재를 감득한다는 것이다. 오모리는 적당한 실재론을 어떤 메커니즘에 의해 기초 지으려고 하고 그 메커니즘은 진화·자연선택의 결과 얻어진 것이라고 결론짓는다. 그렇지 않을 것이다. 적당한 실재＝궁극의 타입은 발달에 의해 단련되고 유지되는 것이기 때문에, 그리고 현상론적 계산의 결과이기 때문에 견고하면서도 동시에, 언제 변화할지도 모른다. 원생실험은 바로 그 점을 비춰 내는 장치인 것이다.

시각 서번트와 평범한 우리

평범한 우리와 시각 서번트(savant)의 '외관'에 관한 차이는 어떤 의미에서 정도의 차이에 지나지 않는다. 양자는 모두 타입적 인지와 토큰적 지각이 혼효하는 현상론적 계산 과정이라 생각할 수 있다. 그렇기 때문에 시각 서번트에게는 타입적 성격(배제 가능성)을 담지하는 토큰적 지각이 성립한다. 여기서는 뇌내 과정이라는 점에 주목해서 시각 서번트의 천재적 능력과 평범한 인간의 시각의 차이를 검토해 보자. 극히 표면적으로 분류하면,

> 평범한 우리 → 타입, 형식화, 추상화를 통한 시각
>
> 시각 서번트 → 타입을 경유하지 않고 순수한 시각정보를 이용한 시각

---

17) 大森莊藏, 『時間と存在』, 靑土社, 1994.

이라는 대립 도식이 확인된다. 전자는 타입, 현실화를 긍정하고 후자는 이것을 부정한다. 뇌과학에서는 이 이항대립에 대응하는 뇌내 메커니즘을 발견하고 있다. 이렇게 확신하는 이는 오스트레일리아 시드니대학의 앨런 슈나이더(Allan Snyder)이다. 그에 따르면, 평범한 우리에게 있어서 시각은 언어 등에 관련되는 베르니케역, 연합역 등(대뇌 좌반구 측두엽 부근)을 경유해서 성립한다. 이에 비해 시각 서번트는 이 영역이 손상을 받았기 때문에 그들은 제1시각영역에 있는 생 시각정보에 직접 접촉할 수 있다. 사진을 촬영한 듯한 그림이 그려지는 것은 그 때문이다. 슈나이더는 이렇게 주장한다. 실제 그는 이것을 실증하기 위해 자신이 실험대에 올라 경두개적 자기자극법(transcranial magnetic stimulation, TMS)을 사용한 실험을 행했다. TMS는 두개골 외부에서 국소적으로 자기 자극을 주어 그 부위의 신경세포의 활동을 일시적으로 저해하는 작업이다. 이것을 이용해 측두엽 국부의 활동을 저해하고 그다음에 예컨대 인물화 등을 그려 본다. 일반인들은 인물화를 그릴 때 통상 우선 얼굴의 윤곽, 눈, 코, 입을 그린다. 얼굴의 부품인 눈, 코, 입 등은 이른바 만화적인 스테레오타입의 형태로서 그려진다. 이에 비해 TMS 적용하에서는 일반인들도 윤곽에 주목하지 않고 예컨대 귀의 상세한 세부나 속눈썹 등에 집중해서 그려 낸다. 즉, 얼굴을 타입에 의해 '얼굴'로서 지각하지 않고 보다 생 망막정보(제1시각영역의 정보)에 의거한 형태로 그리는 것이다. 그러므로 슈나이더는 "평범한 우리도 실은 생 정보를 뇌내에 갖고 있다. 그것을 직접 이용하고 있지 않을 뿐이다. 예술가의 천재적 재능은 TMS로 만들어진다. 누구라도 천재가 될 수 있다"고 주장한다.

시각 서번트를 어떤 질병이라 결론짓지 않고 누구라도 시각 서번트와 같은 지각이 가능하다고 하는 발상은 매력적이다. 그래서 나는 그와

만났을 때 아래와 같은 질문을 던져 논의했다(그는 논의의 본질에 관해 동의하고 우리는 타입적 계산과 토큰적 계산의 혼효적 진행=동일성의 생성=어떤 지각에 관해 논의할 수 있었다). 시각 서번트라도 생 망막정보 그 자체를 그리는 것은 아니다. 유명한 시각 서번트인 소녀 나디아는 확실히 레오나르도 다빈치를 흉내 낸 말 스케치를 그리지만 풍경에서 배경을 무시하고 전경으로서 말을 그린다. 즉, 망막 상에 대해 어떤 추상화·형식화를 행한다. 그 타입 개념이 평범한 우리와 다른 경우는 있어도, 타입을 매개하지 않는 것은 아닐 것이다. 그러면 역시 어떤 타입의 계산과 그 계산을 실행하기 위한 계산 실행 환경의 계산이 뇌내에서 혼효적으로 진행하고 있다. 사실 타입을 매개한다 또는 매개하지 않는다라는 이원론으로 이해할 수 없다는 것은 명백하다. 예컨대 인물상을 모사할 때 그림을 거꾸로 세우면 평범한 우리도 정립상을 모사할 때보다 예술적 터치로 그릴 수 있다. 즉, 시각 서번트와 평범한 우리 간에는 정도의 차이가 존재하고,

정립상의 스케치를 하는 평범한 우리 　　　→ 회화화된 타입을 그린다

도립상(倒立像)의 스케치를 하는 평범한 우리 → 어느 정도 예술가적인 터
　　　　　　　　　　　　　　　　　　　치로 그린다

　　　　⋮　　　　　　　　　　　　　　　　⋮　　⋮

시각 서번트　　　　　　　　　　　　　→ 예술적 터치로 그린다

와 같이 다양한 단계가 상정될 것이다. 시각 서번트의 경우는 그 극단적 끝성분은 아닐까 하고 생각된다.

　　이렇게 생각할 때, 책상 위에 흩어진 성냥의 수를 파악할 때도 정도의 차이가 발견된다. 우리는 성냥의 셈을 자명한 절차로 생각하고 그것에

비해 시각 서번트의 수 파악은 기적적이라고 생각하는 경향이 있다. 그러나 잘 생각해 보면 성냥을 하나씩 세는 조작도 불가사의한 조작이다. 셈은 어떤 단위를 상정하고 유지하면서 이것을 세는 조작이다. 단위라는 동일성이 생성되고 유지되지 않으면 안 된다. 추상적으로 성냥 1개=단위라고 생각한다면 단위는 자명하지만, 망막 상으로서의 성냥은 각각 어느 것이든 다르다. 어떤 것은 이쪽으로 머리를 향하고 있고 어떤 것은 옆으로 향하고 있다. 따라서 셈은 이들 다른 것을 동일한 것으로 간주해서 수행해야만 한다. 다른 망막 상의 부분 상[像]을 어떤 동일성=어떤 타입에 의해 세어 가는 것이고 그 타입은 뇌내에서 생성되어 타입을 계산하는 실행 환경의 계산과 함께 계산되는 것이다. 계산 단위의 동일성은 2개씩 센다, 3개씩 센다라는 차이에 의해 그 의미를 바꿔 갈 것이다. 명백하게 1, 2, 3……은 정도의 차이는 있지만 3개의 성냥을 세기 위해서는 3개의 성냥으로 구성된 다른 패턴을 끊임없이 동일시해야만 한다. 어떤 경우에는 3개는 직선상에 배열되어 있을 것이고 어떤 경우에는 삼각형을 이루고 있을 것이다. 이러한 다른 패턴에서 동일성을 발견함으로써 셈의 단위가 생성되는 것이기 때문이다.

세는 패턴의 구성 단위를 바꿨을 때, 수 파악시 속도가 어떻게 변하는가. 나는 스스로 예찰하는 실험을 행해 보았다. 그러자 각 단위에 익숙해져 가면, 하나씩 (실제로는 스테인리스 구슬을 이용한) 셀 때의 시간에 비해 2개씩에서도 3개씩에서도 각 단위에 익숙하기 이전보다 훨씬 빨리 셀 수 있게 되고, 또 주어진 구슬의 수가 증가해도 세는 단위가 클 때(3이나 4) 전체 셈에 요하는 시간은 그다지 다르지 않게 되었다. 즉, 단위 타입의 변화에 의해 단위 이행에 요하는 시간 자체가 변화하고 있는 듯하다. 이 정도의 차이의 연장선에 역시 시각 서번트의 수 파악이 있는 것은 아

닐까. 여기서도 일반인들과 시각 서번트 사이의 관계는 정도의 차이로서 이해할 수 있고,

1개씩 센다	→	1개로 된 타입	→	이행 속도 느림
2개씩 센다	→	2개로 된 타입	→	조금 빠르다
3개씩 센다	→	3개로 된 타입	→	꽤 빠르다
⋮		⋮		⋮
시각 서번트의 수 인지	→	큰 수의 타입	→	거의 순간적인 셈

과 같이 완만한 관계에 있는 것은 아닐까.

이러한 타입에 의한 정도의 차이라는 이미지하에서 질적이라고도 생각할 수 있는 현상의 차이가 출현하는 이유를 생각해 보자. 현상론적 계산이란 뇌내의 어떤 국소에서 타입의 계산을 실현하는 데 동반해 다른 부위가 계산 실행 환경을 계산하고 양자가 함께 진행하면서 혼효하는 계산이었다. 이때

어떤 타입적 계산	—	계산 실행 환경의 계산
타입적 인지	—	토큰적 지각(감각질)
스케치에 있어서 대상	—	대상 그림의 터치
셈 단위의 생성	—	시간(단위 이동 속도)의 생성

이라는 타입·토큰의 다양한 쌍을 발견할 수 있다. 통상 우리가 계산기를 이용한 계산을 생각하는 경우, 계산 실행 환경(냉방을 하다, 전류를 흘리다……)은 그 독자적 의미를 뚜렷하게 드러내지 않는다. 어느 쪽이냐면

계산기가 출력하는 계산에 대하여 너무나 자명하기 때문에 무시된다. 이에 비해 뇌에 있어서의 계산에서는 실행 환경의 실현도 역시 뇌내 계산이고 뇌내 활동인 이상 어떤 감각을 동반한다. 그것이 토큰적 지각이고 감각질이 아닐까. 이 책의 논점은 거기에 있었다.

스케치에 있어서 인물이라는 형식, 추상화라는 타입은 스케치 대상이 정립하고 있을 때와 도립(倒立)하고 있을 때가 다를 것이다. 그렇다면 각각의 타입 계산을 실현하는 실행 환경의 계산이 다르고 토큰적 지각이 다르다. 이 차이가 그림의 터치로서 나타난다. 셈의 단위에 관해서도 같다. 셈 단위의 차이는 숫자상에서 양적인 정도의 차이이지만 각각 다른 동일성 타입을 계산하고 있다. 그러므로 그것에 동반하는 토큰적 지각이 다르고 흐르는 시간이 변하게 된다. 그러한 것은 아닐까.

이러한 뇌내 계산 메커니즘을 부연하고 타입적 인지와 토큰적 지각의 전도에 관해서도 대담하게 논해 보자. 환상지라는 현상이 있다. 사고 등으로 팔이나 다리를 잃은 사람에게 일어나는 지각으로 존재하지 않는 팔이나 다리가 아픈 현상이다. 이것은 다음과 같이 설명된다. 팔이 없어졌을 때 팔에서 발생하는 지각을 담당하고 있던 뇌의 영역은 임무가 없어져 버린다. 그래서 이 영역은 자신의 근방 영역과 결합하고 임무를 만들어 버린다. 뇌의 지각에 관련된 영역은 뇌내의 장소에 따라 얼굴이나 어깨의 지각에 관련된 영역에 가깝다. 따라서 일찍이 팔을 지각한 영역은 얼굴이나 어깨의 지각을 팔의 지각으로서 계산해 버린다. 라마찬드란 (Vilayanur S. Ramachandran)은 환상지로 고통스러워하는(때로 맹렬한 아픔을 느끼기 때문에) 환자를 전라로 침대에 눕혀 눈을 감게 하고 면봉을 몸에 접촉시켜 보았다. 이때 바로 얼굴에 접촉했을 때 환자는 "지금 없는 팔을 만지고 있습니다" 하고 외쳤다고 한다.

팔은 기능을 국재화해서 분업하고 있지만 그 국재화 즉 분업체제는 유연하게 변한다. 환상지 사례는 이것을 가르쳐 준다. 마찬가지의 현상이 시각 서번트의 경우에도 일어나고 있는 것은 아닐까. 확실히 시각상의 타입적 인지에 관해 통상 베르니케역, 시각 연합역 등 뇌의 특정 부위가 중요한 역할을 할 것이다. 그러나 타입의 계산 차이(정립상의 인물 타입과 도립상의 인물 타입, 또는 1개의 단위와 3개의 단위 등)에 따라서도 각 타입 계산의 부위는 미묘하게 다르고 그에 동반해 계산 실행 환경의 계산(토큰적 지각) 영역도 다를 것이다. 이것이 감각질의 차이나 그림의 터치의 차이, 셈에 관한 속도의 차이를 만들어 낸다. 단, 도립상(倒立像)의 스케치나 3개씩 성냥을 세는 정도의 상황에서는 극적인 토큰적 지각의 변화를 만들어 내지 않는다. 그것은 타입적 계산을 좌뇌 주도로 실행하는 것으로서 (베르니케는 좌대뇌 반구 측두엽에 정위한다), 그 실행 환경의 계산도 좌뇌 영역 우위로 머물고 진행하기 때문은 아닐까. 그러나 시각 서번트의 경우, 통상의 타입 계산 영역이 손상되어 다른 영역에서 타입 계산을 실행한다. 그 계산 실행 환경의 계산(토큰 지각의 계산)은 이 경우 우뇌에까지 다다르고 오히려 우뇌 우위로 진행할 것이다. 타입 계산 부위의 장소의 차이는 정도의 차이로서 나타나도 그 실행 환경의 계산 영역에 관해서는 큰 차이를 야기한다. 이러한 그림을 그려 볼 수 있을 것이다.

타입적 인지와 토큰적 지각의 전도는 우뇌와 좌뇌 중 어느 쪽이 탁월한가 하는 차이로 설명할 수 있을 것이다. 평범한 우리는 타입적 인지를 좌뇌 주체로 계산하고 토큰적 지각 계산의 주체도 좌뇌에 머문다. 따라서 토큰적 지각은 그다지 겉으로 출현하지 않고 인물상의 스케치를 해도 예술적 터치는 그다지 나타나지 않는다. 이것에 비해 시각 서번트는 통상의 타입적 계산까지 좌뇌에서 탁월한 것이 아니고 우뇌가 그것을 대신한다.

또한 우뇌 주체로 토큰적 계산을 실행한다. 그러므로 타입적 계산의 특성을 담지한 채 토큰적 계산이 실현되고, 또한 우뇌 주체이기 때문에 토큰적 지각은 현재화한다. 아마도 우뇌 주체로 계산되는 토큰 지각의 계산은 제1시각영역에 있는 정보의 사용 방식까지 다를 것이다. 전술한 편측 무시가 우뇌 장애에 있어서 현재화하는 것과 같은 이유로 감각질 지각(토큰)의 현재화 또한 우뇌에 관여하는 것은 아닐까. 또, 평범한 우리에게 있어서 타입으로서의 '무한정한 세계'가 계산된다. 그러므로 타입 계산의 장소가 다를 때 무한정한 경험세계라는 타입은 잃어버리게 될 것이다. 이것이 자폐증 아이에게 있어서 샐리-앤 과제의 정답을 방해한다. 그러나 그것은 어떤 타입적 계산과 그 실행 환경의 계산(토큰적 계산)의 수반이라는 기능에 관해 차이를 야기하는 것은 아니다. 자폐증 아이든 시각 서번트든 평범한 우리와의 차이는 정도의 차이이면서 커다란 인지·지각적 차이로서도 이해 가능케 된다. 그러므로 역으로, 셈의 단위, 표준형과 어떤 인물화의 타입이라는 동일성을 상당한 정도로 바꿔 볼 때, 일반인들조차 토큰 계산의 영역이 크게 변화하여 우뇌에 의한 계산이 탁월하게 되고 시각 서번트의 인지·지각까지 가능케 됨에 틀림없다.

4. 탐색 목적의 이중성

또 하나, 지도를 이용해 탐색 과정을 해석한 실험을 간단히 소개해 보자. 이 실험 연구는 본 연구실 소속 다카다 고조(高田耕造)의 석사논문으로 그와 아오노 마사시(青野真士)의 공동 연구이다.[18] 여기서 문제로 간주되

---

18) 2001년 고베(神戸)대학 대학원 이학부 지구행성과학과 석사논문.

는 것도 "가능성을 제시하고 그중에서 선택한다"라는 선후관계에 대한 이론(異論) 제기를 기초로 한다.[19] 단 인간이 가능성을 스스로 제거하게 된다는 행위로 확인되는 의사 결정의 양상에 초점을 맞춰, 가능성의 결정을 목적의 설정으로 바꿔 읽는다. 통상 상정되는 선후관계는 "목적이 결정되고 그 때문에 행동한다"라는 형식을 취할 것이다. 선후관계에 대한 이론 제기는 목적과 행동이 분리 가능한가라는 것이다. 오히려 행동에 선행하는 목적(외연적 목적이라 부르자)과 행동의 결과 출현하는 목적(내포적 목적이라 부르자)이라는 두 목적이 존재하고 양자 간에 끊임없이 조정하고 있다고 생각해야 하지 않을까. 의식된 목적은 양자의 조정의 결과 하나로 결정되고 현전한다. 이렇게 생각하는 것으로 목적이 돌연 변화하는 과정도 이해할 수 있다. 예컨대 대학으로 향한다는 외연적 목적(진행하는 당신의 밖에 있고 선험적 목적)을 가진 당신이 한걸음 한걸음 걷고 있는 장면을 상정해 보자. 당신은 걸으면서도 걷는 것으로 내포적 목적(진행하는 당신의 안에 있는 과정으로서의 목적)을 끊임없이 생성한다. "조금 피곤하다. 오늘은 대학에 가는 걸 그만두고 찻집에 가 볼까" 하고 생각하게 되는 것이다. 그리고 내포·외연적 목적을 끊임없이 조정한 결과, 어느 순간 발걸음을 돌려 찻집으로 들어가 버린다. 여기서 현전하는 목적의 변화가 확인된다. 여기서 외연적 목적은 당신의 보행을 이끌고(drive) 내포적 목적은 끊임없이 보행의 결과로서 출현하는 우발성을 가지고 있다는 점에 주목하라.

실험의 목적은 내포·외연적 목적 간의 조정이란 어떠한 과정인가를 명확하게 하는 것이다. 단순히 표층적으로 출현하는 목적이 변화한다는

---

19) 郡司ペギオ-幸夫,『現代思想』 26(11), 1998, p.136.

결과를 유도하는 것이 아니라 그 사이에 있는 조정 과정을 평가하는 것이다. 그 때문에 2장에서 이용한 개념속을 사용한다. 현상론적 계산 과정의 모델을 구성했을 때에는 첨가를 동요시키고 이로써 의미론을 계속 바꿨다. 여기에는 현상(실험 데이터)의 시(時)계열에 대해 개념속이라는 척도로 시계열을 해석하고 척도와의 어긋남의 변화 경향을 조사한다. 의미론의 변화는 데이터 측에 존재하므로 의미론이 변화하지 않는 것으로서 데이터를 보면 그 무리(無理)가 측정된다.

실험은 아래와 같이 구성된다. 우선 행동에 선행하는 외연적 목적과 행동에 의해 형성되는 내포적 목적의 차이가 명확하게 되도록 각각을 두 사람의 피험자에게 맡기고 이인 일조로 수행하는 과제가 주어진다. 과제는 미로상의 목표에 도달하는 것을 목적으로 해서 이것을 탐색하는 것이다. 실제 실험 개요를 〈그림 42〉로 나타낸다. 두 사람의 피험자는 미로 지도 전체를 전망하고 행동에 선행하는 목적을 알고 있어 탐색을 지시하는 '지시자'와 미로 지도 전체를 전망치 못하고 A의 지시에 따라 탐색 행위를 실행하는 '탐색자'로 나눠진다. 양자는 서로의 행동을 직접 볼 수 없다. 미로 지도상에는 A에서 G까지의 기호가 각각 여러 개 분포되어 있고 지시자는 "A를 목표로 하라"는 식으로 다음으로 향해야 할 기호만을 탐색자에게 전달한다. 이것을 들은 탐색자는 A를 찾도록 스스로의 의사로 방향을 결정하고 경로를 진행한다. 단, 미로 전체에는 구멍이 난 커버가 덮여 탐색자는 구멍을 통해서만 미로를 볼 수 있다. 구멍은 원형으로, 그 직경은 거의 경로의 폭과 같은 정도이다. 따라서 탐색자는 지시된 기호를 직접 눈으로 볼 수 없고 스스로의 현재 위치밖에 볼 수 없다. 탐색자는 이전에 걸었던 기억만을 의지해서 지시된 기호를 찾아야만 한다(그러므로 실험 개시 직후에는 억측만으로 움직일 수밖에 없다). 탐색 결과 탐색자는

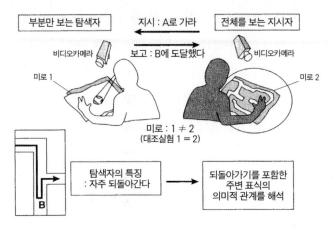

그림 42 지시와 탐색의 어긋남을 강조한 미로 탐색 실험의 개요. 서로의 행동이 보이지 않는 지시자와 탐색자 사이에서 미로 전체가 보이는 지시자는 다음의 행선지를 기호로 지시하고 현재 위치밖에 보이지 않는 탐색자는 이것에 따라 도착한 기호를 보고한다. 같은 기호가 복수 개 존재하기 때문에 지시자도 탐색자의 현재 위치를 추정해야만 한다. 이것이 반복되어 목표에 도달한다. 단, 양자가 사용하는 지도는 부분적으로 다르다.

어떤 기호에 도달한다. 이때 도달한 기호가 지시된 기호와 일치하는 경우도 있지만 일치하지 않는 경우도 있다. 그 어느 경우도 탐색자는 ("B에 도착했다" 하는 식으로) 도착한 곳의 기호를 지시자에게 보고한다. 이것을 들은 지시자는 보고된 기호로부터 탐색자의 현재 위치를 추정한다. 단, 같은 기호가 여러 개 존재하므로 지시자도 역시 탐색자가 과거에 보고한 기호를 기억해 참조함으로써 그의 현재 위치를 추정한다. 이 과정이 반복되어 지시자·탐색자의 공동 작업으로 탐색 행동이 진행한다.

한 번의 지시·보고를 한 단계(step)로 세고 각 단계에서 지시·보고의 기호 쌍이 데이터로서 기록되어, 출발점에서 목표까지 몇 단계만에 도착했는지가 측정된다. 또 지시자와 탐색자 간의 어긋남이 커지도록 두 사람이 사용하는 지도는 부분적으로 다른 것을 사용했다. 실험에 있어 지도의 차이는 피험자에게 알리지 않았다. 또, 대조 실험이 행해졌는데 그 경우 지시자와 보고자는 완전히 같은 미로 지도를 이용했다. 이상의 실험 과정은 비디오 카메라에 의해 기록되었다.

본 실험에 앞선 예비적인 실험에 의해 탐색자의 행동에는 어떤 특징적인 행동이 확인된다. 그것은 〈그림 42〉 아래 그림에 제시했듯이, 자발적인 막다른 골목의 형성이다. 탐색자가 기호 B에 도착했다고 하자. 많은 경우 탐색자는 이미 진행해 온 경로를 피해 새로운 경로로 진행한다. 그러나 때로는 〈그림 42〉 아래 그림처럼 탐색자는 스스로 후퇴하고 그중에서 새로운 경로를 선택하는 것이다. 이러한 후퇴 도중 복수의 경로가 존재하는 경우도 있다. 이때 탐색자는 후퇴 직후의 분기를 선택하는 경우도 있고 이 분기를 통과하고 보다 후방의 분기를 선택하는 경우도 있다. 우리는 전자를 얕은 분기, 후자를 깊은 분기라 부르기로 했다. 그리고 이 자발적인 막다른 골목에 주목해서 지시자와 탐색자의 관계를 해석했다.

기호 쌍 계열에서 개념속의 계열을 얻고, 여기서부터 지시자와 탐색자 간의 논리적 구조에서 확인되는 어긋남의 변화를 평가한다. 이를 위한 해석 방법은 아래와 같다. 우선 실험에서 아래와 같이 지시자·탐색자가 발화한 기호 쌍 계열을 얻을 수 있다.

지시자　　A C_1 D_1 D_2 C_2 …
탐색자　　A B F G C …

전술했듯이 같은 기술이 여럿 존재하지만 비디오 기록을 참조하고 지시자나 탐색자가 의도한 기호가 미로 지도상 구별되는 경우는 해석에 있어서 이것을 첨자로 구별한다(C_1이나 C_2와 같이).

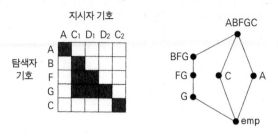

그림 43 지시자와 탐색자 간에 기호가 일치하는 경우 관계를 정의. 그 이후 불일치하는 한 이전의 지시자 기호와 탐색자 기호 간의 관계를 정의(왼쪽). 오른쪽은 그 개념속. emp는 공집합을 나타낸다. 또, 개념은 각각 제일 성분인 탐색자 기호의 부분집합만을 표기하고 있다. 단, BFG는 {B, F, G}를 약기한 것.

다음으로 이 기호 열의 비디오 기록을 탐조하면서 자발적인 막다른 골목이 출현한 곳에서 절단한다. 이로써 기호 열은 자발적인 막다른 골목의 형성을 말단으로 가진 부분 열로 분절된다. 이 각 부분 기호 열마다 개념속을 만드는 것이다.

이제 개념속은 두 집합 간에 정의되는 이항관계를 기초로 해서 구성된다. 부분기호 열에 있어서 두 집합이란 지시자가 발화한 기호의 집합과, 탐색자가 발화한 기호 집합이다. 양자 간의 이항관계는 아래와 같이 정의한다. 첫번째로 지시자가 말한 기호와 탐색자의 기호가 일치한 경우, 여기에 관계(그림 43 왼쪽 그림의 검은색 칸)를 부여한다. 두번째로 양자의 기호의 일치에서 기호의 불일치가 이어지는 경우, 〈그림 43〉 왼쪽 그림처럼 불일치 기호 간에서는 모든 관계를 정의한다. 이로써 〈그림 43〉 오른쪽에 제시하듯이 지시자와 탐색자 간에 기호가 일치하지 않는 한, 그 부분개념속은 선형 순서(직선적 관계)에 의해 표시된다(그림 43 오른쪽 그림의 BFG → FG → G 부분). 단, 〈그림 43〉 오른쪽 하세 도표는 원소인 개념에 있어서 제1성분인 외연(그림 43 왼쪽에 제시한 이항관계 표의 세로로 나타낸 집합의 부분집합)만을 나타내고 있다.

　우리가 주목했던 것은 자발적인 막다른 골목이었다. 자발적인 막다른 골목은 분기점까지 돌아가는 후퇴의 정도에 따라 얕은 회귀와 깊은 회귀로 크게 나뉘고, 회귀의 정도에 따라 이항관계가 〈그림 44〉와 같이 정의된다. 막다른 골목이 얕은 경우의 이항관계를 〈그림 44〉의 A로 나타낸다. 여기에서 지시자와 탐색자가 발화한 기호는 (지시자, 탐색자)=(a, 1), (b, 2), (c, 3)의 순서에 따른다고 하자. 물론 지시자의 기호를 알파벳 소문자, 탐색자의 기호를 숫자로 한 것은 편의적으로 양자를 구별하기 위함이고, 각각에 미로 지도상의 기호인 알파벳 대문자가 대입된다고 생각하면 된다. 자발적 미로 직전에 지시자의 기호와 탐색자의 기호가 일치하는 경우와 일치하지 않는 경우가 있지만 여기서는 일치하는 경우(즉 a와 1은 예컨대 함께 G)를 상정하고 있다. 여기서 미로상의 탐색자의 움직임을 왼쪽 그림으로 제시하기로 하자. 탐색자는 지시자의 b의 지시로 기호 2에 도달하고 다음 지시 c로 후퇴해서 분기를 돌아 기호 3에 도달하고 있다. 이때 2를 막다른 골목으로 하고 있는 상황은 이항관계가 기호 2에 대해 기호 b, c가 함께 부여된 것으로 표현된다. 또, 막다른 골목에서 빠져나가 새로운 기호 3에 도달했다는 것을 나타내기 때문에 막다른 골목을 빠져나가서 가상적 지시 d를 상정하고 기호 3과 d의 사이에도 이항관계를 정의한다. 여기서 얕은 회귀가 상정되어 있으므로 3은 이전의 지시 c와는 관계를 갖지 않는다. 이 정의는 지시와 탐색 사이에서 기호가 일치하지 않는 경우에는 이항관계의 정의에 이력(履歷)을 주고, 일치하는 경우에는 이력을 끊는 정의와 정합적이다. 왜냐하면 회귀가 얕은 경우, 자발적인 막다른 골목은 잠시 쉼에 의해 이전의 지시·탐색관계를 끊는 이상의 의미를 가질 수 없기 때문이다. 〈그림 44〉의 B는 얕은 자발적인 막다

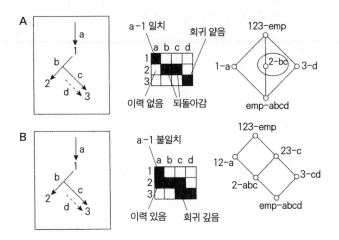

그림 44 자발적인 막다른 골목이 출현한 경우의 이항관계와 그것에 대응하는 개념속. A, B 모두 지시자의 발화 기호를 알파벳, 탐색자의 기호를 숫자로 표시하고 있지만 실제 미로 지도상에서는 모두 알파벳 대문자 기호가 사용되고 있다.
A : 지시자가 기호 b를 지시하고 탐색자가 기호 2에 도달한 뒤, 후퇴한 경우. 단, 자발적인 막다른 골목 직전에서 지시자와 탐색자의 기호는 일치하고 있다. 여기서는 또한 c가 지시되어 탐색자는 얕은 회귀에서 기호 3에 도달하고 있다. 이항관계의 정의는 가운데 그림. 이것에 대응하는 개념속이 오른쪽 그림. 회귀가 얕은 경우, 지시자의 기호 b와 c는 분리할 수 없다. 속상에서 하나로 통합된다.
B : 지시자와 탐색자의 기호 순서는 A와 마찬가지지만, 여기서는 막다른 골목 직전에서 기호가 일치하고 있지 않고 또한 회귀가 깊다고 상정되어 있다. 가운데 그림이 정의된 이항관계. 오른쪽 그림은 이것에 대응하는 개념속. 여기서 12-a 등은 개념속의 원소인 외연-내포 쌍으로 ({1, 2}, {a})를 나타낸다. 또, 기호 emp는 공집합을 나타낸다.

른 골목을 나타내고 있다. 지시자와 탐색자가 발화하는 기호는 〈그림 44〉의 A와 마찬가지지만 여기서는 탐색자가 기호 2에서 후퇴하고 여러 개의 분기를 지나쳐 상당히 후퇴해 분기로 들어갔다고 상정되어 있다. 또 〈그림 44〉의 A와 달리 a와 1은 다르다고 가정되어 있다. 깊은 회귀일 때 얕은 회귀와의 차이는 한군데뿐이다. 막다른 골목 뒤에 도착한 기호 3은 가상적 지시 d만이 아니라 지시 c와도 이항관계가 존재한다고 정의된다. 왜냐하면 보다 이전의 지시에까지 따르기 때문에 깊게 회귀해 있다고 생각되기 때문이다. 이 경우에 대응하는 개념속은 〈그림 44〉의 B의 오른쪽 그림과 같이 된다.

〈그림 44〉에 제시된 두 개념속을 비교하면 아래와 같은 점을 알아차릴 수 있다. 우선 〈그림 44〉의 A의 개념속에 있어서 개념쌍의 지시기호에 주목하자. 위에서 차례로 emp(공집합), 2단째에 배열적으로 a, bc, d 최하단에 abcd가 위치하고 있다. 여기서 위에서 순서대로 새롭게 출현하는 기호만을 기록하면, 역시 2단째에 a, bc, d이고, 최하단은 공(空)이 된다. 이것은 지시기호 b, c가 탐색자에게 있어서 분기할 수 없고 막다른 골목 2가 문자 그대로 그 이상 나아갈 수 없는 지점이라는 것을 지시하고 있다. 이에 비해 같은 조작을 〈그림 44〉의 B의 개념속에 적용하면, 1단째가 공, 2단째가 a, c, 3단째가 b, d, 최하단이 공이 된다. 즉, 이 경우 지시 b나 c는 분리 가능하고 막다른 골목은 문자 그대로의 막다른 골목이기보다는 적극적으로 새로운 영역으로의 진전으로서 이용되고 있다고 해석할 수 있다. 자발적 막다른 골목이 서로 이어서 반복되는 경우 등도 직전의 기호가 일치하는지 일치하지 않는지, 되돌아감이 깊은지 얕은지에 관해 마찬가지로 이항관계가 정의된다. 이리하여 자발적 막다른 골목에서 절단된 부분기호 열에서 이항관계가 구성되고 거기서부터 부분기호 열마다 개념속이 얻어진다.

개념속을 구성한다는 것은 여기서 다음과 같은 의미를 갖는다. 우리는 지시자와 탐색자가 발화한 기호 사이의 이항관계를 정의했다. 이항관계는 지시와 탐색자가 도달한 기호가 일치한 곳에서 양자의 관계를 절단하고 속상에서 병렬적으로 표현되도록 정의된다. 즉, 양자의 불일치가 길게 계속될 때 병렬적인 일부의 열이 직선적으로 길게 계속된다. 이것에 막다른 골목이 가미되어 전체의 개념속이 구성된다. 이렇게 구성된 개념 속에서 중요한 점은 병렬적인 부분열 간의 관계이다. 병렬적인 어떤 부분 열보다 다른 부분열이 긴 직선 사슬일 때, 후자는 전자보다 모호한 의미 를 담지하게 된다. 개념속의 요소인 개념쌍은 지시와 탐색에서 보고된 기 호의 부분집합 간에 보완관계를 가지고 두 사람 사이에서의 의미 있는 기 호관계로 상정되고 있다. 그러므로 개념의 모호함이 크게 될 때, 지시자 와 탐색자 간의 기호를 의미 있는 관계만으로 기술하려고 한 것에서 기인 하는 어긋남이 나타난다고 생각할 수 있다. 이 어긋남의 크기를 평가하기 위해 우리는 평균 부정 수를 계산한다. 속의 어떤 원에 대해 그 부정이란 원과 부정과의 상한을 취하면 최대원, 하한을 취하면 최소원이 되는 원이 다(부록 1 참조). 부정의 수는 속 즉 논리 내에서 전체성(최대원, 최소원)에 대한 원의 확실성을 나타내는 지표가 될 수 있다. 확실한 만큼 그 수는 작 아진다. 그래서 속을 구성하는 모든 원에 관해 부정의 수를 세고 그 평균 치를 구한다. 이것에 의해 속이 가지는 원의 확실성, 이른바 지시-탐색 간 관계의 정합적 관계의 정도가 평가된다.

〈그림 45〉로 개념속의 평균 부정 수 시간 발전 예를 제시하자. 어느 것이나 출발점에서 목표에 도달하기까지의 시간 발전이다. 우선 〈그림 45〉의 A는 목표까지 비교적 빠르게 도달한 지시자-탐색자 쌍(pair)의 실 험 예를 나타내고 있다. 가로축은 한 번의 지시-보고를 단위로 하는 시간 단계로 나타내고 꺾은선 그래프의 평탄한 부분마다 기호 쌍 시계열이 분 절되어 있다. 즉, 하나의 평탄부가 하나의 개념속에 대응한다. 이것을 보 면 부정 평균 수가 2 이하의 영역과 4~6인 영역이 존재한다는 것을 알 수 있다. 빠르게 탐색이 종료된 실험에서는 평균 부정수가 이 영역으로 수 렴하고 있다는 것을 알 수 있다. 다른 한편, 〈그림 45〉의 C는 목표 지점

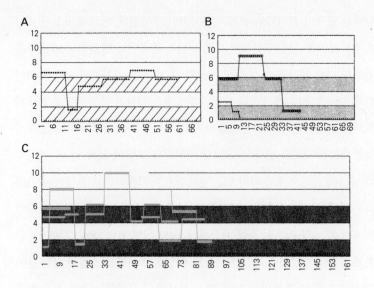

그림 45 A : 지시자와 탐색자 간에 사용하는 지도가 다른 조건으로 목표까지 빠르게 도달한 경우의 개념속 평균 부정수(否定數) 시간 변화의 전형 예.

B : 대조실험(지시자와 탐색자 간에 이용하는 지도가 같다)의 개념속 평균 부정수 시간 변화.

C : 지시자와 탐색자 간에 이용하는 지도가 다르고 목표까지의 시간을 꽤 요하는 개념속 평균 부정수 시간 변화. 가로축은 어느 것이나 지시-(탐색자에 의한) 보고를 1단위로 한 시간 단계 수. 세로축은 개념속 평균 부정수. 꺾인 선 그래프의 가로 일치선에 배열된 만큼이 하나의 개념속을 나타내고 있다.

(goal)까지 꽤 시간 단계(step)를 요하는 실험 예이다. 이 경우, 개념속의 평균부정수는 두 영역 2 이하와 4~6인 영역을 피하도록 그 중간이나 아주 큰 값을 취하고 있다. 또, 〈그림 45〉의 C는 대조실험의 경우로 지시자와 탐색자는 동일 미로 지도를 사용하고 같은 방법으로 탐색 실험을 행하고 있다. 이 경우 속의 평균 부정 수는 빠르게 감소하고 2 이하의 영역에 들어간 곳에서 목표에 도달해 탐색을 종료하고 있다. 이것들은 실험의 한 예이지만 다른 것도 마찬가지의 경향을 나타낸다. 〈그림 45〉의 B는 대상

실험의 결과를 나타낸다. 이 경우 지시자와 탐색자 간에 사용하는 미로는 동일한 것이다. 그 결과 지시자, 탐색자 간의 어긋남은 작은 영역으로 수렴되는 것으로 탐색을 종료한다.

여기에서 다음과 같은 해석이 성립할 것이다. 해석에 이용한 개념속은 지시자와 탐색자 간에 어떤 종류의 논리적 관계가 존재하고 있다고 가정해서 구성된 것이다. 논리적 관계가 충분하다면 속의 원소인 개념은 속 내에서 확실성을 증가시킬 것이다. 즉, 어떤 원(원소)에 대해 그 부정이 존재한다면 단 하나로 결정되고 속의 평균 부정 수는 1에 근접한다. 그렇다면 지시자와 탐색자 간에 실험의 진행과 함께 논리적 어긋남이 감소하고 마치 공통 언어가 형성되어서 커뮤니케이션을 취하는 듯 보이는 경우, 개념속을 적용하는 무리가 감소하고 속의 평균 부정 수는 감소하게 된다. 이런 한에서 실험 결과를 눈여겨보자. 대상실험에서는 지시자와 탐색자가 이용하는 미로 지도는 동일한 것이었다. 개념속의 평균 부정 수가 탐색의 진행과 함께 감소하고 2 이하의 영역으로 수렴해서 목표에 도달한다는 것은 지시자, 탐색자 간에 정합적인 논리적 관계가 완성되어 그로써 협조적 공동 작업으로서 탐색이 실행되고 있다는 것을 의미한다. 이른바 두 사람 간에는 어떤 공통 언어, 즉 채널이 완성되어 이것에 기반해서 의사소통을 실현했다고 생각된다. 지시자와 탐색자가 다른 미로 지도를 사용한 경우, 이미 공통언어는 성립할 수 없다. 양자의 회화는 오해 위에서 성립하고 있어 아무리 오해를 경감시키려 해도 그것은 결코 없어지지는 않는다. 오히려 기호에 관해 지시자와 탐색자 각각에게서 사용되는 그 의미에 대응시키려고 하면, 의미의 어긋남 때문에 반대로 공동 작업에 지장을 야기한다. 그럼에도 불구하고 상대의 정보를 이용하는 것 외에 미로 탐색을 진행시킬 수단은 없다. 이를 위해서는 상대의 정보 하나하나를 신뢰할 만한지 그렇지 않은지 선택할 필요가 생긴다. 모든 정보를 같은 정도로 확실한 것으로 간주하지 않고 그때마다 취사선택하는 것이다. 미로 탐색의 정답(목표로 도달하는 경로)에 해당하는 위치에 있는가 없는가 하는 진위 판정만이 아니라, 진위 판정에 도움이 되도록 신뢰도를 가지는가 가지지 않는가가 끊임없이 선택된다. 선택도 고려한 결과로서 지시자와 탐색자 간의 논리적 관계가 해석에 있어서 측정된다. 해석에 있어서는 어떤 기호가 신뢰되고 어떤 기호가 신뢰되지 않았는지 판정할 수 없다. 양자는 혼합되어 불가분한 채 해석된다. 신뢰에 관한 선택 과정을 포함한 채 지시자와 탐색자 간의 논리적 관계가 해석된다. 그러므로 신뢰에 관한 선택을 포함해서 진행하는 양자의 공동 작업은 적당한 어긋남을 포함하고 속의 구조로서도 논리적 어긋남을 포함해야만 한다. 그 결과 적당한 선택을 포함하면서 진행하는 공동 작업이 평균 부정 수 4~6영역으로서 측정된다고 생각된다.

지시자와 탐색자 간에 미로 지도가 다른 경우, 속의 평균 부정 수가 4~6영역 및 2이하인 영역 간에 천이할 때만 탐색은 빠르게 진행한다(그림 45의 A). 탐색의 진행이 이들 영역을 일탈하고 지시자와 탐색자 간의 어긋남이 지나치게 커지거나 너무 작은 경우, 탐색은 몇 번이나 같은 루트를 편력하고 좀처럼 목표까지 도달할 수 없다(그림 45의 C). 중요한 논점은 탐색이 빠르게 진행하는 경우에조차 작업을 하는 두 사람 간에 확실한 논리적 관계나 확실한 공동 언어 즉 채널은 형성되지 않는다는 점이다.[20]

---

20) 채널 이론(J. Barwise & J. Seligman, *Information Flow: The Logic of Distributed Systems*, Cambridge Univ. Press, 1997, Tracts in Theorica Computer Science 44)은 개인이 유지하는 개념을 토큰과 타입으로 나눠 이 쌍으로 정의한다. 이때 토큰세계의 이항관계 R_{TO}와 타입세계의 이항관계 R_{TY}를 정의해 둔다. 또한 타입에서 토큰으로의 함수 f와 토큰에서 타입으

신뢰에 관한 선택을 행하면서, 서로 가능한 최대한의 노력을 하면서도 무시나 오해, 억지로 하려고 하는 곡해를 포함하면서 공동 작업은 진행된다. 그 결과 지시자의 입장이 우월하고 지시자가 지시를 명령으로서 받아들여 이것에 예종(隷從)하는 경우나 역으로 탐색자의 입장이 우월하고 지시자는 탐색자에게 고려 정도의 정보를 제공하는 경우가 출현하며, 동시에 함께 반전·비틀림을 포함하면서 공동 작업이 진행된다. 그렇게 결론지을 수 있을 것이다.

우리는 가능공간의 설정과 그 내부에서의 행동이라는 형태로 상정된 선택 과정에 이론 제기를 했다. 가능공간의 설정이란 목적의 설정이다. 즉, 우리의 이론 제기는 "가능공간의 설정이 그 자체로 세계로부터 분리된 것으로 다시 한번 설정되어 버리면, 설정해 버린다는 과정에서 분리해도 상관없다"라는 언명에 대한 이론 제기인 것이다. 가능세계를 설정하고 그 공간 내부에서 행동·선택하는 것이 가능세계 그 자체에 영향을 주어 버린다. 여기서 제시한 실험에서는 바로 전자가 지시자에 담지된 목적이고 후자가 탐색자에게 담지된 행동과 거기서부터 야기되는 두번째 목적이다. 양자의 조정 때문에 양자에 의한 공동 작업이 마치 통일적 행동인 것처럼 진행한다.

여기서도 가능성이 아닌 잠재성의 문제가 부상한다. 가능세계가 세계-내-존재가 아니라면, 분리된 가능세계는 그 실현 가능성에 있어서 어

로의 함수 g를 정의하고 임의의 타입 x, 토큰 y에 대해 $f(x)Rroy \Leftrightarrow xRng(y)$가 성립하도록 f, g를 정의한다. 이때 두 함수는 인포모르피즘[info-morphism]이라 불린다. 그런데 이렇게 정의된 개인 사이에 인포모르피즘이 성립하는 매개자가 존재할 때, 이것을 채널이라 부르고 두 사람 간에는 채널을 통해 정보의 주고받음이 있다고 생각한다. 이것에 비해 우리의 실험에서는 채널의 존재가 두 사람의 교환에 필요 없다는 것을 제시하고 있다.

느 것이나 균질하다. 역으로 분리되고 설정된 가능세계가 세계-내-가능세계이고 그 외부를 사상(捨象)할 수 없다면 가능세계 내부의 운동은 그 외부와의 상호 작용에 의해 가능세계 그 자체도 변질시킬 것이다. 타입적 인지와 토큰적 지각의 혼효 및 상극이 발생하는 새로운 인지 시스템의 생성은 이 점에 근거하고 있다. 여기에 가능성이 아닌 잠재성이, 필연성(다른 선택지의 부정으로 근거 지어진다는 의미에서의 필연성)이 아닌 지향성이 존재한다. 0의 기원('셀 수 없음'의 셈)은 지향적이다. 0 출현 이전의 1이나 2의 사용에 있어서조차 그것이 타입적 인지를 의식적으로 사용하면서 토큰적 지각을 잠재·혼효시키고 있는 한에 있어서, 0이 존재하지 않는 1에서 9까지의 수에 의해 구성된 가능세계 내부에서 사태는 끝나지 않는다. 토큰적 지각이 혼효하는 이상, 관여하는 가능세계 외부는 끊임없이 가능세계 내부에서의 셈(1에서 9까지의 수의 사용)에 잠재적인 영향을 행사한다. 나는 가능세계 외부의 불가피한 개입에 있어서 가능성이 아니라 잠재성이라는 개념을 사용한다. 가능세계 내부에서의 선택을 가능세계 내에서의 닫힌 과정으로 상정하는 한, 복수의 가능성에 대해 어떤 선택이 실현되는 것이 갖는 의미가 논의된다. 어떤 선택의 실현이 다른 가능한 선택과 등가라면 이것을 우연하다고 말하고, 다른 가능성이 전부 부정된다면 필연이라 말한다. 세계에서 분리된 가능세계 내부에서 필연과 우연은 대립항을 이룬다. 이것에 비해 가능성이 잠재성이라고밖에 말할 수 없을 때, 가능세계 외부와의 관계에 있어서 선택의 방향성이 출현한다. 이것이 지향성이다. 실현되었는가 되지 않았는가와는 무관하게 가능세계 내부만을 탐색하는 한에서는 짐작할 수 없는 방향성, 그것이 지향성이다. 따라서 구체적 목표나 방향성은 사전에 판명되지 않았지만, 실현된 확실한 방향성의 존재만이 시사되는 이런 종류의 방향성으로서 지향성은 감지될 수 있다. 0의 기원은 설령 실제로 0이 기원하지 않았다고 해도 1~9를 세는 조작이 그 상정된 가능세계 외부와 관계를 계속 가지는(셈이 가능세계 외부에 개별적이고 구체적인 예(토큰)를 상정하는 것을 혼효시키는) 한 불가피하다. 이런 의미에서 지향적인 것이다.

우리는 원생실험을 '가능성(가능세계를 제공하는 환경)과 필연성(환경에 놓인 선택 담지자)의 보완관계를 현실성을 매개해서 동적으로 자극을 주어 움직이고 기원을 현전하는 장치'로 정의했다. 이른바 그것은 지정할 수 없는 경계 조건이라는 형태로 가능세계가 제거할 수 없는 양상을 강조하고 가능성을 잠재성으로, 필연성을 지향성으로 바꿔 읽는 장치이다. 이것은 발상을 계산하는 현상론적 계산이라는 개념과도 정합적이다. 현상론적 계산은 가능한 해를 망라하는 가능공간=해공간 중에서 해를 선택하는 것에만 머물지 않는다. 그 외부에서 결과를 구하는 경우가 자주 있을 것이다. 그러나 해공간 자체가 변질하고 이동해 버리기 때문에 이전에 오류였던 것이 이제야말로 해가 되어 버리는 일이 일어날 수 있다. 그러므로 스스로 해공간을 생성하고 변질하면서 그 안을 탐색하는 계산은 발상을 계산할 수 있다. 원생실험은 필연자인 피험자에게 가능공간의 자율적 형성을 떠맡겨 기원을 체험시켜 버리는 장치인 것이다.

결론_잠재성과 의식

마지막으로 전체를 개관하면서 생성을 이해하는 열쇠가 되는 잠재성 및 지향성을 핵으로 해서 이 책의 논의를 다시 살펴보자. 독자는 (이 책 1부 2장에서 내세운 3개의 장치, 원생계산(현상론적 계산), 원생실험, 원생이론의 3자 중 최후의 원생이론에 관해서는 그다지 기술되지 않은 것은 아닌가 하고) 의아해할지도 모른다. 그것은 반은 옳고 반은 옳지 않다. 내가 제시한 방법론=존재론은 가능성, 현실성, 필연성의 삼자 중 어딘가 하나에 정위해서 이것을 두 개로 분해하여 보완관계를 가정하고 그다음 남은 하나를 매개항으로 해서 동적 보완관계를 유도하는 것이었다. 이 지침은 원생계산, 원생실험, 원생이론의 삼자 전체에 있어서도 들어맞는다. 이 책에서 나는 원생계산과 원생실험을 상세하게 논하고 양자의 관계를 매개하는 것으로서 원생이론을 언급하고 있었던 것이다. 물론 원생이론은 실험과 계산의 매개자로서 명시적으로 구성할 수 있다. 명시적인 원생이론의 가능성에 관해서는 현재 나와 내 연구실의 쓰다 소이치로(津田宗一朗), 아오노 마사시(靑野眞土) 및 와키사카 소헤이(脇坂崇平)에 의해 연구가 진행되고 있다. 이 장에서 이것에 관해서도 언급해 두자.

'전체'에 대한 제3의 태도

우리는 시스템론의 허점을 문제시하고 논의를 개시했다(1부 참조). 운동이나 행위에 대한 회의론에서 출발할 때, 부분으로 분할 불가능한 전체＝일자가 자주 귀결된다. 내가 이러한 논의에 비판을 가할 때 그것은 '회의론에서 전체성으로'라는 논의의 흐름 전체에 대해 비판하고 있는 것은 아니다. 이 논의들이 도출하는 전체성을 회의론에 대한 어떤 종류의 궁극적 해답으로서 파악하는 점을 비판하고 있는 것이다. 즉, 궁극적 전체를 기초로 시스템을 구성하는 방법론의 허점을 비판하고 있는 것이다.

크립키의 규칙 준수에 관한 회의론, 정확히는 회의론을 둘러싼 철학적 논의를 예로 취해 보자.[1] 1+2＝3이라는 덧셈을 자명하게 계산하는 자에 대해 회의론자가 등장한다. "당신은 당신이 실행하는 덧셈의 규칙을 알고 있는가?" 당신은 경험적으로 덧셈을 실행해 왔기 때문에 당신에게 아직 계산해 보지 않은 미지의 수가 존재할 것이다. 어쨌든 이 미지의 수를 52라고 하자. 당신이 지금까지 해온 계산 전체를 경험 전체라 부르기로 하자. 여기서 경험 전체를 만족하고 52+1＝53으로 하는 계산 규칙을 플러스, 마찬가지로 경험 전체를 만족하면서 52+1＝1이 되는 규칙을 퀴스[quus]라 정의하자. 그러면 "당신은 지금까지 계산을 실행함에 있어서 플러스를 따라왔는가, 퀴스를 따라왔는가?" 지금까지의 경험에 관해 플러스와 퀴스가 일치하고 있는 이상 당신은 어느 쪽을 따라왔는지 결정할 수 있을 리 없다. 이 회의론은 끝없이 계속된다. 규칙 이전에 나는 자갈을 세는 것을 알고 있고 이런 한에서 덧셈을 실행하고 있는 것이라고 말하려 한다면, 마찬가지로 미지의 자갈 더미를 52로 하고 이것에 1개 더해서 53

---

1) S. A. Kripke, *Wittgenstein on Rules and Private Language*, Harvard Univ. Press, 1982.

이 되는 '덧셈'과 1이 되는 '쿼셈'[2]을 구별하면 다시 또 당신은 셈의 규칙에 관해 결정 불능에 빠질 것이다.

"회의론을 어떻게 처리할까"를 일의적 목적으로 하는 논의는, 오류는 아니라 해도 흥미로운 것도 아니다. 회의론을 처리하는 방법의 대부분은 바로 전체=세계로의 회귀이다. 예컨대 "우리는 규칙에 따르고 있는 것은 아니다. 규칙에 따르는 것에 근거 지어져 계산을 실행하는 것은 아니다. 계산은 습관의 결과다. 그리고 그것과 마찬가지로 습관으로서 '규칙에 따르고 있다'고도 언명 가능하다"고 주장하는 것이다.[3] 습관 이상으로 언급하지 않고 혹은 대개 습관을 현전하는 세계=전체로 논의를 정지한다면 회의론은 물러날 것이다. 크립키 자신의 해결은 습관을 공동체라는 사회성으로 환원하고 있는 듯 보이기도 하지만 그 점이 비판에 노출되고 있다. 그러나 그것은 큰 문제는 아니다. 예컨대 회의론자의 주장은 정당한가를 상세하게 음미하는 전개도 가능하므로 크립키가 회의론을 우선 받아들이는 지점에서 출발하는 것이 잘못이라는 논의가 있다.[4] 미지의 수를 이용한 계산 예로 상상도 할 수 없는 7^{254}과 같은 큰 수를 생각해 보자. 이때 우리는 플러스에 따르고 있으면서 계산을 틀리는 경우도 있을 것이다. 그렇다면 플러스인가 쿼스인가 하기 이전에 어떤 규칙에 따른다는 것을 증명하는 절차로서의 계산 능력이 우리에게는 충분하지 않

2) 국역본(남기창 옮김, 『비트겐슈타인 규칙과 사적 언어』, 철학과현실사, 2008)에서는 '겹하기'로 번역되었다.—옮긴이

3) 예컨대, C. McGinn, *Wittgenstein on Meaning: An Interpretation and Evaluation*, Basil Blackwell, 1984; 植木哲也·塚原典央·野矢茂樹 訳, 『ウィトゲンシュタインの言語論—クリプキに抗して』, 勁草書房, 1990.

4) H. Putnam, "On Wittgenstein's Philosophy of Mathematics", *Aristotelian Society Supplementary* 70, 1996; 『現代思想』 26(1), p.136.

다. 바로 우리의 일상적 계산이란 그 정도의 것이다. 이에 비해 크립키가 상정하는 회의론자는 이런 종류의 계산 능력을 사실로서 받아들여 전제로 하고 있다. 이것이 잘못이라는 것이다.

회의론자의 주장이 옳은지 그른지 판단을 하는 시점에서 논의는 미끄러지고 있다. 적어도 "계산은 습관이다"라고 기술하는 것으로 회의론을 물리치려고 하는 논자는 여기서 사실로서의 진위 문제에 구애되어야 하는 것은 아닐 것이다. 회의론자의 논의의 결점을 지적하는 당신은 그것과 같은 정도의 결점도 가지지 않을 만큼 완전한 형태로 논의를 전개하고 있는 것일까? 그렇지 않다. 당신도 마찬가지의 함정을 끊임없이 스스로 만드는 형태로밖에 발화할 수 없다. 그래도 그 발화가 실행적인 것은 습관의 결과다.

나는 오히려 회의론자의 주장이 논리적인 어긋남을 지니지 않으면서도 실행적이고, 게다가 이것을 어긋남이라 말한다면 나도 역시 발화할 수 없으므로 우선 스스로의 발밑을 무너뜨리자고 주장하고 싶다. 그리고 스스로에게도 닥치는 위험에도 불구하고 내가 언어를 사용할 수 있는 것을 거울 삼아, 습관을 현전하는 세계=전체를 되비춘다는 전회를 제시하자. 회의론자의 주장에 숨어 있는 어긋남의 전형은 아래와 같은 것이다. 그는 어떤 개별적 계산과 그것을 근거 짓는 규칙을 구별하고, 구별 때문에 전자가 후자에 의해 근거 지어진다고 하는 인과론을 논파하려고 하고 있다. 규칙이란 비일정한 복수성으로 열린 일반이고 표현의 모델이다. 회의론자는 보편과 개체의 혼동을 금지하고 있는 것이다. 그러나 크립키의 회의론자는 이 금지를 (미지의 수라는 부정적인 일반을 52라는 개체로 치환하는 것으로) 스스로 파괴한다. 어쨌든 이 치환을 행하지 않는 한 플러스와 쿼스의 차이를 정의할 수 없기 때문이다. 여기서 나는 스스로를 되돌아보았다. 이런 종류의 혼동 때문에 회의론자를 비판한다면 나 자신은 비판의 대상이 되지 않는가 하고 말이다. 물론 개체와 보편의 혼동 없이는 나는 언어를 사용할 수 없다. 많은 경우 보편으로 언급하는 개체로서 기호를 사용하고 있다는 감각을 가지기 때문이다.

회의론에 숨어 있는 어긋남은 습관을 현전하는 세계=전체의 구성 절차로서 이용할 수 있다. 아니 오히려 회의론에 숨어 있는 어긋남을 이용하지 않는 한, 우리는 습관에 관해 이 이상 어떤 논의를 전개하는 것은 불가능하다. 습관과 세계의 존재를 논의의 종착점으로 하는 것은 존재론에 대한 폐색이고 세계를 기동하는 언어 또는 방법론일 수 없다. 우리는 세계를 기술하는 언어가 아니라 세계를 기동하는 언어를 상정하고 그런 한에서 방법론=존재론을 구상한 것이다. 그런데 우리가 발견한 어긋남은 "부정을 잠재하는 일반 개념(여기서는 규칙)이 설명에 동반하여 불가피하게 개체화한다"라는 양상이다. 이것이 잠재하는 현상이야말로 개념에 있어서 타입과 토큰의 혼효적 생성이다. 타입과 토큰이 혼효하기 때문에 토큰과 타입의 어긋남이 개념의 변질을 야기한다. 그리고 개념의 변질을 허용하는 세계로서만 세계=전체는 되비춰지는 것이다. 우리가 크립키의 회의론이나 제논의 역설에서 발전시킨 방법론=존재론이란 세계를 간접적으로만 구상한다는 방법이다. 세계를 확정 기술에 의해 공간화하고 그 공간 내부의 주민으로서 행위자/운동체를 구성한다면 습관이 현전한다, 실재한다고밖에 말할 수 없는 '전체'는 빠져 달아나 버린다. 역으로 행위자/운동체에만 정위하고 세계를 현상으로서만 이해한다면, 우리는 존재를 받아들이는 이상의 태도를 취할 수 없다. 어긋남에서 출발해서 세계를 간접적으로만 구성한다는 태도는 이들에 대한 제3의 길인 것이다.

생성='인식=행위'

'전체'를 간접적으로만 구성한다. 이 방법에 관해서 내가 채용했던 것 중 하나가 '확장된' 대각선 논법이었다. 대각선 논법은 전체 개념의 내포(타입)를 부분의 긍정에 의해 규정하고, 마찬가지로 외연(토큰)을 부분의 부정에 의해 규정한다. 양자는 동일한 '전체 개념'에 대한 규정이라는 것에서 기인하고, 긍정과 부정의 양립에 의해 '전체 개념'은 모순에 빠지게 된다. 단, 대각선 논법은 실은 '성장하는 전체'(동시에 그것은 소멸할 수 있는 전체도 포함한다)를 개념으로서 상정한 것은 아닐까. 그렇기 때문에 전체 개념은 농도가 다른 무한의 계층으로서 그 뒤 수학을 전회한 것은 아닐까. 이러한 전회를 포함해서 '전체'를 생각한다면 확실히 '전체'는 성장하고 있다. 그리고 상정된 '전체'가 성장해 버림으로써 성장을 허용하는 전체=세계가 간접적으로 부상한다. 이 노선에 따라 논의하기 위해서는 우선 성장하는 전체를 보다 명확하게 대각선 논법의 연장선상에서 구축해야 한다. 그것이 확장된 대각선 논법인 것이다.

확장된 대각선 논법은 '성장' 개념을 내포적으로 규정된 전체와 그 부정으로서 규정된 전체의 외연이 실은 범주가 다른 전체라고 상정하는 것으로 구성한다. 상정되는 전체=무한이 어떤 것도 포괄하는 초월적 전체이고 또한 그것이 인식 대상으로서 내포와 외연의 양 규정을 만족할 때, 앞에서 기술했듯이 양자는 모순된다. 그런 것이 아니라 "당초 초월적 전체로서 상정된 전체 개념이 그 부정을 부가하는 것으로 성장한다"라는 것을 허용하는 것이다. 성장하는 '전체'는 두 명제에서 성립한다. 첫번째로 '전체'와 '전체의 부정'의 합은 '전체'가 되지 않는다. 그것은 성장에 의해 '전체' 이상의 존재가 된다. 두번째로 '전체'이면서 '전체의 부정'이 항상 공(空)을 의미한다고는 한정할 수 없게 된다. 여기서부터 전체 내에서 전체는 아닌 부분을 관측하는 과정, 불완전한 탐색이라는 과정이 의미를 가질 수 있다. 전체란 극히 특수한 개념이다. 오히려 전체는 인식되는 것을 거절한다. 그렇기 때문에 전체를 인식 대상으로 하고 그 외연을 무리하게 규정할 때 전체는 초월적 전체가 되면서 성장해 버린다. 그리고 이런 한에서 성장하는 전체를 허용하는 초월론적 전체가 되비춰지는 것이다.

인식은 행위이다. 이 테제는 경험적으로 논증해야 할 사실이 아니라 세계-내-존재를 이해하기 위해 받아들여야 할 방법론이다. 생성이라는 존재태는 세계-내-존재로서만 이해된다. 생성은 규정되는 전체를 인식하고 인식 자체에 의해 출현하는 해체=성장=행위를 통해 이해된다. 이때 인식이 행위라는 것으로서 그것을 허용하고 실현하는 세계가 이해되고 세계-내-존재로서의 생성이 함의된다. 그것이야말로 내재적 돌파의 방법이다.

현재와 계산

현재, 과거, 미래로 이루어진 시간은 물론 순서적 시간을 의미하는 것은 아니다. 여기서도 역시 세계-내-존재를 이해하기 위한 장치로서 미래가 구성된다. 여기서 거꾸로 현재, 과거, 미래는 세 개의 독립된 양상으로서 이해된다. 현재를 근거 짓는 개념으로서 과거를 상정할 때 현재와 과거의 무한한 대응에 의해 역으로 현재와 대응하지 않았던 순수과거가 상정되었다. 이리하여 현재를 근거 짓는 실체로서의 과거는 무한의 계층을 가지는 것으로 귀결된다. 이미 현재와 과거의 상호 작용, 즉 근거 짓기와 상기되는 실체로서의 현재, 과거를 완전한 상태로 유지할 수 없다. 여기서 양자의 해체를 계기로 해서 미래가 현전한다. 이렇게 이해되는 미래는 세계-내-존재를 통해 간접적으로 이해되는 세계로, 또 다른 양상을 부여해줄 것이다. 미래는 초월적 전체로서 상정된 과거의 해체를 회수하는 장치로 이해되지만 어디까지나 해체를 계기로 한 방향성과 순서성이 함의된다. 그러므로 미래에 의해 시간은 비가역성을 손에 넣는다. 세계-내-존재를 이해할 때 우리는 초월적 전체의 해체=성장을 전제로 이것을 회수하는 장치로서 초월론적 세계를 되비췄다. 이 경우 초월적 세계에 대해 초월론적 세계는 간접적으로 이해되기 때문에 이 이상 언명되지 않는다. 초월적 세계와 초월론적 세계는 적극적으로 그 차이를 명백하게 하지 않는다. 이에 비해 미래는 초월적 세계=과거와의 차이를 방향성 및 순서성으로서 명시한다. 과거는 순수과거로서 사물에 내재하는 어떤 것으로 상정 가능했다. 그러나 미래는 사물 내에 존재하는 어떤 것이 아니라 사물을 존재케 하는 세계가 담지하는 잠재성의 표현인 것이다. 그리고 그렇기 때문에 간접적이면서도 보다 적극적으로 세계를 이해하기 위해 시간 즉 현재, 과거, 미래가 요청되는 것이다.

이상의 논의를 경유한 후에 위상이 다른 현재, 과거, 미래가 해부되었다. 이 책에서는 현재에 정위한 현상론적 계산과 미래에 정위한 원생 실험을 상술했다. 현상론적 계산이란 프레임 문제적 상황(타입의 계산, 즉 기호처리적 계산의 전제를 확정 기술에 의해 쓰려고 하는 한 무한 퇴행에 빠지는 상황) 내에서 진행하는 계산이라 정의되었다. 그것은 세계-내-계산이었다.[5] 계산 과정은 항상 현재에 있어서의 해를 원하는 개별적 계산이

---

5) 현재 미요시 히로유키(三好博之; 교토산업대학 이공학부, 계산기과학), 도다야마 가즈히사(戸田山和久; 나고야대학 고등교육센터, 수학철학), 시오타니 겐(塩谷賢; 지바대학 문학부, 과학기초론)과 나를 포함해서 네 명이 현상으로서의 계산에 관한 연구회를 월 1회 정도 개최하고 있다. 우리 네 명은 계산 실행 환경을 포함해서 계산 개념을 확장할 때 창발이나 생명에 대한

면서 무엇을 해로 하는지 미리 알고 있는 듯이 해공간 내에서 탐색을 한다. 따라서 계산은 개체와 보편(비일정 일반)의 접속에 노출되어 진행한다. 해공간 안을 한 계산 주체가 계속 탐색한다면 방대한 계산 시간이 필요케 된다. 역으로 복수의 계산 주체가 분담해서 해공간을 탐색한다면 복수의 계산 주체를 제어하는, 즉 전체를 전망하는 고차의 제어계가 필요케 된다. 그러나 개별로 실현되는 계산 과정은 그 어느 쪽도 아니다. 전체에 언급하는 것을 불가피하게 하면서도 개체에 정위하고 결코 전체를 전망하지 않는다. 그런 한에서 해가 발견된다.

현상론적 계산은 가능성에 정위하고 이것을 현실항(상태 개념, 해)과 가능항(가능한 상태의 전부, 해공간)의 보완관계로서 구성하고 그 위에서 필연항(선택자)을 매개자로서 도입하여 앞의 보완관계를 동적으로 구동하는 계산 과정으로서 구사되었다. 이로써 해공간 내에서 해를 탐색하는 조작 자체가 해공간에 영향을 주어 버린다. 매개자의 도입에 의해 바야흐로 상정된 가능공간(항)이 외부를 가지지 않는 초월적 공간이 아니라 그 외부에도 또 무언가가 확장되어 있다고 언급된다. 즉, 가능공간의 성장 및 불완전한 탐색에 의해 그것을 성립시키는 세계가 구상되고 있다. 가능세계에는 떼어 낸다는 조작, 과정의 결과, 가능공간이라고 간주되어 버리는, 그러한 과정이 함의된다. 그러므로 가능공간 내 탐색은 그 외부로의 언급 때문에 잠재적이다.

고정된 해공간의 탐색은 해가 해라는 것의 근거를 스스로 규정하려고 하는 한 자기언급에 빠진다. 현상론적 계산 모델에서는 자기언급은 불완전한 탐색의 형태로 주어진다. 불완전한 탐색은 세계(모델에서는 형식

인식론(epistemology)이 크게 바뀔 것이라는 공통된 이해를 갖고 있다.

적 문맥)가 성장하지 않는 한, 문맥을 공집합=무의미한 세계로 수렴시킨다. 그러나 자기언급이 부분과 전체의 양의적 지시에 관한 확정을 전제로하고 전체의 확정이 프레임 문제에 의해 무효로 되도록, 현상론적 계산 모델은 성장하는 전체에 의해 불완전한 탐색(자기언급)에 의한 세계의 공동화(모순)를 무효로 한다. 동시에 성장하는 전체=프레임 문제는 규정을 요하는 세계의 발산을 함의하지만, 이것은 역으로 불완전한 탐색에 의해 무효가 되고 계속 성장하는 모순은 출현할 수 없다.

이 책의 기본 관점은 여기에 있다. 존재를 인식론적으로 논하려고 하면 많은 경우 논의는 모순으로 귀결된다. 그런 끝에 모순에 의해 되비춰진 존재론으로 단번에 전도한다. 거기에는 생성=존재의 실재성(reality)을 기동하는 흥미로운 전회가 없다. 인식론적 모순에 있어서 중대한 것은 자기언급적 모순이자 프레임 문제이다. 전자는 부분과 전체의 양의적 지시에 의해 의미의 결정 불능성으로 귀결되고 후자는 일단 전체를 규정하려 하면 거기에서 실수가 발견되어 전체의 규정에 관한 무한 퇴행으로 귀결된다. 전자는 조작적·통사론적 모순이고, 후자는 해석론적·의미론적 모순이다. 그러므로 무모순성과 충족 가능성의 동치성과 마찬가지로 양자는 동치이고 어느 쪽인지 한쪽과만 대면할 수밖에 없다고 생각하기 쉽다. 그러나 의미론은 본래 형식적이고 기계적인 조작세계(통사론)와 현실세계의 인터페이스이며, 그런 한에서 임기응변적이고 국소적이다. 이렇게 생각할 때 자기언급과 프레임 문제는 혼효하고, 프레임 문제가 자기언급의 전제(전체의 규정)를 무효로 하게 된다. 그리고 또한 자기언급이 프레임 문제의 전제(인식하는 존재의 확실성)를 무효로 하는 전회로 내딛게 된다. 현상론적 계산의 모델은 자기언급적 모순(세계의 공집합화)과 프레임 문제(세계의 무한정한 확대)를 서로 무효로 해 운동을 구성하는 모델이고, 그런 한에서 세계는 축소와 확대의 조정(調停)을 담지하면서 거기에 운동이 현전하는 것이다.

1, 2까지는 셈이 가능하지만 그 이상은 똑같이 '많다'고 생각하고 있는 아이들의 가능세계를 상정해 보자. 이 아이가 3보다 큰 수를 알 가능성에 관해 우리는 어떻게 말할 수 있을까. 3 이상에 관해 알 수 있는가 없는가는 등가가 아니다. 등가라고 말할 때 그 논자는 아이의 가능공간을 세계로부터 분리하고 독립시키고 있다. 그러나 아이는 이 세계에서 발달·학습하고 1이나 2를 헤아리게 된 것이다. 그러므로 아이의 가능세계 내에서 계산하는(세는) 행위는 아이의 가능세계 내에서 닫혀 있는 행위는 아니다. 한번 완성되어 버리면 세계와 분리되는 것은 아니다. 왜냐하면 셈에 의해 아이는 무언가를 세는 것이고 설령 일체의 사물을 구체적으로 상기하지 않는 경우에조차 가능세계 내부의 계산은 그 외부로 언급하고 있다. 그러므로 아이의 1이나 2와 함께 이 세계에서 사용되고 있는 3 이상의 수와 완전히 분리할 수 없다. 그러므로 아이가 3 이상의 수에 관해 아는 것은 불가피하고 지향적인 것이다.

계산은 어떠한 결과가 해이고 어떠한 결과가 오류인지 그 판별을 가능케 하는 공간 내부에서 진행된다. 그러나 현상론적 계산이라는 형태로 확장된 계산 개념은 계산을 진행시키면서 해를 판별하는 공간 자신까지 변질시킨다. 계산은 지향적이다. 그러나 그것은 해공간의 확장이나 변질에 관한 방향성이 미리 규정되는 것을 의미하지 않는다. 2까지밖에 셀 수 없는 아이가 반드시 3 이상을 아는 것이 예정되어 있는 것은 아니다. 아이는 세계 내에서 계산하면서 자연수와는 전혀 다른 수 개념을 알 수 있는 경우도 있을 것이다. 스스로의 가능세계를 크게 변질시켜 2보다도 큰 개념을 괄호에 넣은 무한과 같은 기호를 구축할 수 있을지도 모른다(나라奈

良여자대학의 가쿠타 슈이치로角田秀一郎 씨는 이 방향에서 집합과 함수공간의 관계를 재구축하고 있다. 이것은 '아기의 시점'의 뛰어난 모델이다. 여기서는 유한이면서 일반 유한수에서 보면 극한이지만 무한대와는 구별되는 괄호가 붙은 무한=가쿠타 씨의 기호로 '대'大가 도입된다[6]). 이러한 경우에까지 열려 지향적이라는 단어는 사용된다. 즉, 지향적이란 가능세계 내부만을 보는 한 결정할 수 없는 가능세계 외부로 향한 방향성이다. 2까지밖에 알 수 없는 아이는 결국은 3 이후도 알 것이다. 이 미래가 기정 사실이라면 괄호 붙은 무한을 발견=구성하는 경우는 오류로 간주된다. 그러나 가능공간 자체의 변질에 의해 오류는 오류가 아니게 되고 이것이 새로운 발상이라 불릴 수 있다. 지향적이란 가능세계의 변질을 동반하기 때문에 일어나 버린 것은 오작동이 아니라, 새로운 발상이라 불릴 수 있는 방향성이다. 항상 새로운 정답을 만들어 내는 방향성, 그것이 지향성이다. 예컨대 생물이라면 살기 위한 수단으로서 해를 계속 탐색하면서 스스로를 바꿔서라도 살 수단을 발견해 간다. 스스로를 바꾸는 것으로 풀려야 할 문제는 변질되고 해는 그때마다 극적으로 변경된다. 이전에는 먹을 수 없었던 독이 먹을 수 있는 해가 될 수 있다. 결과적으로 생물은 계속 산다. 이런 한에서 사는 것은 지향적이다.

　현상론적 계산은 필연성이라는 매개자를 불완전한 탐색에 의해 구성하고 계산을 판별하는 가능세계 외부로 언급한다. 그러므로 그 계산은 이전에 오류였던 것이 해공간 자체의 변질에 의해 새로운 해공간 내에서 파악되는 것을 가능케 한다. 이때 우리는 새로운 발상을 얻었다고 생각할 것이다. 현상론적 계산은 해공간을 끊임없이 변질시켜서 계산하기 때문

---

6) 2001년 9월 21일 고베대학 이학부 지구행성과학과 비선형 강좌 세미나에서의 강연.

에, 그리고 지향적이기 때문에, 오류를 해로 할 수 있도록 계산하는 즉 발상을 계산하는 계산 과정인 것이다.

미래와 원생실험

미래는 현재가 과거를 상기하고 과거가 현재를 근거 짓는 이 양자의 관계를 해체하는 것에서 야기된다. 바로 자기충족적 현재=애벌레 자아가 과거의 어떤 행위(예컨대 범죄행위)를 상기한 순간, 그 행위가 너무나도 커서 자아를 집어삼켜 해체하듯이 말이다. 그리고 또 기억과 예기를 포함하는 토큰적 지각이 타입적 인지를 집어삼켜 버려, 타입이 담지하는 배제의 가능성을 전사해 버림으로써 정지면처럼 고정되고 정지면의 순서를 만들어 내듯이 말이다. 이때 예컨대 타입이 현재이고 토큰이 과거라고 상정해도 좋다. 이 구별을 무효로 하도록 타입과 토큰, 전경과 배경을 무효로 한, 이른바 타입적 토큰이 미래를 서수(序數)적 방향성/지향성으로서 만들어내 간다.

원생실험은 미래를 체험하고 기존의 현재-과거 관계를 해체해서 기원을 체험하는 장치이다. 원생실험의 구상은 아래와 같은 것이다. 우선 필연성에 정위하고 이것을 필연항(사람)과 가능항(공간)으로 분해했다. 명백하게 통상의 실험은 양자의 보완관계를 전제로 해서 성립하고 있다. 경계 조건을 지정함으로써 가능공간(=환경이나 과제)이 설정되고 그 구조틀 내에 물질, 실험동물 또는 피험자가 배치된다. 후자가 가능공간 내부를 탐색하고 해를 선택하는 선택자 즉 필연자이다. 필연자는 아무리 잘 가능세계를 설정하려 해도 세계-내-존재자로서 가능세계 외부와 연결되어 있다. 그러나 원생실험은 이 양상을 더욱 강조해서 나타내기 위해 가능세계의 경계 조건에 현실항을 매개자로 해서 접속한다. 현실이란 무한 속도를 담지하는 혼효성에 의해 특징지어진다. 무한 속도란 세계에 출현하는 다양한 사물을 시공간에 배치하고 이들 사이에 유한 시간을 동반하는 인과적 작용을 규정하려고 해도 무한 속도의 작용으로서밖에 규정할 수 없는 혼효성의 표현이다. 그러므로 현실성으로서의 경계 조건은 상이한 조건의 혼효, 모순, 어긋남을 포함하는 조건으로서 규정된다. 이로써 가능성(가능공간)을 잠재성으로 바꿔 읽을 수 있다. 선택자인 필연자는 가능공간 외부와의 연관을 발휘하고 공간 외부를 향한 잠재성을 체현하는 계기를 얻을 수 있다. 그렇기 때문에 원생실험은 특히 기원을 현전시키는 장치인 것이다.

원생이론 : '살아 있는' 생물형 계산기

현상론적 계산과 원생실험 사이를 매개하는 장치가 원생이론이다. 그러나 원생이론은 종래 이론의 구조틀로는 파악하기 힘든, 이론이라고 부르는 데는 저항이 있는 장치일 것이다. 원생이론은 현실성에 정위하고 이것을 일단 현실항과 필연항으로 분해한다. 철학이 그러했듯이 내재면(현실성)과 거기에 정위하는 개념(개체와 보편을 묶는 필연항) 사이의 보완관계가 여기에서 발견된다. 그 위에 양자 간에 가능항이 매개된다. 철학은 본래 분석 장치가 아니다. 세계나 현상을 실체로서 파악, 이것을 기술하는 장치가 아니다. 오히려 세계를 건립하고, 세계와 함께 살기 위한 장치이다. 그렇기 때문에 철학은 현자들이 상태나 세계를 기술해 내는 언어 등이 아니라 지혜를 벗삼는 '것'인 것이다. 원생이론은 이 철학 본래의 존재양식을 강조하고 전회하는 장치로서 구상된다.

우리가 현재 구상하는 원생이론은 예컨대 생물을 이용한 계산기이다. 현상론적 계산이나 원생실험의 장에서 우리는 몇 번인가 단백질을 칩으로 하는 계산기나 DNA 컴퓨팅을 보아 왔다. 그것들은 타입적 계산(기호 처리 과정)과 토큰적 계산(물질을 매개한 계산)의 본질적 어긋남을 내재한 채 진행하는 계산으로서 언급되어 왔다. 그러나 단백질이든, DNA든, 이것들을 이용하는 계산기는 생체라는 환경을 사용하지 않는다. 단백질은 단리되어 기판 위에 속박되고, DNA는 시험관 내에서 적당한 효소와 함께 혼합된다. 여기에는 복수의 물질이 개체로서 존재하면서 어떠한 형태로 전체로 언급하는, '살아 있다'라는 상태=과정이 존재하지 않는다. 그렇기 때문에 타입적 계산과 토큰적 계산의 어긋남은 오류로서만 출현할 가능성이 높다. 오류는 타입적 계산이 진행하면서 그 진행에 의해 해 공간을 '잘' 변질시킬 때에만 새로운 발상이라 불리기 때문이다. '살아 있는' 상태=과정은 개체가 병렬분산적으로 계산을 진행시키면서 전체로서 살고 있기 때문에 새로운 발상의 계산을 구현한다. 생물 개체가 이전의 오류를 이후의 습관으로 해버리듯이 말이다. 즉, 살아 있는 계산기만이 학습을 하는 것이다.

　다양한 개체를 독립병렬적으로 내재시키면서 전체로서 살아 있는 개체. 여기에 우리가 주목해야 할 살아 있는 상태=과정이 존재한다. 생물이란 바로 현실성을 사는 선택자(필연자)이다. 그것은 잠정적으로 상정된 가능공간을 사는 것이 아니라 세계-내-존재자로서 살고 있다. 그러나 철학이 존재 그 자체가 아니라 존재자의 벗이듯이, 원생이론은 우리와 존재자로서의 생물을 묶는 장치이다. 이런 한에서 원생이론은 가능항을 매개해서 세계-내-존재인 현실을 사는 선택자(생물)에게 어떤 가능공간에서 살 것을 강요한다. 가능공간은 프로그램이다. 여기서 프로그램이란 기호 처리 과정을 실행하는 프로그램 개념과 완전히 일치한다. 즉, 프로그램 안에 생물을 살게 하고 그 작동을 프로그램의 실행 과정으로 간주하는 것이다. 이때 가능항을 매개자로 한 현실항과 필연항의 상호 작용이 실현된다.

나와 석사생인 쓰다 소이치로가 현재 실험 중인 생물형 계산기는 점균으로 논리 연산식을 만들어 버리는 유형의 계산기이다. 수 종류의 논리 연산식을 조합함으로써 불 대수로 기술되는 모든 프로그램을 구축할 수 있다. 이 논리연산은 점균이 살아 있는 것으로 계산 출력을 가능케 한다. 어쨌든 살아 있는 점균이므로 출력을 반복함으로써 오류도 출력할 것이다. 단, 계산 오류와 함께 해공간 자체가 변질되어 간다. 점균이 세계 내에서 잘 살아가는 이상, 가능공간으로서 주어진 프로그램 자체가 변질하고 그 안에서 계산 출력을 내어가기 때문이다. 프로그램은 가능공간이다. 입력에 따른 가능한 모든 해가 이 공간에는 봉함되어 있다. 통상 개별적 계산은 그중 하나를 실현하지만, 어디까지나 해공간 내부를 탐색하는 데 지나지 않는다. 이에 비해 점균 계산기에서는 계산 실현자가 살아 있는 점균이다. 가능공간 내부에서 계산을 실행하면서 논리 연산식 그 자체를 변질시켜 프로그램을 변질시킨다. 프로그램을 하드로서 설계한 우리가 보면 프로그램은 변질한 것이 아니다. 그럼에도 불구하고 그 작동이 변질한다. 즉 그 작동은 오작동으로 간주된다. 그러나 결국 오작동은 너무 많게 되고 어떤 오작동이 올바른 출력이게끔 프로그램의 작동은 안정화할 것이다. 이리하여 점균 계산기는 새로운 해를 창출하게 된다.

점균 계산기에 대해 간단히 소개하고 발상을 계산하는 계산기와 병렬계산 개념의 관계에 관해 논해 두자.[7] 점균 계산기는 전류 대신 진성 점

---

7) S. Tsuda, M. Aono and Y.-P. Gunji, "Robust and emergent *Physarum* logical-computing", *Biosystems* 73, 2004.

균을 흐르는 계산기이다. 진성 점균은 곰팡이의 일종으로 거대한 1개의 세포가 개체로서 행동한다. 적당한 온기가 있으면 원형질 유동에 의해 평면 위를 이동한다. 어떤 부분을 뻗고 싶을 때에는 다른 부분에서 원형질을 동원해서 해당 부분으로 보낸다. 그로써 해당 점균 경계는 신장한다. 한쪽을 늘리고 다른 한쪽을 축약시킴으로써 점균은 평면상을 이동한다. 육안으로는 거의 판정할 수 없는 느린 속도지만 확실히 이동하는 것이다. 우리는 이 점균을 이용해 〈그림 46〉에 나타낸 논리게이트를 구축했다. 논리게이트 AND, OR, NOT 전부를 구축할 수 있으면, 불 대수(부록 1 참조)로 표현 가능한 프로그램 전부를 구축할 수 있다. 그래서 우리는 이 논리게이트를 전부 점균 계산기에 구현했다. 덧붙여서 AND, OR, NOT 회로란 사태를 0이나 1로 할 때 입력에 대해 위의 표와 같은 출력을 하는 계산기이고, 각각 속에 있어서 상한, 하한, 보원(補元)에 대응한다.

우리는 배양된 점균의 일부를 떼어 내서 그 운동을 관찰했다. 그 결과(규칙 1) 점균을 기어가게 한 한천배지(寒天培地)에 글루코스로 농도 기울기를 만들어 두면, 점균 끝은 글루코스 고농도 영역으로 이동한다(규칙 2). 점균 끝끼리는 조우하면 회피할 공간이 존재하는 한 서로 피한다(규칙 3). 서로 피할 때 회피할 공간이 없는 경우에는 융합한다라는 단순한 규칙을 발견했다. 이 3개의 규칙을 조합해서 점균 끝을 전류 대신에 흐르게 하는 것으로 점균 회로를 설계한 것이다.

〈그림 46〉에 나타낸 AND 게이트의 예를 보자. 게이트는 점균이 한천배지 위를 기어가도록 설계되어 있다. 점균의 경로 이외의 장소에는 플라스틱 필름이 걸려 경로 이외로의 이동은 금지되어 있다. 한천배지에는 화살표와 같은 글루코스 농도 기울기가 더해져 있고, 점균은 화살표의 방향에 따라 진행한다. 이 게이트에서는 점균의 존재가 상태 1, 부재가 상태

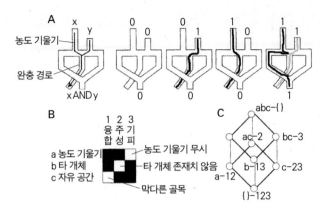

그림 46 A : 점균을 이용한 AND 게이트의 작동. 상태 1은 점균의 존재를 나타내고 모든 입력 구조에 대해 올바른 출력을 얻을 수 있다.
B : 점균의 국소적 작동에서 얻어진 환경집합과 행동집합 사이의 이항관계. (환경집합, 행동집합, 이항관계)에 의해 형식적 문맥이 얻어진다.
C : 형식적 문맥에서 얻어진 개념속.

0에 대응한다. 두 개의 입력 상태 x, y가 함께 0일 때, 입력을 넣는 장소에는 아무것도 놓이지 않는다. 따라서 출력을 관측하는 장소에는 점균은 나타나지 않고 출력 : xANDy는 0으로 계산된다. 입력 상태 x, y가 각각 1과 0일 때, 한쪽의 입력에 점균 끝이 놓인다. 점균은 농도 기울기에 따라 진행하고(규칙 1) 완충경로 쪽으로 이동해 버린다. 입력 상태 x, y가 둘 다 1일 때, 한쪽의 점균 끝은 농도 기울기에 따라 완충경로로 이동한다. 늦게 온 다른 쪽의 점균은 최초 농도 기울기에 따라 완충경로로 이동하려고 하지만 선행자에게 방해받아 이것을 피해(규칙 2) 출력으로 도달하는 경로로 이동한다. 그리고 최종적으로 출력 위치로 도달하고 출력 : xANDy = 1이 관측되는 것이다(그림 46의 A). 이와 같이 전술한 세 규칙의 조합으로 AND 게이트는 잘 작동한다. 모든 규칙을 사용하는 것으로 OR나 NOT도 올바르게 작동한다는 것이 확인되었다.

x	y	x AND y	x OR y	NOT(x)
0	0	0	0	1
0	1	0	1	1
1	0	0	1	0
1	1	1	1	0

점균 끝에서 관측된 세 개의 규칙은 점균 끝 둘레 부분에 관한 작동이다. 따라서 그것은 점균 행동의 국소적 행동만을 관측한 결과이다. 그러나 예컨대 서로 피할 것인가(규칙 2), 융합할 것인가(규칙 3)라는 선택은 개체로서 행동하는 점균 끝의 어떤 둘레 부분과 다른 둘레 부분이 원형질 유동에 의해 서로 연락하고 있는 결과이기도 하다. 그로써 타 개체와 조우했을 때 달리 도망칠 곳이 있는지 없는지 선택하고 있는 것이기 때문이다. 즉, 점균의 국소적 행동은 대역(大域)적 전체와도 관계를 가지는 것이고 그 결과 점균 게이트를 잘 제어할 수 있는 것이다. 실제 점균의 국소적 행동은 (농도 기울기, 타 개체와의 조우, 자유로운 공간(도피처))의 유무에 의해 완전히 분류 가능하다. 즉, 농도 기울기의 존재 =A, 타 개체의 존재 =B, 자유 공간의 존재 =C로 하면, 집합 {A, B, C}, {A, B}, {B, C}, {C, A}, {A}, {B}, {C} 및 공집합 { }의 각각의 환경에서 점균의 국소적 행동은 다르다. 그러므로 점균의 행동은 {A, B, C}의 모든 부분집합을 분류할 수 있고 이것을 국소적 행동에 관한 계산의 의미론으로 생각하면 그것은 집합 {A, B, C}의 집합속과 일치하고 불 대수에 따르고 있다는 것을 알 수 있다. 이 국소적 계산의 의미론은 개념속에 의해서도 구성할 수 있다(부록 2 참조). 환경의 집합{농도 기울기, 타 개체와의 조우, 자유로운 공간 (도피처)}을 대상집합 G, 그들의 결과 출현하는 행동의 집합{정(正)의 주성,[8] 기피, 융합}을 속성집합 M으로 하고 어떤 환경속성과 어떤 행동이 관련이 있는가에 따라 양자의 관계 R을 정의한다(그림 46의 B). 이리하여

얻어진 형식적 문맥 (G, M, R)로부터 형식적 개념을 계산하고 정의된 순서관계에 의해 속을 구성하는 것이다. 이때도 불 대수가 얻어진다(그림 46의C). 즉, 여기까지의 점균게이트의 작동에 관해서는 국소적 계산의 의미론도 대역적인 계산(게이트로서의 작동)의 의미론도 모두 불 대수에 따르고 있다는 것을 이해할 수 있다.

우리가 점균 계산기를 구상한 것은 단순히 점균으로 논리게이트를 만들기 위한 것은 아니다(그럴 경우 단순히 세계에서 제일 느린 논리게이트가 가능할 뿐이다). 그것은 발상을 계산하는 계산기의 일차적인 단계로서 구상된 것이다. 전술했듯이 어떤 계산기가 돌연 이상한 작동을 보인다 해도, 이것을 사용하는 사용자 측의 의미론도 또 동기적으로 변한다면 오류가 아니라 새로운 발상으로 읽혀 사용될 가능성이 있다. 그러면 그것은 어떤 상황에서 가능할 것인가? 타인과 논의하는 경우를 상상해 보라. 만약 상대가 돌연 이상한 말을 했다고 해도 어쩌면 그것은 새로운 발상의 발로일지도 모른다. 상대가 이상하게 되었다(오류를 일으켰다)고 생각해서 논의를 그만둘 것인가, 새로운 발상일지도 모른다고 논의를 계속할 것인가는 전적으로 상대와 당신 사이의 신뢰관계, 그때까지의 경험에 관계하고 있을 것이다. 계산기의 경우도 같다. 계산기 사용자와 계산기 사이에 어떤 종류의 신뢰관계가 발견된다면, 당신은 계산기가 오류를 일으켰다고 생각하지 않고 스스로 계산기 사용에 관한 의미론을 바꿀 것이다. 이러한 관점하에서 신뢰 가능한 계산 소자를 구상할 필요가 있다.

여기서는 병렬계산의 문제를 생각한다. 병렬계산이란 복수의 계산

---

8) 주성(走性)은 생물이 외계의 자극에 대하여 나타내는 방향성을 가진 운동을 말한다.―옮긴이

자(예컨대 복수의 CPU)가 동일 계산 자원(예컨대 프로그램)에 동시에 접속(access)하면서 계산하는 것이다. 한쪽의 계산자가 계산 중 다른 쪽이 접속하는 것이므로 계산기는 교착(deadlock)해 버린다. 교착(계산에 관한 모순)에 대항해서 병렬계산을 실현하기 위해서는 어떻게 하면 좋은가. 통상 구현된 병렬관계는 두 개의 계산자가 동시에 접속해도 계산 분업이 가능하도록, 미리 프로그램에 분할 경계가 들어 있다. 병렬계산은 이것에 따라 동시에 접속해도 분업 가능하다. 그러나 우리가 문제로 삼는 것은 그러한 부분과 전체의 관계를 미리 규정함으로써 가능한 병렬계산은 아니다. 어떤 부분계가 정의되어 있지 않은 계산 자원으로 동시에 복수의 계산자가 접속함으로써 계산 자원의 자율적 분배가 일어나 그것으로 실현되는 병렬계산이다. 미리 계산 배분을 주지 않기 때문에 계산 자원의 동시 접속에 의해 계산에 관한 모순이 생긴다. 이 모순을 점균 계산기에 대고 적용해 본다. 우리는 점균 계산기가 어떤 의미에서 모순을 연장하고 어떤 형태로 계산을 해버리는 것은 아닐까 하고 추측했다.

전술한 AND 게이트에 있어서 병렬계산을 생각하면, 다음과 같은 상황이 상정된다. 전술한 두 개의 입력치를 이용하는 AND 게이트로 계산하는 경우 xANDyANDz의 계산은 (xANDy)AND(yANDz)가 되고 계산 자원 y를 복사(copy)해서 이용할 필요가 있게 된다. 복사 대신에 세 개의 입력으로 계산하도록 게이트를 바꿔 본다(어느 쪽 계산도 물론 같은 계산 결과를 얻는다. 부록 1 참조). 그러면 계산 자원을 복사하는 대신 점균의 국소적 제어가 필요케 된다. 게이트의 구조는 대략 2입력 게이트와 같지만 입력을 세 개로 하고 농도 기울기가 붙은 완충경로를 두 개 준비한다(세 입력 경로 간에 위치하도록). 이때 (x, y, z)=(1, 1, 1)을 생각하면 x와 z가 계산 자원 y에 동시 접속하는 상황이 출현한다. 점균 끝 x와 z가 앞에 완충경로로 들어가면 y의 점균 끝이 막다른 골목에 빠진다. 그러한 상황에 빠지지 않도록 점균 끝 x와 z의 진행 중에 점균이 싫어하는 백색빛 등을 이용해 이 이동경로를 제어해야만 한다. 계산 진행 중의 제어가 역으로 계산 자원으로 간주할 수 있는 y에 자율적인 변화를 준다. 여기에 계산 자원으로의 동시 접속에 관한 모순이 계산 자원의 자율적 분화로서 회피될 가능성이 있다.

우리는 이러한 병렬계산에 관한 모순을 다음과 같은 실험 환경으로서 구성했다(그림 47). AND 게이트에 입력 (x, y)가 함께 1인 상태를 생각하자. 한쪽이 완충경로로 들어가고 늦게 온 다른 쪽이 출력 경로로 이동하는 중 이것을 커터로 잘라 거기에 막다른 골목을 부여해 버리는 것이다(그림 47 X표). 전술한 국소적 **규칙** (1)~(3)에 따르는 한, 점균의 작동은 〈그림 47〉내의 예측 경로와 같이 되고 출력은 0이 될 것이다. 즉, AND 게이트는 동작 오류를 일으켜 버린다. 그렇지만 실제 작동은 달랐다. 늦은 점균 경로는 절단 후 선행 점균 끝에 융합한 뒤 분기하고 그 가지는 출력 경로로 이동해 간다. 이리하여 하드웨어적 내부 모순에도 불구하고 1AND1=1이 견고하게 유지된다(그림 47 실제의 결과). 이 경우 점균의 국소적 규칙이 변하고 그 결과 대역적 작동인 게이트 동작이 불 대수인 채 유지되는 것이다.

〈그림 47〉의 파괴 실험 이전 점균의 국소적 작동은 전술한 국소적 **규칙** (1)~(3)에 의해 나타나게 되고 그 의미론은 불 대수로 나타나게 된다. 파괴 실험 이후 점균의 작동은 변화해 버린다. 막다른 골목에 의해 타 개체와 융합함에도 불구하고 분기해 버리기 때문이다. 이 새로운 행동의 출현에 의해 환경의 집합과 결과적으로 출현하는 행동 집합과의 관계, 즉 형식적 문맥은 변화해 버린다(일부에서 관계가 맺어지지 않게 되어 버리기

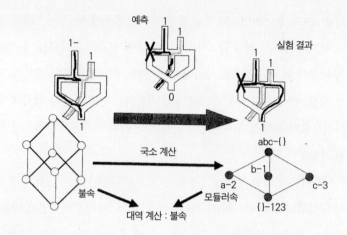

예측

실험 결과

국소 계산

불속

모듈러속

대역 계산 : 불속

abc-{}

b-1

a-2   c-3

{}-123

그림 47 내부 파괴 실험에 따르는 점균 행동의 변화에 따라, 파괴에도 불구하고 게이트의 동작은 변하지 않는다. 이때 국소 행동의 의미론도 분배속이 아닌 모듈러속으로 변화하고 있다.

때문이다). 이때 대응하는 개념속은 이미 불속이 아니고 분배율이 한정적으로만 성립하는 모듈러속이 된다(그림 47). 파괴 실험에 의해 국소적 행동=계산의 의미론은 모듈러속이 됨에도 불구하고 대역적 행동=계산(게이트의 동작)은 불속이 되고 있다.

파괴 실험은 병렬계산에 따르는 교착과 같은 모순을 의사(擬似)적으로 구성한 것이다. 이 모순에 대해 점균은 국소적인 작동을 바꾸고 그것에 의해 AND 게이트의 동작을 견고하게 유지한다. 여기서부터 점균은 병렬계산에 따르는 모순을 어떤 형태로 무효로 하고 계산을 계속해 버린다고 생각된다. 견고하고 신뢰 가능한 게이트는 그 결과 얻어진 것이다. 점균 계산기는 동일계산 자원으로의 동시 접속에 대해 행동을 바꿔=환경에 대한 스스로의 구별을 바꿔 대응한다. 이것은 계산 자원에 있어서 자율적 계산의 분할 생성에 대응할 것이다. 이리하여 안정된 소자는 계산 실행(~사용) 환경의 변화(여기서는 병렬계산)에 대해 내부 구조를 바꾸어 결과적으로 얻을 수 있는 견고한 소자로 이해된다. 여기에 발상을 계산하는 계산기의 원기(原器)가 있다. 계산기가 작동을 바꿔 갈 때 사용자가 이것을 오류로 간주하지 않고 새로운 발상이라고 생각할 여지를 계산기는 그 견고성(변화에 열려 있으면서 존재하는 안정성)에 구현한 것이 된다.

점균 계산기와 같이 '살아 있는' 생물형 계산기는 뇌의 모델이다. 여기서 '살아 있는' 상태=과정은 계산 실현의 하나하나의 과정에 있어서 선택을 실현할 것이다. 프로그램에 명령된 채 1을 출력하는 것이 아니라 1인지 0인지 선택을 한다. 즉 1을 출력했기 때문이라고 해서 이후에도 1을 출력한다고는 한정할 수 없다. 계산 실행 과정의 온갖 국면에 이 선택이 접혀 넣어져 있다. 물론 통상의 계산기에는 그러한 선택자는 존재하지 않는다. 그러나 그렇기 때문에 점균 계산기는 뇌=어떤 현상론적 계산기의 모델인 것이다. 뇌는 돌연 거동을 바꾼다. 전경과 배경이 반전하는 네커큐브(necker cube)나 루빈의 항아리 도형을 상기하라. 후자에게 있어서 어느 순간 항아리라는 외관(계산 출력)이 해로 간주된다. 그러나 그것은 항아리일 때에는 배경으로서 무시되고 있던 대면하는 두 사람의 옆얼굴에 의해 돌연 가려진다. 조금 전까지 배경을 전경으로 하는 것은 오작동이었음에도 불구하고 오작동이 올바른 해로 변질해 버린다. 적어도 점균 계산기는 이러한 과정을 실현할 것이다. 물론 우리가 기대하고 있는 것은 보다 큰 것이다.

원생이론은 '살아 있는' 계산기로서 실현된다. 원생이론은 인지실험으로서 구성되는 원생실험과 이것을 이해하기 위한 은유적 모델인 현상론적 계산을 매개하고 개별적 계산기로서 그때마다 이용될 것이다. 나는 존재론=방법론을 구상해서 논의를 진행해 왔다. 이런 의미에서 현상론적 계산 모델은 실제로 조우하는 개별적 문제에 대처하는 것이 불가능할 것이다. 경영학자인 미야시타 준코(宮下順子) 씨는 이전에 본 연구실을 방문, 다음과 같이 기술했다.[9] "경영학은 이론이라기보다 실천학이다. 경영학에서는 다음과 같은 것이 문제가 된다. 생산자와 소비자 간에는 상품에 관해 공통의 의미론이 존재하지 않는다. 생산자는 어떤 의미론하에서 어떤 상품을 개발하고 이것을 소비자에게 맡긴다. 소비자는 소비자 측의 의미론으로 이것을 해석하고 그 결과를 재차 생산자와 주고받는다. 양자 간에는 이러한 의미론의 어긋남을 통한 부단한 상호 작용, 검지(檢知) 과정이 실행될 것이다. 그러나 이러한 어떤 종류의 설명은 상품 개발의 현장에서는 당연한 것이다. 다음과 같은 사례가 있다. 어떤 세제 메이커가 세정력이 두 배인 세제를 개발하고 종래 규격대로 포장해서 판매에 내놓았다. 그러나 매상은 늘지 않았다. 그래서 시장조사를 하자 오히려 소형 세제를 선호한다는 것이 판명되었다. 세정력이 두 배이기 때문에 용적을 종래 규격의 절반으로 하는 것은 용이했다. 그래서 포장 규격을 바꿔 판매 전략도 세정력보다 소형이라는 것을 강조했다. 그 결과 이 상품은 폭발적으로 팔려 이후 각 회사가 다퉈 소형 상품화에 나섰다. 앞과 같은 은유적이면서 사변적인 경영학 이론은 이러한 개발 현장의 단순한 방관자에 지나지 않는다. 경영학이 그렇게 되도록 허용되어서도 안 된다."

'살아 있는' 계산기로서 구축된 원생이론은 확실히 이러한 현장에 참여하고 국소적 문제를 국소적으로 해결하는 수단으로서 이용할 수 있을

---

9) 최근, 경영학·경제학이나 사회학에서 행위와 인식의 분리를 전제로 하지 않는 논점이 드물게나마 제안되고 있다. 石井淳藏, 『ブランド』, 岩波新書, 1999. 小野瞭, 『社會·經濟システム』 19, 2000, p.85. 花野裕康, 「社會的世界の內部觀測と精神疾患」, 『反=理論のアクチュアリテー』, 馬場靖雄 編, ナカニシヤ出版, 2001, pp.119~158.

것이다. 세정력이 강화된 세제라는 개념은 생산자측이 상정한 가능공간 내에서 계산되고 구체적 상품으로서 출력된다. 이 경우 계산을 타입적 계산으로 한정한다면 설정된 가능공간이 소비자도 포함하는 경험세계로부터 분리된 과정은 무시된다. 무시되는 한에서 가능공간 외부로의 언급은 소실된다. 적어도 현상론적 계산은 가능공간 외부로 언급하는 계산 과정으로서 발상된다. 그러나 아무리 잘 구성해 봐도 현상론적 계산 모델은 현상론적 계산 과정의 은유적 모델에 머물 것이다. 인지 과정을 설명하는 것은 가능해도 구체적이고 개별적인 문제에 대해 이것을 개별적으로 해결하는 도구로서는 사용하기에 너무 불편하다. 이에 비해 점균 계산기와 같은 도구는 '살아 있는 전체'라는 전체성에 언급하면서 독립적으로 운동하는 부분이라는 상태=과정을 계산실현 과정으로 직접 사용해 버린다. 부분으로서의 가능공간과 그 외부와의 관계는 '살아 있는 전체=점균'에 의해 계산기에 포섭된다. 그러므로 이런 종류의 생물형 계산기는 어느 정도 뇌의 대체물, 인간과 논의하는 것의 대체물로서 사용할 수 있는 가능성이 있다. 세제의 사례로 돌아간다면 세정력이 강한 세제라는 개념을 입력한 것뿐인데도 생물형 계산기는 제멋대로 소비자를 포함한 세계 전체를 고려하도록 계산을 진행, 소형 세제라는 상품화를 출력할 가능성이 있다는 것이다. 물론 그것은 계산의 개별적 실행이 오류를 내게 되면서 오류의 전체로서 '살아 있는 전체'를 지향하기 때문에 마치 다른 가능공간(소형 세제라는 개념)으로 이동하고 그 안에서 타입적 계산(소형 포장에 의한 세제상품)을 출력하도록 계산을 진행하는 것이 가능하기 때문이다.

따라서 원생실험, 현상론적 계산을 매개하는 원생이론으로서의 생물형 계산기는 이론이라고 말하면서도 개별적으로 그때마다의 사례에 대응하는 도구로서 사용된다. 그러므로 개체/보편의 양의성을 담지하는 세계-내-존재의 양상이 개별적 현장에 대해 무력한 방관자에 머무는 경우는 결코 없다.

의식과학의 필연성

생성이라는 존재양식에서 출발할 때 우리는 의식을 문제로 삼지 않을 수 없다. 생성은 세계-내-존재로서 존재를 파악할 수 있는 장치이다. 생성 때문에 세계는 간접적으로만 파악할 수 있는 것으로서 세계일 수 있는 것이고, 존재는 세계 내의 일부로서 구별된다. 생성 때문에 존재자의 세계에 대한 능동성·작용(운동·행위)과 존재자를 존재케 하는 세계로부터의 수동성이 동적으로 보완적인 혼효성에 의해 이해된다. 따라서 존재를 이해하는 것이 한 사람의 존재자에 머무는 것은 아니다. 존재자로서의 나의 존재 이해는 나라는 존재에 있어서 성립하면서 세계로부터 야기된 것이다. 이 점에 있어서 존재론과 세계로의 작용=방법론이란 원리적으로 분리할 수 없다. 존재론은 이것을 원하는 닫힌 공동체의 소유물이 아니고 동시에 방법론으로서 세계에 전개됨을 필수로 한다.

존재론에서 보는 한 인식론은 편협하고 피상적인 논의로 비친다. 인식 주체나 나를 전제로 하지 않는 존재 이론이야말로 존재론이기 때문이다. 그러나 생성이라는 존재양식에서 출발하는 논의는 오히려 최종적으로 인식론 내에서 계속 전개해야만 한다. 존재자의 존재론=방법론이란 자기를 계속 만들고 계속 유지하는 것이고, 동시에 이 자기생성이 그 자기의 피막에 의해 계속 경계 지어지는 밖으로의 작용을 계속 행하는 것에 지나지 않기 때문이다. 여기에 '나' 혹은 '나'라는 의식이 현전한다. 존재론이라는 어떤 종류의 완전한 형태를 가질 수 없는 존재론=방법론은 어떤 하나를 취해도 불완전한 세 가지 즉, 가능성 : 변화에 정위한 현상론적 계산, 현실성 : 규범에 정위한 원생이론, 필연성 : 기원에 정위한 원생실험 중 어느 것만에 의해 이해하는 것이 불가능하게 된다. 세 장치는 어느 것이든 생성이라는 존재양식의 어떤 한편에만 정위한 표현이기 때문이다. 바로 존재의 표현으로서 의식은 현전한다. 그렇기 때문에 의식은 세 장치의 접합면으로서만 이해되는 것이다. 그것은 세계-내-존재의 표현 양식이기 때문에 존재 외부로의 세계를 향한 지향성, 잠재성을 계속 가진다.

의식이란 무엇인가

① 의미론의 국소성

의식이란 현상론적 계산에 내재하고 계산의 실행에 불가피하게 공존하는 국소적 의미론이다. 어떠한 뇌내 계산의 실행에 있어서도 계산 실행 환경이 그때마다 국소적으로 실현되기 때문에 실행되는 계산은 순수하게 기계적인 조작으로서 정의 불가능하다. 여기에 국소적 의미론의 개재가 불가피하게 된다. 국소적 의미론의 존재 때문에 뇌에서 실행되는 계산은 단순히 계산 결과 X를 출력하는 것이 아니라, X를 인식한다. 계산 하나하나가 그때마다 필연적으로 인식된다. 인식 주체인 나는 국재(局在)할 뿐 통합되는 것이 아니다. 그때마다 편재하는 어떤 내가 선택될 뿐이다. 오히려 개체화하고 편재하는 시점에서 국소적 의미론은 세계성을 항상 담지한다. 국소화·국재화는 부분과 전체의 구별과 혼동을 함께 허용하는 지평에서만 성립할 수 있다. 그런 한에서, 개체화가 진행하고 개체 외부와의 부단한 조정을 끊을 수 없다는 의미에서 개체와 그 외부 사이에 인식이 성립한다. 편재하는 개체인가 통합된 전체인가 하는 대립축은 여기서는 존재하지 않는다. 내가 나를 의식할 때 '나'를 계산하는 어떤 국재하는 내가 선택된다. 시간이나 공간에 관해 일관된 통일체로서 내가 의식될 때, 시간이나 공간을 계산하고 이것에 접속하는 계산의 시행 환경=국소적 의미론=어떤 나가 선택되고 현전한다. 나의 일관성이 계산됨으로써 나의 일관성이 인식된다. 그것뿐이다. 살아 있는 나는 그러면서 죽어 있다. '살아 있다'를 계산하는 한에 있어서 죽음과 삶을 구별하는 것이다.

의식은 뇌라는 계산기의 기능이 아니다. 기능이란 데이터를 처리하는 계산 능력에 지나지 않는다. 기호처리적 계산기와의 유비(analogy)로 생각한다면, 기능이란 하드웨어에 대한 소프트웨어이다. 이러한 이미지는 아직 기호론적 계산기의 틀을 벗어나지는 못한다. 그러한 한에서 인식하는 호문쿨루스의 무한 퇴행은 피할 수 없다. 이런 한에서의 의식은 무한 퇴행을 초월적으로 해결하는 물질은 아닌 무언가로 상정되는 것으로 숙명 지어진다. 마음과 신체, 심신 이원론이 여기서 출현한다.

'본다'를 카메라로 치환하려고 하면, 피사체의 렌즈를 통한 결상(結像)을 보는 카메라가 또한 필요케 된다. 카메라가 계산한(=기능적으로 처리한) 상은 보이고 있는 것은 아니다. 외관을 카메라의 기능으로 치환하려고 하는 한, 상을 보는 두번째 카메라가 필요케 된다. 두번째 카메라도 역시 상을 계산할 뿐이다. 따라서 카메라의 카메라는 무한 퇴행한다. '의식한다'도 또한 계산기로 치환하는 한, 무한 퇴행할 수밖에 없게 된다. 눈앞의 커피(혹은 망막에 주어진 화상 데이터)의 표상이 뇌에서 계산되었다고 해도 표상은 인식되지 않는다. 표상을 인식하는 계산이 또한 필요케 된다. 무한 퇴행의 원인은 '본다'나 '인식한다'를 순수한 기계적 조작으로 치환하려고 하는 점에서 기인한다. 순수하게 기계적일 때 여기에는 일체의 의미론이 개재하지 않는다. 의미론은 통상 정의된 기계적 조작과 독립적으로 이것을 부감해서 얻어진 어떤 해석으로 상정되기 때문이다. 따라서 순수한 기계적 조작과 의미론은 논의의 수준을 달리한다. 순수한 기계적 조작을 상정하는 한, 기계적 조작(통사론)과 의미론은 분리되고 의미론은 빠져나가는 물처럼 개념 장치의 외부에 정위할 뿐이다.

지금 내 눈앞에 있는 계산기를 내가 사용하고 있다. 내가 이 기계를 계산기로서 사용하고 있기 때문에 계산기로서 실행된다. 내가 계산기를 해머로서 사용한다면 이 물체는 해머로서만 존재한다. 뇌는 계산기 사용자가 외부에 상정되지 않는 계산기이다. 이 언명은 계산기 사용자가 뇌속에 존재함을 의미하는 것은 아니다. 오히려 계산기 사용자가 (이 랩탑 계산기를 사용하는 나와 같은) 초월적 존재로서 특권화될 수 없다는 것을 의미한다. 뇌의 계산에 있어서 계산을 실행하는 상황은 물질적 과정, 현상으로서 스스로 만들어진다. 뇌를 계산기로서 사용하는 사용자는 다름 아닌 뇌이다. 이때 우리는 실행되는 계산을 순수한 기계적 조작으로서 규정할 수 없다.

초등학교 1학년생인 나를 상정해 보자. 교실에서 시험이 시작되었다고 하자. '1+5 =?'라는 문제가 출제되어 있다. 나는 '일+오=딸기'라는 수수께끼를 생각해 낸다[이치(1)+고(5)=이치고(딸기)]. 여러 문맥 중에 '1+5 =?'라는 문제가 여러 가지로 대답된다는 것을 불완전하게 알고 있다. 그러나 지금 나는 교실에서의 시험이라는 상황에서 '1+5 =?'라는 문제를 대하고 있다. 불필요한 전제는 소거되고 나는 1+5 =6이라는 답을 낼 것이다. 그러나 이 질문이 수수께끼일지도 모를 가능성은 완전히 배제되는 것은 아니다. 나는 어쩌면 선생님이 가끔은 장난쳐 보는 것도 재미있겠다고 생각해서 수수께끼를 내었을지도 모른다고 생각한다. 그렇게 생각하면서도 그 생각을 지우고 1+5 =6이라고 대답할 것이다. 그러나 다시 한번 말해 두자. 수수께끼의 가능성은 완전히 지울 수 없다. 그런 한에서 나는 1+5 =6이라고 답하는 것이다. 따라서 나는 실제로는 결코 '1+5 =딸기'라고 대답하지 않겠지만 그 가능성을 잠재적으로 가지고 있다. 1+5 =6이라고 계산하지만 6이 아닌 계산 결과가 이 1+5 =6이라는 계산의 실행에 잠재하고 있다. 6이 아닐 가능성은 결코 확률로서 상정할 수 없다. 계산 조작의 모든 가능성을 전망하고 이들을 등가로 판단하는 초월자가 없기 때문이다. 나는 결코 초월적 존재로는 될 수 없다.

그러므로 '1+5 =6'이라는 계산의 실행은 순수한 기계적 조작으로 치환할 수 없다. 출력 6-이 아닌-해답이 계산의 실행에 잠재하고 있다는 상황은 출력 6 이외의 것이 실제로 출력된다는 사실과 무관계하기 때문이다. 순수하게 기계적인 조작이 아님에도 불구하고 계산이 실행된다. 여기에서 우리는 실행 환경이 만들어져 버리고 있다는 것, 즉 국소적 의미론의 잠재를 인정해야만 한다.

여기서 말하는 국소적 의미론이란 어떠한 위상을 가지고 있는 것인가? 전술한 차 운전의 예를 다시 들자. 당신은 극히 긴급한 용무에 직면하고 있다. 익숙하지 않은 길로 목적지를 향해 가야만 한다. 이때 첫번째로 전면 유리가 검게 칠해지고 핸들 조작을 좌·우로 지도하는 계산기가 구현된 차를 상정해 본다. 당신은 이 지시에 따르는 것만으로 목적지에 도달할 수 있다. 여기서 계산기의 지시에 따른다는 조작을 순수한 기계적 조작으로 상정한다. 두번째로 전면 유리로 밖이 보이고 밖의 풍경을 보면서 당신이 차를 운전하는 경우를 상정하자. 여기서도 당신은 계산기에 의해 어디에서 좌우로 돌릴지 그때마다 지시된다. 지시는 첫번째 경우와 완전히 동일하다. 단, 이 경우 오른쪽이라는 지시에 따르는 것이 우편함 모퉁이에서 오른쪽으로 도는 것임을 전면 유리창 너머로 볼 수 있다. 두 경우의 차이는 풍경이 보이는가 그렇지 않은가뿐이다. 실제로 첫번째 경우,

즉 밖의 풍경이 보이지 않고 순간순간의 지시로 운전한 경우와 완전히 같은 조작으로 두번째 경우도 목적지에 도착했다고 하자. 당신의 핸들 조작은 순수한 기계적 조작과 같았다. 당신은 실제로는 밖의 풍경을 보면서 지시에 따른 것이지만 당신이 보고 있다는 사건은 운전과 무관계하다고 상정할 수 있다. 당신은 정말로 보고 있었던 것일까? 당신이 밖의 풍경을 보면서 운전했다는 언명은 계산기의 지시에 따라 핸들 조작을 했다는 과정에 대한 하나의 해석/모델일 수는 있어도 이것을 상정할 필요는 어디에도 없는 것은 아닐까. 운전의 실행에 관해 해석은 조금도 관여하고 있지 않았기 때문이다. 순수한 기계적 조작을 지정 가능하다고 생각하는 한 의미론은 이렇게 규정된다. 그러나 첫번째 경우와 두번째 경우의 운전 조작은 역시 다르다. 당신은 확실히 긴급을 요하는 용무로 운전했다. 그럼에도 불구하고 우편함 왼쪽을 향해 굉장한 미인(당신이 여자라면 괜찮은 남자)이 걸어갔다고 하자. 당신이 결코 왼쪽으로 핸들을 꺾지 않는다고 어떻게 말할 수 있을까. 아무리 목적지로 빨리 도착해야만 한다고 해도 당신은 왼쪽으로 꺾을지도 모른다. 아니, 그러한 운전이 100회 실행되고 100회 다 미인과 조우해도 100회 전부 당신은 우편함 오른쪽으로 꺾을지도 모른다. 그러나 당신은 미인을 보고 "우와!"라고 탄성을 내뱉는다. 이 한 가지 사실에 있어서만큼이라도 당신이 왼쪽으로 꺾을지도 몰랐을 가능성을 부정할 수 없다. 당신은 지시를 뒤엎을 조작을 잠재시켜서 운전을 실행했다.

지시를 가리는 조작의 잠재에 있어서 "당신이 풍경을 보고 운전했다"라는 것의 의미, 그 운전 조작에 있어서의 관여를 부정할 수 없다. 여기서 해석과는 다른 위상을 가지는 의미론의 의미가 있다. 생각해 보라. 순수한 기계적 조작으로서 당신의 운전이 규정된 경우 당신이 미인에게 눈을 뺏길 가능성, 세계, 풍경은 배제되고 있다. 그러므로 역으로 통상 의미론은 순수한 기계론적 조작과 모순되지 않는 특정한 한정된 세계로서밖에 상정될 수 없다. 의미론이 기계적 조작의 단순한 해석에 지나지 않는다는 이미지는 세계를 한정하기 때문이다. 다른 한편 당신이 미인을 보고 우와! 하고 말하면서도 우편함 오른쪽으로 돈 것은 어떠한 조작인 것인가? 당신은 순수한 기계적 조작이 규정하는 한정된 세계의 주인은 아니다. 당신은 그 외부까지도 짐작할 수 있으므로 미인에게 눈을 빼앗겼다. 당신이 미인을 발견했지만 오른쪽으로 핸들을 돌렸다고 해도 결코 그녀의 용모를 완전히 잊은 것은 아니다. 순수한 기계적 조작이 한정하는 세계에서 당신은 결코 한정되지 않는다. 당신은 미인에게 마음을 빼앗기면서도 굳이 이것을 무시하고 핸들을 오른쪽으로 꺾는다. 세계와의 연결이 의미론의 본질적 관여를 요청한다. 당신은 국소적 세계를 누구에게 강제되는 것이 아니라 스스로 창출한다. 여기에 국소적 의미론이라는 용어를 사용하는 이유가 있다.

당신이라는 행위 주체로부터 운전에 관한 논의를 바라보면, 당신의 결정(우편함 오른쪽으로 돈다)은 결정 이전과 이후를 분리하는 것은 아니다. 결정 이전에 당신은 세계를 어디까지 봐야 하는지 결정할 수 없고, 그렇기 때문에 미인을 발견해 버렸다. 이에 비해 당신은 순수한 기계적 조작이 지정하는 의미론, 해석으로서만 성립하는 의미론에 스스로를 한정했기 때문에, 즉 미인의 존재를 완전히 배제할 수 있었기 때문에 순수한 기계적 조작이 규정하는 "우편함 오른쪽으로 돈다"를 실행할 수 있었던 것일까? 그렇지는 않다. 미인을 잊지 않고 오른쪽으로 돌기는 실행 가능하다. 당신이 미인을 무시하는 것은 그녀를 완전히 잊고 "오른쪽으로 돈다"라는 조작에 완전히 따르는 상황을 만들 수 있는 것은 아니다. 그녀를 무시한다는 결정은 결정 이전에 대한 주저나 후회를 아직 보류하고 있다. 행위 주체는 세계 내에서 결정하기 때문에 끊임없이 프레임 문제에 노출된다. 그는 그때마다 어떤 한정된 실행 환경=국소적 의미론을 만들어 내고 그중에서 결정을 실행한다. 이 과정은 프레임 문제의 해결을 함의하지 않는다. 해결은 항상 결정 이전의 문제를 이후에 있어서 해소해 버린다. 행위 주체는 결정에 후회와 주저를 내재시킴으로써 결정 이전으로 언급하고 있다. 그러므로 미인과 조우한 당신은 그녀를 완전히 잊은 것이 아니라 그녀에 대한 추적을 유보한다.

반대로 뇌가 스스로를 계산기로서 사용하도록 계산 실행 환경을 끊임없이 생성하는 과정은 행위 주체를 전제로 하지 않지만, 거기에서 행위 주체를 발견하지 않고는 있을 수 없는 과정이다. 뇌는 어떠한 계산기 사용자도 특권화할 수 없는 세계-내-존재이다. 어떤 계산을 실행하기 위해 (어떤 신경세포군을 계산 실행자로 하기 위해) 그때마다 실행 환경을 설정한다(다른 어떤 신경세포군이나 신체 외부까지 포함한 계산 실행자의 외부를 실행 환경으로 한다). 그러나 실행 환경의 설정은 불완전한 것이 될 수밖에 없다. 물질적인 과정·현상은 결코 초월적으로 세계를 전망하지 않고 국소적인 관측에 의해 개체화·패턴화를 진행하기 때문이다. 당신은 아직도 의아한가? 물질이 왜 관측하는 것인가? 기계론적 인과율에 따르는 물질이 왜 불완전한 관측을 수행하는 것인가? 실재하는 현상은 조용히 기계적으로 운동할 뿐인 것이 아닌가 하고 말이다. 그러한 인상은 "기계론적 인과율에 따른다"고 말해 버린 한에 있어서 이미 그 물질이라 불린 것에 관측자의 필터가 걸리고, 특권화된 관측자가 숨어 있다는 것을 잊어버리는 것에서 기인한 오류에 지나지 않는다. 물질을 관측하는 당신이 기계론적 인과율에 따르는 경계 조건을 설정한 한에서 물질은 기계론적 인과율에 따르는 듯이 관측될 뿐이다. 지금 문제로 삼고 있는 뇌라는 현상론적 계산은 이러한 특이한 경계 조건을 다 설정할 수 없는, 세계 내 열린 현상인 것이다. 그러므로 물질적 과정·현상은 오히려 그러한 기계 론적 인과율에 따르도록 설정 가능한 경계 조건을 세계 내의 현상으로서 만들고 있는 것이다. 명백하게 기계론적 인과율에 따르도록 경계 조건을 설정한다는 물질상도 역시 관측자의 필터를 통한 것이고 관측자가 내재 한다. 그러나 여기에 숨어 있는 관측자는 기계론적 인과율을 자명케 하는 특권화된 관측자가 아니라, 기계론적 인과율을 실현하도록 경계 조건을 만들어 냈어도 그것에 다 따를 수는 없는 설정의 외부, 즉 세계로 언급하 는 관측자이다. 그렇기 때문에 물질적 과정으로서 그때마다 만들어진 경 계 조건은 열린 세계 전체를 불완전하게 탐색해서 만들어진 것에 지나지 않는다.

② 상황 주체라는 함정

물질이라면 관측도 하지 않고 조용히 운동을 진행할 뿐이고 거기에는 프 레임 문제도 계산도 그리고 의미론도 없다. 이러한 반론의 하나가 상황 주체라는 개념이었다. 상황 주체에 동조하는 자는 프레임 문제의 원인을 표상주의에서 찾는다. 인공지능은 우선 고도의 지성을 가지는 인식 주체 를 상정한다. 고도의 지성은 세계를 표상으로서 이해하려 하고 외계를 기 술한다. 이것이 표상주의이다. 프레임 문제는 여기에서 비롯된다는 것이 다. 그러한 고도의 지성을 가지지 않은 '사물'과 같은 주체(예컨대 곤충과 같은)를 상정하면 프레임 문제는 발생하지 않는다. 상황에 묻혀 버려 국 소적으로 접하는 사물의 연관만으로 행동이 동기 지어진 주체가 상황 주 체이다. 상황 주체라는 구상하에서 구축된 개미-로봇은 평면을 돌아다니고 짐을 발견하면 이것을 들고 가진 채 돌아다닌다. 그러나 이 상태에서 재차 다른 짐을 발견하면 가지고 있는 짐을 그 장소에 내려놓는다. 개미-로봇은 단지 그렇게 프로그램된 로봇이다. 그러나 이 단순한 행동만으로 개미-로봇 집단은 어떤 장소에 짐을 집적시킨다. 집단 전체로서 지성적 행동을 보이는 것이다.

상황 주체라는 발상은 실재하는 물질적 현상에는 관측의 필터가 관여하지 않게 하는 소박한 논의에 기초를 둔다. 개미-로봇도 CCD카메라(charge-coupled device camera)를 통한 화상 데이터로부터 짐과 배경의 경계를 검출하고 그로써 확정해서 행동한다. 화상 데이터라는 표상에 의해 세계를 표상화하고 계산해 버리도록 프로그램한 것은 로봇의 설계자이다. 로봇에게 전기를 공급하는 것도 역시 인간이다. 실제로 세계를 화상 데이터로서 다 표상할 수 있는가 하는 점에 프레임 문제가 존재하고, 설계자는 문제에 대처하면서 판단을 내리고 어떤 특정 프로그램이라는 형식으로 절하된다. 물론 이 결정은 '1+5 =6'이라는 계산의 답이 딸기라는 결정을 유보하는 것과 마찬가지의 결정이며 프로그램은 프로그램 결정 이전의 상황을 유보하면서 결정된 프로그램이다. 그렇기 때문에 설계자는 로봇의 주행시험을 반복하면서 프로그램을 조금 수정하고 톱니바퀴나 카메라를 조금 조정하여 논문을 쓰고 학회 발표를 해서는 조정을 행한다. 결정 이전을 유보한 결정을 담지하는 관측자는 이렇게 마치 개미-로봇의 외부장치처럼 항상 개미-로봇을 계속 조정하는 설계자, 관측자이다.

개미-로봇은 이 기계를 개미-로봇으로서 사용하는 환경에 있어서만 개미-로봇이라는 것을 생각해 보라. 그러면 설령 설계자가 외관상 개미-로봇의 외부에 위치하고 개미-로봇과 분리된다 해도 본래 그는 개미-로봇의 정의의 일부이다. 그런 한에서만 개미-로봇은 프레임 문제를 해결한 듯이('1+5 =6'을 대답할 수 있는 것과 같은 의미에서) 행동하는 데 지나지 않는다. 상황 주체의 문제점은 개미-로봇을 개미-로봇으로 간주하고 개미-로봇으로서 실행하는 환경=국소적 의미론을 잊은 채 "개미-로봇은 표상주의와 무관계하기 때문에 프레임 문제에 저촉하지 않는다"고 생각하는 철저한 소박함에 있다. 그것은 로봇 실행 환경이 설계자와 외관상 분리되고 이 분리에 의해 프레임 문제에 대처하면서 행해지는 조정이 단순히 은폐되는 것에 지나지 않는다. 물론 나는 이러한 발상으로 만들어진 로봇이 외계 표상을 전부 계산하려고 하는 고도의 지성을 가진 로봇이라는 발상과 달리 공학적으로 유용하다는 것은 인정한다. 그러나 그것은 기술적인 정도의 문제이고 지성이나 판단에 관해 극적인 전회를 완수한 발상은 아니다. 상황 주체가 프레임 문제와 무관계하다고 판단하는 것이 가능케 되는 것은 관측자=설계자와 로봇을 분리한 때뿐이다. 분리하면서 로봇의 판단은 프로그램에 따르는 것뿐이고 순수한 기계적 조작에 따른다고 판단된다. 여기에 의미론의 개재는 없다. 상황 주체를 신경세포로 부연하고 그 집단을 뇌로 생각하자. 상황 주체는 의미론을 개재하지 않는다. 그들이 '짐'이라는 표상을 설계할 때 표상은 설계될 뿐이며 결코 인식되지 않는다. 그러므로 인식, 판단, 의식은 상황 주체가 집단이 될 때 돌연 출현하는 어떤 전체=일자로 간주된다. 개미-로봇이 집단이 되었을 때 지성적 사회적 행동이 출현하도록 집단으로서의 신경세포에 의식이 출현한다. 그러한 억견이 유도될 것이다. 이 책 1부의 첫머리에서 든 시스템론적 허점이 여기에 있다. 그것은 소박한 심신 이원론의 현대적 취향에 지나지 않는다.

이상에서 '1+5 =?'이라는 계산에 있어서 딸기라는 답이 잠재하면서도 6이라고 답하는 계산, 우편함 왼쪽으로 돌 가능성을 잠재시키면서 오른쪽으로 도는 운전은 당신이 인식 주체이기 때문에 가능한 것이 아니라, 당신을 포함한 물질적 과정·현상이 그때마다 현상을 진행시키는 경계 조건을 만들고 있기 때문에 가능케 된다고 말할 수 있을 것이다. 여기서 말하는 물질·물리적 과정이란 기계론적 인과율을 자명하다고 하기보다, 기계론적 인과율을 만족하도록 경계 조건을 만들어 내고 그 결과 인과율을 만족하는 운동을 진행시키는 과정으로 파악할 수 있다. 기계론적 인과율을 만족하는 운동의 '부분'은 순수하게 기계적인 조작(으로서의 계산)으로 치환된다. 이것을 우리는 경험과학에 의해 알고 있다. 어떤 경계 조건하에서 신경세포는 전기신호에 의해 막전위(膜電位)를 급격히 상승시킨 뒤, 저해인자(沮害因子)에 의해 급격히 하강시켜 펄스(pulse)적 신호를 발신한다. 이러한 기계적 운동이 확실히 관측되고 있다. 이 집합체가 뇌이다. 그러나 그 실행 환경인 경계 조건도 역시 현상으로서 진행하는 이상, 신경세포의 일군이 실행하는 계산은 순수하게 기계적인 조작을 뒤엎을 가능성을 잠재시킨다. 뇌내 계산은 그렇게 계산기로서 사용할 수 있는(순수하게 기계적인 조작으로 치환할 수 있는) 상황을 끊임없이 만들어 내고 그 결과 어떤 계산(판단)을 가능케 한다. 그러므로 뇌를 물질적 과정·현상으로서의 계산기로 보는 한 역설적으로 순수하게 기계적인 조작으로 치환할 수 없는 어떤 잠재적·국소적 의미론을 발견해야만 한다. 현상론적 계산은 국소적 의미론이 잠재하는 형태로만 계산 실행을 가능케 한다.

뇌와 같이 스스로 실행 환경을 만들고 이것을 유지하면서 계산을 실행하는 계산기에 있어서 '1+5=6'이 6이 아닌 계산을 잠재시킨다는 계산 과정은 단순한 유추는 아니다. 뇌의 현상은 관측되고 인식된다. 그런 한에서 우리는 뇌라 말하고 의식이라 말한다. 우리는 "순수하게 물질현상이자 부분을 보는 한 기계론적 인과율에 따르고 있는 뇌에서 어떻게 의식이 발생하는 것인가"라는 질문을 한다. 이 시점에서 우리는 뇌를 인식 대상으로 간주해 계산기로 생각하며, 그 위에 의식이란 무엇인가라는 질문을 세우고 있다. 그러므로 뇌를 인식 대상으로서 어디까지 순수한 기계적 조작으로서 관측할 수 있고 어디까지 논리적으로 형식화할 수 있는가라는 질문이 역설적으로 계산 실행 환경이라는 기계론의 잔재를 발견=구성해 버릴 수 있다. 뇌를 철저하게 인식할 때 인식하는 관측자가 뇌에 잠재하고 그 결과 뇌라는 인식 대상 내부에 계산 실행 환경으로서의 국소적 의미론이 발견=구성된다. 거꾸로 우리는 뇌의 이러한 계산적 특성을 이유로 해서 나라는 인식 주체의 결정에 기계론적 조작으로는 완전히 정의할 수 없는 국소적 의미론의 잠재를 발견한다. 그러나 또 거꾸로 우리가 그러한 실행 환경을 뇌에서 발견=구성할 수 있는 것은 우리가 뇌를 인식 대상으로서 파악하고 그 구조틀 내에서 의식이란 무엇인가를 묻기 때문인 것이다.

'생성=존재'라는 경계 조건

어쨌든 뇌라는 계산기 사용자가 외부에 설정되지 않는 계산기에 있어 어떤 계산 과정을 순수하게 기계적인 조작으로 치환하려고 해도, 결코 완전히 치환되지 않고 해당 계산 과정은 기계적 조작을 뒤엎는 계산까지 잠재시킨다. 뇌 자체(혹은 뇌를 포함하는 현상)가 기계적 조작으로서 실행되는 환경을 끊임없이 만들어 내고 끊임없이 유지한다는 이유에 의해서 말이다. 뇌는 자체로 외부까지 포함하는 세계 내에 존재하고 해당 계산 실행 환경을 억지로 만들어 낸다. 이 과정은 프레임 문제에 노출되면서 어떤 결정의 표현을 위한 전제를 선택하는 인식 주체의 행위와 같다. 그것은 단순한 유추가 아니라 뇌를 계산기로서 분석하는 한 인식 대상에 관측자가 내재하기 때문이다. 따라서 뇌가 계산 실행 환경을 생성하는 과정은 바로 '프레임 문제에 대처하는 우리가 결정 이전으로 유보하면서 이후의 결정을 이루는 결정=계산 과정'이 됨을 불가피하게 한다. 여기에 순수하게 기계적인 계산을 뒤엎는 계산이 실행되는 계산에 내재한다. 우리는 그렇기 때문에 뇌에 있어서 프레임 문제에 저항하면서 프레임 문제적 상황 내에서 결정을 내리는 인식 주체와 같은 의미에서의 국소적 의미론의 존재를 발견=구성한다.

따라서 뇌내에서 계산되는 '1+5=6'은 단순히 계산되는 것이 아니라 '1+5=6'으로서 인식된다. 뇌내에서 계산되는 눈앞의 라이터라는 표상은 단순히 '라이터'로서 계산되는 것이 아니라 라이터로서 인식된다. 계산의 실행 과정이 순수하게 기계적인 조작 이외의 국소적 의미론을 따라 비로소 가능케 되는 이상, 계산은 실행됨과 동시에 인식된다. 어쨌든 국소적 의미론이란 계산에 잠재하는 인식 주체이기 때문이다. 이런 의미에서 계산 하나하나에 인식하는 내가 편재한다. 계산할 때 내가 출현하고 계산을 인식한다. 국소적 의미론이 편재하는 나=인식 주체인 이상 이미 인식의 무한 퇴행은 일어날 수 없다. '외관'을 카메라로 치환하려고 해도 우리의 '본다'는 눈-뇌내 시각 시스템을 카메라로서 실행하는 환경을 스스로 만들고 유지하는 과정이다. 그러므로 기계론적 카메라로서 인식되는 계산 부분은 만들어진 실행 환경인 국소적 의미론=인식 주체와 병존한다. 렌즈=망막-뇌라는 계는 이런 한에서 대상을 찍어 표상을 계산하는 것뿐만 아니라 표상을 인식한다. 여기에 이미 '본다'가 존재한다.

편재하는 나는 결코 통합되는 것이 아니라 그때마다 선택될 뿐이다.

창을 통해 밤의 도시를 바라보고 해안에 있는 쌍둥이형 고층 아파트를 보는 '나'는 그 표상을 계산하는 국소적 의미론이다. 그것을 보면서 무엇인가를 몽상하는 나는 또 다른 국재하는 나이다. 동시에 나는 담배를 피우고 있지만 담배에 문득 의식을 집중했을 때 또 다른 편재하는 나가 선택된다. 여러 가지 것이 동시에 계산=인식되면서 어떤 내가 선택된다. 나는 다중적이지만 그때마다 어떤 것이 탁월케 된다. 그 이상도 그 이하도 아니다. 우리의 사회라고 우리 한 사람 한 사람은 말하지만, 사회 그 자체가 의식을 가지고 있는 것은 아니다. 사회를 의식하는 것은 한 사람 한 사람의 의식이고 누구나 마찬가지로 우리의 사회라고 말하는 것이다. 그러나 그 개인은 사회, 세계와 분리된 형태로는 있을 수 없다. 때문에 한 사람의 의식이란 그 한 개인에게 한정적으로 유래하는 고유의 것은 아니다. 또한 의식도 편재하는 내가 '나'를 인식하는 것이지 통일된 전체=일자로서의 나는 실재하지 않는다. 그리고 '사회의 구성원이자 사회를 인식하는 나'가 사회에 살고 사회성을 띠기 때문에 육체적으로 닫힌 이 나에게 봉함될 수 없음과 마찬가지로, 또한 편재하는 나도 어떤 신경세포군에 닫혀 있는 것은 아니다. 오히려 닫혀 있다고 가정하는 경우에만 통합이라는 문제는 생기한다.

여기에서 제시된 어떤 의식에 대한 독해는 심신 이원론도 물질 일원론도 아니다. 기계론적 인과율에 완전히 따르는 물질에서부터 의식이 발생하고 설명된다는 입장은 채용될 수 없다. 다른 한편 이원론을 채용하고 있는 것도 아니다. 이원론은 기계적인 조작이 객관적으로 지정될 수 있고 그 위에서 물질에 의해 말할 수 없는 마음의 실재를 인정하는 것이다. 이 절에서 제시된 전회는 순수하게 기계적 조작조차 지정할 수 없다. 불완전한 기계적 조작을 인정하지 않을 수 없다는 점에서 계산의 시행과 분리 불가능한 국소적 의미론이 발견=구성된다. 그러므로 표상은 계산되고 표상은 인식된다. 의식은 현상론적 계산에 있어서 계산의 실행과 함께 있다.

의식을 현상론적 계산 과정에서 발견=구성된 국소적 의미론으로 파악할 때 우리는 '나'의 통합이라는 문제를 무자각적으로 피해서는 안 될 것인가? '1+5 =6'이라는 계산이 뇌에서 실행될 때 그것은 한 개의 신경세포가 계산하는 것이 아니라 복수의 신경세포에 의해 계산될 것이다. 마찬가지로 그 계산의 실행 환경(국소적 의미론)은 복수의 다른 신경세포군을 포함하는 어떤 외부에 담지될 것이다. 나는 "국소적 의미론이 나이다"라고 기술했지만 그렇다면 적어도 관계되는 실행 환경을 담지하는 신경세포군이 통합되어 여기에 '나'가 머물게 되지는 않는가? 그렇다면 나는 신경세포의 통합 없이는 존재하지 않는 것은 아닌가? 반복해서 말하자면, 나는 이러한 문제는 실은 성립하지 않는다고 생각하고 있다. 통합이라는 문제는 통합되어야 할 요소의 분리, 독립을 전제로 한다. 그러나 한 개의 신경세포가 독립되어 있는 것도 아니다. 한 개의 신경세포가 계산을 실행하기 위해서도 다른 것이 실행 환경을 그때마다 제공한다. 따라서 통합 문제는 성립하지 않는다. 오히려 현상론적 계산이라는 구조틀에 의해 우리는 독립한 실체, 실체론적 나를 해체하고 초월론적 주체=현상을 인정하는 지평에 있다. 초월론적 주체의 어떤 국재, 어떤 생성이 나이다. 따라서 오히려 문제는 통합이 아니라 국재화이다. 그리고 국재화는 항상 어떤 국재화로서의 계산에 잠재하는 형태로 발견=구성된다.

개미-로봇은 죽어 있는 것일까? 로봇을 로봇으로서 가동시키는 실행 환경이 로봇의 정의의 일부라면 설계자는 그 실행을 담지하는 국소적 의미론이자 인식 주체이다. 뇌에 있어서 계산의 실행과 어디가 다르다고 하는 것인가? 바로 뇌내 계산에 있어서 계산의 실행 환경이 물질적 과정으로서 끊임없이 생성된다는 것은 어떤 신경세포군의 외부, 뇌의 외부, 신체의 외부까지도 포함하는 세계-내-환상으로서 진행하는 과정이고 그런 한에서 발견=구성된 국소적 의미론, 인식 주체는 로봇의 경우의 설계자만큼 명시적인 윤곽을 가지고 뇌의 밖에 명확하게 서 있는 것은 아닌 것만큼의 차이밖에 가지지 않는다. 물론 로봇의 경우도 역시 국소적 의미론이 설계자 한 사람에게 봉함된 것도 아니다. 그는 사회 내에서 살고 성장해서 교육을 받고 설계자가 된 것이다. 따라서 바로 세계에 있어서 로봇 설계자가 국재하듯이 뇌내의 어떤 계산 실행 환경도 국재하는 것이고, 설계자가 인식 주체이듯이 어떤 실행 환경은 인식 주체인 것이다. 뇌가 세계 내에서 고립되고 닫힌 존재가 아닌 이상, 뇌만이 스스로 실행 환경을 만들어 내고 있는 특수한 계산기라는 언명은 어떤 착오에 의해서만 성립하는 데 지나지 않는다. 뇌와 로봇의 차이는 정도의 차이이고 존재론적인 차이는 아니다. 로봇이 죽어 있다면 나도 마찬가지로 죽어 있다. 그럼에도 불구하고 다시 나는 로봇과 나의 이 정도의 차이를 본질적인 삶과 죽음의 차이로 계산하고 인식한다. 정도의 차이를 삶과 죽음의 차이로 인식하는 한에 있어서만 나는 확실히 살아 있는 것이다.

현상론적 계산＝어려운 문제/쉬운 문제를 무효로 하는 지평

찰머스[10]는 의식·감각질의 문제를 현대 과학의 연장선상에서 풀릴 것 같지 않은 문제로 파악, 이것을 어려운 문제(hard problem)라 부른다(신경 회로망 모델로 이해 가능한 뇌의 발화 패턴 문제는 그에 의하면 쉬운 문제easy problem가 된다). 이 견해는 어려운 문제, 쉬운 문제라는 대립 도식을 전제로 하는 시점에서 문제를 오인하고 있다. 현상론적 계산을 포함하는 이 책의 전회는 바로 이런 종류의 오류를 무효로 하고 의식의 이해를 긍정적으로 전개해 가기 위한 방법론=존재론인 것이다.

현상론적 계산은 타입적 계산과 토큰적 계산, 즉 어떤 계산과 계산 실행 환경의 계산이 혼효하고, 양자의 구별을 세계 내에서 생성하면서 계산을 진행시켜 가는 현상=과정으로서 구상되었다. 여기서 타입적 인지에 대해 토큰적 지각의 수반이 이해된다. 후자야말로 감각질이다. 현상론적 의식에 대한 이 겨냥도는 어떤 상태, 타입의 지정을 상태와 그 배경의 구별·생성, 유지·고정으로서 재구성하려는 방법이다. 전경과 배경의 혼효적 생성과 유지, 이렇게 말해 버리면 일은 간단하지만 그 실질적 의미는 일반적으로 이해되고 있지 않다.

전경의 계산과 배경의 계산(계산 실행 환경의 계산)이 혼효한다는 모델은 인식론적 겨냥도에 있어서 자기언급적 모순과 프레임 문제를 접합하고, 양자가 서로 그 전제를 무효로 하고 있다고 파악한 후에 세계 내 계산을 구성하는 방법론이다. 지각현상을 인식하려고 하는 경우 자기언급과 프레임 문제는 다음과 같이 출현한다. 붉은 사과의 지각이 내관에 의해 근거 지어진다고 생각하자. 붉음에 대해서는 붉은색 견본(내관)이 있으므로, 이것을 참조해서 붉음이 지각된다는 식으로 말이다. 그러나 붉은색 견본에 의해 붉음의 지각이 근거 지어진다고 하기 위해서는 색 견본을 참조한다는 과정과 색 견본 양자에 붉은색 견본의 의미를 지정해야만 한다. 이 양의적 지시에 의해 모순이 귀결된다. 이것이 자기언급적 모순이었다. 마찬가지로 다음과 같이 말할 수도 있다. 붉은색 견본을 참조한

---

10) D. J. Chalmers, *The Conscious Mind : In Search of a Fundamental Theory*, Oxford Univ. Press, 1998.

다 해도 그것이 확실히 '붉은'색 견본이라고 증명하는 것은 색 견본의 색 견본이 필요하게 되고 무한 퇴행에 빠진다고 말이다. 이것은 일단 붉음을 어떤 종류의 타입으로서 표현해도 유한의 확정적 표현으로 완전히 나타 낼 수 없다는 말이고, 양상에 대한 프레임 문제의 지적이다. 같은 양상으로 자기언급과 프레임 문제를 해석할 수 있지만, 양자는 해석상의 차이이 므로 동시에 성립할 수 없다(혹은 전술했듯이 양자는 통상 통사론적 모순 과 의미론적 모순이고 동치라고 해석되어 버린다).

현상론적 계산은 자기언급과 프레임 문제를 동시에 다루는 지평을 준비한다. 자기언급은 두 지시가 동시에 가능하지 않으면 성립하지 않는 다. 두 지시가 동시에 가능하다는 것은 지시대상이 설치된 공간(전체)이 지정되어야만 한다는 것이다. 그러나 세계는 결코 한정되지 않는다. 그것 이야말로 프레임 문제의 지적이었다. 그러므로 프레임 문제는 자기언급 의 전제를 전복시키는 자기언급을 무효로 한다. 역으로 인식 주체에 의한 해석으로서 프레임 문제가 성립하는 이상, 인식 주체의 확실성을 전복시 키고 자기언급은 프레임 문제의 전제를 전복시켜 프레임 문제를 무효로 한다. 한정된 세계와 그 외부에 확장된 세계성을 동시에 다룸으로써 자기 언급과 프레임 문제를 동시에 도마 위에 올려놓고, 이러한 것으로 양자를 무효로 하는 전회가 준비된다. 현상론적 계산은 그것만을 단독으로 상정 하면 자기언급을 귀결하는 타입적 인지=어떤 계산을 계산 실행 환경의 계산(토큰적 지각의 계산), 즉 세계를 잠재시키는 국소적 의미론(결코 닫 히지 않는다는 의미에서의 프레임 문제)과의 병존에 의해서만 진행된다고 상정하고, 양자의 혼효와 혼효해서 진행하는 현상=지각을 옹호하는 장 치인 것이다.

찰머스가 주장하는 감각질(의 정의)은 타입의 계산과 토큰의 계산의 혼효를 허용하지 않는다. 감각질은 타입이 아닌 질감, 토큰적 지각으로 상정되어 있다. 여기까지는 좋다. 그러나 이런 종류의 감각질을 단독으로 제창하는 것은 내관이론(內觀理論)에 대해 다음과 같이 주장하는 것에 다름아니다: 내관이론에서 상정한 표상이란 바로 타입이었다. 외계 사물을 계산할 때 바로 사물을 타입으로서 계산하려고 했기 때문에 무한 퇴행이 귀결된다. 그러나 실제로 뇌에서 계산되는 것, 그것은 감각질이고 토큰이었다. 그렇기 때문에 여기서는 타입 표현으로서 계산하는 것에서 기인하는 무한 퇴행은 출현하지 않는다. 내관=타입이 아니라 감각질이 계산되기 때문에 뇌에 있어서 무한 퇴행은 생길 수 없다.

이런 종류의 감각질 개념은 내관=타입과 감각질=토큰을 개념으로서 분리하고 타입을 배제하기 때문에 내관이론을 비판할 수 있게 한다. 그러나 동시에 내관이론을 비판한 이상, 감각질 스스로도 또한 원리적으로 해결 불가능하다는 위상, 어려운 문제라는 위상을 떠맡는다. 감각질이 토큰, '사물' 그 자체인 이상, 사물을 타입(내관)으로서 이해하는 것은 곤란하고 이것은 그대로 감각질을 과학적으로 이해하는 것(타입으로서 인식하는 것)으로 계승되어 버리기 때문이다. 여기서 근저에 있는 것은 기술 이전, 기술 이후의 분리와 양자를 부정관계로 묶는 발상이다. "기술 이전에는 '사물' 그 자체가 실재한다. 그리고 인식, 표현, 기술이란 기본적으로 '사물' 그 자체를 **타입으로서** 복사하는 것이다"라는 실재론이 근저에 있다. 현상과 세계의 관계는 소박하게 상정된 삶과 죽음의 관계와 유사하다. 이른바 "죽음은 우리와 아무 관계도 없는 것이다. 왜냐하면 우리가 존재할 때 죽음은 존재하지 않고 죽음이 존재할 때 우리는 존재하지 않기 때문이다". 실재론에 숨어 있는 사상(寫像) 개념은 이렇게 물 그 자체(토큰)와 표현(타입)의 혼효를 금한다. '사물' 그 자체가 존재할 때 표현은 존재하지 않고 표현이 완료해 버렸을 때 이미 '사물' 그 자체는 존재하지 않는다는 듯이 말이다. 그러므로 타입과 토큰의 혼효, 타입에 잠재하는 자기언급과 토큰에 잠재하는 프레임 문제를 서로 교차시켜 무효로 한다는 구상은 여기에서 생길 수 없다.

우리는 현상론적 계산을 통해 전경(타입)과 배경(토큰)의 혼효적 생성, 즉 구별의 생성=구별의 존재를 이해한다. 점균 계산기를 통해 논한 병렬계산 과정의 원리적 문제도 역시 현상론적 계산이라는 모델을 통해 이해되는 문제이다. 왜냐하면 그것은 두 계산자가 동시에 어떤 계산 자원에 접속할 때 구별이 존재하지 않는 계산 자원에 있어서 각 계산자로부터 본 전경(해당 계산자에게 있어서의 타입적 계산)과 그 외인 배경의 구별이 생성되고 병렬계산을 실행 —— 해버리는 —— 과정이었기 때문이다. 전경과 배경이 함께 적극적으로 계산됨으로써 전경(과 무시되는 배경)이 출현한다는 오래되고 새로운 문제는 계산과 계산 실행 환경의 구별의 생성=구별의 유지라는 새로운 착안에 의해 문제의 참된 비전을 얻을 수 있다. 그것이 인지에 따르는 감각질 문제이고, 평범한 우리에게 있어서는 수의 인지(타입적 인지)와 시각 서번트의(토큰적) 지각 문제이며, 병렬계산의 문제이다. 이 문제들은 전부 의식에 얽힌 문제군이고, 인지·지각의 문제는 원생실험으로서, 병렬계산의 문제는 원생이론으로서 독해 가능하게 된다. 이미 어려운 문제와 쉬운 문제라는 원리적 구별은 없고 찰머스적 의미에서의 어려운 문제, 원리적으로 풀릴 것 같지도 않은 문제도 존재하지 않는다. 찰머스의 문맥에서 현전하는 원리적인 문제란 스스로의 기반만은 결코 회의의 대상으로 될 수 없는 한정적 회의론자에게 있어서 발생하는 회의이다. 회의의 확실성을 전제로 하는 회의는 태생적으로 해결 불가능하며, 이것에 직면하는 논자는 회의 그 자체에 구애되든지 회의를 포기하는 수밖에 없다. 자기언급적 회의의 기반에까지 회의가 향해질 때 즉 자기언급에 프레임 문제가 접속될 때, 회의론자는 근거 없이 회의 가능하다는 자각으로서 회의를 문제로 하지 않는 지평으로 전회할 수 있다. 의식을 물질로서의 뇌, 현상으로서의 계산이라는 형식으로 독해할 때 근거 없는 회의라는 모델은 이런 직접적인 모델일 수 있다. 지금에야말로 우리는 의식의 독해에 있어서 이 세계에 산다는 것을 감득할 수 있다.

나는 어차피 죽을, 이 세계를 사는 나 자신에 대해 이렇게 말하고 싶은 것이다. "나는 나로 살고 있다. 까불지 마"라고.

부록

부록 1 속(束)

속(束)이란 상한, 하한에 관해 닫힌 순서집합이다. 아래에서 개략적으로 간단하게 기술한다. 우선 부분순서집합을 정의하기 위해 순서관계의 정의를 부여한다.

정의 1. 순서관계

공집합이 아닌 집합 S가 주어져 있고 x, y, z는 그 원소로 한다. 이때 이하를 만족하는 이항관계 $R \subseteq S \times S$를 순서관계라 한다.

(i) xRx (반사율)

(ii) $xRy, yRx \Leftrightarrow x=y$ (반대칭률)

(iii) $xRy, yRz \Leftrightarrow xRz$ (이행율)

순서관계가 성립할 때, 이항관계 xRy는 이하(본문에서도) $x \leqq y$로 쓴다. $x \leqq y$는 $y \geqq x$로도 쓸 수 있다.

정의 2. 순서집합

순서관계가 정의된 공집합이 아닌 집합을 순서집합이라 한다.

정의 3. 상한·하한

순서집합 S가 주어져 있을 때 S의 부분집합 M을 생각해 보자. 이때 M의 임의의 원소 m에 대해 $m \leq a$가 성립할 때, a를 M의 상계(上界)라 한다. 역으로 $b \leq m$이 성립할 때 b를 M의 하계(下界)라고 한다. 또한 최소의 상계를 상한, 최대의 하계를 하한이라 부르고 각각 $\vee M$, $\wedge M$이라고 표기한다. 따라서,

$$\forall m \in M, \ m \leq a \Rightarrow \vee M \leq a$$

$$\forall m \in M, \ b \leq m \Rightarrow b \leq \wedge M$$

이 성립한다. M이 두 개의 원소를 갖는 집합으로 $M = \{x, y\}$일 때, 상한 $\vee M$를 $x \vee y$, 하한 $\wedge M$을 $x \wedge y$로 표기한다.

정의 4. 속

순서집합 S가 주어져 있다. 임의의 2 원소 x, y에 관해서 상한 $x \vee y$, 하한 $x \wedge y$가 함께 S의 원소일 때 S를 속이라 한다.

정리 1. 속 S에 있어서 아래가 성립한다(단, $\leq$를 $\geq$로, $\vee$를 $\wedge$로 치환한 관계도 성립한다).

(i) $x \leq x \vee y, \ \ y \leq x \vee y$

(ii) $x \leqq z,\ y \leqq z \Rightarrow x \vee y \leqq z$

(iii) $x \leqq y \Leftrightarrow x \vee y = y$

증명 (i) 상한이 상계라는 점에서 명백하다. (ii) z는 $\{x, y\}$의 상계이고 상한은 최소상계라는 것에 의해 명백하다. (iii) 우선 $\Rightarrow$을 증명한다 ; $x \leqq y$를 가정한다. 반사율에 의해 $y \leqq y$이므로, y는 $\{x, y\}$의 상계이다. 상한 $x \vee y$는 최소상계이므로 $x \vee y \leqq y$가 된다. (i)에 의해 $y \leqq x \vee y$를 말할 수 있으므로, 순서집합의 반대칭율에 의해 $x \vee y = y$라고 말할 수 있다. 다음으로 역을 증명한다 ; (i)에 의해 $x \leqq x \vee y$에서 $x \vee y = y$가 가정되어 있으므로, $x \leqq y$라 할 수 있다.

정리 2. 순서집합 S가 속이라면 아래가 성립한다(단, $\vee$를 $\wedge$로 치환한 관계도 함께 성립한다).

(i) $x \vee y = y \vee x$ (교환율)

(ii) $x \vee (y \vee z) = (x \vee y) \vee z$ (결합률)

(iii) $x \vee (y \wedge x) = x$ (흡수율)

증명 (i) $\{x, y\}$의 상한 $x \vee y$는 상계이기도 하다. 그래서 정리 1의 (i)로 가정의 순서를 바꿔 넣으면(이것은 자명한 것으로서 허용되어 있다), $y \leqq x \vee y,\ x \leqq x \vee y \Rightarrow y \vee x \leqq x \vee y$를 얻는다. 마찬가지로 $\{y, x\}$의 상한 $y \vee x$에 관해 $x \leqq y \vee x,\ y \leqq y \vee x \Rightarrow x \vee y \leqq y \vee x$를 얻는다. 두 개의 부등식이 얻어졌으므로 반대칭율에 의해 주어진 식은 성립한다. (ii) $x \leqq x \vee (y \vee z),\ y \leqq y \vee z \leqq x \vee (y \vee z)$에 의해 $x \vee (y \vee z)$는 $\{x, y\}$의 상계이다.

따라서 $\{x, y\}$의 상한은 그보다 작게 $x \lor y \leqq x \lor (y \lor z)$. 또한 $z \leqq y \lor z \leqq x \lor (y \lor z)$에 의해 $x \lor (y \lor z)$는 $\{x \lor y, z\}$의 상계이기도 하다. 따라서 $(x \lor y) \lor z \leqq x \lor (y \lor z)$. 마찬가지로 해서 역방향의 부등식을 얻으면, 반대칭률에 의해 주어진 식을 얻는다. (iii) $x \lor (y \land x) \geqq x$는 자명하다. 또 $x \leqq x$, $y \land x \leqq x$에 의해 x는 $\{x, y \land x\}$의 상계이다. 따라서 $x \lor (y \land x) \leqq x$를 얻는다. 두 부등식에 의해 주어진 식을 얻는다.

주의 : 정리 2를 가정해서 정리 1을 증명할 수 있다. 이때 순서관계 $x \leqq y$를 $x \land y = x$로 정의하면 반사, 반대칭, 이행율이 성립하고 순서관계가 잘 정의되어 있다는 것을 알 수 있다. 따라서 정리 1과 2는 동치이다. 또 $\{x, x\}$를 생각하면 $x \lor x$는 상계이므로 $x \leqq x \lor x$이고 x도 상계로 $x \lor x$는 최소상계이므로 $x \lor x \leqq x$. 즉 $x \lor x = x$를 얻는다. 이것을 멱등(idempotent)이라 한다.

정의 5. 속 다항식

아래와 같이 귀납적으로 정의된 것을 속 다항식이라 한다.

(i) 변수는 속 다항식이다.

(ii) x, y가 속 다항식이라면 $x \land y$ 및 $x \lor y$도 속 다항식이다.

(iii) (i), (ii)로 만들어진 것만이 속 다항식이다.

정리 3. 단조성(單調性)

속 다항식은 단조이다. 즉, $x \leqq y \Rightarrow x \land z \leqq y \land z$ 및 $x \lor z \leqq y \lor z$가 성립한다.

증명 가정 $x \leq y$에 의해 $x \wedge y = x$를 얻는다. 따라서 $(x \wedge z) \wedge (y \wedge z) = (x \wedge y) \wedge (z \wedge z) = x \wedge z$. 정리 1 (iii)에 의해 $x \wedge z \leq y \wedge z$를 얻는다. $x \vee z \leq y \vee z$도 마찬가지로 증명 가능하다.

정리 4. 반분배율

속에서는 아래의 반분배율이 성립한다(단 $\leq$를 $\geq$로, $\vee$를 $\wedge$로 치환한 관계도 함께 성립한다) ; $x \wedge (y \vee z) \geq (x \wedge y) \vee (x \wedge z)$.

증명 $y \vee z \geq y$이므로, 단조성에 의해 $x \wedge (y \vee z) \geq x \wedge y$가 성립하고 마찬가지로 $y \vee z \geq z$에 의해 $x \wedge (y \vee z) \geq x \wedge z$가 성립한다. 따라서 $x \wedge (y \vee z)$는 $\{x \wedge y, x \wedge z\}$의 상계이므로, 상한은 이것보다 작고, $x \wedge (y \vee z) \geq (x \wedge y) \vee (x \wedge z)$를 얻는다.

정의 6. 모듈러속

속의 원소 x, y, z에 관해 모듈러 율(律), $x \geq z \Rightarrow x \wedge (y \vee z) = (x \wedge y) \vee z$가 성립하는 속을 모듈러속이라 부른다.

정의 7. 분배속

속의 원소 x, y, z에 관해 분배율, $x \wedge (y \vee z) = (x \wedge y) \vee (x \wedge z)$이 성립하는 속을 분배속이라 부른다.

주의 : 분배율이 성립하는 속에서는 $\vee$를 $\wedge$로 치환한 등식도 성립한다. 이것도 분배율이라 불린다.

정리 5. 분배속 ⇒ 모듈러속

분배속은 모듈러속이다.

증명 분배율이 가정되어 있으므로 $x \wedge (y \vee z) = (x \wedge y) \vee (x \wedge z)$가 성립한다. 여기서 $x \geq z$로 하면 $z = x \wedge z$이다. 이것을 분배율에 대입하면 모듈러 율을 얻는다.

정의 8. 상보속

속 S가 최대원 1(임의의 S의 원소에 대해 $x \leq 1$) 및 최소원 0(임의의 S의 원소 x에 대해 $0 \leq x$)이 존재하고 S의 원소 x에 대해 $x \wedge y = 0$이면서 $x \vee y = 1$을 만족하는 원소 y가 S에 존재할 때, y를 x의 보원(혹은 부정否定)이라 부른다. 속의 모든 원소가 보원을 가질 때 이 속을 상보속이라 한다.

주의 : x의 보원은 일반적으로 x^c로 쓴다.

정리 6. 분배속과 보원의 관계

속 S는 분배속이다. ⇒ S의 보원은 존재한다면 단 하나이다.

증명 x에 대해 보원이 두 개 존재한다고 가정하고 이것들을 u, v라 하자. 이때 $x \wedge u = x \wedge v = 0$이면서 $x \vee u = x \vee v = 1$이 성립한다고 가정되어 있다. 따라서

$$u = u \vee (x \wedge u) = u \vee (x \wedge v) = (u \vee x) \wedge (u \vee v) = (v \vee x) \wedge (v \vee u) = $$
$$v \vee (x \wedge u) = v \vee (x \wedge v) = v.$$

따라서 다른 두 보원이 존재한다 가정해도 같아지고 유일성이 제시된다.

주의 : 이 정리의 역, 즉 'S의 보원은 존재한다면 단 하나이다. ⇒ 속 S는 분배속이다'도 증명 가능하다.

정의 9. 온 모듈러속

속의 원소 x, y, z에 관해 $x \geqq y \Rightarrow y = x \wedge (y \vee x^c)$가 성립하는 속을 온 모듈러속이라 부른다.

주의 : 온 모듈러속은 상보속이다. 단, 분배율이 성립하고 있지 않으므로 모든 원소에 보원이 존재하는 것은 아니다.

정리 7. 온 모듈러속과 상보 모듈러속의 관계

상보 모듈러속은 온 모듈러속이다.

증명 상보 모듈러속에서는 $x \geqq y \Rightarrow x \wedge (z \vee y) = (x \wedge z) \vee y$가 성립하고 또한 보원이 존재하고 있다. 여기서 $z = x^c$로 하면 $x \wedge (y \vee x^c) = x \wedge (x^c \vee y) = (x \wedge x^c) \vee y = 0 \vee y = y$를 얻는다. 즉 온 모듈러속이 된다.

주의 : 정리 5, 7에 의해 상보속인 이상, 분배속 ⇒ 모듈러속 ⇒ 온 모듈러속이 된다.

정의 10. 하이팅 대수

속 S에 있어서 이항연산 →이 아래와 같이 정의되어 있다고 하자. 즉 임의의 S의 원소 x에 관해,

$$x \wedge y \leqq z \Leftrightarrow y \leqq (x \rightarrow z)$$

이때 속 S를 하이팅 대수라 한다.

주의 : 하이팅 대수에 정의된 이항연산 $\rightarrow$과 하한은 첨가(adjunction ; 1부 2장의 주10, 16 참조)의 예가 되고 있다. 속 S는 카테고리(1부 2장 주26 참조)로 생각할 수 있다. 원소를 대상, 순서관계를 사(射)로 하면, 순서관계가 반사, 이행율을 만족하는 것으로 인해 대상에 관한 항등사(恒等射)의 존재, 사(射)에 관한 결합율이 성립하기 때문이다. 여기서 S에서 S로의 두 자기함자(endofunctor), $F = (-) \wedge y$ 및 $G = (-) \rightarrow z$를 정의하면 두 함자가 첨가를 성립시키고 있다.

정리 8. 하이팅 대수＝분배속
하이팅 대수는 분배속이다.

증명 정리 4가 제시되어 있으므로 $x \wedge (y \vee z) \leqq (x \wedge y) \vee (x \wedge z)$를 증명하면 된다. 우선 $x \wedge y \leqq (x \wedge y) \vee (x \wedge z)$이므로 하이팅 대수 정의에 의해,

$$x \wedge y \leqq (x \wedge y) \vee (x \wedge z) \Leftrightarrow y \leqq (x \rightarrow (x \wedge y) \vee (x \wedge z)).$$

마찬가지로,

$$x \wedge z \leqq (x \wedge y) \vee (x \wedge z) \Leftrightarrow z \leqq (x \rightarrow (x \wedge y) \vee (x \wedge z)).$$

따라서 $(x \rightarrow (x \wedge y) \vee (x \wedge z))$는 $\{y, z\}$의 상계이므로,

$$y \vee z \leqq (x \rightarrow (x \wedge y) \vee (x \wedge z))$$

다시 하이팅 대수의 정의를 적용해서,

$$y \vee z \leqq (x \rightarrow (x \wedge y) \vee (x \wedge z) \Leftrightarrow x \wedge (y \vee z) \leqq (x \wedge y) \vee (x \wedge z)$$

를 얻는다.

정의 11. 불 대수

상보분배속을 불 대수라 부른다.

정의 12. 불 다항식

보원도 포함한 속 다항식을 불 다항식이라 부른다. 불 다항식은 아래와 같이 재귀적으로 정의된다.

(i)   정수 0, 1, 변수는 불 다항식이다.

(ii) x, y가 불 다항식이라면, $x \wedge y, x \vee y$ 및 x^c는 불 다항식이다.

(iii) (i), (ii)로 구성된 것만이 불 다항식이다.

주의 : 본문에서는 이 불 다항식을 속 다항식이라 부르고 있다.

부록 2 (완전) 개념속, 불완전 개념속

여기서는 건터와 윌리[1]의 개념속과 이것을 무너뜨리고 얻어진 불완전 개념속[2]에 관해 간단히 해설한다.

정의 1. 형식적 문맥

대상집합 G, 속성집합 M 및 양자 간의 이항관계 I, 이 세 쌍 (G, M, I)를 형식적 문맥이라 부른다.

주의 : G의 원소 g, M의 원소 m 사이에 관계가 존재할 때, gIm이라고 표기한다.

---

1) B. Ganter & R. Wille, *Formal Concept Analysis*, Springer, 1999.
2) Y.-P. Gunji, M. Aono, H. Higashi & Y. Takachi, "The Third Wholeness as an Endo-observer", *Science of the Interface*, Genista, 2001, pp.111~130. Y.-P. Gunji, M. Aono & H. Higashi, "Local Semantics as a Lattice Based on the Partial-all Quantifier", *Int. Journal of Computing Anticipatory Systems* 8, 2001, pp.303~318. Y.-P. Gunji, Y. Kusunoki & M. Aono, "Interface of Global and Local Semantics in a Self-navigating System Based on the Concept Lattice", *Chaos, Solitons & Fractals* 13, 2002, pp.261~284.

정의 2. 형식적 개념

형식적 문맥 (G, M, I)가 주어져 있을 때, G의 부분집합 A에 대해,

$$A' = \{m \in M \mid gIm \text{ for } \forall g \in A\}$$

를 정의한다. 마찬가지로 M의 부분집합 B에 대해,

$$B' = \{g \in G \mid gIm \text{ for } \forall m \in B\}$$

를 정의한다. 이때 $A' = B$, $B' = A$가 성립하는 쌍 (A, B)를 형식적 개념이라 부른다.

주의 : A를 외연, B를 내포라고 부른다. 즉 형식적 개념은 내포·외연의 쌍으로 정의된다.

정리 1. 형식적 문맥 (G, M, I)가 주어져 있을 때 $A, C \subseteq G$ (및 $B, D \subseteq M$에 대해서도 마찬가지로) 아래가 성립한다.

(i) $A \subseteq C \Rightarrow C' \subseteq A'$

(ii) $A \subseteq A''$

(iii) $A' = A'''$

(iv) $A \subseteq B' \Leftrightarrow B \subseteq A' \Leftrightarrow A \times B \subseteq I$

증명 (i) $m \in C'$를 가정하면 모든 C의 원소 g에 대해 gIm이 성립한다. 여

기서 가정에 의해 $A \subseteq C$이므로 모든 A의 원소 g는 C의 원소이다. 즉 모든 A의 원소 g에 대해서도 gIm이 성립한다. 즉 $m \in A'$이다. $m \in C' \Rightarrow m \in A'$를 말할 수 있게 되었으므로 $C' \subseteq A'$도 말할 수 있다. (ii) $g \in A$를 가정하면 모든 $m \in A'$에 대해 gIm이다. 이것은 $g \in A''$를 의미한다. (iii) 우선 (ii)에 의해 $B \subseteq B''$이므로 $B = A'$를 대입해서 $A' \subseteq A'''$가 된다. 또 (ii) 를 (i)에 적용하면 $A''' \subseteq A'$를 얻는다. 양방향의 부등식에 의해 등식을 얻는다. (iv) $A \subseteq B' \Rightarrow B \subseteq A'$를 증명하자. $m \in B$라 하면 gIm인 g는 $g \in B'$가 된다. 가정에 (i)을 적용하면 $B'' \subseteq A'$로 모든 $g \in B'$에 관해 gIm인 $m \in B''$는 $m \in A'$가 된다. 따라서 $m \in B \Rightarrow m \in A'$를 말할 수 있다. $B \subseteq A' \Rightarrow A \times B \subseteq I$를 증명하자. $\langle g, m \rangle \in A \times B$를 가정하면 $B \subseteq A'$에 의해 모든 $m \in B$에 관해 gIm이 성립한다. 즉 $\langle g, m \rangle \in I$이다. 역방향의 함의도 마찬가지.

주의 : $A \subseteq B' \Leftrightarrow B \subseteq A'$도 두 변환조작 $(')$이 첨가(1부 2장의 주10과 16 참조)를 구성하고 있다. 대상집합 G의 멱집합 $P(G)$(G의 모든 부분집합을 모은 집합) 및 속성집합의 멱집합 $P(M)$은 카테고리(1부 2장 주26 참조)로 생각할 수 있다. 부분집합을 대상, 포함관계를 사(射)라 하면 포함관계는 순서관계이므로 항등사나 결합율을 만족한다. 이때 $(') : P(G) \to P(M)$이 $A' = \{m \in M \mid gIm \text{ for } \forall g \in A\}$에 의해 $(') : P(M) \to P(G)$가 $B' = \{g \in G \mid gIm \text{ for } \forall m \in B\}$에 의해 정의되어 있다. 양자는 카테고리에서 카테고리로의 변환, 함수이고 변환에 의해 보완적인 포함관계가 일대일이라는 것에서 $(A \subseteq B' \Leftrightarrow B \subseteq A')$, 첨가를 구성하고 있다고 할 수 있다.

정리 2. T를 지표집합으로 한다(즉 $T = \{0, 1, 2, \cdots\cdots\}$). 모든 $t \in T$에 관해 A_t가 G의 부분집합이라면 아래가 성립한다.

$$\left(\bigcup_{t \in T} A_t\right)' = \bigcap_{t \in T} A_t'$$

속성집합 M에 관해서도 같은 관계가 성립한다.

증명 $m \in (\bigcup A_t)'$로 하면, 모든 $g \in \bigcup A_t$에 대해서 gIm이 됨을 의미한다. 그것은 모든 $t \in T$에 관해 모든 $g \in A_t$에 대해 gIm이 됨을 의미한다. 따라서 모든 $t \in T$에 관해 모든 $m \in A_t'$이다. 그러므로 m은 그 공통부분에 반드시 존재하고 $\bigcap A_t'$를 얻는다.

정의 3. (완전) 개념속

형식적 문맥 (G, M, I)이 주어져 있을 때 형식적 개념 (A, B), (C, D) 사이에서의 순서관계를 아래로 정의한다.

$$(A, B) \leq (C, D) : \Leftrightarrow A \subseteq C (B \supseteq D)$$

이리하여 얻어진 순서관계를 가진 모든 개념을 모은 순서집합을 개념속이라 부르고 이것을 $L(G, M, I)$로 표기한다.

정리 3. 기본정리

개념속 $L(G, M, I)$에 있어서 하한, 상한을 아래로 정의하면, 개념속은 완비속(完備束; 임의의 부분집합에 대한 상한, 하한이 존재하는 속)이 된다.

단,

$$\bigwedge_{t \in T}(A_t, B_t) = (\bigcap_{t \in T}A_t, (\bigcup_{t \in T}B_t)''), \ \bigvee_{t \in T}(A_t, B_t) = ((\bigcup_{t \in T}A_t)'', \bigcap_{t \in T}B_t),$$

증명 $\bigcap A_t = \bigcap B_t'$이므로 정리 2에 의해 $(\bigcap A_t, (\bigcup B_t)'') = ((\bigcup B_t)', (\bigcup B_t)'')$을 얻는다. 따라서 이 쌍 자체가 개념이 된다. 또 외연에 관해서 공통항을 취하고 있으므로 (A_t, B_t)의 최대의 공통항이라는 것을 알 수 있다. 따라서 상한이 된다. 하한도 마찬가지다.

정의 4

(G, M, I)가 형식적 문맥에서 $H \subseteq G, N \subseteq M$일 때, $(H, N, I \cap H \times N)$을 (G, M, I)의 부분문맥이라고 한다.

정의 5

쌍 $(A \cap H, B \cap N)$이 모든 개념 (A, B)에 대해 부분문맥의 개념이 될 때 부분문맥 $(H, N, I \cap H \times N)$은 적합(compatible)하다고 한다.

정리 4. (G, M, I)의 부분문맥 $(H, N, I \cap H \times N)$은 적합하다

$$\Leftrightarrow \Pi_{H, N}(A, B) = (A \cap H, B \cap N)$$

으로 정의된 $\Pi_{H, N} : L(G, M, I) \rightarrow L(H, N, I \cap H \times N)$가 전사완비동상사상(全射完備同相寫像)이 된다.

정의 6. 화살관계

화살관계를 아래와 같이 정의한다.

$g \swarrow m :\Leftrightarrow gJm$ 그리고 $g' \subset h'$인 모든 h에 대해 hIm

$g \swarrow m :\Leftrightarrow gJm$ 그리고 $m' \subset n'$인 모든 n에 대해 gIn

단, gJm은 g와 m이 관계를 가지고 있지 않다는 것을 의미한다.

명제 1[3]

형식적 문맥 (G, M, I)이 주어져 있을 때 확장문맥(G^*, M^*, I^*)를 $G^* = G \cup \{h\}, M^* = M \cup \{n\}, I^* = I \cup I_1 \cup I_2, I_1 \subseteq \{h\} \times M^*, I_2 \subseteq G^* \times \{n\}$으로 정의한다. 이때 확장문맥이 아래의 조건, 모든 $g \in G$와 어떤 $s \in G(g \neq s)$에 대해,

sIn, gJn, hJn

이 성립하고 모든 $g \in G(g \neq s)$에 대해 $m_1, m_2 \in M$만이

$n' \subset m_1', n' \subset m_2', hIm_1, hIm_2, (gJm_1$ 또는 $gJm_2)$

를 성립시켰다면, 모든 $g \in G$에 대해 $g \swarrow n$은 성립하지 않고 또한 $h \swarrow n$이다.

명제 2[4]

형식적 문맥 (G, M, I)가 주어져 있을 때 확장문맥 (G^*, M^*, I^*), $G^* = G \cup \{h\}, M^* = M \cup \{n\}, I^* = I \cup I_1 \cup I_2, I_1 \subseteq \{h\} \times M^*, I_2 \subseteq G^* \times \{n\}$으로 정의한다. 이때 확장문맥이 아래 조건,

---

3) Y.-P. Gunji, Y. Kusunoki & M. Aono, "Interface of Global and Local Semantics in a Self-navigating System Based on the Concept Lattice", *Chaos, Solitons & Fractals* 13, 2002.

적합문맥의 예

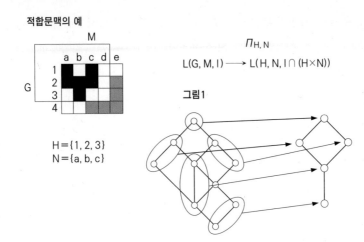

$\Pi_{H, N}$

$$L(G, M, I) \longrightarrow L(H, N, I \cap (H \times N))$$

H = {1, 2, 3}
N = {a, b, c}

그림1

sIn, bJn

인 $s \in G$가 존재하고 모든 $m \in M$에 대해

$$sIm \Leftrightarrow bIm, sJm \Leftrightarrow bJm$$

이 성립, $b' \subset r'$를 만족하는 r이 s 이외에 존재하지 않을 때 모든 $m \in M$에 대해 $b \nearrow m$은 성립하지 않고 또한 $b \nearrow n$이다.

정리 5[5]

형식적 문맥 (G, M, I)가 주어져 있을 때 확장문맥 $(G^*, M^*, I^*), G^* = G \cup$

---

4) *ibid.*

5) *ibid.*

$\{h\}$, $M^*=M\cup\{n\}$, $I^*=I\cup I_1\cup I_2$, $I_1\subseteq\{h\}\times M^*$, $I_2\subseteq G^*\times\{n\}$으로 정의한다. 이때, 명제 1, 2에서 주어진 조건이 만족된다면, (G,M,I)는 확장문맥 (G^*, M^*, I^*)에 적합하다.

〈그림 1〉에서 제시한 것이 적합부분문맥의 예이다. 본문에서 이용하고 있는 문맥(이항관계)의 계층성은 명제 1, 2의 조건이 만족되도록 만들어져 있다.

정의 7. 불완전개념속[6]

형식적 문맥 (G,M,I)가 주어져 있을 때

$$UA=\{m\in M \mid gIm \text{ for } \forall pg\in A\}$$

를 정의한다. 단 $\forall p$를 부분전칭양화사라 부르고 아래와 같이 정의한다.

$$\forall pg\in A\Leftrightarrow\in g\in A\cap((A')^c)^+$$

여기서 ^{c}는 보원을 의미하고 +는

$$B^+=\{g\in G \mid gIm \text{ for } \exists m\in B\}$$

---

6) Y.-P. Gunji, M. Aono, H. Higashi & Y. Takachi, "The Third Wholeness as an Endo-observer", *Science of the Interface*, 2001. Y.-P. Gunji, M. Aono & H. Higashi, "Local Semantics as a Lattice Based on the Partial-all Quantifier", *Int. Journal of Computing Anticipatory Systems* 8, 2001.

로 정의한다. 이때 쌍 (A, UA)를 불완전 개념이라 부른다. 또한,

$$(A, UA) \leq (C, UC) :\Leftrightarrow UA \supseteq UC$$

로 정의하고 이 순서관계로 정의된 불완전 개념의 순서집합을 불완전 개념속이라 부른다.

부록 3 (외연, 의擬내포)쌍의 계산

2부 〈그림 19〉의 형식적 문맥에 있어서 (외연, 의擬내포)쌍의 계산. 여기서 대상집합은 $G = \{1, 2, 3, 4, 5\}$이고, 속성집합은 $M = \{a, b, c, d\}$이다. 이때 G의 모든 부분집합 A를 외연이라 상정할 때, 의내포는 아래와 같이 얻어진다. 단, A'는 통상의 의미에서의 내포이고 $A' = \{m \in M \mid mRg, \forall g \in A\}$로 정의된다. $(A')^c$는 그 부정, $((A')^c)^+$는 또한 그것과 하나의 원소라도 관계가 있는 대상의 집합이다. 또 $\{\forall_p\}$는 A와 $((A')^c)^+$와의 교집합으로 정의되어 있다. 최종적으로 의내포는 $(A \cap ((A')^c)^+)'$로 정의된다. 여기서는 그것을 FA로 표기하고 있다. 즉,

$$FA = \{m \in M \mid mRg, \forall_p g \in A\}$$
$$\quad = \{m \in M \mid mRg, \forall g \in (A \cap ((A')^c)^+)\}$$

이다. 또 $B^+ = \{g \in G \mid mRg, \exists m \in G\}$로 정의된다.

A	A'	$(A')^c$	$((A')^c)^+$	$\{\forall_p\}$	FA
$\{1, 2, 3, 4, 5\}=G$	$\emptyset$	M	G	A	$A' = \emptyset$
$\{1, 2, 3, 4\}$, $\{1, 2, 3, 5\}$, $\{1, 2, 4, 5\}$, $\{1, 3, 4, 5\}$, $\{2, 3, 4, 5\}$	$\emptyset$	M	G	A	$A' = \emptyset$
$\{1, 2, 5\}$	$\{b\}$	$\{a, c, d\}$	G	A	$\{b\}$
$\{1, 3, 4\}$	$\{c\}$	$\{a, b, d\}$	$\{1, 2, 4, 5\}$	$\{1, 4\}$	$\{c\}$
$\{1, 2, 3\}, \{1, 2, 4\}$, $\{2, 3, 4\}, \{2, 3, 5\}$, $\{3, 4, 5\}, \{1, 3, 5\}$, $\{2, 4, 5\}, \{1, 4, 5\}$	$\emptyset$	M	G	A	$A' = \emptyset$
$\{3, 4\}$	$\{c\}$	$\{a, b, d\}$	$\{1, 2, 4, 5\}$	$\{4\}$	$\{c, d\}$
$\{1, 5\}$	$\{a, b\}$	$\{c, d\}$	$\{1, 2, 3, 4\}$	$\{1\}$	$\{a, b, c\}$
$\{1, 2\}$	$\{b\}$	$\{a, c, d\}$	G	A	$\{b\}$
$\{2, 4\}$	$\{d\}$	$\{a, b, c\}$	G	A	$\{d\}$
$\{1, 3\}$	$\{c\}$	$\{a, b, d\}$	$\{1, 2, 4, 5\}$	$\{1\}$	$\{a, b, c\}$
$\{1\}$	$\{a, b, c\}$	$\{d\}$	$\{2, 4\}$	$\emptyset$	M
$\{2\}$	$\{b, d\}$	$\{a, c\}$	$\{1, 3, 4, 5\}$	$\emptyset$	M
$\{3\}$	$\{c\}$	$\{a, b, d\}$	$\{1, 2, 4, 5\}$	$\emptyset$	M
$\{4\}$	$\{c, d\}$	$\{a, b\}$	$\{1, 2, 5\}$	$\emptyset$	M
$\{5\}$	$\{a, b\}$	$\{c, d\}$	$\{1, 2, 3, 4\}$	$\emptyset$	M
$\emptyset$	M	$\emptyset$	$\emptyset$	$\emptyset$	M

부록 4 살아 있다는 것을 어떻게 이해할 것인가?

군지 이론이란 무엇인가 : 위치 지어져야 할 장소

철저하게 내재한다

히가키 최근 교토의 학회에서 군지 씨가 잠깐 말씀하셨던 것이 인상적이었습니다. 예컨대 모기 겐이치로(茂木健一郎) 씨나 이케가미 다카시(池上高志) 씨 등이 "지금은 시대의 전환점이다" 하고 강조하고 인식의 존재양식이 이제 확 바뀔 것이라는 표현을 했는데, 군지 씨는 "그런 것을 들으면 오히려 흥이 깨져 버린다" 하고 말씀하셨습니다. 복잡계라든가 카오스라든가 하는 새로운 이론이 나오고 완전히 새로운 시대가 시작된다는 언설에 대해 흥이 깨진다는 군지 씨의 말씀은 인상적이었습니다. 그것은 군지 씨의 어떤 양의적인 입장을 잘 나타내고 있다고 생각합니다.

군지 씨의 작업을 캐치프레이즈로 말하자면 '내부관측'일지도 모르고 일종의 '자기조직화론'일지도 모른다, 그것은 일면으로 생각하면 90년

---

* 이 글은 2002년 6월 12일에 있었던 지은이 군지 페기오-유키오와 철학자 히가키 다쓰야(檜垣立哉 ; 현 오사카대학 인간과학 연구과 교수)의 대담록이다.

대 이후의 생명과학의 사상적 언설과 연결되어 있다, 복잡계, 카오스, 오토포이에시스, 인공생명 등 그 이전까지 뿌리를 넓히고 있던 것이 90년대가 되어 매스컴에 부상해 세기가 변할 즈음부터 급속히 소비되었다, 그런 식의 이야기가 있습니다. 물론 군지 씨의 작업이 거기에 편승해서 소비되는 논의를 함의하고 있다는 것은 인정하지 않을 수 없습니다. 그러나 동시에 제가 느끼기에 군지 씨의 화법의 어떤 본질은 그러한 문제와 얽혀서 진행되는 듯하지만 실은 그렇지 않은 부분에 있다는 것입니다. 그것은 무엇인가 하면 대단히 전통적인 질문이라고 생각합니다. 예컨대 "생명이란 무엇인가"라든가 "살아 있다는 것은 어떠한 것인가"라든가. 생명이라는 것은 어떠한 것인가에 관한 근본적인 곳에 닿아 있는 질문입니다.

소비되는 이야기에 편승하고 있는 듯 보이는 면과 근본적인 곳에 닿아 있는 질문이 양의적으로 얽혀 있는데, 그 얽히는 방식이 군지 씨에게 있어서 독특한 것은 아닐까, 그러므로 반드시 시류에 소비되는 이야기라고만은 할 수 없는 부분이 있는데, 그것은 무엇인가를 저 나름대로 생각하자면 이러한 것입니다. 군지 씨가 질문을 설정하는 방식은 "생명이란 무엇인가"라고 생각합니다만, "생명이란 무엇인가"는 원래 "존재란 무엇인가"라는 형태로 형식화되는 문제입니다. 그 질문 방식의 방법론, 그 형식성을 물어 가는 곳에 대단히 뛰어난 점이 있습니다.

예컨대 [그중 하나가] '내부관측'이라고 할 수 있습니다. '내부관측'이란 이른바 생성해 가는 세계에 내측에서 파고들어 가 있으면서 내측에서부터 파고들어 가는 이 세계를 기술한다는 것입니다. '내부관측'이 가능하다고 말할 때, 외부로부터의 관측 시점이 있고 그것과 달리 '내부관측'적인 시점이 있다는 것은 전혀 아닙니다. 즉 생성되어 간다든가, 계속 살아간다든가, 바뀌어 간다든가 하는 내부에 있어 철두철미하게 내부로부터 세계를 본다는 존재양식에 당장은 정위할 수밖에 없습니다. 그것을 극한까지 물어 가면 군지 선생 식의 질문방식이 되는 것이 아닌가 하고 생각한 것입니다.

그때에 논적으로서 상정되는 것은 외부적인 시점으로부터 사물을 보는 것입니다. 예컨대 주류 과학은 외부의 시점에서 이 세계를 보고 있습니다. 그렇다면 세계는 여러 가능성이 있고 여러 가지 형태의 것이 될 수가 있었다, 그러한 여러 것 중에서 어떤 논리적인 맥락에 따라 이 세계가 성립했다, 혹은 이러한 세계는 성립하지 않았다, 예컨대 생물이 있던 세계도 있을 것이고 생물이 전혀 태어나지 않은 세계도 있을 것이라는 이야기가 됩니다. 그러나 내부에서밖에 볼 수 없는 세계라는 것은 그러한 시점에 전혀 입각해 있지 않습니다. 지금 있는 이 세계밖에 볼 수 없다는 것입니다. 생물이 진화하거나 자기조직화한 끝에 우리가 있고, 그 우리가 보고 있는 이 세계라는 시점 이외의 시점을 우선 전부 제거합니다. 한 번뿐인 이 세계를 내부에서 본다는 시점에 서서 논의를 전개하고 있습니다. 이런 의미에서 대단히 근본적인 것은 아닌가 하고 생각됩니다.

예컨대 과학철학 연구자는 생물이란 DNA의 프로그램이라고 합니다. 그러면 진화란 무엇인가. 우연히 DNA에 변형이 생기든지 DNA의 염기배열이 변해 버리든지 해서 그것에 의해 여러 다른 것이 나오고, 그렇게 하면 예측할 수 없는 여러 세계가 생길 가능성이 있다고 합니다. 그중 한 가지 존재양식이 이 세계라는 것입니다. 즉 물리주의로 환원 가능한 측면이 있고, 다음으로 물리주의로 환원 가능한 측면에 대립되는 균열과 같은 것으로서 시간을 생각하고 있어, 균열과 같은 것이 도래하면 다른 것으로 변화하는 것이며, 다른 것으로 변화하는 것은 설명할 수 없다……

라고 말하는 식의 시점이 있습니다.

그 경우 예컨대 우주는 하나의 본질이고 그 본질에 대립해 틈새와 같은 것은 어딘가에 생겨날지도 모르지만, 우선 과학자는 그것에 관해서는 언급 불가능하고 틈새가 생기면 간혹 다양성의 세계가 나타나거나 진화가 일어나거나 한다는 구조틀로 파악하고 있습니다만, 이것은 완전히 외부관측적인 것이죠. 세계가 그렇게 이루어져 있는 것인가, 게다가 그렇게 말하는 입장은 어디에 있는 것인가, 이것은 전혀 알 수 없는 것입니다.

본래 무한의 시간 내에 있다는 것 자체가 변화한다는 것을 처음부터 함의하고 있습니다. 변화한다는 것에서 도망쳐서 다른 지점에 섰다는 것은 대체 어떠한 것인가. 다른 시점에 서서 변화하지 않는 것과, 균열이 생겨서 그것이 변화하는 것을 본다는 것은 어떠한 것인가. 본래 그러한 시점에 설 수 없는 것은 아닌가. 즉 시점은 여러 존재하는 세계 내의 한 세계에 있는 것이 아니라 본래 이 세계밖에 없는 이 세계 내에 있는 것에 다름 아니며, 이 세계에 내재하고 있다는 것에서부터 말하는 것 이외의 방법은 기본적으로 없다고 생각하는 것입니다. 없는데도 과학의 언어는 외부 시점을 상정하고 있습니다만, 군지 씨의 작업이 갖는 의미 중 하나는 그것을 상정하지 않고 바로 지금 있는 이 세계에 내재하는 것 외에 아무것도 말할 수 없는 것임을 철저하게 형식화하는 것이라고 생각합니다.

그렇다면 DNA는 같은 것을 복제할 터이므로 오류가 발생해서 진화가 일어났다고는 절대로 말할 수 없는 것입니다. 그것은 우주가 생성할 때부터 현재와 같은 다양한 존재가 있었다는 것에서부터 볼 때도 거짓말입니다. 그러한 것을 허용하지 않는 형태의 이론이 어떻게 있을 수 있을까요.

군지 모기 씨나 이케가미 씨의 논의에 대해 흥이 깨진다고 한 것은 아닙니다. 예컨대 트럼펫 소리가 나고, 알았다는 상태가 도래한다는 그러한 형태의 '알았다'라는 것을 나는 본래 상정하고 있지 않습니다. 꽤 예전에 "의식에 관해 알고 싶은가?" 하고 질문받았을 때 저는 어느 쪽이냐 하면 문제를 사랑한다고 대답했습니다. 사랑한다는 것은 단지 움직이고 있다는 것, 단지 어울리고 있다는 것입니다. 무언가를 행해 어떤 상태에 도달해서 완료하고 나면 끝이라는 것이 아니라 단지 사랑하고 사랑하고…… 하는 그것이 사랑한다는 것, 즉 그 과정이 어디까지고 긍정적으로 계기해 간다는 것, 그것이 어떤 종류의 앎이라고 그렇게 말하는 입장(stance)입니다. 어떤 종류의 가능성이라든가 외부세계를 상정해서 그 위에서 '알았다'라는 상태를 획득한다는 입장은 아닌 것입니다.

지금 히가키 씨가 말씀하신 의미에서의 외부적인 관측과 내부적인 관측의 대치가 있고, 어디까지나 내부로 침잠해 간다는 것을 생각해 갈 때 중요한 것은, 그렇다고 해서 표현이라든가 형식이라든가 언어를 부정하는 것은 아니고, 어떤 의미에서 과정으로서 안다는 것과 가리킨다라든가를 확정한다는 것, 그 양쪽을 통해 철저한 내재라는 것을 어떻게 이해할 것인가 하는 점입니다. 일견 외부-내부로 대립시키는 방식은 외부는 어떤 종류의 표현이라든가 모델이라든가 형식이라는 것이 되고 내재에 철저한다는 것은 행위론이 된다는 이야기가 되기 쉽습니다. 결국은 이야기라든가 이론은 행위라는 것은 전혀 없게 되어 양의(二義)적인 해석으로서밖에는 성립하지 않는다는 일종의 체념이 되어 버립니다. 그러한 대립을 일견 상정하면서 실은 이 세계의 '이것'성을 철저하게 생각하려고 할 때, 그러면 이 세계를 어떻게 표현하면 좋은 것인가 하고 생각하게 됩니다.

언어라든가 확정한다든가 하고 생각하는 것을 통해 이해가 점차 진행되어 간다는 형태로 전개하지 않으면 철저한 내재라든가 존재라는 것도 알 수 없으리라고 생각합니다. 결국 언어로는 표현할 수 없지만 무언가 안다는 식의 어떤 은닉적인 것을 인정하고 싶지 않다는 입장입니다.

개체화·생성이라는 문제-계

군지 그리 생각을 하자면 문제는 항상 같은 곳으로 수렴되는 듯한 기분이 듭니다. 우선 언어나 표현 같은 것들을 어떻게 생각할지의 문제가 있습니다.

예컨대 비트겐슈타인이나 크립키는 의미한다든가 의도한다는 것, 결국 언어가 사용된다는 것과 확정한다든가 지시대상을 가진다는 것을 엄밀하게 구별했고, 구별하면서 그 관계가 어떻게 되어 있는지를 논의했다고 생각합니다. 여기서 예컨대 '의미하다'와 '지시하다'를 들어 보면, '지시하다'와 '의미하다'를 혼동한 채 무언가 의미하고 있기 때문에 그 언어는 어떤 지시대상을 가질 것이라고 생각하면, 여러 패러독스가 나타난다는 것이 점차 명확해집니다. 그래서 크립키는 이름이 무언가를 지시하는 것이 아니라 이름은 이름 그 자체를 지시한다는 고정지시성을 들고와서, 의미한다는 것과 지시한다는 것을 잘 해부해서 전개합니다. 비트겐슈타인을 읽어 봐도 그 해부를 잘하기만 하면 가짜 문제는 전혀 발생하지 않고, 철학적인 질병은 전혀 생기지 않는다는 뉘앙스인 듯합니다.

그러나 실제로 우리는 이 세계에서 '의미하다'와 '지시하다'라는 것을 항상 자의적으로 제멋대로 구별할 수 있지만 무근거하기 때문에 언제 혼동될지 알 수 없습니다. 그렇기 때문에 어떤 종류의 확정을 해버리면 그 확정에 의해 무언가 확정되어 있지 않은 것이 거기에 의미된 듯이 생각했을 때, 그 확정의 부정에 의해 의미된 것 —— 예컨대 제로가 그러합니다만, 그러한 개체화라든가 생성이 현상할 수 있습니다. 그렇지만 '의미하다'와 '지시하다'를 명쾌하게 잘 해부할 수 있다고 말해 버린 순간에 개체화·생성이라는 문제-계는 전부 은폐되어 버립니다. 실은 이 개체화라는 문제가, 이 세계에 있어서 철저하게 내재적으로 이해가 진행되는, 하나의 대단히 긍정적인 전개이기도 한 것입니다. 그것을 어떻게 사유해 가는지가 대단히 중요합니다. 대개의 경우는 '의미하다'와 '지시하다'를 양쪽 다 인정해 두고 —— 언어는 어쨌든 사용되는 것이므로 무언가를 의미할 것이라는 이유에서 —— 두 관계를 말하려고 함으로써 어느 쪽인가를 다른 어느 쪽으로 부정하는 전개가 되어 버립니다.

예컨대 '의미하다'라는 것은 존재하는 것이지만 그것을 '지시'의 부정형으로밖에는 말할 수 없[는 사태에 적용된]다고 합시다. 그러면 컵이라는 이름은 컵을 가리켜도 컵이 무엇을 의미하는 것인지 그 확정 영역을 규정하려고 하면 규정한 그 순간 실패하게 되고, 조금 더 확장해도 실패하게 되고 또 실패하게 되고……로 결과적으로는 무한 퇴행에 빠져 버립니다. 그러나 언어가 사용되는 지금 이 세계를 옹호하는 것을 전제로 한 후에 이 문제를 생각하려고 하면 이 세계는 철저한 지시의 부정의 극한으로서 상정됩니다. 논자가 좋아하든 좋아하지 않든 관계없이 어떤 종류의 초월자와 여기에 있는 어떤 것, 유한의 어떤 것과의 비대칭성을 유도해 버립니다. 거기서는 어떤 종류의 초월자와 여기에 있는 나라는 것이 결국 유한과 무한이라 할 정도로 별다른 것이 되므로, 명확하게 위상 규정이 다릅니다. 그러므로 안쪽에서 초월자를 향한 혹은 초월자로부터 이쪽을 향한 능동과 수동이 극히 명확하게 나눠져 있다는 이미지가 생깁니다.

다른 한편 '의미하다'에 의해 '지시하다'를 쓰려고 했다고 합시다.

'의미하다'라는 것밖에 없어서 '지시하다'라는 것은 어떤 형태로 확정 기술로서 기술할 수 있다 해도, 예컨대 괄호 속에 확성한 것을 기술했다고 하고 괄호=장막인 곳에 이런 것이 잠재하고 있다는 것을 인정하자는 것이 될 것입니다. 그러면 예컨대 '컵'과 '컵이 의미하는 것'에 관해서도 어떤 것을 확정 기술로 확실히 썼다고 해도 장막이 있는 곳에 무언가 잠재한다는 것을 인정한 뒤에 '지시'라는 언어를 사용하고 있는 것이므로 전부 애매하게 대응하고 있습니다. 오모리 쇼조(大森莊藏)의 '겹쳐 그리기'도 그러한 입장입니다. 그렇게 해서는 유한과 무한과 같은 전혀 다른 위상 규정의 비대칭성은 생기지 않습니다. 수동·능동이 대단히 흐릿해져 있고 그러한 자연을 인정할 수밖에 없다는 입장이 되어 버립니다. '의미하다'와 '지시', 언어와 언어를 통한 이해 사이를 어떻게 생각하는가라고 할 때에 한쪽을 다른 쪽의 부정표현으로서 논의를 구성하려고 하면 극단적으로 '오퍼레이셔널한' 세계관 ── 전자가 그러합니다 ── 이든지, 어떤 종류의 자연주의적인, 그렇게 되어 있다는 것을 인정하는 세계관이든지 둘 중 하나가 되어 버립니다. 즉 철저한 내재라는 것을 말하는 것은 간단한 것이지만, 그때 철저한 내재라는 것을 언어를 사용해 전개해 갈 필요가 있는 것입니다. 표현과 그것을 통한 이해를 부여해 갈 때에, 한쪽을 다른 쪽이 구성하는 것이 아니라, 둘을 독립적 위상으로서 준비하면서 그 사이에 철저한 어긋남을 잉태하면서도 관여하고 있다는 구조를 어떻게 전개해 가는가 하는 것이 어디까지나 내재한다는 논의의 요체라고 생각합니다.

살아 있다는 것을 어떻게 이해하는가

히가키 군지 씨의 문장을 한 번도 읽어 보지 않은 상태에서 처음으로 읽은 사람은 군지 씨가 쓰고 있는 것은 도대체 뭘까 하고 우선 생각하게 될 것입니다. 예컨대 과학기초론인가 철학사상인가, 혹은 과학론, 이론생물학인가, [대체] 무엇일까 하는 소박한 의문이 떠오르는 것입니다. 내부에서 '사물'을 본다는 표현을 했을 때, 받아들이는 측에서 보면 대단히 철학적인 이야기로 들릴 수 있는 경우가 있습니다. 역으로 예컨대 과학적인 기술(記述)은 어떻게 성립하는 것인가. 모든 생물학자는 생물학이 생물을 기술하고 있다고 생각하면서 DNA라든가 진화 이야기를 하고 있습니다. 그러나 DNA라든가 진화 이야기는 어떻게 기술할 수 있을까, 즉 살아서 움직이고 생성하고 있고 증가하거나 감소하거나 하는 것에 관한 기술이 왜 성립하고 있는 것인가 하는 물음의 근본에 군지 씨의 논의가 위치하는 것이라고 생각합니다. 무엇을 하고 있는 것이냐고 질문받았을 때 군지 씨는 어떻게 대답할 수 있을까요. 그것은 과학이나 과학철학의 언어 내에서 어디에 위치 지어지고 싶은 것인가라는 질문이기도 합니다만.

군지 살아 있다는 것을 어떻게 이해하는가 말씀이군요. 거기에 '이 세계'라든가 '유한의 세계'라는 개념을 어떻게 이해하면 좋은가 하는 것이 관계하고 있는 것은 아닐까 생각합니다. 즉, 살아 있다는 것은 예컨대 죽는 것은 무섭다는 것과 관계됩니다. 죽는다는 것은 살아 있다는 것과 완전히 무관계로, 그 부정으로만 존재합니다. 그러므로 죽는다는 것을 실제로는 알 수 없을 터인데도 죽는 것에 대한 공포가 알 수 없는 '이 세계'를 유한의 형태로 끊임없이 절단하고 있는 것입니다. 즉 세계에 이름을 붙이는 작업입니다. 세계에 이름을 붙이는 작업을 함으로써 여러 문제가 생기고, 그 어긋남을 어떻게든 처리한다는 형태로 역설적으로 살아 있다는 것이 진행하는 것이며, 그렇기 때문에 결국은 죽는다는, 그러한 구조틀을 잘 파악하고 싶다는 것이 첫번째입니다.

히가키 그 구조들의 '언어'라는 것은 군지 씨의 의도에서는 어떻게 받아들여지는 언어인 것입니까? 어떤 방식으로 읽으면, 과학기초론입니다. 그러나 아마 일선 과학자는 무슨 말인지 모르겠다고 말할 것임에 틀림없습니다. 철학 측에서 보자면 무엇인지 모르겠다고 말하고 지나쳐 버릴 수 없는 문제를 다루고 있다고 느껴지는 것이 있습니다. 그렇지만 DNA를 분석하고 있는 과학자에게 보여 주어 무엇이 변하냐고 말한다면 변하지 않는다고 할지도 모릅니다. 그 지점의 연결 방식은 어떤 것일까요.

군지 연결이 안 되지 않을까요.(웃음)

히가키 예컨대 이 책의 다음 책에서 군지 씨는 적극적으로 인지과학이나 인지실험에 개입(commit)하고 있습니다. 이 책이 참조하고 있는 철학자인 들뢰즈 등은 대개의 이과 계열 사람은 읽어도 영문을 알 수 없는 사상을 이야기하고 있다고 필시 생각할 것이지만, 다음 책에서의 인지실험 이야기라면, 구체적으로 인간이 사물을 보거나 배우거나 하는 경우에 일어나게 되는 이야기라는 것이 실감됩니다.

군지 별로 과학과 철학에 그런 간극(gap)이 있는 것은 아니라고 생각합니다. 예컨대 인공지능 논의에는 하이데거나 후설이 도입되고 있고, 민스키(Marvin Minsky) 등도 열심히 그것에 개입시키려 하고 있습니다. '세계-내-존재'라는 개념은 개념으로서 좋다고 생각합니다만, 보통 너무나도 부정적인 전개밖에 없어서 그 부정적인 전개에 대한 독해를 긍정적인 전개로 제시하는 간극에 관해서는 그다지 생각되고 있지 않습니다. '유한의 세계'라든가 '이 세계'라고 말해 버리면, 내용이 없는 외연과 내포와의 어긋남이 전면에 드러납니다. 전체라든가 세계라든가 '이 세계'라든가 하는 것은 외연과 내포의 어긋남이 전면에 나오는 개념입니다. '세계-내-존재'란 온전히 그것에 직면해 나아가지 않으면 안 되는 국면입니다. 그 긍정적인 전개를 생각하면 비로소 그것으로 의지 결정이라든가 의식에 관한 프로그램적 전개가 가능케 되고, 발상을 계산한다는 의미에서의 계산 개념의 확장도 당연히 생겨난다는 것입니다.

군지 이론의 전개 : 매개자인 자에게로

개체와 무한과 중간자

히가키 군지 씨가 취하는 시각으로서 초월론적인 전체를 끝없이 긍정해 버리는 입장에 대한 비판이 있습니다. 또 하나는 그 초월론적인 전체를 부정의 극한으로서밖에 그릴 수 없다는 입장에 대한 비판입니다. 예컨대 초월론적인 전체에 대한 완전한 긍정도 아니고, 칸토어적인 무한론을 소박하게 사용해서 부정의 극한에 세계가 있는 것이라고 하는 시스템론적인 존재양식도 아니고, 그 중간적인 곳에 서려고 합니다. 예컨대 이 책 내에서는 '약한 전체'라는 표현을 하고 있습니다만, 그것이 내부관측자일지도 모르고 중간적 매개자일지도 모르는 그러한 논의를 설정하고 있습니다. 여기에는 여러 확장이 있어서, 예컨대 다른 측면에서 생성을 말할 때에 이마니시 긴지(今西錦司)의 "변할 만하니까 변한다"와 같은 표현은 꿈틀거리는 전체의 총 긍정이 되어 버립니다만, 그렇게 총 긍정해 버리면 행위하는 것만으로 끝납니다. 그러나 행위하는 것만이 아닙니다. 역으로 말하면 예컨대 그 세계는 해석되는 것이지만 해석은 무한하게 가능한 것이기 때문에 무한히 해석되는 가능성의 부정하에서 세계가 나타난다는 입장도 아닙니다. 어느 것도 아닙니다. 전면 긍정으로 파악할 수 있는 생성의 측면도 아니고, 부정의 극한에 나오는 측면도 아닌 어떤 장소. "온갖 변화를 받아들여 지금 여기에 있는, 온갖 잠재성에 열린 개체"와 같은 형태의 '사물'을 아마도 이론으로 세우려고 하고 있는 것이라고 생각합니다. 그것을 긍정적으로(positive) 세움으로써, 부정적인(negative) 형태를 만들려 한다고 생각됩니다. 그 논의의 설정 방식은 그렇게 알기 어렵지 않습니다. 중간자를 설정해서 중간적인 것으로밖에 말할 수 없다는 논의는 철학의 흐름을 생각하면 결코 엉뚱한 것은 아닙니다. 그런데 읽는 사람이 알 수 없는 논점이 무엇인가 하면, 예컨대 '개체란 무엇인가'라는 문제입니다. 개체라고 할 때 무한이 나타나게 됩니다. 무한은 완전 긍정되지 않고 부정의 극한에 있는 것도 아니지만, 어떤 의미에서 지금 여기에 무한에 열려 있는 것이 개체로서, 그것이 부분관측자로서 등장하는 것이라고 할 때의 무한이라든가 전체라든가, 게다가 '약한 전체'라는 표현으로 규정되는 것의 존재론적 위상을 이해하기 어렵다고 생각합니다. 바로 이해하기 어렵기 때문에, 군지 씨는 여러 측면에 관해 말하려 하고 있습니다.

군지 예컨대 중간자라 이름이 붙어 버리면, 또 그것은 이러이러한 본질을 가지고 있는 것이라는 정의까지 있으면, 중간자를 기술할 수 있을 것이라고 여겨져 버립니다. 그러나 지금 말했듯이 '어떤 둘'이 있고 그 사이에 중간자가 상정됩니다. 말하자면 그 둘이 내포와 외연이고 그것을 극단적으로 철저[히 관철]할 때에 '의미하다'와 '지시'라는 이미지가 나타납니다.

그러면 그 중간자라는 것은 대체 어떠한 것일까요. 확정 기술이라든가 상태 개념으로서 쓸 수 있는 것은 물론 아니고 오퍼레이셔널한 것도 아닙니다. 요컨대 이 사이의 오퍼레이셔널한 어긋남을 발생시키는 엔진과 같은 것을 잘 구성해야만 하는 것입니다. 그렇기 때문에 그것은 알기 쉬울 리가 없습니다. 그것을 어떻게 전개할 것인가. 나는 들뢰즈·가타리를 채용했습니다만, 그 부분에 관해서 이용할 만한 도구는 그다지 없는 느낌입니다. 확실히 부분관측자라든가 매개라든가 현실성이라든가, 어떤 종류의 잠재적(virtual)인 것과 이 나를 잇는 것으로서 현동태 등이 주목받고 있다고 봅니다만, 그러한 의미에서의 미분＝차이생성과 같은 개념의 사용 방식은 바슐라르에게 이미 유사한 것이 있습니다. 게다가 바슐라르는 과학을 공학과 기술로서 철저하게 재파악하고, 그렇다고 해서 과학(science)을 부정하는 것도 아닌 부분도 있어서 현대적 문제와 비교적 합치(match)하고 있습니다. 게다가 제 느낌으로는 베르그송과 대단히 통하는 바가 있는데도 베르그송의 정서적인 바를 부정하면서 전개하려 하고 있습니다. 그렇지만 결과적으로는 잘 안 되었습니다. 들뢰즈가 그것을 잘 이어 보려고 했는데, 결국 매개성이라는 문제에 관해서는 방편을 마련해 과학으로 파고들어 가야만 했다는 기분이 듭니다. 그런 방향으로 전개하고 있다고 저 자신을 위치 지을 수 있지 않을까 하고 생각하고 있습니다.

세계와 인식과 존재자

히가키 들뢰즈로 만족스럽지 않다는 것은 어떤 의미에서 잘 알겠습니다. 예컨대 들뢰즈의 부분관측자 개념은 『철학이란 무엇인가?』에 나옵니다만 거의 내용이 없습니다. 군지 씨의 입장에서 보는 들뢰즈는 기술(記述)이라는 것에 관해 그다지 의식하고 있지 않다고 생각합니다. 생성해 가는 세계를 기술할 때 기술함으로써 가지고 들어가게 되는 부정성이 있고, 그것이 예컨대 자기언급이나 역설이 됩니다. 그것에 관한 시점이 들뢰즈에게는 희박합니다. 군지 씨에게는 오히려 기술에 의한 자기경계설정 ─ 그것은 항상 움직여 가겠지만 ─ 이 대단히 중요해 보입니다. 그것이 한 가지입니다.

또 한 가지는 예컨대 프레임 문제를 생각했을 때, 우선 공학적인 무엇인가를 설정해서 세계가 어떻게 해서 성립하고 있는가를 생각하면 몇 개의 조건이 따라붙는데, 예컨대 칠판에 "……는 아니다"고 쓰여 있다고 합시다. 그러나 그 칠판은 끝없이 확장할 수 있기 때문에 프레임 문제는 설정할 수 없습니다. 그러한 이야기와 관련됩니다만, 이 세계를 내부에서 산다는 입장에서는 프레임 문제는 실은 생기지 않고 무한이 보이는 것입니다. 보이긴 하지만, 보이는 무한은 초월론적인 전체성이 눈앞에 모두 있는 형태로 나라는 절대적 시점에 대해 있는 것은 아닙니다. 어떤 전체 안을 부분관측자로서 움직이고, 움직이면서 어떤 의미에서 무한을 보고 있다는 것입니다. 무한을 보는 것이란 보이는데도 보이지 않고, 보이는 것을 보지 않고, 본 적도 없다는 것입니다. 그러한 곳에서는 전체성이라든가 무한이라는 개념 장치를 결정해 가려고 합니다. 감각질, 타입, 토큰 혹은 본 적 없는 것의 인지가 논의되는 곳에서는 매개자인 것이 전체 안에 있다는 것을 구체적인 이미지를 빌려 논의를 행하고 있는 것일까 하고 느꼈습니다. 그렇게 이해하면 되겠습니까?

군지 그걸로 좋다고 생각합니다. 예전에 철학과 계산의 경계영역에서 연구하는 외국 연구자와 이야기를 한 적이 있습니다. 그때는 그다지 들뢰즈를 알지 못했습니다만, 모순이라는 상태에 대해 그것을 극복해서 다음 단계로 간다는 것이 아니고 이론이나 모순으로 보여도 실제로는 모순이 아닐지도 몰라서, 모순이 어느 쪽에 책임이 있는지 잘 알 수 없습니다. 들뢰즈는 모순에 봉착하지 않는다고 말합니다만, 그러한 사태를 형식적으로 구성해 보고 싶은 것입니다. 들뢰즈는 기술[記述]을 그다지 의식하고 있지 않다고 말씀하셨습니다만, 모순에 봉착하지 않고 진행한다는 것은 헤겔적인 것도 아니고 플라톤적인 대화라는 것만도 아닌, 그러한 입장이 어른어른거립니다. 그것을 관철하고 싶다고 쭉 생각해 왔습니다.

그리고 하이데거, 후설이라든가, 바슐라르, 베르그송, 들뢰즈의 연장선상에, 물론 비트겐슈타인, 크립키도 방법론적으로 얽히고 있습니다만, 그것은 좀 전에 말한 세계-내-존재라는 것을 긍정적으로 전개하기 위한 매개자를 어떻게 설정해 가는가라는 문제라고 생각합니다.

그렇게 하면 보이게 되는 것은 세계-내-존재는 우선 세계가 있고 존재하는 내가 있고 그 사이에 인식 같은 것이 있다는 식으로 개념 장치가 세 개 있다는 것입니다. 어디에서 출발하는가에 따라 접근이 전연 달라집니다. 그것도 이론 내에서의 세 접근의 차이가 아니라 이론과 실험과 공학 정도로 다르다고, 그것을 전부 뭉뚱그려 '약한 과학'과 같은 전개가 가능하다고 나는 생각하는 것입니다.

하나의 방법은 세계와 인식과 존재자의 세계로부터 출발하는 것입니다. 세계라고 말한 순간에 이름이 붙여질 수밖에 없는 것, 즉 외연일 뿐인 전체와, 그다음에 부분을 모은다는 의미에서의 내포의 어긋남을 어떻게 요리해서 전체 개념을 구축할 것인가에서부터 출발해야만 합니다. 세계 전체, 이름이 붙여질 수밖에 없는 세계 전체와 붙여질 수밖에 없다는 인식의 과정이 처음부터 분리될 수 없는 형태로 얽혀 버립니다. 인식과 인식 대상이 얽히게 된다는 문제를 제시해 주는 것이 전체입니다. 거기서부터 그것을 잘 구성해 가면 살고 죽는 존재자와 인식의 관계가 이론적으로 등장하게 된다는 전개를 일단은 지향하고 있습니다. 예컨대 전체라는 것을 해부하려고 할 때에 편리한 도구 중 하나가 프레임 문제입니다. 작동 중인 계산기를 정의하려고 하면 전력의 문제가 있기 때문에 어딘가에서 끊어야만 합니다. 발전소까지 포함하면 곤란해지기 때문입니다. 방의 콘센트까지 움직이고 있는 계산기의 정의로 해서 그 밖을 잘 라내 버리면, 밖에서 정전이 일어난 경우에는 콘센트와 이어져 있음에도 불구하고 계산기가 작동하지 않는 사태가 발생합니다. 세계를 인정해 두고 그 위에 어떤 의미에서의 외부관측자적인 기술을 인정하고 그것이 근사치라는 것을 인정하자고 하면, 어떤 상황에서는 정의를 만족하고 있음에도 불구하고 작동하지 않는 일이 일어납니다. 그것은 능력이나 지향성이라는 개념의 어떤 종류의 표현으로서 사용해서는 안 된다는[것을 의미하는] 것일까요.

살고 죽는다는 것이 미래 : 인식론과 존재론의 대립을 넘는다

집합 속을 빈틈없이 채운다

군지 능력이나 지향성의 문제를 생각할 때 뭔가 도구가 없는가 하면, 첫 번째로 패러독스나 무한에 얽힌 수학적인 논의를 들 수 있습니다. 패러독스라 불리고 있지 않은 것에도 그러한 것이 있어서, 예컨대 자연수의 직적(直積), 모든 가능성의 쌍, 그것과 자연수 전체의 원소의 수 중 어느 쪽이 큰가 하면, 수학은 같다고 설정합니다. 그것은 다음과 같이 제시됩니다. 무한이라고 한순간 전망해서 세는 것을 부정하고 유한을 부정하는 것에서 출발합니다. 부정해서 은폐함으로써 자연수의 집합과 직적의 집합에 대응관계를 짓고 그것을 세어 가기만 하면 수는 같다고 집합의 동등성을 재정의해 버리고 있는 것입니다. 농도적으로 전망한다든가 하는 것을 부정함으로써 거기서 다른 것이 발생하고 있습니다. 요컨대 집합을 생각하고 속을 검게 다 칠하면 원소 하나하나를 지시하는 것이 부정되고 그로써 무언가가 발생합니다. 그 무엇이 바로 지향성이라든가 능력이라든가 하는 논의와 연결되는 표현인 것입니다. 계산기를 밖까지 생각해서 그 바깥쪽의 표현이 모두 안에 들어 있다고 생각할 수 없기 때문에 어딘가에서 잘라 버린다는 것은 속을 검게 다 칠하는 것입니다. 그럼으로써 계산하지 않는 능력이 발생하고 있다는 것을 인정해야만 합니다. 집합의 내부를 다 칠해 버림으로써 집합과 집합의 대응관계를 센다는 새로운 오퍼레이션이 발생하고 있는데, 이 유사성을 어떻게 사용할 수 있지 않을까 하고 생각합니다. 이것은 대단히 쓸모가 있는 데다 이러한 문제는 무한이나 패러독스가 얽히게 되는 곳에서 생기고 있는 문제인 것입니다.

그렇게 생각하면 대체 무엇이 보이게 되는가 하면, 우선 집합이나 계산기의 정의가 있고, 그 안이 있습니다. 그 안의 것을 은폐하면 거기서부터 발생하는 외부로 향한 관계로 일단 격상되고, 그로써 또 안이 재정의된다고 하는 복잡한 오퍼레이션의 과정이 거기서 보이게 됩니다. 그것을 생각하고 세계-내-존재라는 이름이 붙여질 수밖에 없는 세계에서 출발해서 세계를 인식하는 오퍼레이션을 기술해 가면, 어떤 대상과 그 외부 사이의 '사이의 오퍼레이션'과 '내부의 오퍼레이션'이 얽히면서 내부의 오퍼레이션이 변해 간다는 이론을 구성할 수 있게 됩니다. 세계를 매번 이름을 붙여서 자르고, 세계를 유한의 형태로 잘라 내기 때문에, 그렇게 살아가는 시스템은 시간에 관해서도 유한하다, 즉 죽어 버린다——그러한 전개가 되면 전체와 인식과 세계에 있어서 세계로부터 출발한 이론적 접근이 됩니다.

점균을 사용한 계산기

군지 존재——살고 죽는다는 것에서 출발한다는 것은 생물을 고스란히, 인식이나 전체를 이해하기 위한 출발점으로 한다는 것입니다. 일단 세계를 영문을 알 수 없는 세계가 아니라 확정된 세계로서, 이것을 인식한다는 형태로 인식을 파악하는 데에 지금의 과학은 계산 개념을 사용합니다. 즉 살고 죽는 존재에서 출발해서 인식과 세계의 관계를 구성하려고 하면, 생물을 계산소자로 사용해서 계산기를 만들고 그렇게 만든 계산기에 의해 지금까지의 계산=인식이라는 개념이 실은 확장되고 있다는 형태로 인식을 구성할 수밖에 없다——이러한 전개가 두번째 접근, 공학적 접근이 됩니다.

현재 점균을 사용해 계산기를 만들려고 합니다. 프로그램도 논리게이트를 짜서 만들어 간다면 가능하다고 생각합니다. 단 이쪽이 논리적으로 구성하려고 생각해도, 생물은 살아 있는 이상 자신 나름의 경계 조건이나 환경이 있어서 이쪽의 기대와 완전히 관계없는 곳에서 살고, 전기 대신 흐르기 때문에 엉뚱한 짓을 합니다. 프로그램을 짜 보아도 때때로 이상한 짓을 해서 오류가 일어납니다. 그러나 인간끼리 말이 잘 통하거나 안 통하거나와 계산기를 사용하는 것 사이에 그다지 차이는 없을 터로, 왜 커뮤니케이션이 취해지는가 하면 상대가 변했을 때에 자신도 동기(同期)화해서 변하고 있을 뿐이기 때문이며, 단지 그것뿐인 것입니다. 그러므로 점균으로 만든 계산기가 제멋대로 무엇을 해도 이쪽의 해석이 동기화해서 변하면 오류가 아니라 새로운 발상이라고 생각하는 것입니다. 그것을 위한 첫걸음으로서 그 가능성이 있는지 없는지를 체크하기 위해 우선 견고한 계산기가 만들어지는가를 시도해 보는 것입니다. 프로그램을 만들어 두고 일부를 무너뜨려 봅니다. 입력과 출력의 관계만이 잘 작동한다면 이것으로 계산기가 망가지지는 않았다고 생각합니다. 그런데 안의 일부가 망가져 안의 작동은 완전히 달라져 버렸음에도 입출력에 관해서는 점균 계산기를 사용하는 인간과 커뮤니케이션이 취해지는 형태로 작동합니다. 이러한 계산기를 견고한 계산기라 부릅니다. 이것은 창발에 있어서 상대가 변해서 이쪽의 해석도 변한다는 것이 동기화해야만 한다는 한 버전이 된 것입니다.

그렇게 생각해 보면 제어나 입출력의 대응이 결정된다는 의미에서의 계산이라는 개념은 인식이라는 개념과는 다릅니다. 외부세계가 상정되고 있는 계산 개념의 확장이 이루어지고 있습니다. 그렇기 때문에 살고 죽는다는 것을 출발점으로 계산기를 만들면, 세계-내-존재가 공학적인 것으로서 전개 가능해집니다.

함수도 상태도 함께 변한다

군지 또 하나 인식이라는 곳에서 출발해서 세계를 살고 죽는다는 것의 관계를 재파악하려고 하는 방법이 인지 실험입니다. 왜 인지 실험이 재미있는가. 외부세계나 가능세계를 상정해서 그 안에서 좋은 모델이 구성 가능했을 때에 이해가 완료된다는 이미지가 있습니다. 모델을 만들면서 실험을 행합니다. 예컨대 데이터를 가져와서 그것을 해석하면 모델을 추정할 수 있습니다. 보통의 예에서는 시(時)계열은 전부 상태 개념으로 집합의 원소입니다. 상태의 집합이 취해지면, 그사이를 잇는 역학계라든가 함수로서 모델을 추정할 수 있습니다. 그렇지만 예컨대 생물 시스템에서 단백질이 달라붙는 반응을 생각하면, 상태가 단백질에서 그것이 달라붙어 다음 물질이 되는데, 그 반응의 경로, 함수는 대체 무엇일까요. 그것은 효소이기에, 즉 단백질이기 때문에 상태로 변하지 않는 것입니다. 그렇게 하면, 거기에 외부세계가 상정되어 섭동(攝動)이 일어나면, 그저 상태만 요동하는 것이 아니라 함수 자체도 변해 버립니다. 그러면 함수가 변하지 않고서 상태만이 변해 가서 시계열을 취하면 모델을 추정할 수 있다는 이미지는 성립하지 않습니다. 함수도 상태도 함께 변해 갑니다. 함수와 상태는 층위(level)가 다른 것이기 때문에 함께 다루면 어긋남을 야기해 버립니다. 양자의 얽힘을 어떻게 구성할지 생각하려고 할 때, 독립적으로 취할 수 있는 어긋남을 야기하는 데이터는 좀처럼 없습니다. 아마 수학이 되어 버리면 전부 상태이고 상태와 상태 사이에 노름[norm]공간이 닫혀 있다는 가정하에서 데이터를 해석합니다. 그렇지만 시간과 공간 같은 문제는 둘 다 마찬가지로 다루면 어긋남을 야기하면서 독립적으로 데이터가 취해진다는 문제입니다. 이 사이에 노름공간을 가정하지 않고 공간을 상태로 생각한다면 시간은 함수이고 양자가 어긋남을 야기하면서 상호작용합니다. 예컨대 공간의 파악방식에 의해 시간을 느끼는 방식이 변해 갑니다.

서번트 증후군인 사람은 성냥개비를 뭉뚱그려서 셀 수 있습니다만, 보통 사람은 하나씩 세어서 서수적으로 이해하는데 서번트 증후군인 사람들은 본 순간에 시간을 사상한 공간이라는 형태로 기수적으로 이해합니다. 시간과 공간의 관계가 완전히 다른 듯이 보입니다만, 그 사이를 잇는 것으로서 예컨대 다섯 개씩 세면 대단히 빠르게 되는 것과 같이 단련을 해 봐야 하는 것입니다.

실제로 해봤습니다. 예컨대 하나씩 세고, 두 개씩 세고, 다섯 개씩 셉니다. 시간을 재면, 다섯 개씩 셀 때 속도 5배가 아니라 훨씬 더 빠르게 되어 버리는 것입니다. 다섯 개씩 센다는 것은 보고 있는 5개 단위 패턴은 그때마다 다른데도 그것을 같다고 재파악해야만 한다는 것입니다. 즉 공간의 패턴은 어떤 종류의 동일성을 만든다는 것과도 관계하고 있고, 그 공간을 잘라 내는 방식에서 오는 시간을 만드는 방식이 변해 가는 것입니다. 지금 시간과 공간이라고 말했습니다만, 'operation'과 'operator', 상태와 함수의 관계에서도 같습니다. 상태와 함수가 계속 서로 얽혀 변해 간다는 것을 상정하기 위해서는 어떻게 하든 바깥쪽의 세계를 생각해야만 하는 것입니다. 그러한 의미에서 세계성이라는 것이 돌출됩니다. 게다가 당연히 인간을 대상으로 하고 있으므로, 살고 죽는다는 것을 공격합니다. 산다는 것은 끊임없이 공간에 이름을 붙이는 것이기 때문에 삶이 유한하게 되어 버립니다. 그러한 관계가 인지실험을 통해서도 또 보이게 되는 것입니다.

모순이어도 살고 있다

히가키 예컨대 모순이라는 개념이 있습니다. 또한 무한을 살면서 변화해 가는 'operator' 자신이 변화하면서 살아간다는 것은 어떤 의미에서는 모순인 것입니다. 금지해 버리면 모순이 될지도 모르는 것을 실제로 살아 있는 것은 모순으로서 살지 않습니다. 모순으로서 살면서 모순에 닿아 있음에도 모순 때문에 멈춰 서는 것은 아니고 그것을 뛰어넘어 살아가 버리는 것이 생물입니다. 그 모순을 모순으로 느끼지 않고 계속 살아간다는 것 자체는 무엇입니까. 기술하려고 생각하면 모순이 나타나 버리는 곳을 모순이 아니라 행위로 끝내 버립니다. 그것이 있는 그대로의 이 세계이기도 한 것입니다만.

군지 지금 말씀하신 전개는 우선 논리라든가 모순이라든가 인식한다는 것을 상정해서 알 수 없을 무언가가 단지 살아 있는 것을 상정하고, 아무리 모순이라도 단지 살고 있다는 형태로 존재하고 있는 것을 어떠한 형태로 긍정하자는 전개이긴 합니다. 그러나 거기에서 출발하지만 그것만으로는 받아들일 수 없는 전개입니다. 무언가 확정해 보고 확정에서의 어긋남이 발생하기 때문에 앞으로 나아간다, 그러므로 죽는다고 표현할 때 살고 죽는다는 것의 귀결이 논의하는 측에 있는 것인가 그렇지 않으면 반대 측에 있는 것인가를 또 알 수 없게 되는 것입니다. 그렇기 때문에 완전히 논리적인 것과 완전히 무관하게 단지 살아 있습니다. '단지 산다'는 이런 한에서 인식론에 의해 규정되는 것인지, 인식론에 의해 당초 상정된 순수 현상으로서의 '단지 살아 있는-사물[物]'에 의해 상정되는 것인지 결정할 수 없는 지평에 있습니다. 인식론과 존재론의 대립도식을 해체한 지평이 있습니다. 거기서 최초의 '의미하다'와 '지시하다'라든가, 어떤 종류의 확정과 이해한다는 것과의 관계로 돌아갑니다.

히가키 또 한 가지 살고 죽는다는 표현에서 '죽는다'라는 것의 함축이 알기 어렵습니다. 방금 유한성과 엮어 이야기를 하셨습니다만, '살아 있다'라는 표현으로 말씀하신 쪽이 알기 쉽지 않을까 하는 기분이 들지 않는 것도 아닙니다. '죽는다'라는 단어에 함축되어 있는 것은 어떠한 것일까요.

군지 그렇습니다. 정말로 살아 있는 것에는 확실히 끝이 있습니다. 끝이 있다는 사실이 도래한다는 것입니다. 또 한가지 더, 인식과 세계의 관계라는 문제가 있습니다. 세계라는 것에서 출발한다는 것은 과거를 인정하는 것입니다. 이것은 들뢰즈의 표현입니다만. 인식은 현재에서 출발합니다. 살고 죽는다는 것이 미래입니다. 자신에게 있어서는 너무 큰 어긋남을 어떻게 전개해서 초인이 되면서 사는가. 살고 죽다란 끝이라는 것이기도 하고 시간적 종합의 미래라는 의미에서는 살고 있다는 것이기도 하다고 생각하고 있습니다.

왜 들뢰즈인가 : '덫'과 미분방정식

현실성과 잠재성

히가키 저는 베르그송이나 들뢰즈를 반대로 철학 측에서 연구하고 있습니다만, 군지 씨가 들뢰즈에 대해 언급하시는 것에 필연성이 없다든가 의미가 없다고는 전혀 생각지 않았습니다. 베르그송이든 들뢰즈든, 『차이와 반복』에 잘 나오는 화법입니다만, 문제는 세계가 미결정이라는 사실입니다. 그렇지만 세계가 미결정이라는 것을 부정적으로 말해서는 안 됩니다. 질문을 세우는 것이 세계가 있는 것입니다. 세계가 미결정이라는 것은 대개의 경우 부정적으로 이야기됩니다. 미결정이므로 알 수 없다든가, 미결정이므로 무한하게 해석이 가능하다든가, 미결정이므로 상대주의적인 역사관이 설정된다든가, 부정의 극한처럼 회자되지만, 베르그송이나 들뢰즈의 경우는 오히려 미결정이므로 무언가가 있을 수 있다, 미결정이므로 새로운 것이 생겨난다는 것입니다. 이 논리를 어떻게 파악할 수 있는가라는 문제가 첫번째로, 그것이 시간의 본질일 것이라는 식으로 말하고 싶었던 것이라고 생각합니다. 그 입장(stance)은 군지 씨와 매우 겹치는 부분이 많습니다. 혹은 군지 씨라는 고유명이 아니더라도 생명과학을 비롯한 생명이란 무엇인가라는 큰 질문 내에서 들뢰즈 등의 문제설정은 중요한 의미를 가진다고 생각합니다.

그러나 한 가지 거기에서 위태로움을 느끼는 것도 있습니다. 군지 씨가 의거하고 있는 것은 『철학이란 무엇인가?』와 『차이와 반복』의 시간론이지요. 그걸로 좋은 것인가라는 문제가 확실히 있습니다. 미분이나 차이생성이라는 논의는 들뢰즈의 가장 근간에 있는 것으로, 미분화와 분화의 논의의 흐름이 있고 거기에 열역학을 가지고 들어가고 있습니다. 예컨대 잠재성이라는 형태로 존재론을 그리고 있습니다만, 들뢰즈의 그 부분에 대한 논의가 빠져 있는 것이 마음에 걸립니다. 혹은 그것이 빠져 있으므로 몇 가지 용어에 관해 들뢰즈의 존재론과 어긋나는 점이 있습니다. 물론 문헌을 연구하는 철학자같이 원전을 정확히 읽지 않으면 안 된다는 이야기는 아닙니다. 어긋남이 있는 곳을 어긋남으로서 생각하지 않으면 섣부르게 해석될 위험은 있다고 생각합니다.

문제의 열쇠는 현실성과 철학의 결부 방식이라고 생각합니다. 현실성이라는 개념과 잠재성이라는 개념의 구별은 들뢰즈에게 있어서 근본적인 것인데도, 군지 씨의 3항도식에서는 철학에 A(현실성)라는 기호가 붙어 있고, P(가능성)와 N(필연성)과 3항을 이룹니다. 그것이 꽤 자의적으로 보입니다.

군지 씨는 원생적인 것은 과학이라고 도입해 진행함으로써 현실성에 관해 구별하려 하고 있고, 잠재성과 가능성의 구별에 관해 조금 언급은 하고 있습니다만, 들뢰즈의 존재론을 생각하면 근간적인 문제가 모호하게 처리되어 있구나 하는 느낌을 갖게 됩니다.

군지 씨는 들뢰즈의 존재론을 상당히 변형해서 사용하려 하고 있습니다. 그 하나의 의미는 기술이나 부분관측에 관해 들뢰즈로는 역시 어렵다[는 것에서 기인한다]고 생각합니다. 들뢰즈적인 의미에서의 전개를 니시다 기타로(西田幾太郎)는 꽤 잘하고 있다고 저는 생각합니다. 니시다도 자신이 포함된 세계를 그린다는 문제군은 꽤 부각시켜 다루고 있습니다. 모순적 자기동일이라는 논의도 문제를 질문하는 방식으로서는 꽤 좋다고 생각합니다. 거기서 부족한 것은 기술이 아닐까요. 어떤 의미에서 생생한 생성을 기술하는 것으로 끝내 버리고 있는 것도 사실입니다만. 거기서부터 다음 단계를 군지 씨가 하려 하고 있구나 하고도 생각합니다.

군지 예컨대 야마구치 마사야(山口昌哉) 씨께서 미분방정식에 대해 쓴 것이 있습니다만, 바슐라르나 들뢰즈의 미분과 잠재성 등과 통하는 것에 관해, 들뢰즈의 용어에 구애받지 않아도 모두 직관적으로 알고 있는 것으로 야마구치 씨는 '덫'이라는 발상이 대단히 중요하다고 말하고 있습니다. 실제로 사는 것이 거기를 통과할지 통과하지 않을지 알 수 없어도 잠재적인 공간을 설정해 두고 무언가 먹지 않으면 살 수 없는 자신이 여기에 있고, 그 사이의 접합점으로서 '덫'을 거기에 둔다, 그러면 거기에 무언가 동물이 잡아먹을 것이 생긴다, 실은 미분방정식을 발상했다는 것은 이것과 완전히 같은 것입니다. 잠재성과 '이 나'의 결합면인 현동태를 어떤 형태로 전개할 때의 은유로서 미분화·차생화를 생각하자는 발상은 비교적 모두들 쉽게 받아들일 수 있는 것으로서 그 자체를 그렇게 손대도 어쩔 수 없지 않은가 하고 생각합니다.

유한집합이라면 집합과 집합의 직적(直積)을 비교했을 때, 직적 쪽이 훨씬 큰 데도 자연수의 무한집합일 땐 그 집합과 집합의 직적이 같다. 이것은 대단히 불가사의한 이야기입니다. 아마도 원소로서 생각할 때에는 직적[을], [즉] 두 개 취하는 쪽이 더 크다는 직관은 본래적으로 틀리지 않습니다. 그것을 배척하는 형태로 수학을 재구성하고 있는 것은 아닐까요. 대응관계를 셀 수 있는 한에서는 같습니다. 한쪽에서 같고 한쪽에서 다르다는 의미(sense)가 부각되고 있습니다.

열(熱)이라는 개념을 상당히 확장해 보면 물리학과 생물 간에 개입 (commit)하는 어떤 것이 생기게 된다고 생각합니다. 단지 기술적으로 꽤 어려운 문제가 있어서 조금 준비를 하고 나서 하지 않으면 곤란한 그런 때, 도구로서 미분이나 차이생성을 사용하면서 나아간다고 생각합니다. 철학이 현실성에 '정위한 표현을 사용한다는 것'은 그러한 의미인 것입 니다. 또 하나, 예컨대 퍼트남 등이 크립키의 회의론에 관해 "계산이 틀릴 가능성도 있다"라고 하는 것처럼, 때때로 전문적인 논의가 궤변으로 빠 지는 것은 시시하다고 생각합니다.

논리적이면서 윤리적인

히가키 저도 철학을 하고 있고 어떤 의미에서는 같습니다만, 지금 질문하 신 것과 같은 이야기를 하고 있으면 그런 것은 공리공론이고 이 세계에서 살고 밥을 먹고 있는 인간에게 관계없는 것이라는 말을 듣기 쉽습니다. 그러나 절대로 그렇지 않습니다. 살아 있다는 것을 기술한다는 것은 극히 논리적인 전개이지만 어떤 종류의 윤리적인 것을 어딘가에 포함하고 있 습니다. 예컨대 군지 씨의 논의로 말하면 내부관측이라는 것은 "이 세계 에(만) 머무르라"라는 메시지입니다. 이 세계 이외의 것을 상정해서 그에 따라 자신의 입장을 확보하는 형태의 윤리성을 전부 배제해 갑니다. 그것 은 어떻게 살아가면 좋은 것인가라든가 살아 있다는 것의 무의미함이란 어떠한 것인가라는 것을 직접적으로 지시하는 논의라고 읽는 것입니다.

군지 그렇습니다. 저는 철저하게 자신(自信)이 없고 자신이 없다는 것을 항상 믿고 싶습니다. 무엇인가에 의해 어떻게 하지 않으면 살아갈 수 없다든가, 지금까지의 기반이 무너져 버렸다면 다른 기반을 준비해야만 한다든가, 그러한 논의가 아주 싫습니다. 물론 흔히 하는 말들을 부정하고 누군가가 뭐라고 말하려고 하면 자신에게는 자신이 있다는 전도도 아주 싫습니다만. 아무것도 없어도 괜찮지 않은가, 자신만만하게 있을 필요도 없고 바보니까 말해 버릴 수 있는 것도 있다, 그걸로 충분하다는 것을 그저 말하고 싶을 뿐입니다. 그것을 하고 싶은 것입니다.

후기

이 책은 첫 간행 때 두 권으로 출판되었지만 본래 한 권으로 쓰인 책이다. 즉 이번 완전(complete) 신판 간행에 의해 본래의 형태로 돌아가게 되었다. 나로서는 읽기 쉽게 보이거나 그렇지 않거나 하는 것은 중요한 일이 아니었고, 그보다도 끊임없이 출판을 후원하고 여기까지 자극해 준 데쓰가쿠쇼보(哲学書房)의 나카노 미키타카(中野幹隆) 씨에게 마음으로부터 감사하고 싶다. 여기서는 간단히 이 책을 쓴 동기를 기술해 둔다.

세계 전체를 전망하는 초월적인 이미지인가, 세계의 어떤 장소에 앉아서 거기서부터 세계를 한정적으로 보는가. 이러한 이미지의 차이는 감각적으로는 이해할 수 있다. 게다가 인간은 전체를 전망할 수 없는 이상, 어떻게 생각해도 세계를 내부로부터 부분적으로밖에 볼 수 없다고 직관할지도 모른다. 혹은 전부를 전망하는 인식의 구축이야말로 지향해야 할 것이라고 생각할지도 모른다. 여기에 있는 것은 내부인가 외부인가 하는 대립이다. 그러나 문제는 그렇게 간단하지 않다. 세계를 내부에서 보고 말하는 표현은 세계 전체를 전제해 둔 위에서밖에 의미를 가지지 않는 표현같이 생각하기 때문이다. 내부에서의 이미지와 외부에서의 이미지가 비틀어지면서 서로 보완하고 있다. 보여지는 것은 그러한 관계이다. 다양하게 변주되고 있지만, 이것이 이 책의 주제라고 해도 좋을 것이다.

관계는 더욱 동적으로 된다. 세계 전체를 어떤 종류의 지도로서 전제하자. 초월자가 보는 이 지도는 실재하는 진짜 세계가 된다. 내부에 있는 자는 이 지도상의 한 점에 앉아 있다. 한 점을 지정한 바로 그때 그 점에서 그의 세계상이 확장된다. 그것은 면적을 가지는 지도에 다름 아니다. 내부에 앉은 주체의 이미지를 상상한다는 것은 지도상의 한 점을 지정하는 것과 지도를 지정하는 것이 불가분하고 혼효하며 어떤 의미에서 혼동되었다는 것을 의미하게 된다. 그것은 논리적으로는 매우 이상한 사태이다. 참의 세계로서 외부에서 전망된 지도를 준비하고 그 한정적 상으로서 내부에서의 이미지를 이해하려는 시도는 이렇게 파탄된다. 그러나 세계의 한 점에 앉아 내측에서 바라보는 나는 실로 여기에 있는 것은 아닌가. 이 내부으로부터의 이미지를 구성하기 위해 참된 세계상의 재구성이 여기에 요청된다. 이리하여 두 이미지는 동적으로 되어야만 한다.

외부를 무엇인가 실체로서 상정해 버려서는 안 된다. 내부의 이미지를 참된 지도의 한정된 일부로 간주한다는 것은 역으로 내부의 이미지라는 형식이 준비되고 거기에 참의 세계가 들어가서 이것을 만족한다고 생각하는 것과 마찬가지다. 어떤 단편과 그것을 부분으로 하는 포괄적 전체라는 도식, 거기서 발견되는 것은 무엇이든지 그것을 이전부터 있던 것으로 간주하는, 무엇이든 가능한 외부이다. 전부를 허용하는 것으로 상정되어 있기 때문에 불변적 세계로 상정된 개념, 그것이 여기서 모습을 드러내는 외부이다.

미동도 하지 않는 세계라는 이미지가 우리에게 그렇게 중요하고 유지해야만 하는 것일까. 그런 것은 아니다. 우리는 자기 코의 높이를 보편적으로 어느 정도 자각하고 있다고 느낀다. 그러한 이미지의 총체로서 자신의 신체 크기에 관한 이미지를 가지고 있고 그것은 실체를 동반하는 이상 확고한 불변적인 것이라고 상정되어도 좋을 듯하다. 라마찬드란의 『뇌 속의 유령』(*Phantoms in the Brain*)[1]은 이 신체 이미지의 간단한 변질을 실험적으로 제시하고 뇌과학과 이 책의 주제 사이에 밀접한 관계를 드러내고 있다. 이 책에서 특히 감각질이나 인지 문제와 동적인 쌍대성의 관련을 논하고 있는 것은 『뇌 속의 유령』 및 모기 겐이치로(茂木健一郞)와의 만남에 의한 것이다.

이 책에서 출현하는 문제-계 중 하나는 형상으로서 이해할 수 없는 물질 그 자체의 의미이다. 인식하려고 하면 끊임없이 배후로 후퇴하는, 물질 그것성-질료. 조만간 이에 대한 졸저가 출판될 예정이지만[2] 그 문제의 근간이 이 책에 있다는 것은 틀림없다.

2006년 2월

군지 페기오-유키오

---

1) 발라야누르 라마찬드란·샌드라 블래이크스리 지음, 『라마찬드란 박사의 두뇌실험실』, 신상규 옮김, 바다출판사, 2007.──옮긴이
2) 郡司ぺぎおー幸夫, 『いきていることの科學』, 講談社現代新書, 2006.──옮긴이

찾아보기